Christentum in der modernen Welt

Christianity in the Modern World

Herausgegeben von

Martin Keßler (Bonn) · Tim Lorentzen (Kiel)
Cornelia Richter (Bonn) · Johannes Zachhuber (Oxford)

4

Theologie und Religionsphilosophie in der frühen Weimarer Republik

Herausgegeben von
Michael Moxter und Anna Smith

Mohr Siebeck

Michael Moxter, 1956, Studium der Philosophie und Ev. Theologie; Promotion in Philosophie; Habilitation in Systematischer Theologie; seit 1999 Professor für Systematische Theologie an der Universität Hamburg.
orcid.org/ 0000-0001-6129-6798

Anna Smith, 1990, Studium der Ev. Theologie; 2016 Erstes Theol. Examen; seit 2022 Vikarin in der Kirchengemeinde Großhansdorf-Schmalenbeck (Nordkirche).
orcid.org/ 0000-0002-9367-042X

Gedruckt mit freundlicher Unterstützung der Fritz Thyssen Stitftung für Wissenschaftsförderung.

ISBN 978-3-16-161988-5 / eISBN 978-3-16-161989-2
DOI 10.1628/978-3-16-161989-2

ISSN 2749-8948 / eISSN 2749-8956 (Christentum in der modernen Welt)

Die Deutsche Nationalbibliothek verzeichnet diese Publikation in der Deutschen Nationalbibliographie; detaillierte bibliographische Daten über *https://dnb.de* abrufbar.

© 2023 Mohr Siebeck Tübingen. www.mohrsiebeck.com

Das Werk einschließlich aller seiner Teile ist urheberrechtlich geschützt. Jede Verwertung außerhalb der engen Grenzen des Urheberrechtsgesetzes ist ohne Zustimmung des Verlags unzulässig und strafbar. Das gilt insbesondere für die Verbreitung, Vervielfältigung, Übersetzung und die Einspeicherung und Verarbeitung in elektronischen Systemen.

Das Buch von Druckerei BELTZ in Bad Langensalza auf alterungsbeständiges Werkdruckpapier gedruckt und gebunden.

Printed in Germany.

Die Herausgeber widmen diesen Band der Erinnerung an
Christian Polke

* 11. September 1980; † 25. April 2023

Vorwort

Der vorliegende Band enthält eine Auswahl von Vorträgen, die auf einer Tagung am Fachbereich Evangelische Theologie der Universität Hamburg gehalten und für diese Veröffentlichung überarbeitet wurden. Äußerer Anlass für die im Oktober 2019 durchgeführte Veranstaltung war der hundertste Geburtstag unserer Universität, deren offizielle Eröffnung und deren erstes Semester mit einer anderen Gründung verbunden ist und bleibt. Dass die Weimarer Republik nicht von ihrem Ende, nicht von ihrer Aushöhlung und Auflösung in einen Führerstaat aus betrachtet werden muss, sondern dass sie, insbesondere in ihren ersten Jahren, einen Neubeginn und Umbruch bedeutete, der auch einen außerordentlich produktiven Experimentierraum in Sachen Religionsdiskurs und theologischer Reflexion darstellte, sollte auf dieser Tagung in Erinnerung gerufen werden auch und gerade im Interesse einer Universität, an der Theologie und Religionsphilosophie erst später akademisch sichtbar wurden.

Da die Hamburger Universität ihr Zentenarium auf andere Weise zu feiern gedachte als durch die Förderung wissenschaftlicher Tagungen, ist es ausschließlich der finanziellen Unterstützung der *Fritz Thyssen Stiftung* zu danken, dass die Tagungskonzeption umgesetzt und die ursprünglich breiter angelegte interdisziplinäre Bestandsaufnahme durchgeführt werden konnten. Nun hat die Thyssen Stiftung auch die Publikation der hier vorgelegten Beiträge mit einem erheblichen Druckkostenzuschuss auf den Weg gebracht. Für diese doppelte Förderung danken wir als Veranstalter und Herausgeber herzlich. Darüber hinaus haben die *Deutsche Gesellschaft für Religionsphilosophie e. V.* und der *Förderverein des Fachbereichs ‚Theologie am Tor zur Welt' e. V.* durch finanzielle Mittel und aktive Beteiligung zum Gelingen beigetragen.

Für die Aufnahme des Bandes in ihre Reihe *Christentum in der Moderne* danken wir deren Herausgeberinnen und Herausgebern und schließlich Frau Dr. Katharina Gutekunst vom Verlag Mohr Siebeck für die entsprechende Anregung und Unterstützung.

Vom Hamburger Fachbereich sind Lale Raun, Michel Steinfeld, Johannes Schröer, Tom Sprenger, Sophie Bimmermann und besonders Ariane Fehring (letztere als bewährte Kraft im Sekretariat des Instituts für Systematische Theologie) mit großem Dank zu nennen. Ohne ihr Engagement in unterschiedlichen Funktionen und Zeiten wäre das Unternehmen nicht durchführbar gewesen.

Hamburg, im Juli 2022　　　　　　　　　　　　Anna Smith/Michael Moxter

Inhaltsverzeichnis

Michael Moxter
Untergänge – Umbrüche – Anfänge.
Zur Einführung in diesen Band..1

Arnulf v. Scheliha
„Der Staat muß wieder ein geschlossener Wille werden."
Theologische Demokratiekritik in der frühen Weimarer Zeit bei
Reinhold Seeberg, Emanuel Hirsch und Paula Müller-Otfried..................27

Rebekka A. Klein
„Theologie als Politik".
Carl Schmitts Romantikkritik im Kontext des Postliberalismus.................43

Bruce L. McCormack
Karl Barth's Tambach Lecture. One Hundred Years Later........................65

Heinrich Assel
Via negativa?
Sprachskepsis und Schöpfungs-Philosophie bei Hermann Cohen,
Franz Rosenzweig, Jakob Gordin und Emmanuel Lévinas.......................83

Daniel Weidner
„Gruß aus den Exilen".
Religiöses jenseits der Religion im Medium
der Zeitschrift *Die Kreatur*...103

Georg Essen
Der „Geist der Utopie" ist ein „fremder Gott".
Auch Ernst Bloch liest Marcion..121

Klaus Fitschen
Versailles und Bethel.
Der deutsche Protestantismus zwischen nationaler Kränkung
und gesellschaftsdiakonischem Anspruch..135

Christian Danz
Symbol, Dämonie, Angst.
Paul Tillich und die Kulturwissenschaftliche Bibliothek Warburg............147

Anne Steinmeier
Im Bildnis des Lebens.
Formprozesse des Religiösen im Werk der Psychoanalytikerin
Lou Andreas-Salomé..165

Christian Polke
Apokalypse now?
Geschichtstheologische Deutungsfiguren
zwischen Untergang und Aufbruch..185

Jörg Dierken
Das Transrationale und seine Rationalität.
Zum Begriff der Theologie (nach Troeltsch und Weber) 207

Namensregister...223

Sachregister...229

Untergänge – Umbrüche – Anfänge

Zur Einführung in diesen Band

Michael Moxter

I. Metaphorizität und Zeitdiagnostik

Dass Metaphern sich dort nahelegen oder gar aufdrängen, wo Ganzheiten thematisiert werden, die sich nicht überblicken lassen,[1] stimmt auch für Versuche, die eigene Zeit in Gedanken zu fassen. Auch die Gegenwart ist Unüberschaubaren, weil Zeitgenossenschaft nicht nur Nähe, sondern auch Begrenzung und Partikularität bedeutet. Darum spricht man von der Gegenwart als einem *Horizont*, der uneinholbar bleibt. Es muss daher nicht überraschen, dass die Zeitgenossen für die konkreten inhaltlichen Selbstbeschreibungen oft auf Metaphern zurückgreifen, wenn sie ihre geistige Situation und kulturelle Lage charakterisieren wollen. Dafür liefern die in diesem Band diskutierten Theologien und Religionsphilosophien der frühen Weimarer Republik prägnante Beispiele. Die Worte *Krise*, *Bruch* oder *Revolution* sind in ihr weit verbreitet und auch in der späteren Betrachtung so selbstverständlich geworden, dass man deren metaphorischen Charakter oft nicht mehr wahrnimmt. Sie bestimmen auch die Geschichtsschreibung und Zeitgeistanalyse, wenn von ‚Theologie der Krise' oder ‚Krisentheologie', von ‚antihistorischer Revolution', vom ‚Bruch mit der Theologie der bürgerlichen Gesellschaft' oder vom ‚Zusammenbruch des Kulturprotestantismus' gesprochen wird. Die Präfigurationen des metaphorischen Feldes werden freilich mit sozialen Konstellationen und historischen Schulbildungen gekoppelt, die mit begrifflicher Klarheit voneinander abgrenzbar sind und Lagerzuordnungen ermöglichen und erfordern. In dieser Weise gilt das Gegeneinander von liberaler oder dialektischer Theologie schon für die Zeitgenossen als eine Epochenmarkierung,[2] die auch noch hundert Jahre später die theologischen Richtungen zu sortieren erlaubt.[3]

---

[1] BLUMENBERG, HANS: Schiffbruch mit Zuschauer, Frankfurt a.M. 1979, 80.

[2] BULTMANN, RUDOLF: Über liberale und dialektische Theologie, in: ders.: Glauben und Verstehen I, Tübingen 1933.

[3] Eine Art Nachhall des Schlachtenlärms ist aktuell wahrnehmbar im Gegenüber zwischen Forderungen einer Rückabwicklung der dialektischen Theologie zugunsten des 19. Jahrhundert (zurück zu Schleiermacher, Rothe bzw. mit leichter Zeitverschiebung zu Troeltsch!), wie sie zuletzt bei Jörg Lauster begegnen, und der Vorstellung, die systematische Theologie heute

Wo metaphorische Mehrdeutigkeit war, ist binäre Codierung entstanden. Gewiss ist Reduktion von Komplexität unverzichtbar und entfaltet auch einen didaktischen Reiz, indem sie durch klare Zuordnung Orientierung zu schaffen verspricht und durch Alternativen und markante Kontrastierungen doch die Urteilsbildung herausfordert. Allerdings werden auch Zweifel an solchen Verfahren intellektueller Sortierung laut. Wer schon Zuordnungsangebote wie ‚spätmittelalterlich oder reformatorisch', ‚alt- oder neuprotestantisch', ‚vorkantisch oder kantisch', ‚scholastisch oder neuzeitlich' mit der Sorge um Unentscheidbarkeit konkreter Phänomene betrachtet, darf auch im Blick auf die frühen Weimarer Jahre für Zögerlichkeit plädieren. Wenn vertiefte Erkundungen die vermeintlich klaren Epochenschnitte oft als Epochenschwellen erweisen, auf denen Ungleichzeitiges in Nachbarschaft und Kooperation besteht oder eine Wiederkehr des zunächst emphatisch Ausgeschlossenen zum Auseinanderbrechen von Lagern führt, haben spätere Beobachter Anlass, den inszenierten Grenzziehungen zu misstrauen. Statt der scharfen Profilbildung zu trauen, werden sie mit der Plastizität von Positionierungen in einem nicht exakt abgesteckten Feld rechnen müssen und wollen. Die produktive Ungenauigkeit der Metaphern kann sich dann erneut gegen die begrifflichen Zuordnungen der Lehrbücher durchsetzen.

Die zeitgenössische Auskunft, dass eine Krise zu einem Zusammenbruch geführt habe, nimmt sich zwar wie eine Erklärung aus, kann aber der historischen Beobachtung auch als die bloß gedoppelte Bekräftigung ein und derselben rhetorischen Figur erscheinen. Auch ist die Vorstellung nicht immer zutreffend, Revolutionen würden von Revolutionären gemacht. Mitunter agieren die Protagonisten unter dem Schleier des Nichtwissens und ihre Handlungen werden erst von Dritten für revolutionär erklärt. Vor allem aber lassen sich Untergang und Neuanfang nicht immer in zwei Zeitabschnitte absondern, als ob das neue Beginnen *hier* das Zuende-Gegangen-Sein *dort* zum Ausgangspunkt hätte. Beide sind miteinander verwobene temporale Metaphern, die sich nahelegen, wenn dramatische Ereignisse sich überstürzen und der Eindruck die Runde macht, dieses oder jenes habe sich für immer erledigt. Mit diesen Bemerkungen werden Bedenken gegen die Leitmetaphorik eines vollständigen Bruchs und fundamentalen Neuanfangs benannt, mit der die theologischen Diskurse der frühen Weimarer Jahre beschrieben und diagnostiziert wurden.

Wenn daher drei Metaphern gemeinsam den Titel meiner Einführung bestimmen, so soll mit ihnen signalisiert sein, dass man gerade die *Anfänge der dialektischen Theologie*[4] nicht nach Maßgabe ihrer Selbstinszenierung als einer gänzlich neuen, ganz anderen Bewegung begreifen muss, die den alten Äon aus

---

durch die Alternative ‚Religion oder Gott' voranbringen zu können, wie sie Christiane Tietz hegt (BARTH, KARL: Ein Leben im Widerspruch, München 2018, 417ff).

[4] So der Titel der von Jürgen Moltmann herausgegebenen Textsammlung (zwei Teilbände, München 1977).

Liberalismus, Kulturprotestantismus und Berliner Hoftheologie hinter sich ließ. Diese Vorstellung ist zu stark mit dem biblischen und kirchlichen Narrativ von Bekehrung und Erneuerung verbunden, als dass man sie unmittelbar als historische Rahmenerzählung akzeptieren müsste. Dementsprechend wurde die Deutung der Dialektischen Theologie als einer hinsichtlich des Wesensbestandes von Theologie rundum erneuerten und insofern zu deren Sache allererst zurückkehrenden Reformation in den letzten Jahrzehnten durch historische Kontinuitätsbeobachtungen korrigiert.[5] Einerseits bestand in der frühen Weimarer Republik Generationenüberlappung gerade dort, wo ein Generationenwechsel proklamiert wurde.[6] Andererseits wurzelten die jungen Theologen tiefer in dem, was sie ablehnten, als sie es selbst wahrhaben wollten und als Interpreten meinen mussten, die nur die Publikationen der zwanziger Jahre kannten, aber die Kriegs- und Vorkriegsschriften der beteiligten Autoren nicht studieren konnten. Verdeutlicht man sich etwa, dass Barths viel zitierte Selbstbeschreibung, die Zustimmung seiner sämtlichen Lehrer (mit der rühmlichen Ausnahme Rades) zur Kriegspolitik des Kaisers habe ihn von der Haltlosigkeit ihrer akademischen Theologie überzeugt, eine Fiktion rückblickender Selbststilisierung war, die mit den historischen Fakten großzügig umgeht,[7] oder dass Tillich und Gogarten ihre Einstellung zur liberalen Theologie noch im Kaiserreich (und keineswegs erst unter Kriegsnachrichten und -erfahrungen) neu justiert haben, so kommt man mit der Erzählung vom radikalen Neuanfang in der frühen Weimarer Zeit alleine nicht aus. Umgekehrt lässt der Umstand, dass Troeltsch von Karl Barth nur dessen frühen Text *Gott und Geschichte* kannte, Zweifel an der Zuverlässigkeit seiner Einschätzung aufkommen, nun drängten die jungen Wilden auf den Markt.

Will man die Anfänge verstehen, wird man sie gerade nicht als radikal *ab ovo*, sondern als Umformungen und Umbesetzungen beschreiben müssen, die bereit liegende Muster aufnehmen, wo sie ganz neue Fragen zu stellen meinen. Das Feld der Kontinuitäten ist weit. Eindimensionalen Linienführungen und historischen Dependenzansprüchen ist mit Vorsicht zu begegnen – übrigens auch der unterstellten Eindeutigkeit, welche die Quellen der Dialektischen Theologie in eine dem Nationalsozialismus und den Deutschen Christen widersprechende Theologie der Bekennenden Kirche münden lassen. Wie Friedrich Wilhelm Graf argumentiert hat, zeitigt die Erinnerung ans Unbedingte, Absolute und an das Ganz Andere auch Nachbarschaften zu einem Ganzheits-

---

[5] GRAF, FRIEDRICH WILHELM: Der Heilige Zeitgeist. Studien zur Ideengeschichte der protestantischen Theologie in der Weimarer Republik, Tübingen 2011.

[6] Friedrich W. Graf unterscheidet trotz seines Hinweises auf die Überlappungen idealtypisch eine Wilhelminische Generation, die Frontgeneration und die überflüssige Generation (aaO. 110).

[7] HÄRLE, WILFRIED: Der Aufruf der 93 Intellektuellen und Karl Barths Bruch mit der liberalen Theologie, in: Zeitschrift für Theologie und Kirche 72 (1975), 207–224.

und Totalitätsbegehren[8], das das Format hatte, die Lage der Weimarer Republik destabilisieren zu können. Es lohnt sich deshalb, das Bild des totalen ‚Neu-Anfangs' durch Aufmerksamkeit für die Pluralität von Neuorientierungen und Transformationen zu korrigieren, die aus den diagnostizierten Untergängen manches Treibgut als weiterverwendbares Theoriestück einsammelten.

Die einschneidenden religionskulturellen Veränderungen (die mit Kriegsverlauf, Niederlage, Abdankung des Kaisers und in der Folge mit dem Ende der Balance zwischen Herrschaftslegitimation und Gottesgedanken, auch mit dem Ende des landesherrlichen Kirchenregiments und mit Pluralisierung der Konfessionen, Religionen und Weltanschauungen, mit Demokratisierung auch der kirchlichen Institutionen und Kirchenrechtsreformen einhergingen) erforderten Abschiede vom Vertrauten, waren aber Transformationsprozesse, die Kontinuität und Diskontinuität, harte Schnitte und geschmeidige Übergänge miteinander verbanden. Die Pluralisierung der Leitmetaphern will darauf aufmerksam machen. Sie schafft Platz für Differenzierungen, ohne den Anspruch zu erheben, die weit verzweigten Wege im Untersuchungsfeld umfassend zu erschließen.

II. Untergangs- und Krisenmetaphorik

Während die ‚Anfänge' eine metaphorische Nähe zum Anbruch eines neuen Tages und zum Aufgang der Sonne haben, ist die zeitgenössische Metaphorik des Untergangs zunächst nicht direkt mit dem alltagssprachlich so genannten ‚Lauf der Sonne' verknüpft. ‚Untergang' gehört im historischen Kontext zuallererst ins Umfeld einer Katastrophenerfahrung, die nach Tod, Niederlage und Zermürbung von der Auguststimmung des nationalen Aufbruchs und der in ihm beschworenen Ideen von 1914 nur wenig übrigließ. Insofern erscheint der Untergang der Titanic zumindest im Nachhinein als Präfiguration eines Endes, das man nicht mehr aufhalten konnte, aber auch nicht selbst zu verantworten hatte. Der Untergang hatte Verhängnischarakter. Erst die Prägung vom ‚Untergang des Abendlandes' knüpfte an den Sonnenlauf, an einen natürlichen Rhythmus von Aufgang und Niedergang, von Entstehen und Vergehen wieder an und stellte Mittel bereit, die eingetretene Katastrophe im Gang einer Geschichte zu kontextualisieren und das erlittene Schicksal so ‚verständlicher' zu machen. Oswald Spenglers zweibändiges Werk ‚Der Untergang des Abendlandes' ermöglichte beides: die Artikulation der Erschütterung angesichts einer aus den Fugen geratenen Kulturwelt, aber auch die Einordnung der Geschehnisse ins Ganze der Geschichte, in der nicht Willkür und Kontingenz, sondern ein für alles Lebendige typischer Ablauf ‚waltete'. Die Katastrophe musste

---

[8] Graf spricht – nicht ohne Zweideutigkeiten – von „einer Tendenz zum theologischen Totalitarismus" (Graf: Der Heilige Zeitgeist [s. Anm. 5], 127).

nicht länger als singuläres Ereignis verarbeitet werden, das Ratlosigkeit hinterlässt, sondern entsprach einem natürlichen Lauf, nach dem schließlich auch das Ende dort dem Anfang hier entsprechen konnte und Aufgang und Untergang sich zur Kulturgeschichte verketteten. Unter dieser Voraussetzung konnte die Untergangs- in Krisenmetaphorik aufgehoben werden, denn zu letzterer gehört die Ambivalenz einer Situation, in der ein positiver Ausgang wenigstens erwartet werden kann, in der noch nicht alles gradlinig auf Untergang und Tod hinausläuft. Selbst der *Untergang des Abendlandes* nimmt sich krisentheoretisch betrachtet folglich nicht gänzlich trostlos aus, sondern wird zur Metapher für Alarmisten, die auf Rettung hoffen oder diese versprechen, und für Vitalisten, die an den Gestalten der wirkmächtigen Natur wiederfinden, was sie an Vertrauen in die Geschichte eingebüßt glauben. Dieser Doppelsinn kennzeichnet die bis in unsere Gegenwart ausstrahlende Wirkungsgeschichte der miteinander verschränkten Untergangs- und Krisenmetaphorik. (Arnulf von Scheliha legt in seinem Beitrag zu diesem Band Spuren frei, die von Spenglers Buchtitel zur Ideologie der Neuen Rechten führen.)

Metaphorische Nachbarschaft als Stilprinzip wird auch an der theologischen Rezeption der Krisensemantik erkennbar. Es war Friedrich Gogarten, der die Krisenmetapher 1920 in den theologischen Diskurs einführte und mit ihr der zweiten Auflage des Barthschen Römerbriefkommentars das Leitmotiv und Hauptwort verschaffte. Gogarten war der Einladung zu einem Vortrag auf der Wartburg vor den ‚Freunden der Christlichen Welt' gefolgt, hatte aber die von Martin Rade vorgeschlagenen Vortragstitel: *Der Untergang des christlichen Abendlandes* bzw. *Untergang und Wiederaufbau des christlichen Abendlandes* in *Die Krisis der Kultur* abgeändert und unter dieser Überschrift dann Theologiegeschichte geschrieben.[9] In der Wahrnehmung der Zeitgenossen gehörten die Stimmen Spenglers, Barths und Gogartens ohnehin zusammen, wie Karl Löwiths Rückblick auf die ihn und seine Generation prägenden Lektüreerfahrungen der Nachkriegsjahre zeigt:

Ausser Spenglers Buch hatte nur noch eines eine ähnliche Bedeutung, obschon eine beschränktere Wirkung: der gleichzeitig erschienene Römerbrief Karl Barths. Auch dieses Werk lebte von der Verneinung des Fortschritts, indem es aus dem Verfall der Kultur theologischen Nutzen zog. Der durch den Krieg beförderte Unglaube an alle menschlichen Lösungen trieb Barth vom christlichen Sozialismus zu seiner radikalen Theologie, die jede ‚Entwicklung' des Christentums in der Wurzel verneint. Diese beiden Schriften Spenglers und Barths waren in dieser durch das Ende des Ersten Weltkriegs gestempelten Zeit die uns am meisten erregenden Bücher.[10]

---

[9] Vgl. KROEGER, MATTHIAS: Friedrich Gogarten, Band 1 (Biographie), Stuttgart 1997, 221; 223. Kroeger teilt auch mit, dass Rade bei der ersten Drucklegung seinerseits den Titel in *Die Krisis unserer Kultur* änderte.

[10] LÖWITH, KARL: Mein Leben in Deutschland vor und nach 1933. Ein Bericht, Stuttgart 1986, 25.

Gogarten seinerseits hatte vom „Jubel in uns über das Spenglersche Buch" gesprochen und letzteres für die eigene Zeitdiagnose in Anspruch genommen. Es beweise, „mag es im Einzelnen stimmen oder nicht, daß die Stunde da ist, wo diese feine, kluge Kultur aus eigener Klugheit den Wurm in sich entdeckt und wo das Vertrauen auf die Entwicklung und die Kultur den Todesstoß bekommt".[11] Zuvor hatte Gogarten in einem Brief an seinen Freund Oskar Ziegner notiert:

Das Buch kann bedeutungsvoll werden für die Theologie, wenn sie es nicht leicht nimmt. Dann kann es zu einer klaren Scheidung von Religion und Kultur oder von Absolutem und Historischem der Anlass werden. Vielleicht erkennt man an diesem Buch, was man aus der Wirklichkeit selbst nicht erkennen will, den Untergang einer Welt und fragt dann mit dem Ernst, den die Weltgeschichte verlangt, nach dem, was nicht untergeht und was sich im Untergang und Aufgang offenbart[12].

Wenn Matthias Kroeger beobachtet hat, bei Gogarten löse die Metapher der Krisis das von ihm zuvor häufig verwendete Wort „Zersetzung" ab[13], so färbt sich mit dieser Umstellung die Zeitdiagnose auf andere Weise ein. Weil Krisis medizinisch Entscheidungszeit zwischen unumkehrbaren Krankheitsdurchbruch (Untergang, Tod) und wiedergewonnener Gesundheit bedeutet, manifestieren sich in der Krise eben nicht nur die Macht der Zersetzung, sondern auch die Potentiale von „Untergang und Aufgang". An dem durch sie bestimmten Geschichtsausgang „offenbart" sich die Macht dessen, was unvergänglich ist. Das metaphorische Feld verlagert in diesen Rezeptionsprozessen seinen Schwerpunkt unter dem Einfluss der biologistisch-vitalistisch pointierten Kulturmorphologie Spenglers, die das Ganze der Kultur als Leben bzw. als lebendigen Organismus betrachtet.

Die Klage über das Ende einer zuvor gefestigt erschienenen bürgerlichen Kultur ist aufgrund der Leitmetaphorik mit einem Motiv der Aufmerksamkeit für neue Anfänge und mit einem Appell, die Herausforderungen der Lage anzunehmen, verbunden. Im Sinne der drei für diese Einleitung gewählten Metaphern enthält die Krisis Chancen für Neuanfänge wie auch auf Untergänge neue Aufgänge folgen können. Die Krisenmetaphorik der sich formierenden Dialektischen Theologie ist durchaus nicht auf apokalyptische Töne festgelegt, sondern folgt der Logik paradoxer Interventionen, durch *Präsentation* der Krise den Ausweg aus ihr offenzuhalten. Im Grunde konstituiert erst dieser Doppelsinn die *„Theologie der Krise"* – eine Kennzeichnung, die nach Auskunft Friedrich Wilhelm Grafs 1923 zuerst bei Tillich, aber auch bei diesem Autor bereits in terminologischer Prägung erscheint (ohne dass man genau

---

[11] GOGARTEN, FRIEDRICH: Zwischen den Zeiten, in: Die Christliche Welt 34 (1920/24), 377. Bzw. in: Jürgen Moltmann (Hg.): Anfänge der Dialektischen Theologie, Teil 2, München 1963, 98f.

[12] Brief vom 8. April 1920, zit. n. Kroeger: Gogarten (s. Anm. 9), 211f.

[13] AaO. 215.

angeben könne, wem sich die Formel verdankt).[14] Denn sie ist *Theologie* der Krise nicht aufgrund der Rezeption der Krisenmetapher in theologischen Kontexten, sondern weil sie an Krisis und Untergang die Härte des die Sünde des Menschen aufdeckenden göttlichen Gesetzes im Horizont der aktuellen geschichtlichen Erfahrung wirksam werden sieht. Die theologische Bewegung, die sich unter diesem Titel formiert, wird durch den Doppelsinn des Genitivs verbunden, der der Krise eine Theologie verschafft. Diese beansprucht, die Erkenntnis des Gesetzes historisch zu vertiefen, um den Blick für das Evangelium neu zu eröffnen. Die *Theologie* der Krise entsteht, indem die Krisis Gottes (das Urteil Gottes) als Vertiefung und Radikalisierung der Zeiterfahrung verstanden wird und zugleich Gericht und Gnade Gottes verbunden bleiben.

Auch die Möglichkeit dieser Deutung ist der Beweglichkeit des metaphorischen Feldes verdankt. Der gelegentlich artikulierte Eindruck, diese theologische Bewegung, die Theologie und nichts als Theologie treiben wollte, aber ihrerseits Ausdruck einer Zeitströmung blieb, sei eher ein Symptom der Krise als ein theologischer Gegenentwurf, unterschätzt die Vertiefungschancen, die in der Leitmetaphorik lagen. Diese ermöglichten es, die Einsicht in die Abgründe zu verstärken, d.h. die Krisenphänomene auf die Wurzel des menschlichen Elends, also die Sünde, zurückzuführen, und die als marginalisiert empfundene Rede vom göttlichen Gericht (κρίσις τοῦ θεοῦ) in Anknüpfung an die reformatorische Theologie neu zur Sprache zu bringen. Auf diese Weise wollte man zeitgemäß und unzeitgemäß zugleich sein. Die Potentiale dieser Theologie wurzeln in den Spielräumen ihrer Leitmetaphorik.

Ein verwandter Fall theologischer Vertiefung eines Wortfeldes begegnet in Gogartens Rezeption des Entscheidungsbegriffs. Die existenzphilosophische Pointe, die auf Entscheidung gerade an Stellen setzt, an denen rationales Begründen an Grenzen gerät, und es darauf ankommt, aus bloßen Möglichkeiten etwas Wirkliches zu gewinnen, nimmt Gogarten auf, indem er die nicht weiter begründbare Glaubensentscheidung nicht als irrationale Willkür, sondern als Gehorsam gegen Gottes Wort bestimmt.[15] Zwischen Unglauben und Glauben gibt es keinen Übergang, sondern nur den Sprung, den man weder der Natur zutrauen kann (*natura non fecit saltum*) noch der Vernunft zumuten darf (das liefe auf eine *metabasis eis allo genos* hinaus). Die Existenz der Glaubenden ist aber unter einem Entweder/Oder bestimmt. Wie die Metapher ‚Krisis' nicht nur Übertragung eines Zeitgefühls in Theologie und Kirche, sondern vor allem die Explikation der theologischen Grammatik von Gesetz und Evangelium, Gericht und Gnade ermöglicht, so erlaubt die Transformation von Entscheidung in Gehorsam die Integration des Kierkegaardschen Jargons in die Selbstbeschreibung frommer Lebensführung.

---

[14] Vgl. GRAF: Der Heilige Zeitgeist (s. Anm. 5), 14 (Zitat siehe ebd. [Hervorhebung: MM]).
[15] GOGARTEN, FRIEDRICH: Die Entscheidung, in: ders.: Illusionen. Eine Auseinandersetzung mit dem Kulturidealismus, Jena 1926, 3–22 (der Text stammt aus dem Jahr 1921).

Für Karl Barth ist gezeigt worden, dass und wie er die Mehrdeutigkeit des Wortes Krisis nutzt, um im Sinne seiner später explizierten Vorordnung des Evangeliums vor das Gesetz systematische Vorbehalte gegenüber den im Luthertum (vor allem bei Gogarten) einschlägigen Vorstellungen vom Gesetz zu entwickeln.[16] Vertiefung und Radikalisierung des Nein stehen bei Barth unter dem Vorrang des den Sündern zuvorkommenden Ja Gottes. Wie im evangelischen Glauben das Werk wird in der Krisis das Bestehende außer Kraft gesetzt, eingeklammert und ausgeschlossen – auf ähnliche Weise wie das Sich-selbst-Rühmen bei Paulus durch den Glauben an Gottes Gerechtigkeit. Das Verhältnis beider Seiten, der Negation als Kritik des von Menschen Gemachten und der Position als das göttliche Ja vor der Klammer und trotz aller menschlichen Mißgriffe, ist nicht stabilisierbar. Es kann auch nicht vergrundsätzlicht werden, sondern bleibt so dynamisch und plastisch wie die metaphorische Rede.

III. Unbedingtheit im Politischen?

Stellt man die Dynamik still, verdirbt man Dialektik wie Metaphorik. Verluste entstehen aber auch dort, wo der Weg der Vertiefung und Radikalisierung auf die Bahn von Überbietungsfiguren führt, auf der man sich vor lauter Fokussierung aufs Unbedingte von konkreten Krisen im Bedingten und Endlichen entlasten kann. Barth hatte die Gefahren des abstrakt Grundsätzlichen erkannt und immer wieder Bewegung und Beweglichkeit (der Vogel im Flug) gegen leichtfertige Positivierungen zu mobilisieren gesucht. Abwehr der Synthesis, Festhalten des Negativen, Verzicht auf Abschlussfiguren – in solchen Stichworten deuten sich Theoriemotive an, die nach einer anderen Form des Denkens fragen lassen. Darin lag eine Herausforderung, die, wie Heinrich Assel in seinem Beitrag zeigt, im Neuen Denken der jüdischen Religionsphilosophie aufgenommen wurde. Allerdings hatte Paul Tillich schon früh Barths Denkweg vorgeworfen, eine bloß abstrakte Negation ins Affirmative umschlagen zu lassen. In der Krisenwahrnehmung und Kritik hängen deren Recht und Rationalität an der Genauigkeit, mit der die konkreten Verhältnisse analysiert würden. Überspringe die Kritik das Endliche und Bedingte im Namen ihrer Unbedingtheitsforderungen, führe sie, ohne es zu wollen, zum schlecht Positiven zurück. So betrachtet, gefährdet die Dialektische Theologie das partielle Recht ihrer Anfänge durch ihre Tendenz zur Neo-Orthodoxie. Diese Diagnose eines Umschlags von radikaler Orientierung am Unbedingten ins Positionelle leitet auch Grafs Darstellung der Weimarer Jahre. Graf wird nicht müde, den sog. Dialektikern die Denunziation liberaler Theologie, antihistoristische Polemik und Verächtlichmachung des Rationalismus vorzuhalten und in der Folge jeder

---

[16] BEINTKER, MICHAEL: Krisis und Gnade. Zur theologischen Deutung der Dialektik beim frühen Barth, in: ders.: Krisis und Gnade, Tübingen 2013, 22–39.

Orientierung am Absoluten die Zerstörung derjenigen Voraussetzungen anzukreiden, auf die der Rechtsstaat angewiesen wäre, um unter Weimarer Bedingungen lebensfähig zu sein. Unmittelbarkeitsgesten und Totalitätsfiguren unterminierten aber den Sinn für die Unterscheidungen, auf die es im Politischen ankomme. Die radikale Theologie der Krise sei strukturell außer Stande, eine Kultur demokratischer Kompromisse und deren durch Selbstrelativierung und Pluralität bestimmte Rationalität zu würdigen und gerate *nolens* oder *volens* auf einen Distanzierungspfad[17] gegenüber der parlamentarischen Demokratie und der durch konkurrierende Parteien bestimmten Alltagswelt der Republik.

Diese Kritik an der Unbedingtheitsfigur nimmt Überlegungen auf, die in der Rendtorffschule (verbunden mit dem gehärteten Beitrag Falk Wagners) unter dem Titel ‚radikale Autonomie Gottes' entwickelt wurden und die nicht nur Barths frühe dialektische Phase, sondern auch seine ausgearbeitete Offenbarungstheologie einem Souveränitätsdenken zuordnen, wie es Carl Schmitt und Emanuel Hirsch als expliziten Gegendiskurs zur Weimarer Republik inszenierten.

Schmitt hatte seinerseits in einer Vorbemerkung zur zweiten Auflage seiner *Politischen Theologie* Gogartens Zustimmung zu seiner Säkularisierungsthese notiert und dazu angemerkt: „Freilich stellt in der protestantischen Theologie eine andere, angeblich unpolitische Lehre Gott in derselben Weise als das 'Ganz Andere' hin, wie für den ihr zugehörigen politischen Liberalismus Staat und Politik das ‚Ganz Andere' sind"[18]. Diese Bemerkung fällt zu einer Zeit, in der sich die Wege Gogartens und Barths bereits definitiv getrennt hatten und ordnet Barth dem politischen Liberalismus zu – in einer ähnlichen Weise, in der Althaus und Elert bald darauf den von Barth geprägten Thesen der Barmer Theologischen Erklärung bescheinigten, sie machten den liberalen Rechtsstaat zum Maß aller Erörterungen des Politischen und verfehlten damit die Eigenart des deutschen Staatsdenkens. Während Alfred de Quervain elementare Entsprechungen zwischen Barth und Schmitt aufzuweisen suchte[19], nahm Schmitt selbst eher systematische Sperren der Barthschen Theologie gegenüber dem Souveränitätsdenken wahr.

Eine Historisierung der Dialektischen Theologie tut daher gut daran, Souveränität als Kontext derjenigen Umbrüche zu begreifen, die mit der Rede vom Unbedingten und vom ganz Anderen verbunden sind. Diejenigen, die meinten, die Staatslehre sei nur auf dem Boden einer Metaphysik des Unbedingten zu sichern, mussten an Versuchen Anstoß nehmen, den Staat abkünftig vom Recht zu denken, ihn also unabhängigen Normen und Verfahrensregeln zu unterwerfen. Nach ihrer Überzeugung werden alle Gesetze und Verfassungen

---

[17] Vgl. GRAF: Der Heilige Zeitgeist (s. Anm. 5), 16f.
[18] SCHMITT, CARL: Politische Theologie. Vier Kapitel zur Lehre von der Souveränität, 2. Auflage, Berlin 1934, 7.
[19] DE QUERVAIN, ALFRED: Die theologischen Voraussetzungen der Politik, Berlin 1931.

ausschließlich durch staatliche Macht positiviert und durchgesetzt, können also nicht als frei schwebende normative Ideen betrachtet werden, welche die politische Sphäre senkrecht von oben normierten. Souveränität erscheint dementsprechend entweder als Repräsentation höchster Macht, die den Staat als zweiten, als einen irdischen, Gott zu denken empfiehlt, oder aber, so die liberale Perspektive, als rechtlich konstituierte Sonderkompetenz, die nur in dem Maße gewährt wird, in dem sie systematisch begrenzt bleibt, also durch Gewaltenteilung organisiert ist. Die Debatte zwischen Carl Schmitt und Hans Kelsen war von dieser Alternative bestimmt. Sie drehte sich nicht um die vielfältigen Analogien zwischen Staat und Gott, rechtlicher und sakraler Verpflichtung, sondern um eine politisch-theologische Konzeption der Allmacht (Schmitt), der Kelsen die Vorstellung einer beschränkten, genauer: sich selbst beschränkenden Macht entgegensetzte. Kelsen verband diese Vorstellung, durchaus überraschend, mit Erinnerungen an das trinitarische Verhältnis von Vater und Sohn.

Vor dem Hintergrund der Münchner Barthinterpretationen und der komplexen wechselseitigen Wahrnehmungen und Denkallianzen der Zeitgenossen der frühen Weimarer Republik lohnt sich der Blick auf die heute aktuellen Differenzen zwischen Liberalismus und linkem Neo-Schmittianismus im Diskurs der Politischen Theologie, den Rebekka Klein in diesem Band darstellt.

IV. Ungesellige Nachbarschaft

Die Geschichte der Dialektischen Theologie lässt sich diachron als Werkgeschichte der Autoren nur beschreiben, wenn man das synchrone Geflecht der theologischen und religionsphilosophischen Diskurse der frühen Weimarer Jahre beachtet, wie sie sich in der jüdischen Religionsphilosophie, der allgemeinen Rechtslehre sowie in Kunst und Literatur darstellten. Für das Judentum muss man nur das Verhältnis von Hermann Cohens *Religion der Vernunft aus den Quellen des Judentums* und Rosenzweigs *Stern der Erlösung* in den Blick nehmen, um familienähnliche Untergänge, Umbrüche und Anfänge zu notieren. Schon die wechselseitige Beobachtung der Zeitgenossen spricht gegen die Suggestion, der Gegensatz zwischen Dialektischer und Liberaler Theologie sei eine singuläre Differenz.

Kritik am einseitigen Gefälle der Kommunikation und entsprechendem Desinteresse[20] ist wohl deshalb so einschlägig, weil Familienähnlichkeiten

---

[20] „Vergegnung" statt Begegnung diagnostiziert Christian Wiese im Blick auf das Verhältnis von liberalem Protestantismus und Judentum im Wilhelminischen Reich der Jahre 1890–1914. Sie gerate umso problematischer, je mehr die „spannungsvolle[] Mischung von Nähe und antithetischer Abgrenzung" unter dem Anspruch einer Einheit von Moderne, Protestantismus und Kulturstaatsidee stehe (WIESE, CHRISTIAN: Wissenschaft des Judentums und protestantische Theologie im Wilhelminischen Deutschland. Ein Schrei ins Leere?, Tübingen 1999, 286).

zwischen Dialektischer Theologie und Jüdischer Religionsphilosophie bestehen und beiden Seiten hätten zu denken geben müssen. Friedrich Wilhelm Graf stellt charakteristische Beispiele ausführlich vor und beschreibt sie als „konfessionsübergreifende Generationensolidarität" bzw. „Begeisterung" einer Alterskohorte,[21] die in ihrem Distanzierungs- und Artikulationswillen einen verwandten Protest gegenüber einer älteren Gelehrtenwelt ausbilde. Die Metaphorik, mit der Graf die Entwicklung des ‚Neuen Denkens' im Reformjudentum beschreibt, entnimmt er einem Brief Franz Rosenzweigs an Margrit Rosenstock-Huessy. In ihm heißt es:

In Berlin sitzt ein Privatdozent Tillich. Theologe. Mann der Zukunft. Unser Generationsbruder. Seit gestern mir bekannt [...] Er programmiert das, was ich im ‚Stern' gemacht habe. Aber dabei jeder Zoll ein Privatdozent. Schwimmt in Terminologie und kann doch auf dem Festland der wirklichen Sprache gehen

– was Rosenzweig zu der Bemerkung führt, Tillich sei „der einzige Universitätsmensch", von dem er den *Stern der Erlösung* besprochen sehen möchte.[22] Martin Buber und Friedrich Gogarten begründen 1923 eine Arbeitsgemeinschaft und tauschen ihre Manuskripte vor der Drucklegung aus.[23] Ignaz Maybaum interpretiert 1932 Rosenzweigs Selbstpositionierung im Horizont der von der Dialektischen Theologie skizzierten Denkmöglichkeiten[24] – was auch dann einzuleuchten vermag, wenn man Rosenzweigs Vorbehalte gegenüber Barth und Gogarten nicht übersieht.[25] Leo Strauss wiederum bekennt 1965 im Rückblick, für ihn sei das „Wiedererwachen der Theologie" gleichursprünglich mit Barth *und* Rosenzweig verbunden. Auch der junge Hans-Joachim Schoeps stand im brieflichen Austausch mit Barth und konzipierte 1932 eine jüdische Theologie des Wortes Gottes, eingeführt und vorgestellt als eine Theologie des „Gesetzeswortes"[26]. Schoeps spätere kritische Äußerung über ‚Barthianer', die Friedrich Wilhelm Graf notiert,[27] muss mit der inhaltlichen Bezugnahme nicht in Spannung oder Widerspruch stehen. Alexander Altmann schließlich knüpfte in seinen Überlegungen zu Metaphysik und Religion und insbesondere zu einer am Offenbarungsbegriff orientierten jüdischen Theologie an den Krisisbegriff

---

[21] GRAF: Der Heilige Zeitgeist (s. Anm. 5), 46.
[22] Vgl. ebd.
[23] KROEGER: Gogarten (s. Anm. 9), 286.
[24] Vgl. MEYER, THOMAS: Vom Ende der Emanzipation. Jüdische Philosophie und Theologie nach 1933, Göttingen 2008, 160f.
[25] „Aber warum ist einem bei Kierkegaard doch so ganz anders [sic!] zumute als bei Barth und Gogarten? Doch nicht bloß, weil er das Original und sie die Kopien sind [...] hinter jedem Paradoxon Kierkegaards spürt man biographische Absurda – und deshalb muß man ihm credere. Während man hinter den Barthschen Kollosalnegationen nichts spürt als die Wand auf der sie gemalt sind, und diese Wand ist tüncheweiß" (Brief an Buber, zit. n. KROEGER: Gogarten [s. Anm. 9], 361, Anm. 122).
[26] Vgl. MEYER: Vom Ende der Emanzipation (s. Anm. 24), 35.
[27] Vgl. GRAF: Der Heilige Zeitgeist (s. Anm. 5), 27.

an, auch an die Figur des Entweder/Oder von Gott und Mensch, und erklärte (nicht nur im Blick auf die eigene Religion) die liberale Richtung für überholt,[28] sah aber die Dialektiker im für das Christentum typischen Paradigma von ‚Kirche' befangen.[29] Wenn Graf den Vertretern der Dialektischen Theologie einen Antihistorismus attestiert, der im Kern auf „Modernitätsfeindschaft"[30] beruhe und zu autoritären Denkfiguren führe, kann man in Thomas Meyers Darstellung erkennen, dass auch diese Diagnose entsprechende Erfahrungen im internen jüdischen Diskurs an ihrer Seite hat, denn Julius Guttmann interpretiert den Denkweg Leo Strauss' als einen Übergang von der Radikalisierung des Denkgestus zur freiwilligen Unterwerfung unter Autorität.[31]

Zu solchen Nachbarschaften gehörten wissenschaftsorganisatorisch auch die Bemühungen um Öffentlichkeit, um die Etablierung theologischer Zeitschriften, die als Publikationsorgane von Bewegungen und Aufbrüchen erkennbar sein sollten. Dazu gehörten *Das Neue Werk*, die *Theologischen Blätter* oder die *Zeitschrift für Systematische Theologie*, vor allem natürlich *Zwischen den Zeiten*, deren ersten Hefte Siegfried Kracauer in der Frankfurter Zeitung rezensierte.[32] Das Gegenstück jüdischer Zeitschriften und ihrer öffentlichen Rezeption analysiert Daniel Weidner am Beispiel der Bände *Die Kreatur* und beschreibt die Hintergrunddebatten ihrer Herausgeber und Autoren. Wie für das Flaggschiff der dialektischen Theologie gilt auch für den Zusammenschluss jüdischer Intellektueller: Nicht nur Bücher, sondern auch Zeitschriften haben ihr Schicksal. Die Schieflagen einseitiger Rezeption zwischen evangelischer Theologie und jüdischer Religionsphilosophie sind ein zentrales Thema im Beitrag von Heinrich Assel.

V. Ganz andere Autoren

Was als Generationenbruch beschrieben wurde, war in mancher Hinsicht ein Umsturz[33] im Lektürekanon bzw. eine Veränderung in der Art, wie bestimmte

---

[28] MEYER: Vom Ende der Emanzipation (s. Anm. 24), 191.
[29] AaO. 35ff.
[30] So fasst Dietrich Korsch zusammen, in: Elisabeth Gräb-Schmidt/Volker Leppin (Hgg.): Geschichte als Thema der Theologie (Marburger Jahrbuch Theologie XXXII), Leipzig 2021, 135.
[31] Wie Meyer zeigt, vgl. DERS.: Vom Ende der Emanzipation (s. Anm. 24), 129f u. 141.
[32] Vgl. GRAF: Der Heilige Zeitgeist (s. Anm. 5), 66f.
[33] Bereits Hermann Nohl beschreibt die „geistige Revolution", die „einen der stärksten und markantesten Generationswechsel bedeute" als Ausdruck einer „Gärung in der deutschen Jugend", wie Troeltsch zusammenfasst (vgl. TROELTSCH, ERNST: Die Revolution in der Wissenschaft, in: Schmollers Jahrbuch für Gesetzgebung, Verwaltung und Volkswirtschaft 45 [1921], Berlin 1921, 65–94; 66). Zu Troeltschs Krisendiagnostik als einer Revolution der Jahrhundertwende, vgl. GRAF: Der Heilige Zeitgeist (s. Anm. 5), 140ff.

Autoren (Nietzsche, Dostojewski, Kierkegaard) gelesen wurden. Man vergleiche nur die halbe Druckseite, die Troeltsch in seiner Studie des neunzehnten Jahrhunderts Friedrich Nietzsche widmet, mit der Nietzscherezeption Barths und ihren jeweiligen Denkgestus. Troeltschs, noch vor dem Ersten Weltkrieg entstandene, wie immer mit breitem Pinsel gemalte Geschichte der Ideen und geistigen Strömungen der Moderne, ihrer aus der Vogelperspektive beobachteten Verschmelzungen und Umformungen, ihre Zuordnung zu Weltanschauungskämpfen, die zwischen Sensualismus, Materialismus und Positivismus einerseits, Idealismus, Humanismus und Wertschätzung des Individuums andererseits ausgetragen werden, präsentiert Nietzsche als „führenden Geist" einer Kulturkritik, in der sich Schopenhauer und Darwin verbinden, als einen Autor, der alles Durchschnittliche verneine, das große Individuum emphatisch bejahe, der Masse Mensch aber mit Herabsetzung begegne. Seine inhaltlichen Ziele blieben aber „verschwommen und trotz allem echten ethischen Pathos sehr naturalistisch"[34]. Troeltschs geistesgeschichtliche Zuordnungsfreudigkeit und seine ideengeschichtliche Rubrizierungskunst mag manches Richtige treffen, erspart aber sich und der Leserschaft jeden Gedanken. Man hat vom Übermenschen gehört und will sich von Kulturkritik nicht belästigen lassen. Ganz anders Barth. Er braucht nicht von oder über Nietzsche zu sprechen, um deutlich werden zu lassen, dass er ihn gelesen hat. Barth nimmt Nietzsches Attacken auf den „theologus liberalis vulgaris"[35] auf, variiert und erweitert sie, und entwickelt daraus seine eigene, auf die Bibelauslegung zielenden Bemerkungen zur Fragwürdigkeit der theologischen Hermeneutik. Nietzsches Diagnose, „eine Religion, die durch und durch wissenschaftlich erkannt werden soll", sei „am Ende dieses Weges zugleich vernichtet"[36], wird in Barths Auslegung des Römerbriefs zur selbstverständlichen Voraussetzung und das ‚paulinische' Verständnis von Rechtfertigung wird zur „Umwertung aller Werte"[37].

Natürlich muss man hinsichtlich der Bedeutung der historischen Forschung anderer Meinung sein als Barth und gewiss kann man Troeltschs kluge Rehabilitierung des politischen Kompromisses (an die Christian Polke in seinem Beitrag erinnert) und dessen Würdigung des Relativismus für eine Sternstunde Pluralismus tauglicher Theologie in der frühen Weimarer Republik halten. Jedoch reicht die eigene inhaltliche Positionierung in Zustimmung oder Ablehnung noch nicht aus, um Rezeptionsdynamiken im Sturm und Drang von Umbruchszeiten zu erfassen. Troeltschs gemächliches Abschildern von

---

[34] TROELTSCH, ERNST: Das neunzehnte Jahrhundert, in: ders.: Gesammelte Schriften IV: Aufsätze zur Geistesgeschichte und Religionssoziologie, Tübingen 1925, 614–649, 642.

[35] NIETZSCHE, FRIEDRICH: Vom Nutzen und Nachteil der Historie für das Leben, Kritische Gesamtausgabe, Abt. III: Bd. 1, Giorgio Colli/Wolfgang Müller-Lauter (Hgg.), Berlin/New York 1972, 293.

[36] AaO. 292.

[37] BARTH, KARL: Der Römerbrief (Erste Fassung) 1919, Gesamtausgabe, Abt II: Bd. 16, Hermann Schmidt (Hg.), Zürich 1985, 53–65.

intellektuellen Dependenzen im Gang des neunzehnten Jahrhunderts zeigt sich vom *modus loquendi* unbeeindruckt, mit dem Nietzsche seine Fragen dramatisiert. ‚Kulturkritik' ist für ihn der Titel für die Einhegung eines Gestus des Infragestellens, wie ihn Karl Barth im theologischen Diskurs auf seine Weise reinszeniert. Wenn Barth beansprucht, „durch das Historische hindurchzusehen"[38], weiß man zwar nicht, wie ein solcher Durchblick zustande kommen soll, aber man erkennt, verbunden mit dem traditionellen Gegensatz von Buchstaben und Geist, von Gewordenem und Geltendem den von Nietzsche thematisierten Antagonismus von Historie und Leben. Analog Gogarten: „Das ist es ja, was die Religion uns leisten soll: uns herausnehmen aus der Historie, aus der Gebundenheit an Raum und Zeit und allen ihren Engen und Beschränktheiten und uns das Leben spüren lassen, das nur noch Gegenwart ist"[39]. Und weiter: „Das ist tot, worauf die Wissenschaft (soll ich sagen ‚unsere' Wissenschaft?) ihren Blick richtet und was sie begreifen kann"[40]. Der Antihistorismus ist gewiss ein Problem, aber der Historismus auch keine Lösung.

Über dessen Probleme brauchte man Ernst Troeltsch freilich nicht zu belehren. Er deutete sie aber als Ermüdungserscheinungen eines Bewusstseins, das aufgrund der Relativierung alles Bestehenden die Kraft der Zukunftsgestaltung zu verlieren droht, das zögerlich in der Zustimmung zu Normen[41] geworden ist, an deren Idealität und Tragfähigkeit Troeltsch faktisch keinen Zweifel lässt. Nicht die Werte, nur das Werte*bewusstsein* sei zeitgenössisch erschüttert.

Umwertung aller Werte aber war ein Programm der Düpierung der Moral und ihrer Meisterdenker, das den Stil der Lektüren veränderte und den Revolutionären, Abweichlern und Häretikern wenigstens im Raum des Denkens Heimatrecht gewährte. Marcion ist dafür ein Beispiel. Wie er von Adolf von Harnack interpretiert und von Ernst Bloch gelesen wurde, ist ein markanter Untersuchungsgegenstand, an dem Georg Essen verdeutlicht, wie literarischer

---

[38] „Meine ganze Aufmerksamkeit war darauf gerichtet, durch das Historische hindurchzusehen in den Geist der Bibel, der der ewige Geist ist. Was einmal ernst gewesen ist, das ist es auch heute noch, und was heute ernst ist und nicht bloss Zufall und Schrulle, das steht auch in unmittelbarem Zusammenhang mit dem, was einst ernst gewesen ist. Unsere Fragen sind, wenn wir uns selber recht verstehen, die Fragen des Paulus, und des Paulus Antworten müssen, wenn ihr Licht uns leuchtet, unsere Antworten sein." (BARTH, KARL: Römerbrief [Zweite Fassung] 1922, Gesamtausgabe, Abt. II: Bd. 47, Cornelis van der Kooi/Katja Tolstaja [Hgg.], Zürich 2010, 3.)

[39] Gogarten zit. n. GRAF: Der heilige Zeitgeist (s. Anm. 5), 276.

[40] Zwischen den Zeiten, zit. n. KROEGER: Gogarten (s. Anm. 9), 218.

[41] „In diesen Wandlungen der Historie spiegelt sich im Grunde nur der Wegfall aller festen Normen und Ideale des menschlichen Wesens und das Gefühl, daß die großen Wandlungen der Zukunft durch eine historische Selbsterkenntnis unseres Werdens vorbereitet werden müssen. Wo diese Zukunftsrichtung wegfällt, da wird die Historie zum reinen Historismus, zur völlig relativistischen Wiedererweckung beliebiger vergangener Bildungen mit dem lastenden und ermüdenden Eindruck historischer Aller-Welts-Kenntnis und skeptischer Unproduktivität für die Gegenwart" (Troeltsch: Das neunzehnte Jahrhundert [s. Anm. 35], 628).

Expressionismus operiert. Damit fällt bezeichnendes Licht auch auf Barths Römerbrief und die Art, wie er Nietzschelektüren und Paulinische Kreuzestheologie zusammenführt. Man könnte den revolutionären Gestus ‚symbolisch' nennen.

VI. Krisistheologie als Symbolische Revolution

Pierre Bourdieu hat in seinen Manet-Studien den Begriff der symbolischen Revolution eingeführt bzw. spezifisch akzentuiert und zwar als Kennzeichnung von Veränderungen, die sich – von einer sozialen Bewegung getragen – auf die Strukturen des in der jeweiligen Lebenswelt verankerten kognitiv Selbstverständlichen auswirken. Handlungsstile, Dispositionen, in die Praxis eingebettete Gepflogenheiten und mentale Einstellungen sind im Blick. Der revolutionäre Impetus mag sich vordergründig in dem manifestieren, was Charismatiker – in Max Webers Sinne – öffentlich verlautbaren, er gewinnt aber seine Kraft durch Handlungsmöglichkeiten, an die zuvor niemand gedacht hatte oder die als verfemt galten. Im weiteren Gang der Ereignisse mündeten die angestoßenen Veränderungsschübe in erneute Veralltäglichungen, so dass symbolische Revolutionen ihre eigene subversive Kraft früher oder später aufheben, neutralisieren oder zerstören.[42] Die Rekonstruktion eines solchen Prozesses, und das dürfte auch für das Thema dieses Bandes zu gelten, könne nicht entlang der einzelnen faktisch vertretenen Überzeugungen und inhaltlichen Mitteilungen erfolgen, also auch nicht die Frage in den Mittelpunkt stellen, ob man einzelnen Inhalten zustimme, die vertretenen Meinungen für wahrscheinlich oder gar für vernünftig halte. Vielmehr komme in der historischen Analyse alles auf die Beobachtung der Zeitdynamik und der sozialen Kräftekonstellationen an. Symbolische Revolutionen sind Angelegenheiten eines (mit Tillich gesprochen) Kairos, sie entladen sich *ad hoc* unter Augenblicksdruck und für sie sind, Bourdieu zufolge, nicht Intentionen der Handelnden oder ihrer Werke (*intentio auctoris resp. operis*), sondern der *modus operandi* charakteristisch.[43] Zentrales Indiz für ihn sind Attacken im Symbolsystem und im Gegenzug die Beschimpfungen, mit denen die Handlungen der Revolutionäre quittiert werden. Nicht die Inhalte, sondern der Stil der Kommunikation, der bewusste Bruch von Konventionen und die öffentliche Verletzung eingespielter Regeln machen eine symbolische Revolution aus. Typische Strategien ihres Verfahrens verdeutlicht Bourdieu vor allem an Manets *Frühstück im Grünen*, etwa im Blick auf die die Zeitgenossen provozierende Nacktheit der Frau, die erst aufgrund der Kombination dieser Bildfigur mit den um sie gruppierten Männern im Kleidungsstil der Zeit nicht länger als Göttin oder Nymphe identifiziert, sondern

---

[42] Vgl. Bourdieu, Pierre: Manet. Eine symbolische Revolution, Berlin 2015, 21.
[43] Vgl. aaO. 82; 365.

umstandslos der bürgerlichen Gegenwart zugeordnet wird. Die Bildkomposition spielt mit Erinnerungen an die mythische Gestalt (deren Nacktheit als unverfänglich galt) und zwingt die Betrachter zugleich, die dargestellte Frau nicht als Akt-Modell im Atelier, sondern als leichtes Mädchen oder Prostituierte wahrzunehmen. Die Skandalisierung sei kein äußeres Schicksal, die Manet kontingent getroffen habe, sie sei gewollt; ihre Auslöser sind in das Werk eingelagert. Aber auch an der für eine Genreszene überzogenen Größe des Bildes,[44] am unbeteiligten Blick, der zum Modell im Atelier passt, an den aus der akademischen Bildtradition stammenden Posen und Gesten, und schließlich an der Ineinanderblendung von Atelier- und Freilichtszene identifiziert Bourdieu Bildstrategien einer bewussten Ironisierung der Akademieregeln, also der klassischen Ausrichtung und Ausbildung. Bourdieu spricht von „freiwilligem Barbarismus"[45] – alles andere als ungebildete Verachtung akademischer Meisterschaft.

Gewiss haben Vergleiche zwischen dem theologischen Expressionismus insbesondere des Barthschen Römerbriefs und den Umbrüchen in Literatur und bildender Kunst die Analyse der Theologie der frühen Weimarer Jahre begleitet.[46] Aber die analytisch-deskriptiven Mittel Bourdieus und seine Interpretationen laden zu einer Vertiefung der Gesichtspunkte ein. Einige Motive seien genannt. Die Metapher des Bruchs und Umbruchs verweist, rückübersetzt in das Vokabular des Handelns und der Praxis, auf Strategien der Brechung, der öffentlichen und medialen Inszenierungen von Angriffsverhalten und der kalkulierten Attacken auf Positionen, die eben nicht nur ‚in Frage gestellt', sondern regelrecht preisgegeben werden. Auffälliger Weise ist ‚Attacke' ein inhaltliches theologisches Leitmotiv, mit dem Barth und Gogarten die Bedeutung der Krisis explizieren. So schreibt Barth in der zweiten Auflage seines Römerbriefs, Sinn für die Krisis Gottes „wäre das wissende und willige Erleiden des absoluten Angriffs auf den Menschen, der von der Gerechtigkeit Gottes ausgeht"[47], so dass gerade die Heilsbotschaft „Beunruhigung, […] Erschütterung, de[n] alles in Frage stellende Angriff schlechthin"[48] bedeute. Bei Gogarten begegnet Entsprechendes, wenn er Spenglers Untergangsbuch der „Kultur den Todesstoß"[49] versetzen sieht. ‚Attacke' ist auch Losung des eigenen Handelns. Barth sieht Gogarten als „Dreadnought für uns und unsere Widersacher" (also als Kriegsschiff bzw. Kanonenboot) und fragt bei ihm nach, „wen Sie eben in Begriff sind ‚abzuschiessen'. Denken Sie daran, daß Sie mir die beträchtlichsten

---

[44] Vgl. aaO. 46; 65.
[45] AaO. 65.
[46] Vgl. die Bemerkungen M. Kroegers: Gogarten (s. Anm. 9), 372–374. Tillich hat diese Nachbarschaft geradezu zur Angel seiner neuen Kulturtheologie gemacht.
[47] BARTH: Römerbrief (Zweite Fassung) 1922 (s. Anm. 38), 505.
[48] AaO. 311.
[49] Zit. n. KROEGER: Gogarten (s. Anm. 9), 218.

Dinge, z. B. die Erlegung Troeltschs versprochen haben"[50]. Gogarten spricht von seinen eigenen Vorträgen als von „Schläge[n], die ich austeile"[51]. Er unterbricht durch gezielte Zwischenrufe oder lautes Lachen die Vorträge anderer[52] als gelte es die alte *rabies theologorum* wieder aufleben zu lassen. Kroeger bescheinigt dem Denken Gogartens daher „etwas Gewalttätiges", „Raserei"[53] und zitiert den zeitgenössischen Eindruck, Gogarten agiere „schroff, unduldsam, ja bisweilen sogar hart und boshaft"[54]. Doch muss man das nicht psychologisierend persönliche „Schärfe"[55] nennen. Was hier in den Blick kommt, ist ein Denkgestus oder Denkstil[56] als ein Verfahren, das Feld der Auseinandersetzungen umzupflügen. Es handelt sich bei den einschlägigen Phänomenen um Medien der Kommunikation, die zur Sache selbst gehören (vielleicht sogar diese ausmachen). Interpretiert man sie als biographische Auffälligkeiten oder als Ausdruck subjektiver Stimmungen, unterschätzt man ihren Darstellungswert. Die Attacken der symbolischen Revolutionäre sind keine Deskriptionen, die im übertrieben schroffen Ton präsentiert werden, sondern Sprechhandlungen, die Positionen dem Untergang ‚weihen'. In Zeiten des Umbruchs erweisen sich nicht Lehrmeinungen als veraltet oder überholt als hätten sie sich von selbst ‚erledigt', vielmehr werden sie als solche markiert. Gogarten und Barth beherrschen die Kunst, die öffentliche Aufmerksamkeit durch Gesten der Identifikation von Freund und Feind zu steuern. Man könnte wohl auch sagen – wenn wir denn schon in die Nachbarschaft zu Schmitts Terminologie geraten sind: Souverän ist, wer über die Attacke entscheidet.

Zum polemischen Stil gehören Karikatur, Spott oder Persiflage[57], aber auch die gezielte Verletzung der Erwartung, die für die Wahrnehmung des Eigentlichen vorbereiten soll. Wenn Barth in seinem Tambacher Vortrag, den MacCormack in diesem Band analysiert, den ihm gestellten Vortragstitel *Der Christ in der Gesellschaft* bewusst missverstehend über ‚Christus in der Gesellschaft' spricht, treibt er ein Spiel mit den Tagungsusancen und verführt seine Zuhörer im Modus einer rhetorischen Frage zu der Auffassung, das

---

[50] BARTH: Postkarte an Gogarten vom 4. Dezember 1920, zit. n. KROEGER: Gogarten (s. Anm. 9), 320.

[51] AaO. 309.

[52] AaO. 203.

[53] AaO. 273.

[54] FISCHER, KARL: Jenseits des Liberalismus, in: Freie Volkskirche 1922, 40ff – zit. n. KLEMM, HERMANN: Im Dienst der Bekennenden Kirche. Das Leben des sächsischen Pfarrers Karl Fischer 1896–1941, Göttingen 1986, 50.

[55] KROEGER: Gogarten (s. Anm. 9), 283.

[56] Zur Attacke als Denkstil: MEYER: Vom Ende der Emanzipation (s. Anm. 24), 139. Vgl. auch Meyers Ausführungen zum Extrem als eines vermuteten Mediums der Wahrheit (aaO. 146).

[57] Bourdieu nennt die Parodie einen Bruch, der die Form dadurch bewahrt, dass über sie gelacht werden kann, BOURDIEU: Manet (s. Anm. 42), 445.

Thema könne überhaupt nur in dieser Fassung ein ernsthaftes sein. Die christozentrische Kehre erfolgt als indirekte Mitteilung, der fein eingespielte ironische Ton unterscheidet das Ansinnen des Vortragenden von den im kirchlichen Feld ja nicht überraschenden, sondern stereotyp vorgetragenen Aufrufen zur Besinnung aufs Wesentliche. Zur *Performance* symbolischer Revolutionäre gehört es, Kritik an der vorherrschenden Lehrrichtung durch Solidarisierungseffekte unter Häretikern zu verstärken.[58] Man macht nicht nur, was verboten ist, man macht auch vor, dass man sich um Konventionen nicht scheut, und rechnet auf die Zustimmung und den Applaus derer, die vielleicht andere Einwände hegen, aber sich mit dem Angreifer solidarisieren.

Charakteristisch ist auch eine mitlaufende Metakommunikation. Die Autoren präsentieren nicht nur theologische Vorträge, sondern sie kommentieren in ihnen beständig (teils unterschwellig, teils explizit) die Formen des Theologietreibens. Sie reden zwar manchmal als ob sie ein intim-vertrautes Gespräch mit Paulus oder Luther führten, ganz auf deren Sache konzentriert, sorgen aber dafür, dass die theologische Arbeit solcher Unmittelbarkeit zum Trotz reflexiv wird, indem beständig von ihrer Eigenart und Aufgabe, ihren Herausforderungen und Grenzen, ihrer Unverzichtbarkeit oder Existenzialität die Rede ist.

In diesem Sinne ist der *modus operandi* wesentlich für die Mitteilung. Er kann auch im Widerspruch zu den vorgetragenen Inhalten wirksam werden. Immerhin muss man länger auf die Suche gehen, um vergleichbare Leistungen theologischer Rhetorik zu finden, wie sie Autoren der zwanziger Jahre darbieten, die gerade nicht Kultur, Stil, Literatur oder symbolische Form, sondern allein Gottes Wort zum Zuge bringen wollten. Sie wussten um die Indirektheit und den Bedarf an parodistischen Brechungen, die nötig werden, weil dieses Ziel als theoretische Programmatik unerreichbar bleibt.

Vor diesem Hintergrund dürfte es eine Verkürzung sein, wenn man die Generation der Krisentheologen der frühen Weimarer Zeit als *Outsider* beschreibt, die aufs Pfarramt fixiert, von den Sorgen des Predigers geleitet und mit der Bibel (oder im Blick auf Gogarten gesprochen: mit einer Lutherausgabe) in der Hand, senkrecht von oben in die Rolle der Propheten schlüpften, die gegen das Kult(ur)heiligtum zu Felde zogen. Unabhängig von der Frage, ob man in den Dialektikern die Leitfiguren eines theologischen Neuanfangs oder die Vorboten des Untergangs der Weimarer Republik erkennen will, sind sie vor allem als *Insider* des theologischen Diskurses ernst zu nehmen. Was sie sagten, schrieben, trieben, beruhte auf Möglichkeiten, die im Felde von akademischer und kirchlicher Theologie bereit lagen und durch gesteigerte Aufmerksamkeit für Veränderungsbedarf im wissenschaftlichen, historischen und kulturellen Kontext freigelegt wurden. Am Anfang war der Umbruch, kein Untergang.

---

[58] Auch darauf macht Bourdieu aufmerksam: vgl. aaO. 303.

VII. Zu den einzelnen Beiträgen

Die Überlegungen dieser Einleitung sind weder als inhaltliche Klammer noch gar als normativer Rahmen für das gedacht, was die Autorinnen und Autoren dieses Bandes beitragen, entwickeln und darlegen. Es handelt sich nur um Beobachtungen und Lektürehinweise, die sich bei der Planung der Tagung und der Herausgabe des Bandes ergaben. Die folgenden Texte stehen und sprechen für sich selbst, weshalb sie keiner weiteren Kommentierung bedürfen.

Der Band setzt ein mit *Arnulf von Schelihas* Untersuchung der Kritik an der parlamentarischen Demokratie, wie sie sich im konservativen Flügel des Protestantismus fand. Betrachtet werden nicht nur die akademischen Theologen Seeberg und Hirsch, sondern erinnert wird auch an die Vorsitzende des Deutsch-Evangelischen Frauenbundes, Paula Müller-Otfried, die als Reichstagsabgeordnete für die DNVP ein politisches Amt übernahm. Während Seeberg und Hirsch nach Wegen suchen, Kapitalismus, Individualismus und westliche Staatsform einzuhegen und dem deutschen Volk, dem Beruf und Stand seiner Glieder, den Raum zu verschaffen, der von Gott vorgesehen sei, führt die ebenfalls konservativ geprägte Besinnung auf die Rolle der Frau bei Müller-Otfried zu einem anderen, pragmatischen Verhältnis zur Republik. Anfängliche Ablehnung wird in Beteiligung transformiert, weil die Republik Rechte gewährte und Chancen verschaffte. Von Scheliha plädiert dafür, solche prudentiell geprägten Lerngeschichten als produktive Umbrüche aufgrund gewonnener Erfahrung mit der Republik in den Blick zu nehmen. Vertrautheit mit der Praxis bestimme politische Einstellungen zum demokratischen Rechtsstaat unter Umständen nachhaltiger als der Blick auf sog. Grundwerte oder die Menschenwürde.

Carl Schmitt war ein Krisendiagnostiker eigener Art. Schon deshalb verdient er mehr Aufmerksamkeit in den theologischen Diskursen um die frühe Weimarer Republik, nicht nur als Säkularisierungstheoretiker. Zentraler Bezugspunkt in *Rebekka A. Kleins* Beitrag zu diesem Band ist Schmitts Abhandlung zur *Politischen Romantik* (1919). Seine Kritik der Romantik als Subjektivismus und Occasionalismus erscheint als eine Art Kontrastmittel, durch das die Motive Souveränität und Entscheidung, aber auch das Verhältnis von Regel und Ausnahme deutlicher und dringlicher werden. In unserer Gegenwart wird Schmitt nicht länger als Vordenker des Dritten Reiches gelesen, sondern als aus der Spur geratener Freiheitstheoretiker, als Analytiker *verdeckter* Macht oder politischer Ästhetik dekonstruiert und sogar als postliberaler Denker *avant la lettre* gewürdigt. War Schmitt ein Denker des Übergangs zur demokratischen Ordnung, der dieser Staatsform von rechts nachsagte, was man ihr heute von links vorwirft: etwa vor lauter Recht keine Gerechtigkeit zu kennen oder die Gleichheit aller nur zu gebrauchen, um dem Individuum die Chancen zur Identitätsbildung zu nehmen? Immerhin könnten Schmitts Kategorien dazu verhelfen, das Verhältnis von Ordnung (Gesetz) und Leben, aber auch von

Recht und Gnade neu zu denken, wie Christoph Menke argumentiert hat. Klein stellt seine und andere aktuelle deutschsprachige Schmittinterpretationen vor und versucht, „mit Schmitt gegen Schmitt" denkend, die im Politischen Diskurs verborgene Theologie freizulegen.

Den Beobachtungen zur politischen Praxis und zur Politischen Theologie folgt ein Beitrag zum Souveränitätsdiskurs bei Karl Barth. Hundert Jahre nach dessen Tambacher Vortrag (*Der Christ in der Gesellschaft*) diskutiert *Bruce L. McCormack* die zentralen Vorentscheidungen dieses Textes, der neben den beiden Auflagen des Römerbriefs den Ausgangspunkt der Wirkung Barths in Deutschland bildete. Barth habe noch keine Christologie, die Bedeutung für den Gottesbegriff und das Theologieverständnis hätte entfalten können. Aber er unterziehe den (vorgegebenen) Vortragstitel einer Dekonstruktion, die nicht nur den Übergang vom Christen auf Christus einleite, sondern am Ort der Gotteslehre auch den Blickwechsel vom Wesensbegriff zu dem der Existenz und zu einer Terminologie, die ‚Leben' und ‚Lebendigkeit' gegenüber allem bevorzugt, was nach Abstraktion oder nach ‚An sich Sein' klingt. Anderssein Gottes, Orientierung an Antithesis und Widerspruch sind aber Bestimmungen, die ihrerseits in eine Abstraktion geraten, solange Kriterien für Positives oder Affirmierbares fehlen. Eine Gegenbewegung setze um 1924 in Barths Gottesverständnis ein, wenn er die Kluft zwischen ‚Gott an sich' (Wesen) und ‚Gott für uns' als Problem erkenne und diese zu schließen suche. Gottes Sein wird von seinem konkreten Verhältnis als Schöpfer und Erlöser zur Welt betrachtet und zwar unter dem zeitgenössischen Begriff der ‚Entscheidung'. Mit ihm werde einerseits die reformierte Erwählungslehre aufgenommen, andererseits aber das Verhältnis von Kontingenz und Notwendigkeit in den Fokus gerückt. Gottes freie Entscheidung zugunsten der Welt könne aber weder rein zufällig noch notwendig sein, weil nur jenseits dieser Alternative die Souveränität Gottes und sein Wesen als Liebe gewahrt seien. Unter diesem Gesichtspunkt fällt auch Licht auf die von Trutz Rendtorff ausgelöste Debatte um die Aporien einer theologischen Souveränitätslehre. McCormack entwickelt vor diesem Hintergrund einen Begriff der kommunikativen Freiheit, den er gegen die Rede von der radikalen Autonomie Gottes zu profilieren sucht.

Heinrich Assel vermisst das gemeinsame Feld des Zweifels an der Sagbarkeit Gottes, der Dialektik und des Verhältnisses zur negativen Theologie, auf dem sich Jüdische Religionsphilosophie und Dialektische Theologie nahe waren, ohne dass diese Nähe Barth und Gogarten zu denken gegeben hätte. Die theologische Produktivität der zwanziger Jahre werde unterschätzt, solange man die 1929 veröffentlichten *Untersuchungen zur Theorie des unendlichen Urteils* von Jakob Gordin nicht als das *missing link* zwischen Hermann Cohen und Franz Rosenzweig einerseits und andererseits der damaligen Debatte und dem erst spät in Deutschland wahrgenommenen Denken Emanuel Lévinas' begriffen habe. Von Cohens Fassung des Ursprungsbegriffs als Ungrundlegung, über die Aufnahme des Offenbarungsbegriffs bei Rosenzweig hin zum

Alteritätsdenken von Lévinas führe ein Denkweg, der zwischen Offenbarungspositivismus (inklusive dessen absolutheitstheoretischer Überbietung) und negativer Theologie verläuft, und der die Unzulänglichkeit auch aller negativen Attribute und die Vergeblichkeit des Schweigens erkenne, so dass er sich dem Verstummen widersetzt. Assel kritisiert die Systematische Theologie evangelischer Provenienz gerade dort, wo sie den Dialog mit Lévinas suche, da die Christologie und die Offenbarungsvorstellungen zu Kurzschlüssen und Unterbestimmungen in der Wahrnehmung des Judentums führten. Die Weimarer Zeit ist nicht nur Anfang und Umbruch, sondern gibt vor allem im Blick auf das, was in ihr verpasst wurde, zu denken.

Daniel Weidner lenkt den Fokus auf die Geschichte theologisch-religionsphilosophischer Zeitschriften und ihrer öffentlichen Rezeption, indem er exemplarisch den Entwicklungsprozess der jüdischen Zeitschrift *Die Kreatur* in den Blick nimmt. Sie war nicht nur ein Versuch, interkonfessionelle Differenzen auf der Grundlage eines gemeinsamen schöpfungstheologischen Anliegens zu überwinden, sondern vor allem auch – aus medientheoretischer Perspektive betrachtet[59] – eine Kulturzeitschrift, die von ihren Mitarbeitern als Dialogplattform genutzt wurde, um unterschiedliche Positionen darzustellen und in ein produktives Verhältnis zu setzen. Das kreative ‚Spiel' der Autoren mit unterschiedlichen Ausdrucksformen betrachtet Weidner als Möglichkeitsraum für eine Unbestimmtheit, die ihre fruchtbare Dynamik in der Anschlussoffenheit der einzelnen Beiträge entfaltet. Einerseits sieht Weidner in diesem intellektuellen Gespräch eine ‚gebrochene' Form der Gemeinschaft entstehen, in der Religion auf neue Weise zur Sprache komme. Andererseits deutet er den Dialog als Medium auch der Weiterentwicklung von Konflikten und Abgrenzungen, die mit dem Niedergang der Weimarer Republik an Virulenz gewinnen.

Überblendung von Textauslegung und Gegenwartsdeutung begegnet nicht nur in Barths Römerbrief, sondern auch, wie *Georg Essen* zeigt, in Blochs *Geist der Utopie*. Beide Veröffentlichungen sind durch ihre Nähe zum Expressionismus miteinander verwandt. Essen konzentriert sich auf Blochs Marcioninterpretation, die unabhängig von Harnacks Marcionbuch entstanden sei, aber nach Jacob Taubes mit letzterem die Überzeugung teile, bei Marcion manifestiere sich ein neuer Typ von Religiosität, der als Antwort auf eine radikalisierte Krisenerfahrung zu verstehen sei. Wo die Weltlage als unentrinnbare Gefangenschaft in einer Katastrophe erlebt werde, bleibe nur Weltverachtung und Flucht in ein weltjenseitiges Heil. Nur die gänzliche Unvereinbarkeit von Schöpfung und Erlösung macht dann das Dasein als Geschöpf erträglich. Ob diese gnostische Lösung überwunden werden kann und was diese Frage für das

---

[59] Der religionstheoretischen Bedeutung medialer Darstellungsformen folgt Daniel Weidner auch in seinem gemeinsam mit Heike Schlie und Stefanie Ertz publizierten Band: Sakramentale Repräsentation. Substanz, Zeichen und Präsenz in der Frühen Neuzeit, München 2012.

Selbstverständnis der Neuzeit und ihre Legitimität im Gegenüber zum Christentum besagt, sind keine Nebenschauplätze im Säkularisierungsdiskurs, sondern gerate zur „Hieroglyphe" der Selbstbeschreibung im Übergang vom Weltkrieg zur Weimarer Republik. Glaubwürdig sei allein der Gott, der die Welt nicht affirmiert, sondern als der Ganz Andere aus ihr herausführt. Alles andere bleibe bloße Beschwichtigung. Ein Neubeginn, ein Anfang ist deshalb nur als Exodus möglich. Im Blick auf die oben genannten Leitmetaphern gesprochen: Während Umbrüche das sind, was den Handelnden bleibt, um der Trostlosigkeit des Scheiterns radikaler Neuanfänge zu entkommen, verlangt Blochs *Geist der Utopie* die vollständige Entkopplung von Geschichte und Heilserwartung.

Als Alternative zur Krisen- und Umbruchsmetaphorik darf die Rede vom Aufbruch gelten.[60] Sie pluralisiert die Perspektiven, indem sie die frühen Weimarer Jahre nicht nur im Licht der Dialektischen Theologie und ihrer emphatischen Neuanfangsvorstellungen betrachtet. Dem schließt sich der Kirchenhistoriker *Klaus Fitschen* an, wenn er die Krisentheologie vor allem als eine Angelegenheit der Systematischen Theologie beschreibt und deren Zeitdiagnose historisiert. Krisenbewusstsein wie Reserven gegenüber der Republik werden so zum Ausdruck professionsspezifischer Mentalitäten und seien sozialgeschichtlich vor dem Hintergrund von Einkommens- und Ansehensverlust einer Professorenschaft erklärbar, die zu den Trägergruppen des Kaiserreiches gehörte und sich veranlasst sah, um die Zukunft von Religionsunterricht, Theologischen Fakultäten und der traditionellen Universität zu fürchten. Die Krise der Kultur hatte einen binnenperspektivischen Mentalitätshintergrund.

Fitschen wählt aber nicht nur eine andere Leitmetapher, er identifiziert mit ‚Versailles' und ‚Bethel' auch zwei symbolische Orte, die für das Gegenüber von deutschnationaler Schreckensbilanz und Kränkungserfahrung einerseits und für religiös geprägtes soziales Engagement andererseits und also für die Vielspältigkeit der Situation stehen. Mit beiden Orten verbindet sich auch der Kontrast von verfasster Kirche und freiem Protestantismus, von Kirchenamt und vereinshaft organisierter sozialer Bewegung, von Amtskirche und Volkskirche. Außerhalb der Kirchenmauern waren entscheidende Krisen (Arbeiterschaft, Kirchenaustritte, Religionskritik) bereits im Verlauf des neunzehnten Jahrhunderts erkennbar geworden und hatten zu Innovationen geführt, die in den zwanziger Jahren Entfaltung und Fortsetzung verlangten. Die Weimarer Republik war auch eine Chance für Diakonie und praktisches Christentum.

Für Paul Tillichs späteres Hauptwerk der Systematischen Theologie und dessen Rezeption hat der Symbolbegriff eine kaum zu überschätzende Bedeutung. Die Grundlagen dieses Begriffs entwickelt Tillich schon in den zwanziger Jahren. *Christian Danz* zeigt nun, dass in diesem 1928 mehr oder weniger abgeschlossenen Prozess der Kontakt mit der Kulturwissenschaftlichen

---

[60] Heinrich Assel hatte sie titelgebend seiner Monographie zur Lutherrenaissance zugrunde gelegt.

Bibliothek Aby Warburgs, ihren Mitarbeitern, allen voran Fritz Saxl, und ihren universitären Brückenbauern (wie Ernst Cassirer) eine entscheidende Rolle spielte – wenn die Intensität des Einflusses auch nicht genau zu bestimmen ist. Tillich, von Saxl kontaktiert und eingeladen, kam 1921 für einen Forschungsaufenthalt nach Hamburg und fasste seine Eindrücke von der Bibliothek und ihrem Bildprogramm in einem theologischen Publikationsorgan (wie erhofft) begeistert zusammen. Noch in den fünfziger Jahren bedient er sich vor amerikanischem Publikum aus den Forschungsarbeiten Warburgs, ohne freilich seine Quelle zu identifizieren.

Danz vergleicht vor diesem Hintergrund die jeweiligen Symbolbegriffe Warburgs und Tillichs, ihre Deutung der Moderne und ihr Bildverständnis und stellt Tillich als einen Autor vor, der Einsichten Warburgs entpsychologisiere und sie in eine Strukturtheorie des Bewusstseins integriere. Eine solche Theorie sei mit dem Angstrand, den Warburg in allen kulturellen Ordnungen erkennt, ihrerseits vertraut, weise der Religion aber eine grundsätzlichere Rolle zu als bei Warburg vorgesehen. Religion ist nicht nur *ein* Bereich der Kultur neben anderen, sondern nach Tillich eine reflexive Form ihrer Selbstverständigung, die der Schellinginterpret unter dem Gesichtspunkt des in der Religion offenbarten Unbedingten begreift.

Auch der Beitrag von *Anne Steinmeier* dreht sich in Auseinandersetzung mit den Schriften Warburgs um den Zusammenhang von Symbol- und Bildbegriff. Symbol und Bild ist gemeinsam, ihre Prägnanz erst im Laufe der Zeit herauszubilden. Steinmeier konkretisiert diese Beobachtung an Texten von Lou Andreas-Salomé, vertraute Gesprächspartnerin Nietzsches und Rées, Geliebte Rilkes und Schülerin Freuds, vor allem aber: eine selbständige Intellektuelle, die ihre eigenen religiösen Erfahrungen reflektiert. Steinmeier spricht von einem Nachleben der Religion, in dem der frühe und selbstverständliche ‚Umgang mit Gott' durch die Arbeit der Erinnerung verwandelt werde. Wie das Nachleben der Antike im Bild der Renaissance wirke die Kraft des religiösen Bewusstseins auch nach dem Verlust der Gottesvorstellungen, indem sie sich in neue Sprach- und Traumbilder übersetzt. In diesen bleibe gegenwärtig, was Vernunft und Wissenschaft nur noch aus der Distanz wahrnehmen. Nach den Brüchen und inmitten der Risse, die zu dieser Rezeptionsweise gehören, wird Gott zum Namen für das, was im Kontakt mit dem Leben gewonnen wurde und deshalb nicht verloren gegeben werden kann: zu einem Ausdruck des Lebens, zu einer Pathosformel intensiver Erfahrung. Das eröffnet auch den Spielraum für eine Form der Psychoanalyse, die nicht darauf hinauswill, die religiöse Wunschbilderproduktion als bloße Regression abzutun.

Steinmeier liest und rekonstruiert die religionsbezogenen Texte Andreas-Salomés nicht nur auf der Grenze zwischen Psychoanalyse und Bildwissenschaften, sondern auch mit Walter Benjamin, Emanuel Lévinas und Hans Blumenberg: als Arbeit am Mythos, in der sich Rezeption und Produktion verschränken, als *mnemosyne*, die Vergangenem Zukunft gibt. Bilder und

Symbole refigurieren auch das, was noch nie gesehen wurde, weil es kein Gegenstand von Anschauung sein kann. Unter dieser Voraussetzung werden Wege der Interpretation eröffnet, die aus den bekannten Säkularisierungsnarrativen ausbrechen, die in den letzten beiden Beiträgen im Zentrum stehen.

Die Resonanz, die Spenglers *Untergang des Abendlandes* als Buch der Stunde fand, ist der Ausgangspunkt von *Christian Polkes* Beschreibung der Figurative, Leitmetaphern und Denkstile, die die Theologie und das Geschichtsdenken der Weimarer Zeit prägen. Wie Rhetorik und Reflexion ineinandergreifen, zeige sich im Spannungsfeld von Apokalyptik, Eschatologie und Geschichtsphilosophie bzw. -theologie am deutlichsten, bestimme aber auch die Reaktionen auf den Historismus, also auch den Anspruch seiner Überwindung. Polke vergleicht unter diesem Gesichtspunkt Tillich und Troeltsch: Worin besteht die Leistungskraft ihrer Orientierungsangebote für die zeitgenössische Öffentlichkeit? Beide erscheinen als Umbruchs- oder besser noch: als Aufbruchs-Denker, die sich der geschichtlichen Situation stellten, ohne sich von der Untergangsmetaphorik beeindrucken zu lassen. Tillich jedoch betreibe eher Sinndeutung im Horizont des Unbedingten und teile insofern die Ausrichtung der Dialektischen Theologie an Krisis, Negation und Gericht. Troeltsch dagegen sei sowohl in seinen sozialwissenschaftlichen Analysen als auch in seinem pragmatischen Sinn für Pluralismus und politischen Kompromiss ein verglichen mit den jüngeren Dialektikern zukunftsfähigerer Theologe der Weimarer Republik. Wer nach Neubeginn suche, werde eher bei Troeltsch fündig.

Die frühe Weimarer Republik war, das gehörte zu den Ausgangsideen dieses Tagungsbandes, auch eine Zeit von Universitätsgründungen, die auf die Einrichtung Theologischer Fakultäten verzichteten – aus unterschiedlichen Motiven, aber offenbar ohne, dass ein Gefühl der Unvollständigkeit entstand. Das gilt für Hamburg, Frankfurt und Köln (letzteres war freilich eine Wiedereröffnung der Universität). *Jörg Dierken* zeichnet in seinem Beitrag die damaligen Debattenlagen nach, die auch die Frage nach der Stellung des Religionsunterrichts in der öffentlichen Schule betraf, und diskutiert dann Perspektiven möglicher Legitimierung der theologischen Wissenschaft und ihrer Stellung im Zusammenhang der Universität. Leitend ist dabei die Frage nach dem rationalen Umgang mit dem, was sich dem „direkten rationalen Zugriff" entzieht. Im Grenzwert gesprochen betrifft das den Gottesgedanken, in dem sich der Sinn für Transzendenz und der Bezug der individuellen Lebensgewissheit aufs Unbedingte bzw. Absolute paradigmatisch verdichtet. Dierken benutzt die Kategorie des Transrationalen, die schon semantisch andeutet, dass nicht alles irrational genannt werden muss, was über Rationalität hinausgeht. Es ist spätestens seit Schleiermacher nicht unvernünftig, das anzuerkennen.

Vor dem Hintergrund stellt Dierken Ernst Troeltsch und Max Weber einander gegenüber als zwei dezidierte Stimmen, die trotz vielfältiger Wahlverwandtschaft ihrer Perspektiven das Religionsphänomen und dessen soziokulturelle Lagen unterschiedlich beschreiben und divergente Schlussfolgerungen für die Stellung der Theologie ziehen. Troeltsch ist auch ein Praktiker, der sich mit hellsichtigen Analysen in konkrete politische Aufgaben einmischt, Weber dagegen steht für die klarere begriffliche Arbeit, aber geleitet von intellektueller Distanz und feiner Ironie. Troeltsch lässt an der Autonomie der Wissenschaften gegenüber Theologie und Religion keinen Zweifel, hält aber daran fest, dass öffentliches Interesse an Wahrheitsfragen und Forschungsfreiheit auf kulturellen Kräften wie Vertrauen und Sinn für Einheit und Zusammenhang beruhen. Von ihnen könne sich die Universität nicht lösen, ohne ihre eigene Geschichte aufzugeben. Die Kräfte, die ihre Werte speisen, sind in den Tiefen verwurzelt, in denen Religion den Sinn fürs Absolute und Unbedingte verortet. Weber dagegen bleibt ein Autor der Enthaltsamkeit, der die Bedeutung der Wertfragen gewiss nicht leugnet, aber ihre Beantwortung zu einer Angelegenheit dezisionistischer Privateinstellungen macht. Theologie ist für Weber Rationalisierung des Heilsbesitzes. Ihre historischen Leistungen für die europäische Kultur sind zuzugeben, aber ihr Rationalitätsbemühen bleibt von der rational nicht stillbaren Beunruhigung durch das Leid stets bedrängt. Theodizeen müssen scheitern, weil sie rational zu fassen und zu erklären versuchen, was nach Weber irrational bleibt und nur durch ein *sacrificium intellectus* einen anderen Anschein erwecken könnte.

Dierken macht einen systematischen Vorschlag, wie beide Perspektiven in ein produktives Verhältnis gesetzt werden können und beschreibt daher eine Grenzdialektik, die wachgehalten werden müsse, weil sie je für sich unverzichtbare Leistungen zusammenbringen: Einheits- und Ganzheitssuppositionen einerseits, Widerspruch und Sinn für Kontrafaktizität andererseits. Der wissenschaftliche Ort der Theologie gründet darin, Bewusstsein für die internen Grenzen des Rationalen auszubilden und sie mit einer Interpretation religiöser Symbolisierungsleistungen zu verbinden, in denen sich dieses Grenzbewusstsein ausdrückt und darstellt.

Auch wenn, wie oben ausgeführt, die Beiträge dieses Bandes einer inhaltlichen Regie nicht unterliegen, so verbindet sie doch das Interesse an einer Theologie, die Vernunft und Religion nur gemeinsam verlieren kann und darum auch weiß.

„Der Staat muß wieder ein geschlossener Wille werden."

Theologische Demokratie-Kritik in der frühen Weimarer Zeit bei Reinhold Seeberg, Emanuel Hirsch und Paula Müller-Otfried

Arnulf von Scheliha

I. Die Aktualität rechtskonservativer Demokratie-Kritik

Die beachtlichen Erfolge der Partei „Alternative für Deutschland" (AfD) bei den Wahlen seit 2017 verweisen auf die Aktualität meines Themas. Vor wenigen Jahren hätte man die theologische Kritik an der parlamentarischen Demokratie der Weimarer Republik als bloß gestrig und in der Perspektive von 1933 als Wegbereitung für die NS-Machtergreifung gedeutet. Heute zeigt sich, dass eine Partei mit bürgerlichem Habitus in einem von ihr bewusst verflüssigten Spektrum zwischen rechtsextrem, rechtspopulistisch und nationalkonservativ zum Teil mehr als ein Viertel der Stimmen der Wählerinnen und Wähler zu binden vermag und damit besser dasteht als die demokratie-kritische und Monarchie-treue Deutschnationale Volkspartei (DNVP) in der Zeit der Weimarer Republik (durchschnittlich betrachtet).[1]

Im aktuellen Diskurs werden die Kontinuitäten zwischen den damaligen und den heutigen Rechten herausgearbeitet und diskutiert. Auf der Theorie-Ebene fallen dabei immer wieder die Namen von Arthur Moller van dem Bruck (1876–1925) und Carl Schmitt (1888–1985).[2] Letzterer hatte bereits in der Frühphase der Weimarer Republik eine geistesgeschichtlich gestochene und systematisch scharfsinnige Kritik an der parlamentarischen Demokratie vorgetragen und, um den modernen politischen Verhältnissen Rechnung zu tragen – zunächst mehr implizit als explizit –, den theoretischen Weg in eine populistische Diktatur gebahnt.[3] Die Kategorie des Volkes war bei Schmitt und anderen Theoretikern der damaligen Zeit zentral. Aus ihr wurden – mit sehr

---

[1] Diese errang ihre größten Stimmenanteile bei den beiden Reichstagswahlen 1924 mit 19,5% bzw. 20,5%.

[2] Vgl. WEIß, VOLKER: Die autoritäre Revolte. Die Neue Rechte und der Untergang des Abendlandes, Stuttgart 2017.

[3] Vgl. SCHMITT, CARL: Die geistesgeschichtliche Lage des heutigen Parlamentarismus (1923), 10. Auflage, Berlin 2017.

unterschiedlicher Raffinesse – nicht nur rechtsphilosophische Ableitungen zur Staatsform und zum Verhältnis der Staaten untereinander vorgetragen, sondern auch konkrete politische Folgerungen gewonnen, die damals wie heute das Wollen der rechten Parteien bestimmen. Ich hebe drei Aspekte hervor.

Da ist zunächst die Positionierung der Begriffe Volk, Nation oder (deutsche) Kultur in der Sphäre des Metapolitischen[4], von der aus Fragen der Staatsorganisation und des politischen Handelns gestellt werden. Dies dient der Absicherung der eigenen Position im Prinzipiellen[5], begründet die eigene Rolle als politisches Sprachrohr des Volkes und verhindert zugleich, dass die politische Willensbildung in tagespolitischen Fachfragen unkenntlich wird. Zur metapolitischen Bedeutung des Volksbegriffs gehört, dass er – bei allem Wandel in der Bestimmung seiner Merkmale – als überhistorische, metaphysische Größe verstanden wird, oftmals organologisch konnotiert ist und in gleicher Weise Identität stiftet wie Abgrenzungen ermöglicht. Die eigene Kultur wird als Ausdruck des Volksbewusstseins verstanden und mit Werten wie Ehe und Familie sowie angestammten Räumen, Heimat, hergebrachten Sitten, Sprache und authentischer Kunst verbunden. Zugleich erfolgen Abgrenzungen etwa gegen die moderne Individualitätskultur und gegen fremde Einflüsse, denen man das Volk durch internationale Verflechtungen oder ethnische Minderheiten ausgesetzt sieht.

Damit verbindet sich zweitens die Kritik am Parlamentarismus, denn der Wettbewerb der Parteien um Mehrheiten und Macht wird als (Fremd-)Herrschaft von Eliten verstanden, die bloß ihren eigenen Interessen folgen und dem Wohl des Volkes entgegenstehen. Daher bejahen – damals wie heute – gerade die Rechtsparteien plebiszitäre Elemente in der politischen Ordnung, um der – in ihrem Sinne verstandenen – Demokratie gegen den Parlamentarismus Geltung zu verschaffen.

Mit dem Gedanken des Volkswohles ist drittens eine Kritik am grenzüberschreitenden Kapitalismus und der sozialen Zerklüftung als dessen Folge verknüpft. Die rechten Parteien verstehen sich daher als Anwälte der Verlierer des wirtschaftlichen Fortschritts. Die Forderung nach Nationalisierung von Schlüsselindustrien ist wesentlicher Teil des wirtschaftspolitischen Antiliberalismus und gehört ins Standard-Repertoire rechter wie linker Politik.

Im aktuellen Diskurs über die *Neue* Rechte wird darüber diskutiert, inwieweit diese sich durch die Brechung der 1968er Bewegung von der alten Rechten aus der frühen Weimarer Republik unterscheiden. Thomas Wagner hat herausgearbeitet, dass die Neuen Rechten ebenfalls als legitime Erben der 1968er anzusehen sind, sowohl was die politischen Aktionsformen als auch was

---

[4] Vgl. WEIß, VOLKER: Bedeutung und Wandel von ‚Kultur' für extreme Rechte, in: Fabian Virchow et al. (Hgg.): Handbuch Rechtsextremismus, Wiesbaden 2016, 441–469.
[5] So WEIß aaO. 452, der den führenden Theoretiker der Neuen Rechten in Deutschland, Karlheinz Weißmann, zitiert.

wesentliche politische Inhalte angeht.[6] Dieser These ist widersprochen worden. Der Streit ist hier nicht zu entscheiden. Aber deutlich wird werden: Auch die theologischen Rechten in der frühen Weimarer Zeit verstanden sich nicht als rückwärtsgewandte Denker mit Wehmut nach dem 19. Jahrhundert, sondern als Teil des Aufbruchs in die moderne Welt, die sie mit den Mitteln, die sie für politisch richtig und theologisch gerechtfertigt hielten, mitgestalten wollten. Dafür nutzten sie die neuen Möglichkeiten zur Herstellung von Öffentlichkeiten. Sie bespielten die damals neuen Medien. Die Trennung von Staat und evangelischen Kirchen wird zur Politisierung der Kirche genutzt. Das Frauenwahlrecht ermöglichte die Mobilisierung von humanen Ressourcen auch auf der rechten Seite des politischen Spektrums. Als Teil der sog. Konservativen Revolution schöpfte man die eigene „Daseinsberechtigung aus einem radikalen Antimarxismus, Antiliberalismus und dem Kampf gegen die Republik"[7].

Ich werde vor dem Hintergrund der angeführten Gemeinsamkeiten drei Beispiele theologisch konservativer Kritik an der Weimarer Republik vorstellen, die bei aller Gemeinsamkeit auch gewisse Unterschiede in Theorie und Praxis aufweisen. Da ist zunächst Reinhold Seeberg, dessen theologische Wirksamkeit im Kaiserreich ihren glänzenden Höhepunkt gefunden hatte und der von dort aus auf den neuen Staat schaut. Es folgt Emanuel Hirsch, dessen akademische Karriere fast zeitgleich mit der Weimarer Republik beginnt und der vom ersten Moment an publizistisch auf ihre Überwindung hinarbeitet. Er hat Schmitts Studie „Die geistesgeschichtliche Lage des heutigen Parlamentarismus" in der Theologischen Literaturzeitung zustimmend besprochen.[8] Schließlich beleuchte ich Paula Müller-Otfried, die die neuen demokratischen Möglichkeiten nutzt und als Reichstagsabgeordnete für die DNVP zwar gegen die Republik arbeitet, sich aber zugunsten ihrer fachpolitischen Ziele im Parlament engagiert und für ihr öffentliches Wirken 1930 von der Theologischen Fakultät der Universität Göttingen zur Dr. theol. ehrenpromoviert wird.

Die theologische Gesinnung und das politische Wollen aller drei Protagonisten belegen, dass man die Weimarer Republik auch theologiegeschichtlich nicht von ihrem Ende her deuten sollte. Vielmehr zeigt sich, dass „Weimar von Anfang an und bis zum Schluss eine herausgeforderte, ja fundamental umkämpfte Demokratie [war], in der Chancen und Scheitern oft dicht beieinander lagen"[9].

---

[6] Vgl. WAGNER, THOMAS: Die Angstmacher. 1968 und die Neuen Rechten, Berlin 2017.
[7] WEIß, VOLKER: Die ‚Konservative Revolution'. Geistiger Erinnerungsort der ‚Neuen Rechten', in: Martin Langebach/Michael Sturm (Hgg.): Erinnerungsorte der extremen Rechten, Wiesbaden 2015, 101–120, 103.
[8] Vgl. Theologische Literaturzeitung 49 (1924), Sp. 185–187.
[9] MAUBACH, FRANKA: Weimar (nicht) vom Ende her denken. Ein skeptischer Ausblick auf das Gründungsjubiläum 2019, in: APuZ 68, 18–20/2018, 4–9, 5 (mit Verweis auf Ursula Büttner und Jan-Werner Müller [FN 4]).

Ein auf die Gegenwart bezogenes Resümee wird meinen Beitrag beschließen.

II. Reinhold Seebergs Konzept eines christlichen Ständestaates

Reinhold Seeberg (1859–1935) war seit 1898 ordentlicher Professor für Systematische Theologie an der Universität Berlin, an der er bis 1927 lehrte. Daneben betätigte er sich gesellschaftspolitisch, so z.b. im kirchlich-sozialen Bund, dessen Präsident er 1908 wurde. Politischen Einfluss hatte er als Berater der Preußischen Königin und Deutschen Kaiserin. Kirchlichen Einfluss nahm er in seiner Tätigkeit als Geheimer Konsistorialrat (ab 1910). Während des Ersten Weltkrieges hielt er Kurse für Feldgeistliche auf verschiedenen Kriegsschauplätzen. 1915 war er Initiator der sog. Seeberg-Adresse, die als Kriegsziel einen Siegfrieden verlangte und die Unterschrift vieler deutscher Universitätsprofessoren erhielt. Nach dem Krieg schloss er sich der Deutschnationalen Volkspartei (DNVP) an. Im Revolutionsjahr 1918/1919 amtierte er als Rektor der Universität Berlin. Für unsere Zwecke beziehe ich mich auf seine 1920 in zweiter Auflage erschienene Ethik, in der sich interessante Reflexe auf die junge Weimarer Republik finden.[10] Seeberg war ein glänzender Stilist. Er vermochte es komplexe Sachverhalte klar darzustellen, pointiert zuzuspitzen und gekonnt zu vereinfachen. Das gilt auch für seine religionsphilosophischen Grundprinzipien. Er geht von einer Metaphysik des Willens aus. Gott ist gewissermaßen der absolute Wille, an dem wir im Glauben Anteil bekommen, weil Jesus Christus ihn uns authentisch mitgeteilt hat. Die sozialethischen Implikationen dieses voluntaristischen Ansatzes werden später kenntlich werden.

Bevor auf Seebergs Demokratie-Kritik eingegangen werden soll, ist zunächst vorauszuschicken, dass Seeberg ebenso wie Emanuel Hirsch mit einem wesentlichen Teil der Weimarer Verfassungsbestimmungen ganz einverstanden ist, nämlich mit den bekanntlich bis heute geltenden, damals sog. Kirchenartikeln 136–141. Die Trennung von Staat und Kirche wird als Befreiung der Kirche zugunsten ihrer genuinen Aufgaben begrüßt.[11] Die durch die WRV ermöglichte Kooperation von Staat und Kirche wird positiv hervorgehoben. Die kirchliche Selbstverwaltung ermöglicht nun die Stärkung der Synoden, des Laienelementes, der Mitwirkung der Frauen und den Aufbau einer professionellen, die kirchliche Eigenständigkeit sichernden Bürokratie. Die hier relevante Einschätzung Seebergs sei zitiert:

Auf diesem Wege [...] wird sich auch in dem neuen Staat eine Stellung der Kirche erreichen lassen, die sowohl dem modernen Staat als auch dem Wesen der Kirche gerecht wird und ihr auch in der neuen Lage ermöglicht als Volkskirche ihren Dienst weiter zu tun. So kann auch

---

[10] Vgl. SEEBERG, REINHOLD: System der Ethik, 2. Auflage, Leipzig/Erlangen 1920.
[11] Vgl. aaO. § 52.

in dem demokratischen Staatswesen die Kirche sich als eine Anstalt öffentlichen Rechtes behaupten, die ohne politische Rücksichten und staatlichen Druck den Geist Jesu Christi in der Welt forterhält und der dabei der ihrer Bedeutung für das Volksganze entsprechenden Rechtsschutz ihrer Einrichtungen (Kultus, Sonntag und Feiertage) ebenso gesichert ist als ihr Einfluss auf die Jugend (Religionsunterricht) sowie die zu ihrer Existenz notwendigen äußeren Mitteln. Bei den Neueinrichtungen darf es sich weder um blinde Forterhaltung des Alten noch um liebedienerisches Eingehen auf alles beliebige Neue handeln. So entschlossen man sein muß, einen Neubau herzustellen, so sehr soll man bedacht sein, die geschichtliche Entwicklungstendenz der Kirche und ihren objektiven Geist, wie er sich als eine in langer Wechselwirkung von Evangelium und Volksseele geprägte besondere Form sozialen Wollens herausgebildet hat, aufrecht zu erhalten.[12]

Hirsch schätzt die Lage insgesamt ähnlich ein und sieht die 1919 vollzogene Trennung von Kirche und Staat als Ergebnis einer historischen Entwicklung an, die sich seit der Französischen Revolution auch in Deutschland angebahnt hat.[13] Er ergänzt die Aufgabe der Kirche um eine kritische Funktion und sieht Mitte der zwanziger Jahre die evangelischen Kirchen als denjenigen Ort, an dem „der Geist der prophetischen Religion" weht, der die Christen kritisch „wider das ganze allgemeine Leben" in Kirche und Staat in Stellung bringt.[14] Die prophetische Rolle der evangelischen Kirche im kritischen Gegenüber zum Staat wird hier, möglicherweise erstmals, von Parlamentarismus-kritischer Seite ins Spiel gebracht.

In dem langen Seeberg-Zitat klang schon an, dass der Volksgedanke im Zentrum von Seebergs Sozialethik steht. Das Volk repräsentiert die überindividuelle Einheit, die selbst ein Individuum ist. „Das Volk ist eine Familie, deren Mitglieder einander nicht mehr kennen. Es ist eine besondere Art des allgemein menschlichen Typus, die sich durch eine Summe physischer wie geistiger Merkmale von diesem abhebt."[15] Daraus ergibt sich die Forderung nach relativer Homogenität in biologischer und kultureller Hinsicht. Schon 1920 spricht Seeberg von relativer „Reinheit der Rasse"[16]. Wichtiger sind ihm aber die überindividuellen kulturellen Ideale, die ein Volk hervorbringt. Mit ihnen rechtfertigt Seeberg u.a. soziale Ungleichheit nach innen und Aggression nach außen. Sie sind zugleich Anlass für seine Kapitalismus-Kritik, weil der mit ihm verbundene „praktische[] Materialismus"[17] den kulturellen Idealismus hintertreibe und dem westlichen Individualismus Vorschub leiste:

Kapitalismus [...] ist also der Wille zum schrankenlosen, unbedingten, skrupelfreien Gelderwerb unter Voraussetzung der individualistischen wirtschaftlichen Freiheit und zum Zweck der Beherrschung und Ausbeutung des gesamten wirtschaftlichen Lebens. Nicht die

---

[12] AaO. 161.
[13] Vgl. HIRSCH, EMANUEL: Staat und Kirche im 19. und 20. Jahrhundert, Göttingen 1929.
[14] AaO. 72 (beide Zitate).
[15] SEEBERG: System der Ethik (s. Anm. 10), 183.
[16] AaO. 184.
[17] AaO. 189.

sachlichen Interessen des nationalen und sozialen Lebens leiten [...] die Produktion, sondern nur die Rentabilität oder der Geldertrag. Demgemäß hört man auch auf, die Arbeit als persönliche Leistung zu werten, sie wird zur gekauften Ware und mechanisiert zum rein sachlichen Produktionsmittel. Im Bunde mit den Großbanken erwirbt sich auf diesem Wege das Kapital allmählich den Primat in dem Leben des Volkes und der Völker.[18]

Der Rückgewinnung dieses Primates dient die Idee des starken Staates, der den Interessen des Volkes verpflichtet ist. Die Stärke des Staates wird kategorial dadurch zum Ausdruck gebracht, dass er als Person gedacht wird.[19] Bei Seeberg kommt das zum Ausdruck in der Definition: „Der Staat ist der verkörperte Wille des Volkes, aber er ist zugleich der Wille über dem Volk, der es zu einheitlichem Bestand zusammenfaßt."[20]

Zwei Argumente gewinnt Seeberg daraus gegen die Demokratie. Für Seeberg ist die Demokratie „die der Aufklärungszivilisation korrespondierende Verfassungsform"[21] auf der Basis von individueller Freiheit und Gleichheit der Individuen. Aber die Gleichheitsidee sei bloß abstrakt und übergehe die konkreten Unterschiede zwischen den Menschen, die aber gerade ihren Wert für das Volk ausmachen würden. Gleiches gelte für die Freiheit. Sie könne nur wirklich werden innerhalb der konkreten Bestimmtheit des objektiven Geistes der Gemeinschaft, die sich der Einzelne zuvor in Bildungsprozessen anzueignen hat. Insofern ist die politische Freiheit nur in der Bindung an den im Staat geformten Volkswillen möglich, die politische Mitwirkung erfolgt je nach gesellschaftlichem Stand und in Wahrnehmung der beruflichen Pflichten.

Der zweite Einwand gegen die parlamentarische Demokratie als Staatsform setzt beim Parlamentarismus ein. Das durch die Volksvertretung errichtete „Parteiregiment"[22] berücksichtige nur die Interessen ihrer Wähler, werde „die Minoritäten vergewaltigen"[23] und somit werde das am Volkswohl ausgerichtete „Staatsinteresse geschädigt"[24]. Seeberg fährt polemisch fort: „Nimmt man [...] hinzu, daß die Demokratie einen Stand von bezahlten Berufspolitikern züchtet, denen alles daran liegt, wiedergewählt zu werden, so ist es bei der Interessengemeinschaft, die sie mit der Parteiregierung verbindet, begreiflich, daß der Korruption Tür und Tor geöffnet wird."[25] Das ist die bekannte Kritik an den politischen Eliten. Aber trotz dieser Einwände werde sich, so fügt Seeberg hinzu, der „Demokratismus"[26] in Deutschland durchsetzen. Die Koalition

---

[18] AaO. 191.
[19] Vgl. dazu in historischer und kritischer Perspektive KREß, HARTMUT: Staat und Person. Politische Ethik im Umbruch des modernen Staates, Stuttgart 2018, 16–50.
[20] SEEBERG: System der Ethik (s. Anm. 10), 228.
[21] AaO. 243.
[22] AaO. 232.
[23] AaO. 233.
[24] Ebd.
[25] Ebd.
[26] Ebd.

von dunklen Mächten aus der sich „ausbreitenden materialistischen Aufklärung"[27] und dem „mammonistischen Geist"[28] seien hierfür ursächlich.

Seeberg selbst favorisiert für Deutschland die Staatsform der konstitutionellen Monarchie, die auf der Basis von Heer und Beamtenschaft regiert. Die Volksvertretung wirkt bei der Gesetzgebung mit und hat das Budgetrecht. Sie wird aber ergänzt durch ein zweites Parlament, „der berufsständischen Kammer oder dem Parlament der nationalen Arbeit"[29]. Dieser Kammer misst Seeberg das größere Gewicht zu, weil er durch sie den Kern der lutherischen Berufsethik auf politische Teilhabe hin erweitert sieht. Über diesen Gedanken trägt Seeberg auch den christlichen Input in das Volks- und Staatsleben ein. Nach den Grundsätzen der christlichen Sozialethik, so wie Seeberg sie versteht, respektiert der christliche Glaube nämlich einerseits die Eigengesetzlichkeit aller Kultursphären und vermittelt andererseits im Glauben die individuelle Teilhabe am absoluten Willen. In sozialethischer Hinsicht bedeutet das, dass durch den Glauben die Sünde, d.h. hier der Egoismus und das Genussstreben des Einzelnen, überwunden wird und die Menschen durch den Berufsgedanken zur uneingeschränkten Teilhabe an den eigengesetzlichen Sozialsphären ertüchtigt werden. Der bürgerliche Beruf ist der Modus der persönlichen Mitarbeit an der Kulturentwicklung des Volkes. Da das Volk organologisch gedacht wird, ist es gerade die soziale Ungleichheit, aus der das fruchtbare soziale Zusammenwirken erwächst. Seeberg bringt dies auf den Begriff des ethischen Sozialismus:

Sie [sc. die Ungleichheit] ist sozial, sofern sie auf allen Lebensgebieten die Betätigung des reinen sozialen Willens fordert und dadurch prinzipiell den individualistischen Egoismus ausschließt. Sie ist aber zugleich ethisch, weil sie die Durchführung des Sozialismus von dem durch den Geist bewegten guten Willen erwartet.[30]

Ich denke nicht, dass dieser Versuch, den Begriff des Sozialismus christlich zu vereinnahmen, als gelungen zu betrachten ist. Im Grunde genommen läuft Seebergs Konzept auf einen christlichen Ständestaat zu. Das ist ein Konzept, das uns heute fremd ist, mit dem man aber im Österreich der Zwischenkriegszeit und in den Gruppen der NS-Widerstandskämpfer theoretisch und praktisch experimentiert hat. Zugleich zeigen sich in der Betonung der Homogenität des Volkes, der Kritik an den politischen Eliten und im Anti-Kapitalismus Elemente, die auch bei den Neuen Rechten der Gegenwart eine Rolle spielen.

---

[27] Ebd.
[28] AaO. 192.
[29] AaO. 234.
[30] AaO. 221.

III. Emanuel Hirschs Konzept einer populistischen Diktatur

Emanuel Hirsch (1888–1972) war im Revolutionsjahr 30 Jahre alt und ambitionierter Privatdozent, formell für Kirchengeschichte, faktisch fühlte er sich für die ganze Theologie und damit methodologisch auch für die gesamte geschichtliche Wirklichkeit zuständig. In seiner 1920 in erster Auflage publizierten Schrift „Deutschlands Schicksal. Staat, Volk und Menschheit im Lichte einer ethischen Geschichtsphilosophie" werden Weltkrieg, Niederlage, Revolution und die Gründung der Weimarer Republik einer kritischen Deutung unterzogen. Angesichts des von außen erzwungenen, „für uns nicht passenden demokratisch-parlamentarischen Verfassungssystem[s]" und der restriktiven Bestimmungen des Versailler Friedensvertrages ruft Hirsch aus: „Ein Staat [...] sind wir nicht mehr. Uns fehlt die Souveränität. [...] Am richtigsten bezeichnet man Deutschland jetzt als Ententekolonie mit stark beschränkter Selbstverwaltung."[31] Hirschs politische Theologie ist daher von Anfang an auf die Revision des Versailler Vertrages und die Wiederherstellung eines souveränen Nationalstaates ausgerichtet. Souveränität bedeutet Autorität und deshalb denkt auch Hirsch den Staat als individuelle Persönlichkeit[32], die nach innen für Einheit und nach außen für Lebens- und Entfaltungsmöglichkeiten des deutschen Volkes zu sorgen hat. Das Verhältnis von Einzelnem, Volk und Staat denkt Hirsch ähnlich wie Seeberg, sein Ton ist aber deutlich aggressiver und die autoritären Anmutungen sind größer.

Die Schuld für die Kriegsniederlage und die Revolution sieht er in der Willensschwäche der Menschen an der Heimatfront, die den Kampfeswillen der Soldaten unterspült habe. Im Kriegsverlauf sei das Volk sukzessive von den 1914 gefassten Kriegszielen abgefallen und habe sich in eine Fülle von Einzelwillen und Sonderinteressen zerlegt. Hirsch vertritt sozusagen eine sozialpsychologische Variante der Dolchstoßlegende. „Unser verkehrter Wille ward uns zum Schicksal."[33] Mit der Revolution wäre Deutschland dann von sozialistischen und westlich-demokratischen Ideen geflutet und überfremdet worden, so dass Hirschs ganzes intellektuelles Bemühen darauf gerichtet ist, einerseits die inneren Widersprüche dieser Konzepte nachzuweisen und anderseits aufzuzeigen, dass sie nicht in die deutsche politische Kultur passen. Insofern führt

---

[31] HIRSCH, EMANUEL: Deutschlands Schicksal. Staat, Volk und Menschheit im Lichte einer ethischen Geschichtsansicht, 3. Auflage, Göttingen 1925, 141f.
[32] Vgl. aaO. 148–150.
[33] AaO. 145.

Hirsch während der Weimarer Zeit die deutsche Sonderweg-Propaganda[34] aus dem Ersten Weltkrieg unter neuen Vorzeichen weiter.[35]

Man muss eigentlich *beide* Fronten, zwischen denen Hirsch sich bewegt, im Auge behalten, weil er die Gefahr des Exports der russischen Revolution ebenso hoch einschätzt wie die der Überfremdung Deutschlands durch den westlichen Individualismus in Gestalt von Demokratie und Kapitalismus. Ich beschränke mich auf Hirschs Kritik an Demokratie und Parlamentarismus und skizziere das von ihm angedeutete Staatsideal. Die Argumente, die schon Seeberg gegen die parlamentarische Demokratie angeführt hatte, sind auch bei Hirsch präsent, nämlich jene Kritik an den als abstrakt empfundenen Prinzipien der Freiheit und der Gleichheit einerseits und an der politischen Bedeutung der Parteien andererseits, die als Spaltung des Volkes empfunden werden. Dazu tritt ein drittes Argument, das vom Historiker Hirsch stark gemacht wird. „Wenn man unter Demokratie eine Regierungsverfassung versteht, die den Staat ganz in die Hände seiner gerade lebenden Bürger, oder genauer in die ihrer Mehrheit, gibt, so ist Demokratie eine große Verkehrtheit."[36] Denn auf diese Weise werde die Nation zur Beute der gerade lebenden Generation. Modern gesprochen: Eine nachhaltige Politik ist von Menschen, die das Recht haben, „frei über den Staat zu verfügen"[37], nicht zu erwarten. Der Staat sei vom Verfügungsrecht Einzelner zu trennen: „der Staat, das ist das oberste Gut der Nation in allen ihren Geschlechtern. Der Staat ist das über uns."[38]

Zu den Konturen dieser Staatsmetaphysik gehört auch, dass in ihm die Hierarchien klar geregelt sind. „Der Staat muß wieder ein geschlossener Wille, eine geschlossene Persönlichkeit werden."[39] Da nach Hirschs Ansicht die Monarchie in Deutschland jeden Kredit verloren hat, schwebt ihm die Weiterentwicklung der Reichsverfassung zu einer Art Diktatur des Reichspräsidenten und des Reichswirtschaftsrates vor[40], die „auf Kosten des Reichstags" und gestützt auf das „Fachbeamtentum[]" regieren.[41] Er antizipiert also 1921

---

[34] Vgl. HÜBINGER, GANGOLF: Die Intellektuellen und der ‚Kulturkrieg' (1914–1918), in: Notger Slenczka (Hg.): Faszination und Schrecken des Krieges. XXIII. Reihlen-Vorlesung, Leipzig 2015, 11–26.
[35] Hirsch war sich darüber im Klaren, dass wesentliche Impulse zu der von ihm abgelehnten westlichen Demokratie aus dem reformatorischen Christentum stammen. Vgl. dazu VON SCHELIHA, ARNULF: Die Überlehrmäßigkeit des christlichen Glaubens – Das Wesen des (protestantischen) Christentums nach Emanuel Hirsch, in: Mariano Delgado (Hg.): Das Christentum der Theologen im 20. Jahrhundert. Vom „Wesen des Christentums" zu den „Kurzformeln des Glaubens", Stuttgart 2000, 61–73.
[36] HIRSCH: Deutschlands Schicksal (s. Anm. 32), 83.
[37] Ebd.
[38] AaO. 84.
[39] AaO. 149.
[40] Vgl. aaO. 150.
[41] Ebd. Das Warten „auf den großen Mann" (DERS.: Staat und Kirche [s. Anm. 13], 63) hält er noch 1929 für unrealistisch.

denjenigen Weg, den die Weimarer Republik ab 1930 mit den autoritären Präsidialregierungen selbst gegangen ist.[42] Dem korrespondiert auf Seiten der Menschen die Internalisierung von Staats- und Nationalgesinnung.[43] Mittel dazu ist eine zweijährige „Arbeitsdienstzeit", in der Männer und Frauen „dem Staat in notwendiger wirtschaftlicher Arbeit ohne anderen [sic.] Entgelt als Kleidung und Nahrung zu dienen"[44] hätten. Diese Einrichtung „hätte ebenso stramm auf dem Befehlen und Gehorchen zu stehen wie das alte Heerwesen."[45] Dazu kommen sozialpolitische Maßnahmen wie ein „neues Bodenrecht und die Sozialisierung von Betrieben"[46], übrigens um den Ausverkauf von deutschen Schlüsselindustrien an ausländische Investoren zu verhindern. Alle Maßnahmen, von denen hier nur einige genannt werden, dienen dem Ziel, der politischen Homogenität entgegenzuarbeiten. Hirsch wünscht sich „eine Schule der Staatsgesinnung, ein Band der Reichseinheit."[47]

Die Stärkung der nationalen Gesinnung ist für ihn die Bedingung der Möglichkeit revisionistischer Politik und der Rückgewinnung von Souveränität des Deutschen Reiches nach innen und nach außen. Insbesondere auf dem Gebiet der Globalisierungskritik und Wirtschaftspolitik kommt es zu Berührungen mit Forderungen, die auch im sozialistischen und kommunistischen Lager erhoben werden. Ebenso teilt Hirsch die Kritik an der bürgerlichen Gesellschaft mit der politischen Linken. Denn es fällt ja auf, dass sein autoritäres Staatsverständnis die Kategorie des Bürgers oder der Bürgerin nicht kennt. Bei aller Hochschätzung der Kultur gehören für Hirsch zivilgesellschaftliche Selbstorganisation, Kunst und Literatur nicht zu den produktiven Formen von Gesinnungsbildung und zivilisatorischer Produktion. Die auf dem Gebiet des Politischen erhobene Homogenitätsforderung und die damit verbundene illiberale Kritik am Individualismus strahlt letztlich auf die gesamte Staats- und Gesellschaftstheorie ab und erstickt damit jede positive Würdigung eines modernen Pluralismus. Diese illiberale Grundhaltung dürfte auch die Unerbittlichkeit erklären, mit der sich die Theologen der Zwischenkriegsgeneration, die sich in vielerlei Hinsicht miteinander verbunden wussten, zugleich so stark bekämpft haben. Im Kern war keine der damals federführenden Theologien pluralismusaffin.

---

[42] Vgl. MAUBACH: Weimar (nicht) vom Ende her denken (s. Anm. 9), 5.
[43] Vgl. HIRSCH: Deutschlands Schicksal (s. Anm. 31), 150.
[44] HIRSCH: Deutschlands Schicksal (s. Anm. 31), 150.
[45] Ebd.
[46] AaO. 151.
[47] Ebd.

IV. Paula Müller-Otfrieds Konzept eines Staates als Familie

Eine dritte, aber ganz anders gelagerte Gestalt der konservativen Demokratiekritik ist Pauline Sophie Christiane Müller, die sich mit Eintritt in die Politik Paula Müller-Otfried nennt.[48] Sie wurde 1865 in Hoya geboren und starb 1946 in Einbeck, beide Städte liegen in Niedersachsen. Sie gehörte zur konservativ geprägten Frauenbewegung in der evangelischen Kirche, war seit 1901 Vorsitzende des Deutsch-Evangelischen Frauenbundes, seit 1904 Herausgeberin der „Evangelischen Frauenzeitung" und des „Handbuches zur Frauenfrage", das 1908 erschien. Besonders zu erwähnen ist ihre Mitarbeit als Dozentin im „christlich-sozialen Frauenseminar für Frauen und Mädchen", das sich um die Professionalisierung von sozialer Arbeit bemühte. Während der Kriegszeit kamen weitere Aufgaben in reichsweiter Verbandsarbeit in Frauenvereinen hinzu, das prädestinierte sie wie viele andere Frauen, die während der Kriegszeit öffentlich hervorgetreten waren, für politische Aufgaben.[49]

Müller-Otfried warb für das aktive und passive Frauenwahlrecht auf kirchlichen Ebenen, lehnte es für den staatlichen Bereich zwar zunächst ab, akzeptierte es aber später[50] und ließ sich 1920 auf der Liste der monarchistischen DNVP in den Reichstag wählen. Dabei lag sie im Trend, denn durch die Einführung des Frauenwahlrechtes profitierte paradoxer Weise nicht die SPD, die sich lange Jahre vergeblich dafür eingesetzt hatte, sondern die Kräfte in der Mitte und im konservativen Lager.[51] Müller-Otfried wurde mehrfach wiedergewählt, bis sie 1932 ihr Mandat niederlegte und sich aus der politischen Öffentlichkeit zurückzog. Die Gründe dafür sind nicht ganz deutlich und werden in der Forschung strittig diskutiert. Klar ist jedenfalls, dass es eine zeitliche Nähe gibt zum Rechtsruck der DNVP unter Adolf Hugenbergs Führung, der eine Annäherung an die NSDAP anstrebte. Mit Müller-Otfried zogen sich damals auch andere kirchennahe Mitglieder der Reichstagsfraktion der DNVP zurück.

Ein erstes Ergebnis des groß angelegten Forschungsprojektes „Evangelische Theologen als Parlamentarier", das am Exzellenzcluster „Religion und Politik" durchgeführt wird, ist, dass die Startposition des deutschen Protestantismus in den Anfangsjahren der Weimarer Zeit gar nicht so demokratiefeindlich war. In die Weimarer Nationalversammlung wurden im Januar 1919 vierzehn

---

[48] Ich beziehe mich auf die Ergebnisse der Master-Arbeit von BRAUCKMANN, ANNIKA: Paula Müller-Otfried als kirchliche Aktivistin und Parlamentarierin. Eine Studie zum Verhältnis von evangelischer Theologie und Demokratie in der Weimarer Republik, Münster 2019.
[49] Vgl. HEINSOHN, KIRSTEN: ‚Grundsätzlich' gleichberechtigt. Die Weimarer Republik in frauenhistorischer Perspektive, in: APuZ 68, 18–20/2018, 39–45, 41 ff.
[50] Vgl. MÜLLER-OTFRIED, PAULA: Evangelischer Frauenwille, Berlin 1927, 121.
[51] Vgl. HEINSOHN: ‚Grundsätzlich' gleichberechtigt (s. Anm. 49), 42.

evangelische Theologen gewählt, davon acht Liberale (5 DDP/FVP, 4 DVP) und fünf Nationalkonservative (DNVP). Im 1920 gewählten ersten Reichstag waren dreizehn evangelische Theologinnen und Theologen vertreten (6 DVP, 3 DDP, 5 DNVP, 1 SPD, 1 USPD). Die Zahl der evangelischen Theologinnen und Theologen in der DNVP-Fraktion überwiegt die in den anderen Fraktionen erst ab 1924. Der Schwenk des politischen Protestantismus nach rechts erfolgt erst im Laufe der Weimarer Republik.[52]

Müller-Otfried fügt der konservativen Demokratie-Kritik zwei Facetten hinzu, die das personalistische Staatsbild des Luthertums dynamisieren. Ausgangspunkt ihrer Überlegungen ist der Begriff der Verantwortung, den sie anthropologisch und Geschlechter übergreifend bestimmt: „Nur durch das Verantwortungsgefühl erleben wir innerlich unsere Zeit."[53] Im Verantwortungsgefühl verbinden sich aktive Zeitgenossenschaft und religiös-sittliche Handlungsimpulse miteinander. Die besondere Verantwortung der Frauen und Mütter besteht in der Pflege und Weitergabe der geistigen Ideale des Volkes, genauer der evangelisch imprägnierten Sittlichkeit. Diese Aufgabe erstreckt sich über die Erziehungsaufgabe in der Familie hinaus auf die ganze Gesellschaft. Ausdrücklich spricht Müller-Otfried von der „Frau als deutsche[r] Bürgerin, als Arbeitskraft im Volkshaushalt, als [einer] liebespendende[n], vom Gemeinsinn getragene[n] Helferin"[54]. Diese Verantwortungsebenen sind *stets* im Blick, denn auch die Mutter und Hausfrau erfüllt ihre „Frauenpflichten gegenüber der Allgemeinheit"[55], indem sie durch Mutterschaft „Verantwortung für das Fortbestehen des deutschen Volkes"[56] übernimmt und durch die Erziehung Kinder und Hausangestellte in das geistige und sittliche Leben einführt. Aber sie kann und soll, wie in der Kriegszeit erprobt, auch nach der „Staatsumwälzung"[57] „Verantwortung für die Gestaltung der öffentlichen Verhältnisse"[58] übernehmen. Evangelische Frauen erheben ihre Stimmen „in Parlamenten und Presse", damit „wir die öffentliche Meinung beeinflussen"[59]. Damit ist die Ebene der parlamentarischen Demokratie erreicht und positiv gewürdigt. Wie ist dieser Gedanke begründet, wo doch der Ausgangspunkt der Überlegungen eine schöpfungstheologisch begründete Ontologie der Differenz der Geschlechter ist, nach der der Frau die sittliche Rolle als Hausfrau und Mutter

---

[52] Grundlegend ist immer noch die Darstellung bei NOWAK, KURT: Evangelische Kirche und Weimarer Republik. Zum politischen Weg des deutschen Protestantismus zwischen 1918 und 1932, 2. Auflage, Weimar 1988, 144–157.
[53] MÜLLER-OTFRIED, PAULA: Die Verantwortung der Frau für die religiös-sittliche Erneuerung des Volkslebens, Berlin 1918, 3.
[54] AaO. 4.
[55] AaO. 10.
[56] AaO. 11.
[57] MÜLLER-OTFRIED: Frauenwille (s. Anm. 50), 12.
[58] AaO. 8.
[59] AaO. 15.

zukommt, während für den Mann die Rolle des berufstätigen Beschützers, Erhalters und Ernährers reserviert ist. Für dieses sittliche Ideal tritt Müller-Otfried ihr ganzes politisches Leben uneingeschränkt ein und will es durch ihr politisches Wirken auch umsetzen. Zugleich aber trat sie in ihrem kirchlichen und politischen Leben selbst in die Funktion der berufstätigen Frau ein, blieb unverheiratet und kinderlos.

Dieser Widerspruch löst sich über ihr Staatsdenken auf. Dem Staat schreibt Müller-Otfried, durchaus lutherische Traditionen aufnehmend, eine ordnende Aufgabe zu. Diese Ordnung wird nun in eine „äußere" und „innere" unterteilt. Die daraus resultierenden Aufgaben verteilt sie auf männliche und weibliche Aspekte. Während die „äußere Ordnung" dem männlichen Anteil staatlichen Handelns zugewiesen wird, gehören Fürsorge und sittliche Erziehung – wie in der Familie – dem mütterlichen Handeln zu. Insbesondere in diesem Bereich können daher auch (unverheiratete) Frauen politische Verantwortung übernehmen und gewissermaßen der sittlichen Schöpfungsordnung in einem übertragenen Sinne entsprechen.[60] Dafür sind freilich auch Teilhabestrukturen vorauszusetzen, wie sie das demokratisch-parlamentarische System bereithält. Wir finden hier also eine unter konservativen Vorzeichen erfolgende, gendersensible Fortentwicklung der klassischen Lehre von den zwei Regierweisen Gottes um die mütterliche Staatsaufgabe erweitert, indem die ontologisch-naturalistische Geschlechterdifferenz durch Vergeistigung auf den Staat und seine Aufgaben übertragen und dieser damit offen für die Übernahme von politischer Verantwortung von Frauen wird. Im Ergebnis wird der Staat nicht mehr als individuelle Person gedacht, sondern gewissermaßen als Familie. Diese Figur erlaubt es, das ist sofort evident, eine höhere innere Komplexität zu denken. Grundsätzlich wäre dies auch im Rahmen einer konstitutionellen Monarchie denkbar, aber es ist eben kein Zufall, dass Müller-Otfried diese Gedanken *nach* der Revolution und vor dem Hintergrund der parlamentarischen Demokratie entwickelt, die – gerade auch für konservative Frauen – die Möglichkeit bietet, sich einerseits aktiv in den politischen Prozess einzubringen, um im parlamentarischen Prozess und mit Hilfe des aus Gründen des Antikapitalismus bejahten Wohlfahrtsstaates das konservative Sittlichkeitsideal einzubringen und den Internationalismus der radikalen Frauenbewegung zu bekämpfen. Bemerkenswert ist, dass die historische Legitimität für das öffentliche und politische Wirken von Frauen an der Weltkriegserfahrung festgemacht wird. Dadurch ergibt sich für diese Phase eine ganz andere Bewertung als bei Hirsch oder Seeberg.

In diesem Sinne ist Müller-Otfried, und das ist der zweite Dynamisierungsaspekt, wie viele andere Frauen im Reichstag als Fachpolitikerin in den

---

[60] Programmatisch hat Müller-Otfried dies auf einer Parteitagsrede der DNVP 1921 entfaltet und die besondere Aufgabe der Frauen in der seelischen und geistigen Erneuerung des Volkes gesehen. Vgl. MÜLLER-OTFRIED, PAULA: Die Mitarbeit der Frau bei der Erneuerung unseres Volkes, Berlin 1921, insbes. 8.

Gebieten der Familien- und Sozialpolitik tätig.[61] Sie arbeitet am Reichsjugendwohlfahrtsgesetz, am Gesetz über Schund- und Schmutzschriften, das dem Jugendschutz dient, sowie am Rentnerversorgungsgesetz mit, ist Mitglied in entsprechenden Sachverständigenkommissionen und Ausschüssen. Hier gewinnt sie zum Teil beträchtlichen Einfluss. Durch ihre Mitgliedschaft im Vorstand der Partei ist sie mit allen relevanten politischen Fragen bekannt und vertraut. Trotz grundsätzlich kritischer Einstellung zur Weimarer Republik dürfte sie zu den führenden Parlamentarierinnen aus dem evangelischen Spektrum gehört haben.

Meine Vermutung ist, dass es durch solche parlamentarische Beteiligungsformen theologische und kirchliche Rückkoppelungseffekte für das Verhältnis von Protestantismus und Demokratie gegeben hat oder hätte geben können. Am Anfang der Lerngeschichte „Protestantismus und Demokratie" steht das Paradox, dass Theologen und Theologinnen die parlamentarische Demokratie ablehnen und sich zugleich an ihr beteiligen.[62] Ich vermute, dass die Erfahrungen, die dabei gesammelt worden sind, die kategorische Ablehnung der parlamentarischen Demokratie vom theologischen Lehrstuhl aus, die hier am Beispiel von Seeberg und Hirsch vorgeführt wurde, langfristig doch aufgeweicht hätten. Dafür spricht auch, dass die von Seeberg und Hirsch gleichermaßen begrüßte Trennung der Kirchen vom Staat und die Demokratisierung des kirchlichen Lebens in einem autoritären Staat anachronistisch gewirkt hätten. Allein, für solche Rückkopplungseffekte und Lernprozesse war die Lebensdauer der Weimarer Republik zu kurz. Außerdem fehlte die theologische Resonanz, denn die Kirchen waren lange Jahre mit sich selbst beschäftigt und die führenden Vertreter der Dialektischen Theologie waren bekanntlich keine lupenreinen Demokraten. Der theologische Liberalismus starb während der Weimarer Zeit buchstäblich aus, und ab 1933 wurden die Karten ganz neu gemischt.

V. Verbindungen zwischen konservativen und Neuen Rechten

Abschließend seien einige wenige Verbindungslinien von der konservativen Rechten am Anfang der Weimarer Republik zur Neuen Rechten der Gegenwart gezogen.

Beiden Strömungen gemeinsam ist, dass Politik von der Sphäre des Metapolitischen heraus begründet und verstanden wird. Die Rechte versteht sich als Hüterin einer substanziell verstandenen Kultur, aus der vor allem

---

[61] Vgl. HEINSOHN: ‚Grundsätzlich' gleichberechtigt (s. Anm. 50), 42f.
[62] Vgl. VON SCHELIHA, ARNULF: Der deutsche Protestantismus auf dem Weg zur Demokratie, in: Hermann-Josef Große Kracht/Gerhard Schreiber (Hgg.): Wechselseitige Erwartungslosigkeit? Die Kirchen und der Staat des Grundgesetzes – Gestern, heute, morgen, Berlin/Boston 2019, 57–78.

Abgrenzungs- ja Diskriminierungspotenzial generiert wird. Damals wurden der sog. Bolschewismus, der westliche Individualismus auf der Basis von Freiheit und Gleichheit sowie die Juden als Feinde angesehen. Heute richtet sich die Fremdsetzung gegen Migranten, gegen kosmopolitische Eliten in der Wirtschaft und zum Teil gegen den Islam. Anti-Liberalismus und Anti-Amerikanismus verbinden die extreme Rechte mit der extremen Linken.[63] Substanziell neu im metapolitischen Kulturbegriff ist, dass er nun aus seiner nationalen Fokussierung herausgelöst und auf die Größen ‚Europa' (aber nicht im Sinne der EU) oder ‚Abendland' bezogen wird. Unklar und innerhalb der Neuen Rechten umstritten ist das Merkmal des Christlichen. Während Kreise um Beatrix von Storch innerhalb der AfD eine christlich-fundamentalistische Position vertreten, verbinden sich mit der üblichen Kritik an den christlichen Amtskirchen innerhalb der Neuen Rechten säkulare und neo-heidnische Tendenzen. Oder anders: Die Volkskirche ist von rechts nach rot-grün gerutscht.

Die Rechte der Gegenwart versucht dort, wo sie theoriefähig ist, eine Tradition rechten Denken zu konstruieren, das am Weimarer Radikalnationalismus anknüpft, den Nationalsozialismus aber umgeht bzw. ausgrenzt. Eine Schlüsselfigur für solche Konstruktionen von Tradition sind Armin Mohler (gest. 2003) und seine Schüler Karlheinz Weißmann und Götz Kubitschek. Die Kritik, die von ihnen am Regierungsstil von Bundeskanzlerin Angela Merkel geübt wird, ähnelt dabei bis in die Wortwahl hinein der Kritik am Parlamentarismus, wie wir sie hier exemplarisch aus den Federn Seebergs und Hirschs gelesen haben.[64] Ob der Versuch, im Rekurs auf die sog. Konservative Revolution „einen [...] vom Nationalsozialismus nicht kontaminierten Erinnerungsort der deutschen Rechten zu schaffen"[65] plausibel und erfolgreich sein kann, sei dahingestellt. Für die in der Weimarer Zeit auf der Rechten engagierten Theologen und Theologinnen muss man mit mindestens zwei Möglichkeiten rechnen. Reinhold Seeberg sympathisierte offen mit der nationalsozialistischen Machtergreifung. Emanuel Hirsch unterstützte sie aktiv und trat der NSDAP bei. Evangelische Theologen und Theologinnen, die wie Magdalene Tiling, Paula Müller-Otfried oder der Berliner Domprediger Bruno Doering für die DNVP im Reichstag saßen, schieden vor der Koalition von DNVP und NSDAP aus der Politik aus und zogen sich politisch zurück. Einzelheiten wären zu erforschen. Wahrscheinlich wird sich das Bild weiter ausdifferenzieren.

Abschließend seien die Inhalte der theologischen Demokratie-Kritik summarisch gewürdigt. Mit Carl Schmitts Unterscheidung von Demokratie und Parlamentarismus im Rücken ist sie vor allem als Kritik an der

---

[63] Dies bezeugt die offene Debatte um Quellen und wechselseitige Kritik an der sog. Identitätspolitik. Vgl. das Heft APuZ 69, 9–11/2019, insbesondere den Beitrag von Silke van Dyk, 33–40.
[64] Vgl. das entsprechende Zitat bei WEIß: Konservative Revolution (s. Anm. 7), 114.
[65] AaO. 115.

parlamentarischen Demokratie zu verstehen, weil die Demokratie-Idee als solche durch ihre Rückbindung an einen homogenen Volkswillen auch in einer populistischen Diktatur als verwirklicht angesehen werden kann. Die politischen Zerreißproben in Großbritannien über den Brexit können als empirische Bestätigung der Unterscheidung Schmitts angesehen werden, insofern das Ergebnis des Brexit-Plebiszits 2016 und die parlamentarische Willensbildung zu diesem Thema einander lange Zeit gegenüberstanden, bis bei den Unterhauswahlen 2019 der unbedingte Austrittsentschluss eine parlamentarische Mehrheit fand.

Die rechte Kritik bezog und bezieht sich vor allem auf die parlamentarische Demokratie und die hier vorgetragenen Elemente finden sich bis in die Gegenwart: Endlose Debatten, Parteienherrschaft, Elitenherrschaft, Absprachen und Entscheidungen in der Lobby, Repräsentationslücken durch Sperrklauseln und Koalitionsverträge. Ich denke, dass diese Kritik an den systemischen Repräsentationslücken der parlamentarischen Demokratie durchaus ernst zu nehmen ist. Darauf hat etwa der Politikwissenschaftler Jan-Werner Müller immer wieder aufmerksam gemacht.[66] Es macht daher wenig Sinn, diese Lücken zu ignorieren. Die politische Antwort auf diese Fragen muss ein offener und produktiver Umgang mit diesen Repräsentationslücken sein. Die theologische Antwort kann also nicht in einer einfachen „Überidentifikation mit dem Grundgesetz"[67] bestehen. Vielmehr sollte vor dem Hintergrund der eigenen Lerngeschichte das Ziel der Verfassungsordnung und der von ihr ermöglichten politischen Prozesse, nämlich eine humane Gesellschaft auf der freiheitlichen Basis einer liberalen Ordnung, theologisch und sozialethisch zur Geltung gebracht werden. Von hier aus wäre über Einsichten und Vorschläge zur Weiterentwicklung der parlamentarischen Demokratie nachzudenken. Georg Pfleiderer hat zu Recht darauf hingewiesen, dass mit der Demokratie-Denkschrift von 1985 das Ende der diesbezüglichen Theologiegeschichte noch nicht erreicht ist.[68] In der theologischen Perspektive auf das Weimar-Jubiläum kann ergänzt werden: Aus den theologischen Geburtsfehlern vor einhundert Jahren kann auch heute noch etwas gelernt werden.

---

[66] Vgl. VON SCHELIHA, ARNULF: Rechtspopulismus als Herausforderung für die protestantische Ethik des Politischen, in: ders.: Religionspolitik. Beiträge zur politischen Ethik und zur politischen Dimension des religiösen Pluralismus, Tübingen 2018, 341–364.

[67] SCHREIBER, GERHARD: Zwischen Selbstinszenierung und Wirklichkeit. Zu den aktuellen Selbstverständigungsbemühungen der Evangelischen Kirche in Deutschland (EKD) gegenüber dem Staat des Grundgesetzes, in: Große Kracht/Schreiber (Hgg.): Wechselseitige Erwartungslosigkeit? (s. Anm. 62), 135–159, 149.

[68] Vgl. VON SCHELIHA: Der deutsche Protestantismus, in: Große Kracht/Schreiber (Hgg.): Wechselseitige Erwartungslosigkeit? (s. Anm. 62), 74f. Vgl. auch die Bemerkungen von SCHREIBER: Zwischen Selbstinszenierung und Wirklichkeit (s. Anm. 67), 151–154.

„Theologie als Politik" *

Carl Schmitts Romantikkritik im Kontext des Postliberalismus

Rebekka A. Klein

Souverän ist diejenige „Einstellung, die die Konfrontation des Gesetzes mit der konkreten Individualität des Lebens' vollzieht und aushält.[1] Mit diesen Worten hat Christoph Menke den Skopus von Schmitts Souveränitätsdenken prägnant zusammengefasst und ihn gleichzeitig als einen postliberalen Denker ausgezeichnet. Schmitt fokussiere auf den Nachweis, dass der Rechts- und Verfassungsstaat aus sich selbst heraus keine umfassende Regelung des menschlichen Zusammenlebens verwirklichen könne. Daher sei auf eine souveräne Entscheidung zu verweisen, welche die Rechtsordnung nicht nur in Bezug zu immer neuen Situationen und Anwendungsfällen setzt, sondern diese in Bezug zu Ausnahmesituationen offenhält. Unter einer Ausnahmesituation verstehe Schmitt jedoch nicht einfach die Einsicht in die begrenzte Reichweite der Anwendung des Gesetzes, sondern vielmehr diejenigen Wirklichkeiten des Lebens, die eine Anwendung des Gesetzes vollkommen unmöglich machen, die gleichsam nicht unter Rechtsnormen subsumierbar sind. Souverän sei demnach die Entscheidung, die „die Frage nach Ausnahme oder Normalität [überhaupt; R.K.] stellt"[2]. Prägend für das Stellen dieser Frage sei Schmitts Erfahrung mit „den ideologisch aufgeladenen und paramilitärisch ausgetragenen Klassenkämpfen der 20er Jahre"[3] gewesen, die ihn darauf aufmerksam werden ließen, dass dem Fall einer Gesetzesanwendung stets etwas vorausgeht, nämlich ein folgenreicher „Zerfall der Homogenität"[4] einer Gesellschaft.

Diesem Ansatz Schmitts ist nun nach Menke auch für die Gegenwart sehr viel abzugewinnen. Man müsse lediglich Schmitts Erläuterung und Hinordnung des Souveränitätsdenkens auf das Modell der Diktatur als eine Fehlleistung entlarven. Diese habe ihren Grund in einem korrigierbaren Mangel von Schmitts Konzeption. Dann, so Menke, stehe einer Aktualisierung Schmitts nichts mehr entgegen. Er habe, wie kein anderer, der rationalistischen

---

* BLUMENBERG, HANS: Die Legitimität der Neuzeit, Frankfurt a.M. 1966, 108.
[1] MENKE, CHRISTOPH: Spiegelungen der Gleichheit. Politische Philosophie nach Adorno und Derrida, Frankfurt a.M. 2004, 302.
[2] MENKE: Spiegelungen der Gleichheit (s. Anm. 1), 307.
[3] AaO. 308.
[4] Ebd.

Neutralisierung des politischen Feldes entgegengearbeitet und genau darin liege seine bleibende Bedeutsamkeit.[5]

Mit diesen kurzen und formelhaften Wendungen ist umrissen, worum es in diesem Beitrag gehen soll: um eine Analyse und kritische Diskussion von Schmitts Werk im Kontext des sogenannten Postliberalismus,[6] also jener politischen Theorien, die liberale Politik und insbesondere die Auffassung, dass Recht, Staat und Souveränität *rein juristischer* Natur seien, durch eine ideologische Doktrin beherrscht sehen und diese kritisch revidieren wollen. Zugleich ist postliberales Denken, wie Felix Böttger in seiner Monografie über den Postliberalismus von 2014 vermerkt hat, dem Liberalismus weiter verpflichtet und will ihn keineswegs desavouieren.[7] Die Liberalismuskritik des Postliberalismus ist somit keine Liberalismusverwerfung, sondern eine kritische Weiterarbeit an seinen Prämissen.

Nicht unerwähnt bleiben soll hier, dass die Einordnung als „postliberal" eine Nähe zum sogenannten Postfundamentalismus anzeigt.[8] Als gemeinsamen Nenner der politischen Theorien von Jean-Luc Nancy, Alain Badiou, Ernesto Laclau, Claude Lefort und Giorgio Agamben hat Oliver Marchart den Postfundamentalismus im Jahr 2007 bezeichnet und mit diesem Oberbegriff politische Theorien charakterisiert, welche die gesellschaftliche Ordnung nicht auf objektive Realitäten oder unwandelbare Prinzipien gründen, sondern auf eine „Vielzahl kontingenter, umkämpfter und früher oder später scheiternder Versuche, das Soziale mit Fundamenten zu versehen"[9]. Aus Sicht des politischen Postfundamentalismus besteht auch eine Anschlussfähigkeit bzw. das Potenzial für eine Neuaneignung der Theorien Carl Schmitts und damit auch der in ihnen reflektierten und bearbeiteten politischen Erfahrungen aus den Weimarer Jahren.[10] Denn die politische Ordnung der Weimarer Republik zeichnete sich durch eine hohe Fragilität[11] aus, woraus auch zahlreiche Krisendiagnosen der Weimarer Intellektuellen resultierten. Die Haltlosigkeit der politischen Kultur,

---

[5] Vgl. aaO. 302.

[6] Vgl. BÖTTGER, FELIX: Postliberalismus. Zur Liberalismuskritik der politischen Philosophie der Gegenwart, Frankfurt a.M. 2014.

[7] Vgl. aaO. 12, wo von einer „kritischen Neugewinnung des Liberalismus über den Umweg einer […] postliberalen Perspektive" die Rede ist. Vgl. ebd., 27: „In der vorliegenden Arbeit werden [...] Theorien ‚postliberal' genannt, um sie vom Liberalismus abzugrenzen, zugleich jedoch deutlich zu machen, dass ein postliberales Politikmodell, gerade weil es jenseits des Liberalismus operiert, immer an dessen Horizont geknüpft ist und demnach kein Antiliberalismus ist".

[8] Vgl. MARCHART, OLIVER: Die politische Differenz. Zum Denken des Politischen bei Nancy, Lefort, Badiou, Laclau und Agamben, Frankfurt a.M. 2010.

[9] AaO. 16.

[10] Vgl. aaO. 38–42.

[11] Vgl. GRAF, FRIEDRICH WILHELM: Der Heilige Zeitgeist. Studien zur Ideengeschichte der protestantischen Theologie in der Weimarer Republik, Tübingen 2011, 11.

aber auch die Offenheit und Ungegründetheit einer demokratischen Massenherrschaft und einer Parteienpolitik, die sich in bis auf die Straße geführten politischen Auseinandersetzungen fortsetzte, stimulierten in Weimar die Frage, welche Kräfte es sind, die eine politische Ordnung gründen und auflösen, wieviel Rationalität und wieviel Phantastereien dabei am Wirken sind und wie „berechenbar" das Soziale dann noch ist. Oder um es mit Schmitts eigenen Worten zu sagen: Es geht in den 1920ern um die kritische Auseinandersetzung mit einer „Welt ohne Substanz und ohne funktionelle Bindung, ohne feste Führung, ohne Konklusion und ohne Definition, ohne Entscheidung, ohne letztes Gericht, unendlich weitergehend"[12].

Nun ist allerdings festzuhalten, dass die Weimarer Republik historisch betrachtet mit dem aktuellen Diskurs und den Diagnosen des Postliberalismus in keiner Form vergleichbar ist, da dieser ein Phänomen des späten 20. und des beginnenden 21. Jahrhunderts ist. Zeichnet sich unsere heutige politische Form des Regierens doch – wie Pierre Rosanvallon es einmal auf den Punkt gebracht hat – eher dadurch aus, dass sie „Genehmigungsdemokratie" ist, die weder responsiv noch partizipativ, weder mobilisierend noch sich öffnend, auf ein bloßes Abnicken von Expertenentscheidungen durch ein ansonsten eher „stummes" Stimmvolk setzt.[13] Die Analogie zwischen der Weimarer Zeit und der Situation einer postpolitischen und postdemokratischen Krise der Demokratie im 21. Jahrhundert kann daher immer nur eine begrenzte sein. Die Dysfunktionalitäten und Defizite der gegenwärtigen demokratischen Regierungsform sind nicht diejenigen der Weimarer Republik und ihre Selbstauflösung in eine diktatorische Regierungsform stellt ebenfalls keine notwendige Folge jeglicher Krisenform der Demokratie dar.

Zumindest lehrreich können Schmitts in der Weimarer Zeit entwickelte Theoreme aber im Blick auf die Frage sein, warum eine Mobilisierung durch die neuen politischen Bewegungen vom nationalistischen und rechtskonservativen Rand in demokratischen Gemeinschaften gegenwärtig so wirksam gelingt. So kann die von Schmitt eingeforderte Aufmerksamkeit für den Zerfall des Homogenen im gesellschaftlichen Feld beispielsweise vor einer naiven Absolutsetzung der liberalen Ordnung und vor dem Glauben an das reibungslose Funktionieren ihrer Rechtsstaatlichkeit bewahren, wie sie auch im kritischen Fokus gegenwärtiger Bemühungen um eine Reformierung der Demokratie

---

[12] SCHMITT, CARL: Politische Romantik, 6. Auflage, Berlin 1998, 19f. Vgl. dazu auch die Gegenwartsdiagnose von HAN, BYUNG-CHUL: Duft der Zeit. Ein philosophischer Essay zur Kunst des Verweilens, Bielefeld 2009, der die sogenannte Zeitkrise der Gegenwart darin begründet sieht, dass es dem Leben der Menschen in der Spätmoderne an der Möglichkeit fehlt, sich sinnvoll abzuschließen (vgl. insbes. aaO. 16).

[13] Vgl. ROSANVALLON, PIERRE: Die gute Regierung, Hamburg 2016.

steht. Schmitts „Bekämpfung liberaler Ordnungsgewissheit"[14] und eines Universalismus, der den Konflikt zwischen Recht und Gewalt am Ende nicht aufzulösen vermag, sind hier ebenfalls zu nennen.

Dieser Tage, wo die Kritik an der liberalen Demokratie (erneut) in Mode gekommen ist und zugleich einen zweifelhaften Ruf genießt, ist das Unterfangen, sich in dieser Form an einer Aktualisierung Schmitts zu versuchen, zugleich heikel und auf fruchtbare Weise brisant. Im Folgenden soll im Duktus von mehreren differenzierenden Lektüren von Schmitts Werk und insbesondere seiner Kritik der politischen Romantik versucht werden, die systematische Fragestellung dieses Tagungsbandes aufzunehmen und ihr nachzugehen: Wie formiert sich das Verhältnis von Theologie und Politik im Übergang in eine neue politische Form und eine neue Gesellschaftsform in der Weimarer Zeit?

Als Spiegel der Analysen wird im vorliegenden Beitrag Carl Schmitts 1919 erschienene Schrift *Politische Romantik* dienen. Schmitts Romantikschrift hat zunächst wenig und zuletzt sehr viel Aufmerksamkeit in der Forschung erhalten.[15] Man kann fast davon sprechen, dass das Interesse an ihr in etwa proportional zum „Siegeszug" Schmitts als einer zentralen Autorität in neueren politischen Philosophien und in den *Cultural Studies* anstieg. Die neueren Lektüren Schmitts lassen sich zusammenfassend auf die Formel „mit Schmitt gegen Schmitt"[16] bringen und revitalisieren damit das inzwischen in Klassikerlektüren verbreitete und beliebte Motiv einer dekonstruktiven, subversiven oder doch zumindest destrukturierenden Arbeit an seinen Texten. So schreibt Jean-François Kervégan zu Beginn seiner umfassenden Studie mit dem Titel *Was tun mit Carl Schmitt?*, er wolle „sich der Schriften Schmitts bis zu jenem Punkt bedienen, an dem sie sich noch als intellektuell fruchtbar erweisen und eine wirkliche Arbeit des Denkens stimulieren, sich zugleich aber auch vor den Fallen […] hüten, die sie uns zu stellen vermögen"[17]. In gleicher Weise wird Schmitt auch von anderen „gegen […] eigene theoriepolitische Intentionen"[18] und gegen seine eigenen antidemokratischen Intuitionen als Fundgrube zur Radikalisierung oder doch zumindest zur Demokratisierung der Demokratie gelesen. Das Ergebnis dieser und anderer Lektüren ist dann folgerichtig zumeist, dass der Liberalismus- und Romantikkritiker Schmitt zugleich auch ein Romantikliebhaber, dass das Abgewiesene zugleich auch das unbewusst

---

[14] ZABEL, BENNO: Im Sog des Entweder–Oder. Über die Schwierigkeiten, das Recht politisch zu denken, in: Jean-François Kervégan: Was tun mit Carl Schmitt?, Tübingen 2019, 319–360, 339.

[15] Als wegweisende Interpretation ist hier zu nennen: BALKE, FRIEDRICH: Der Staat nach seinem Ende. Die Versuchung Carl Schmitts, München 1996.

[16] Vgl. zu diesem Vorgehen: KERVÉGAN: Was tun mit Carl Schmitt? (s. Anm. 14), 9; Balke: Der Staat (s. Anm. 15), 32.

[17] KERVÉGAN: Was tun mit Carl Schmitt? (s. Anm. 14), 9.

[18] REBENTISCH, JULIANE: Die Kunst der Freiheit. Zur Dialektik demokratischer Existenz, Berlin 2012, 217.

Bestimmende in seinem Denken gewesen sei. Benno Zabel hat dies jüngst auf den Punkt gebracht, dass Schmitt „Denker der Ordnung und der Krise, der nicht offengelegten Kräfte und Widersprüche liberaler Demokratien"[19] zugleich sei. Doch neben der Beobachtung dieser Ambivalenzen in verschiedenen Lektüren, um welche sich der zweite Teil dieses Beitrags bemühen will, soll es zunächst im ersten Teil um eine rekonstruierende Deutung von Schmitts Romantikschrift selbst gehen.

I. Schmitts Romantikschrift[20]

Carl Schmitts frühe Schrift über die *Politische Romantik* aus dem Jahre 1919 ist in der Forschung sehr verschieden charakterisiert worden. So gilt sie als „Männlichkeitsnachweis" seiner Beschäftigung mit der Politik, als sein Entréebillet für die Weimarer Republik oder auch einfach nur als sein erster expliziter eigener Schritt auf das politische Feld.[21] Sie ist aber auch als „Frühwerk mit Schwächen" kritisiert worden, welches „[t]rotz hie und da eingestreuter luzider Betrachtungen" mit späteren Meisterwerken seines Denkens in keine Verbindung gesetzt werden dürfe, da sie sich „wie Richard Wagners ‚Die Feen' zum ‚Ring des Nibelungen'" verhalte.[22]

Für unser Thema von Interesse ist weiter, dass Schmitt selbst seine Romantikschrift in seinen Tagebüchern auch religionspolitisch gedeutet und sie als Vorgehen gegen die in der Moderne wirkenden Kräfte der Reformation gekennzeichnet hat, die er als problematisch erachtet.[23] Die politische Romantik erscheint ihm demnach als Vollendung des Protestantismus und seiner Tendenz zur Auflösung von Ordnung. Auch in seiner Schrift selbst hebt Schmitt an verschiedenen Stellen hervor, dass die Romantik keineswegs ein „natürlicher Bundesgenosse konservativer Ideen"[24] sei. Sie sei vielmehr wesensverwandt mit Rebellion und Anarchie – und zwar, insofern sie eine geistige Struktur repräsentiere, die bis zur völligen Vernichtung jeder Form, bis zur

---

[19] ZABEL: Im Sog des Entweder–Oder (s. Anm. 14), 322.
[20] Der folgende Abschnitt findet sich in englischer Übersetzung auch in dieser Publikation der Verfasserin abgedruckt: KLEIN, REBEKKA A.: The Sovereignty of Subversion, or: the Masterfulness of the Democratic Revolution, in: Dominik Finkelde/dies. (Hgg.): In Need of A Master. Politics, Theology and Radical Democracy, Berlin 2021.
[21] Vgl. BREUER, STEFAN: Carl Schmitt im Kontext, Berlin 2012, 13.
[22] GOTTFRIED, PAUL: Carl Schmitts „Politische Romantik" neu gelesen, in: Neue Ordnung IV (2014), 24–28, 28.
[23] So aus den Tagebüchern zitiert in: BREUER: Kontext (s. Anm. 21), 35; vgl. auch SCHMITT: Politische Romantik (s. Anm. 12), 27: „Der Zusammenhang von Protestantismus und Romantik drängt sich auf".
[24] SCHMITT: Politische Romantik (s. Anm. 12), 11.

individualistischen Auflösung jeglicher Gesellschaftsordnung, ja bis zur Flucht vor der konkreten Wirklichkeit überhaupt voranschreite.[25]

Trotzdem Schmitt selbst in seiner Schrift dem romantischen Bewusstsein als Inbegriff einer phantastischen Weltbeziehung, ja gar einer rigorosen Realitätsverweigerung eine ganz klare Absage erteilt hat, ist ihm immer wieder unterstellt worden, dass er in Wahrheit selbst „romantisch" agiert und die vormoderne Ordnung des Politischen wiederherzustellen gesucht habe.[26] Stefan Breuer hat dem entgegnet, dass Schmitt die vormoderne Ordnung in seiner Schrift ohne klagenden Unterton verabschiedet habe.[27] Es sei ihm gerade ein besonderes Anliegen gewesen, die moderne „Eigenlogik der verschiedenen Handlungsfelder vor einer Kontamination mit dem Ästhetischen zu schützen"[28]. Schmitt sei keineswegs selbst Romantiker gewesen, sondern habe gerade im Sinne einer Verteidigung der wahren politischen Moderne für eine wirklichkeitsgerechtere Politik geworben.

Vor dem Hintergrund dieser sehr disparaten Diskussionslage sollen im Folgenden die wesentlichen Argumentationsgänge der Romantikschrift Schmitts aufgezeigt werden. Zentrale Argumentationsfigur von Schmitts Romantikdeutung ist die ins Binäre hin übersteigerte Entgegensetzung von zwei Begriffen, die er gleichsam der Geburtsstunde des modernen Denkens, nämlich der Reaktion des Nicolas Malebranche auf die Philosophie des Descartes entlehnt: *occasio* (Zufall) und *causa* (Grund).[29] Dabei steht *occasio* bei Schmitt für eine gegen jede Bindung und Norm ausgerichtete Lebenskraft; *causa* hingegen für die zwanghafte Bindung des Lebens an eine Ursache, an ein Prinzip oder an

---

[25] Vgl. aaO. 14; 19f.
[26] Vgl. dazu auch die Darstellung dieses Vorwurfs in BREUER: Kontext (s. Anm. 21), 37f.
[27] Vgl. aaO. 37.
[28] AaO. 38.
[29] Inwiefern Schmitts Ansinnen berechtigt oder unberechtigt ist, seine Kritik einer Ästhetisierung der Politik in der modernen Romantik auf die Anfänge der neuzeitlichen Philosophie zurückzuführen, kann im Rahmen dieser Studie nicht geprüft werden. Es kann jedoch auf das Urteil von GOTTFRIED, PAUL: Carl Schmitts „Politische Romantik" (s. Anm. 22), 28, verwiesen werden: „Schmitt verwendet Malebranches Lehre zweckentfremdend, um einen passenden Ursprungsort für die Romantik herzuzaubern. Seinem Zweck hätte es nicht im mindesten geschadet, wenn dieser Bezug ganz weggefallen wäre." Dieser Einschätzung Gottfrieds könnte man allerdings entgegenhalten, dass sich gerade der von Schmitt wahrgenommene theo-politische Aspekt der Romantik erst über die Einbeziehung der Philosophie Malebranches aufzeigen lässt. Denn Malebranche entwickelt den Begriff der *occasio* im Rahmen einer theologischen Abhandlung über die göttliche Gnade. Für ihn ist „Gott" die wirkende Ursache aller menschlichen Willensregungen und nicht der menschliche Geist. Diese theologische Figuration ermöglicht es Malebranche allererst, im Willen des Menschen ein unbewusstes Begehren zu entdecken und damit eine andere Auffassung des Menschen als Descartes zu entwickeln, wie Alain Badiou gezeigt hat (vgl. BADIOU, ALAIN: Malebranche. L'être 2 – Figure théologique 1986, Paris 2013, 213–241; bes. 218f).

das, was Schmitt zuweilen schlicht die konkrete Wirklichkeit nennt.[30] *Occasio* und *causa* erscheinen idealtypisch als Kräfte des Lösens und des Bindens, die nach Schmitts Auffassung klar voneinander getrennt werden können. Sie kehren jedoch unter der Hand auch innerhalb des romantischen Bewusstseins und seiner metaphysischen Lebensauffassung wieder, und zwar im „romantischen Konflikt von Möglichkeit und Wirklichkeit"[31]. Einen metaphysischen Charakter hat dieser Konflikt nach Schmitt deshalb, weil in ihm eine bestimmte Weltauffassung in Bezug auf eine letzte Instanz artikuliert und entweder die Möglichkeit oder die Wirklichkeit zu dieser letzten Instanz erhoben wird. Im Fall der Romantik sei diese Instanz die durch ein Subjekt und seine ästhetische Produktivität erschaffene Möglichkeit des Lebens, die seiner Wirklichkeit stets überlegen bzw. entzogen sei.[32] Die Kräfte der Romantik seien darum jene, die eine „Entwirklichung der Welt in eine phantastische Konstruktion"[33] vorantrieben. Die Romantik sehe den Konflikt zwischen Möglichkeit und Wirklichkeit somit nur um den Preis eines scharfen Abweises jeglicher Bindungen und Kausalitäten als gelöst an.

Ein weiteres Kennzeichen des romantischen Denkens ist nach Schmitt die entdualisierende Strategie. Jegliche Dualität des Seins werde im romantischen Bewusstsein stets durch Ausweichen und Vermitteln eines höheren oder umfassenden Dritten (bald Idee, bald Staat oder Gott) entschärft und zur Illusion erklärt.[34] Der ursprüngliche Gegensatz verschwinde damit ins Wesenlose. Die Kraft des Romantischen bestehe deshalb darin, von einer Realität zur anderen zu entweichen, da keine von ihnen bindende und letztverbindliche Normativität entfalten könne und zudem auch mit keiner anderen wirklich in einem harten Gegensatz zu stehen komme.[35] Was Schmitt hier beschreibt, ist im Grunde eine Form der Vervielfältigung und des Relativismus der Wirklichkeiten, wie er heute auch mit dem Label des Postmodernen versehen werden könnte.[36] Auch postmoderne Theologien wie etwa Patrick Chengs queere politische Theologie begründen ihre Weltauffassung des *anything goes* durch den Bezug auf eine omnisexuelle Kenose, d.h. einen Prozess, der Gott als geschlechtsverflüssigende und polyamore Instanz offenbart zu sein glaubt.[37] Im Blick auf

---

[30] Vgl. SCHMITT: Politische Romantik (s. Anm. 12), 18.
[31] AaO. 76.
[32] Vgl. aaO. 18f.
[33] AaO. 85.
[34] Vgl. aaO. 96f.
[35] AaO. 96: „Das, was die Kraft hat, den Gegensatz als Anlaß seiner höheren, alleinigen Wirksamkeit zu benutzen, ist die wahre und höhere Realität".
[36] Zugrunde zu legen wäre dann der Begriff des Postmodernen, wie ihn Wolfgang Welsch entwickelt hat: WELSCH, WOLFGANG: Unsere postmoderne Moderne, 5. Auflage, Berlin 2018.
[37] Vgl. CHENG, PATRICK S.: Radical Love. An Introduction to Queer Theology, New York 2011, 58.

entsprechende Lagen konstatiert bereits Schmitt: „Die Besonderheit des romantischen Occasionalismus liegt darin, daß er den Hauptfaktor des occasionalistischen Systems, Gott, subjektiviert."[38] Gott fungiere so lange als Figur des unendlichen umfassenden Dritten, bis er – im Sinne von Schmitts Säkularisierungstheorie – durch irdische und diesseitige Faktoren ersetzt werden könne.[39] Die romantische Weltauffassung pendle daher zwischen zwei polarischen Extremen: der Aufhebung aller Wirklichkeit in Gott und der Anerkennung des positiven Wirklichen als solchen, wobei letzteres in seiner Konflikthaftigkeit und Widersprüchlichkeit eben gerade durch jenen radikal subjektivierten Gott entschärft werden könne. Als Gewährsmann für seine Thesen benennt Schmitt erneut Malebranche, in dessen System Gottes Überlegenheit zu einer phantastischen Größe gesteigert werde. Gott fungiere hier als absolute Instanz des Systems und alles, was in ihr vorgehe, sei bloßer Anlass seiner alleinigen Wirksamkeit.[40] Umbesetzt werde dieser „Gott" in der Folge durch den Staat, das Volk oder ein einzelnes Subjekt, welches mit seiner ästhetischen Produktivität die Welt erfülle.[41]

Gegenüber dieser gleichsam grenzenlosen, sich ins Totalitäre hinein steigernden Kraft der *occasio* bzw. eines okkasionellen Grundes, der als letzter Bezugspunkt der Welt eine gleichsam ungebundene Instanz verabsolutiere und von ihr her diverse und am Ende beliebig viele Möglichkeiten Wirklichkeit werden lasse, sucht Schmitt nun im letzten Teil seiner Schrift die *causa*, die Bindung an die Norm und mit ihr an die Normalität zu stärken. Das Normale, so konstatiert er, sei der Inbegriff des Unromantischen.[42] Es sei aber zugleich Grundlage des Politischen, dessen Kernfrage laute, was recht und was unrecht ist.[43] Ohne einen Begriff des Rechten und des Unrechten könne der Mensch nicht politisch aktiv werden. Scheinbar trete dieser Gegensatz des Rechten und des Unrechten zwar auch im romantischen Geist auf, er werde jedoch in diesem sofort entschärft. Durch das unendlich vermittelnde Dritte im Romantischen werde das Unrecht aufgelöst in eine bloße Dissonanz, in eine dem romantischen Erleben zugängliche Kategorie.[44]

Schmitt sucht die Romantik im Weiteren dann als eine im Grunde passive Lebenshaltung zu charakterisieren. Der Romantiker sei (ästhetisch) produktiv, ohne aktiv zu werden. Und dies bilde auch den wesentlichen inneren Widerspruch des romantischen Bewusstseins ab.[45] „Wo die politische Aktivität

---

[38] SCHMITT: Politische Romantik (s. Anm. 12), 105.
[39] Vgl. aaO. 18.
[40] Vgl. ebd.
[41] Vgl. aaO. 110.
[42] Vgl. aaO. 167.
[43] Vgl. aaO. 130.
[44] Vgl. aaO. 167.
[45] Vgl. aaO. 165.

beginnt, hört die politische Romantik auf"[46], schreibt Schmitt und ruft daher siegesgewiss seine Politische Theologie der souveränen Entscheidung aus. Mit ihr, so die implizite Botschaft seiner *causa*-Meditationen, werde die romantische Produktivität ästhetischer Praktiken in ihrer Tiefenstruktur erfolgreich zum Erliegen gebracht.

In der Forschung der vergangenen zwei Jahrzehnte ist Schmitts Diagnose und die Stoßrichtung seiner Argumentation nun zwar vielfach diskutiert worden, doch ist es ein Kennzeichen der geführten Debatte und ihres Bezuges auf Schmitt, dass allein Schmitt die Frage nach einem Kampf zwischen *occasio* und *causa* wirklich radikal gestellt und beantwortet hat. Doch bevor dieser Beobachtung weiter nachgegangen werden kann, sollen im folgenden Abschnitt verschiedene Lektüren aus dem Feld der politischen Theorie genauer betrachtet werden, in denen der Fokus auf Schmitt und seine Weimarer Spiegelungen und Reflexionen des politischen Zeitgeistes, also auf sein frühes Werk, gerichtet wird. Dabei werden es jeweils die bei Schmitt nur am Rande oder marginalisiert vorgetragenen Gedanken sein, welche vorzugsweise – nämlich „häretisch" an der von Schmitt selbst zielgerichtet verfolgten Perspektive und Lösung vorbei – von den Interpreten und Interpretinnen ins Zentrum gestellt werden. Zugleich ist es auffällig, dass insbesondere die interdisziplinär offeneren und zugleich dem Kerngebiet der Philosophie ferneren Interpretationen im gegenwärtigen Diskurs die *Politische Romantik* im Kanon der Schriften Schmitts eher marginalisieren und sich für Schmitts radikale Auseinandersetzung mit dem romantischen Geist gerade *nicht* offen zeigen.

II. Postliberale Lektüren von Schmitts Denken

1. Friedrich Balke: Schmitts Diagnose ohne Therapie

Der Durchgang durch die Lektüren kann begonnen werden mit der 1996 vorgelegten Deutung der Romantikschrift Schmitts in Friedrich Balkes Buch *Der Staat nach seinem Ende*. Im Zentrum von Balkes Buch, welches als Meilenstein einer Neuaneignung und Wiederentdeckung der Romantikschrift Schmitts in der neueren Forschung gilt, steht die Charakterisierung des Romantischen als einer radikalen Auflösung von Unterscheidungen, als Aufhebung aller Gegensätze. In dieser Diagnose Schmitts in Bezug auf die Ästhetisierung politischer und gesellschaftlicher Praktiken sieht Balke keineswegs nur eine zeitbedingte Diagnose der Weimarer Zeit. Die Romantikschrift sei vielmehr dasjenige Buch, in dem Schmitt, gleichsam seiner Zeit voraus, wesentliche Entwicklungen der modernen Kultur erkannt und durchaus treffend charakterisiert habe. Der Analyse der Entpolitisierung

---

[46] AaO. 165.

und Ästhetisierung der modernen Kultur, welche Schmitt vorlegt, könne auch heute noch eine große diagnostische Kraft zugesprochen werden, wenn man sie etwa mit den Macht-, Kommunikations- und Gesellschaftstheorien von Michel Foucault und Niklas Luhmann vergleicht. Anders als in anderen Schriften lasse sich Schmitt zudem in der *Politischen Romantik* ganz auf die Entwicklungen der Moderne ein und zeige ein ausgeprägtes Sensorium für ihre fluiden und dezentrierenden Kräfte. Er führe diese in aller Konsequenz vor Augen und suche eine starke, eine politische Antwort auf ihre desaströsen und kulturzersetzenden Wirkungen zu geben.[47]

Balke selbst deutet den von Schmitt beschriebenen Zug des Romantischen zur Auflösung von Politik in seinem Buch allerdings geradezu inflationär und nimmt Schmitts Analysen als Indikator für eine grundlegende Transformation der Wissens- und Kommunikationsordnung, die seit dem 19. Jahrhundert begonnen und sich in den Weimarer Jahren, in den Zwischenkriegsjahren, intensiviert habe. Das Kennzeichen dieser Entwicklung sei nicht nur die von Schmitt beobachtete Ästhetisierung und Entpolitisierung, sondern viel weitergehend eine Transformation von Kommunikation und Medialität überhaupt, die einerseits zum Massenphänomen geworden sei und andererseits in die Form von Netzwerkstrukturen übergehe. In diesen neuen kommunikativen Strukturen und Vollzügen werde Sinn gleichsam weltgesellschaftlich verflüssigt und damit prinzipiell unabschließbar reproduziert. Die Produktion von Sinn widersetze sich damit zunehmend der Einordnung in kulturelle Sinnordnungen. Anschlussmöglichkeiten gesellschaftlicher Kommunikation würden damit immer unberechenbarer. Jenseits des Kommunikationszusammenhanges gebe es zudem keine außer- und übergesellschaftlichen Instanzen mehr, die einen sozialen Zusammenhang stiften und von ihm aus klare Unterscheidungen zu treffen erlauben. In der Folge würden die Grenzen von Identität ins Fließen kommen und zunehmend verschwimmen.[48]

Occasionalismus, so beschreibt es Balke, sei daher „Schmitts Formel für die unabsehbare *Possibilisierung des Realen*, für die Unmöglichkeit, den Bereich des kommunikativ Anschlussfähigen im Voraus festzulegen"[49]. Der *Politischen Romantik* Schmitts komme deshalb eine herausragende Stellung im Frühwerk zu, da Schmitt in ihr gezwungen sei, seine Meditation der *causa* zu unterbrechen und sich der historischen Transformation des Denkens zu stellen, wie es sich in der Moderne vollzogen habe. Modernes Denken adressiere nicht länger eine Welt der Substanz, der vorgängigen Gegenstände, sondern vielmehr eine Welt der Vervielfältigung und Verwicklung und einer Sprache gleichsam ohne konstante Referenz.[50]

---

[47] Vgl. BALKE: Der Staat (s. Anm. 15), 13–38.
[48] Vgl. aaO. 26f.
[49] AaO. 101 (Herv. i. O.).
[50] Vgl. aaO. 106.

Was Schmitt selbst nicht recht habe sehen wollen, so Balke, sei allerdings, dass auch das romantische Subjekt selbst, welches die Welt zum bloßen Anlass seiner Produktivität werden lasse, sich am Ende auflöse, sich sozusagen „occasionalisiere".[51] Das Subjekt sei nicht, wie Schmitt es resümiere, das neue Zentrum einer vollständig ästhetisch gewordenen Kultur, sondern es verschwinde in der Konsequenz ebenfalls und mit ihm der auf ihn übergegangene onto-theo-logische Platz als solcher.[52] Durch Schmitts Säkularisierungsthese und sein Festhalten an einem starren Subjekt-Objekt-Schema, welches die Transformation der Ästhetisierung allein aufseiten der Objekte verorte, werde verdeckt, dass die *occasio* nicht nur „einen Austausch der metaphysischen Zentren" betreibe, sondern „die Auflösung des metaphysischen Schemas insgesamt".[53] Schmitt dringe zwar zu einer Beschreibung der modernen Gesellschaft und ihres sukzessive sich vollziehenden Abschieds von der Staatlichkeit vor, die den unberechenbaren Charakter dieser Gesellschaft beispielsweise im Reagieren auf externe Ereignisse auf ein hohes Maß an struktureller Variabilität zurückführt.[54] Um diese Entwicklung einzudämmen und ihr entgegenzutreten, begebe er sich jedoch auf die Suche nach nicht-relativierbaren Asymmetrien, wie sie in seiner Souveränitätspolitik zur Geltung kommen sollen. Dies sei aber ein Irrweg, so Balke, denn Schmitt unterschätze die (selbst-)auflösende Kraft des Okkasionellen, welches sich nicht durch das Einsetzen von Souveränen und durch eine Aufrichtung neuer Normativitäten gleichsam „bannen" lasse.

Balke spricht Schmitt in seiner Interpretation damit einerseits eine besondere kultur- und zeitgeistdiagnostische Relevanz zu und unterstellt ihm andererseits eine zu negative und defizitäre Wahrnehmung des Romantisch-Ästhetischen. Letzteres sei wesentlich autonomer und eigenmächtiger am Werk und entziehe sich zudem radikaler durch selbstauflösende Tendenzen der Einordnung in ein antagonistisches Schema von *occasio versus causa*. Gegen Balkes These kann nun bereits hier eingewendet werden, dass die von Schmitt in der *Politischen Romantik* nachvollzogene Doppelbewegung der Romantik und der Politischen Theologie, der Entpolitisierung und der Politisierung, der Entautorisierung und der Reautorisierung, an sich selbst schon demonstriert, wie wirksam und gut beide aufeinander reagieren und sich wechselseitig stabilisieren können. Das antagonistische Schema entwickelt somit gegen Schmitts (und auch gegen Balkes) avisierte Auflösung nach der jeweils einen oder anderen Seite seine eigene Virulenz.

---

[51] Vgl. aaO. 110.
[52] Vgl. aaO. 33.
[53] AaO. 114.
[54] Vgl. BALKE: Der Staat (s. Anm. 15), 121.

2. Christoph Menke: Konfrontation mit dem Zerfall des Homogenen

Einen Versuch, sich der Aktualität von Schmitts Analysen aus der Perspektive einer Kritik liberaler Rechtsauffassungen und Rechtspraxis anzunähern, stellen die Arbeiten des Frankfurter Philosophen Christoph Menke dar. In seiner im Jahr 2000 erstmals im Akademie-Verlag und 2004 bei Suhrkamp neu veröffentlichten Kritik der Gleichheit als einer politischen Idee der Moderne widmet Menke auch Schmitts Rechts- und Liberalismuskritik einen eigenen Abschnitt.[55] In der erweiterten Ausgabe seines Buches rückt dieser Abschnitt sogar in die Schlussposition ein – gleichsam als Höhepunkt und Inbegriff einer intensivierten Kritik an der Gleichheit. Schmitts Werk wird darin für Menke theorieprogrammatisch zum Gewährsmann für eine postliberale, eine den Liberalismus in seinen Ambivalenzen und Schattenseiten offenlegende und zugleich „verwindende", Herangehensweise. Menke trägt vor, Schmitt reagiere mit seiner Theorie des souveränen Entscheidens auf die paramilitärisch ausgetragenen Klassenkämpfe der 1920er Jahre.[56] Im Blick sei in dieser Theorie aber nicht schlicht die Aufhebung von Ordnung, sondern zunächst die Wahrnehmung, dass Ordnungen und insbesondere Rechtsordnungen stets von einer gefährdeten, einer ungesicherten Normalität und Homogenität gesellschaftlicher Lebensformen ausgehen. Darauf referiere Schmitts Rede von einer Ausnahmesituation: Sie rechne permanent mit der Möglichkeit eines Zerfalls des Homogenen, da dieses der Möglichkeit seiner Auflösung prinzipiell nicht entzogen werden könne. Entsprechend dürfe keine politische Ordnung sich der Konfrontation mit ihrem anderen als enthoben erachten.[57] Politisches Handeln gehe über das Formulieren und Anwenden von Gesetzen hinaus. In Gestalt einer souveränen Entscheidung wisse es darum, dass Normalität nicht gesichert, sondern vielmehr stets gefährdet sei.[58] Die Möglichkeit existenzieller Feindschaft, wie Schmitt sie im *Begriff des Politischen* beschreibt, werde auf diese Weise immer offen gehalten.

Souveränität definiert Menke demnach als „Einstellung reflexiver Befragung gewöhnlicher Normativitätsvoraussetzungen"[59]. Von dieser ersten Zugriffsdefinition aus unternimmt er es dann, einen weiterführenden Aspekt in Schmitts Politik der Souveränität aufzuzeigen und greift dazu eine Marginalie von Schmitts Argumentation auf, und zwar die souveräne Ausnahme in Gestalt der Begnadigung. Schmitt selbst habe seine höchst relevanten Beobachtungen zur Souveränität von vornherein auf eine Legitimation der Diktatur fokussiert, denn sein primäres Problem, welches er zu adressieren und zu lösen suchte, sei

---

[55] Vgl. MENKE: Spiegelungen der Gleichheit (s. Anm. 2), 300–323.
[56] Vgl. aaO. 308.
[57] Vgl. aaO. 302.
[58] Vgl. aaO. 310.
[59] AaO. 311.

das „Problem der Ordnung"[60] gewesen. Durch die ihm in der Weimarer Zeit vor Augen stehenden Bürgerkriege und Konflikte habe er diktatorische Maßnahmen zur Herstellung und Sicherung politischer Ordnung unmittelbar befürwortet. Sein Blick sei damit präformiert gewesen.[61]

Eine „nicht-diktatorische Gestalt souveräner Suspendierung des Rechts"[62] stelle demgegenüber die Begnadigung dar. Sie wird von Menke darum in seinen Ausführungen zum Paradigma einer *ganz anderen* Politik der Souveränität stilisiert. In dieser erfolge ebenfalls eine Konfrontation mit dem konkreten Leben und seiner Individualität. Allerdings sei das Verhältnis von Gnade und Recht anders verfasst als die Suspendierung der Rechtsordnung in einem diktatorischen Akt. Gnade sei zunächst Straferlass oder -verzicht.[63] Sie gründe in einem Vorbehalt gegen die Gesetzesanwendung selbst und sei Ausdruck einer Notsituation, die sich nicht verrechtlichen lasse: Die Befolgung und Anwendung von Gesetzen könne für Menschen eine existenzielle Bedrohung bedeuten.[64] Denn mit Derrida gesprochen könne „,das Besondere in seiner besonderen Lage'"[65] nur gewaltsam mit allen anderen gleich behandelt werden. Die Begnadigung antworte damit nicht auf Chaos und Unordnung, sondern auf ein Problem der Ungerechtigkeit. Sie demonstriere, dass das Recht entgegen liberaler Großerzählungen niemals neutral sei. Schmitts Manko sei es hingegen, dass er die Wahrnehmung von politischer Normalität immer nur auf das Problem der Stabilisierung von Ordnung und nicht auf das Problem der Gerechtigkeit fokussiere.[66] In einem postliberalen Rechtsdiskurs könne Souveränität hingegen „mit Schmitt gegen Schmitt" nur ein „Bewusstsein fortbestehender Differenz zwischen dem gesetzlich Erlaubbaren und dem existenziell Geforderten"[67] meinen.

Auch bei Menke findet sich also der Versuch einer internen Korrektur von Schmitts Diagnosen und Therapien des Politischen. Schmitt habe richtig erkannt, dass die Verfahren der Rechtsauslegung und -anwendung keineswegs neutrale Verfahren seien, sondern vielmehr politisches Handeln darstellen. Damit bewertet Menke Schmitts Denken als hoch relevant für eine kritische Sichtung und Revision liberaler Dogmen der Rechtsstaatlichkeit. Seine Fixierung auf das *causa*-Denken und die souveräne Einsetzung einer stabilen politischen Ordnung, welche er in der Diktatur verwirklicht sehe, habe ihm jedoch den Blick darauf verstellt, welche anderen Optionen es noch gebe, die souveräne

---

[60] AaO. 312.
[61] Vgl. ebd.
[62] AaO. 313.
[63] Vgl. ebd.
[64] Vgl. aaO. 317.
[65] AaO. 319.
[66] Vgl. aaO. 318.
[67] AaO. 323.

Funktion zu aktualisieren und eine Totalisierung, eine lückenlose Verrechtlichung, die am Ende nur ungerecht sein könne, zu verhindern.

3. Francesca Raimondi: Öffnung für den Ausdruck der Freiheit

Einen an Menke anschlussfähigen, jedoch die demokratietheoretischen Implikationen von Schmitts Frühwerk stärker akzentuierenden Deutungsrahmen entwirft 2011 die Philosophin Francesca Raimondi in ihrem Buch *Die Zeit der Demokratie*.[68] Sie deutet die Demokratie als eine Form der Politik, die auch ihre eigene Fraglichkeit und das Unbehagen an politischen Verhältnissen produktiv zu gestalten weiß. Demokratie sei eine Herrschaftsform der *unbedingten* politischen Freiheit. In ihrer Studie zum Begriff politischer Freiheit bei Carl Schmitt und Hannah Arendt untersucht Raimondi daher im Kontext des Postliberalismus, den sie als Kritik an postpolitischen Ideologien versteht, die Frage, wie Demokratie kritisch erneuert werden kann. Sie sucht sich gegen radikal-antidemokratische Verwerfungen der liberalen Demokratie, wie sie beispielsweise Alain Badiou und Slavoj Žižek praktizieren, abzugrenzen und bestimmt Demokratie nicht als politische Form, sondern als eine Form des Politischen,[69] d.h. als eine in demokratischen Stiftungen und Entstehungsprozessen immer wieder neu zu begründende und nicht einfach feststehende Regierungsform.

Raimondi fragt daher in ihrem Buch nach neuen Formen und Modalitäten demokratischer Organisation und nach einer Perspektive der tatsächlichen Verwirklichung von demokratischer Politik.[70] Carl Schmitt kommt ihr dabei in den Blick, insofern er den liberalen Rechts- und Gesetzgebungsstaat in seiner ideologischen Form entlarvt habe.[71] In dieser These Jacques Derrida folgend, zeigt Raimondi, dass Schmitt aktuelle Diskurse einer Kritik an legalistischen Rechtsverständnissen gleichsam vorweggenommen hat, indem er diejenigen Entscheidungsmomente hervorhob, die *im* Recht nötig sind sowie allererst *zum* Recht hinführen. Der liberale Rechtsstaat, so Schmitt, wolle „durch Recht statt Politik"[72] regieren und verdecke damit, dass er selbst keineswegs neutral sei, sondern politische Interessen verfolge und selbst eine Form der Politik betreibe. Diese zeige sich an einer wertenden Unterscheidung: Der Staat lege „fest, wer, [sic] wie unter die Rechtsordnung fällt und ebenso entscheidet er, welche Aspekte des Lebens politisch zählen und an der Bestimmung der

---

[68] Vgl. RAIMONDI, FRANCESCA: Die Zeit der Demokratie. Politische Freiheit nach Carl Schmitt und Hannah Arendt, Konstanz 2014.
[69] Vgl. aaO. 11.
[70] Vgl. aaO. 15; 17.
[71] Vgl. aaO. 22–24.
[72] AaO. 22.

politisch-rechtlichen Ordnung teilhaben dürfen"[73]. Er sei also keineswegs politisch interessefrei.

Um für sich wandelnde gesellschaftliche Verhältnisse offenzubleiben, sei das Recht strukturell auf eine politische Dimension angewiesen, welche Schmitt in seiner Theorie des Ausnahmezustands und der souveränen Entscheidung thematisiert habe. Der Ausnahmezustand interessiere Schmitt somit als „Chiffre für rechtliche Transformation"[74]. Diese rechtliche Transformation könne allerdings nur als politische vor sich gehen. Es handle sich bei Schmitts Argumentation, so Raimondi, zumindest auch um den Versuch einer Repolitisierung des Rechts gegen ein legalistisches Rechtsverständnis. Schmitt setze auf den „Spielraum einer Politik, die sich weder mit dem Recht noch mit dem Leben deckt und zwischen beiden zu vermitteln sucht"[75].

Um sich von der Konnotation von Ausnahmezustand und Bürgerkrieg bzw. Rebellion abzugrenzen und auch explizit gegen die thanatopolitischen Deutungen Giorgio Agambens zu argumentieren, spricht Raimondi fortan von „Ausnahme" anstatt von „Ausnahmezustand". Ausnahme bezeichne Abweichungen von der herrschenden Normalitätsunterstellung. Sie lasse sich nur unter Bezug auf eine Norm feststellen und sei in diesem Sinne auch nicht vollkommen jenseits der Norm. Die Ausnahme führe einen gewissen Grad an Bestimmtheit mit sich und verbleibe im normativen Horizont der Beurteilung von Normen.[76] Sie sei nichts vollkommen Anomisches.[77] Dennoch bleibe in ihr ein Moment der sogenannten Aleatorik bestehen, ein Moment des Eingehens der rechtlichen Entscheidung auf eine situative und nicht allgemein-rechtliche Bestimmtheit.[78] Daher verweise die Ausnahme auf gesellschaftliche Konflikte und darauf, dass die allgemeinen Normierungen des Rechts nicht einfach nur offen und fortbestimmbar seien, sondern grundsätzlich umstritten. Wenn eine rechtlich-politische Ordnung demnach für den Ausdruck von unbedingter Freiheit offen bleiben möchte – und für eine demokratische Politik sei dies gar nicht anders möglich –, habe sie strukturell auf einer politischen Dimension des Rechts zu bestehen und rechtliche Anwendungsvollzüge darin für sich wandelnde gesellschaftliche Verhältnisse offen zu halten.

Raimondi entfaltet in ihren Ausführungen eine moderate Theorie der Schmittschen Ausnahme, um liberale demokratietheoretische Konzeptionen der Freiheit für die Möglichkeit echter Agonalität zu öffnen und zugleich nicht anarchisch oder extremistisch abgleiten zu lassen. Dabei sieht sie Schmitts Denken überwältigt von bestimmten gewaltsamen Gestalten des

---

[73] AaO. 24.
[74] AaO. 34f.
[75] AaO. 36.
[76] Vgl. aaO. 35f.
[77] Vgl. aaO. 38.
[78] Vgl. aaO. 39.

Ausnahmezustands in den Weimarer Jahren und plädiert stattdessen für eine subtilere und moderatere Reartikulation der von ihm beschriebenen Probleme, die zugleich zeitdiagnostisch weiterführender und anschlussfähiger seien. Sie widmet sich jedoch, ebenso wie ihr Lehrer Menke, dem Denken Schmitts stets *allein* durch den präformierenden Deutungsrahmen einer postliberalen Rechtskritik und vermag daher nicht dasjenige Moment wahrzunehmen, welches die Interpretation der nun im Folgenden und zuletzt zu besprechenden Autorin wesentlich bestimmt. Es handelt sich um die politische Dimension und die demokratische Unverzichtbarkeit eben jener Ästhetisierung selbst, welche Schmitt als apolitisch und passiv „gegeißelt" hat.

4. Juliane Rebentisch: Freiheitskultur als Ästhetik

In ihrer 2012 publizierten Studie *Die Kunst der Freiheit*[79] setzt die Offenbacher Theoretikerin Juliane Rebentisch neue Akzente in der Deutung Carl Schmitts. Das Anliegen ihrer Studie ist zunächst apologetischer Natur: Die in der Moderne fortschreitende Ästhetisierung und Individualisierung der Existenz des Menschen möchte Rebentisch gegen ihre Kritiker nicht als Entfremdung und Entstellung der eigenständigen Handlungssphären moderner Gesellschaften verstanden wissen. Entgegen vielfacher Kritik sei Ästhetisierung nicht als Entpolitisierung und Zerstörung freiheitlich-demokratischer Formen souveräner Selbstbehauptung zu deuten, sondern als eine Form ihrer produktiven Gestaltung, ja Beglaubigung und Sicherung, in einer ästhetischen Praxis des Subjekts. Denn die „Freiheit zur Revision von Orientierungen [dürfe; R.K.] nicht mit dem Verlust von Orientierungen überhaupt gleichgesetzt werden"[80]. Die dem Ästhetischen eingeschriebene „Distanz zum Sozialen" erlaube es nämlich, im praktischen Lebensvollzug des Subjekts produktiv nach Möglichkeiten der Aneignung, aber auch der Transformation und Veränderung gegebener Ordnungen zu suchen. Und genau dies sei es, was für eine demokratische Freiheitskultur, für eine Lebensform der Demokratie konstitutiv sei.

Die vielfach beklagte Ästhetisierung des Politischen stehe daher in einem internen Verhältnis zum Wesen demokratischer Gesellschaften.[81] Die von Claude Lefort als Teilung oder Spaltung beschriebene Trennung demokratischer Gesellschaften zwischen den Institutionen der Repräsentation des demokratischen Souveräns und dem in ihnen letztlich verborgen und unfassbar bleibenden demokratischen Souverän selbst, der eine heterogene Vielheit umschreibt, sei hier einschlägig. Die politische Einheit einer demokratischen Gesellschaft könne nie vorausgesetzt, sondern müsse immer erst politisch hergestellt, inszeniert und produziert werden. Um die Spaltung zu bearbeiten, welche

---

[79] REBENTISCH: Kunst der Freiheit (s. Anm. 18).
[80] AaO. 231.
[81] Vgl. aaO. 9–26.

den repräsentativen Verfahren zugrundeliege, könne die Demokratie daher nicht rein deliberativ verfahren, sondern sie sei auf ästhetische Praktiken der gleichsam theatralen Inszenierung angewiesen, in denen diese Einheit zumindest temporär immer wieder hergestellt wird. Anders sei die freiheitliche Kultur, die Lebensform der Demokratie, nicht aufrechtzuerhalten.

Vor diesem Hintergrund arbeitet Rebentisch nun gegen eine gängige Deutung der *Politischen Romantik* Schmitts in ihrer Interpretation die dynamische Verbindung, anstelle einer bloßen Entgegensetzung, von *occasio* und *causa* heraus. Schmitt sei es, so ihre These, „aufgrund seiner ästhetisierungskritischen Prämissen" nicht möglich gewesen, „die freiheitstheoretischen Motive, die in seinem Souveränitätskonzept auch [...] angelegt sind, konsequent zu denken".[82] Unter den Händen Rebentischs wird Schmitt gleichsam zum (Teil-)Befürworter, nicht bloßen Gegner einer engen Verbindung von Politik und Ästhetik in der Moderne.[83] Schmitts Ausführungen seien, so Rebentisch, zumindest durch eine Zweideutigkeit gekennzeichnet, welche es ihm erlaube, „gewisse Anleihen bei der romantischen Insistenz auf der Unergründlichkeit des Subjekts"[84] zu machen und diese auch im Weiteren in sein Souveränitätsdenken einfließen zu lassen. Verantwortlich dafür sei Schmitts doppelte Frontstellung gegen die rationalistische Neutralisierung und die romantische Ästhetisierung des Politischen zugleich, welcher er mit seiner Politischen Theologie nicht Herr werde. Zwar kennzeichne er den romantischen Geist als Auflösung aller Formen und ordne ihn damit auch in die von ihm beobachtete Stufenfolge der Neutralisierungen des Politischen ein, ja betrachte ihn gar als „geistige Avantgarde"[85] der beginnenden liberal-demokratischen Entschärfungen des Politischen, aber zugleich lasse sich an seinen Analysen zeigen, dass er in ihnen – gegen seine eigene Intention – ein wesentliches Moment des romantischen Bewusstseins erkenne, welches konstitutiv für eine freiheitlich-demokratische Ordnung sei.

Die von ihm als „Subjektivierung" polemisch überzogen dargestellte Offenheit und Affizierbarkeit des romantischen Subjekts, für das die Welt nur „Anlass" seiner vielfältigen Phantasien und Träumereien sei, verurteile Schmitt vorschnell als ästhetische Entwirklichung. Nach Rebentisch handelt es sich aber in Wahrheit nur um eine durchaus realistisch beschriebene mimetische Offenheit des Subjekts für eine sich verändernde Welt, die niemals abschließend wahrgenommen werden könne. Was Schmitt vorschnell als Beliebigkeit und Relativierung bis hin zur Auflösung von Realitäten anklage, sei eigentlich nur eine durchaus produktive Distanzierung zur Welt. Das für fremde Kräfte durchlässige und empfängliche, das für viele Impulse offene „okkasionelle

---

[82] AaO. 265.
[83] Vgl. aaO. 217–267.
[84] AaO. 217.
[85] AaO. 223.

Subjekt" sei keineswegs ein Subjekt, welches sich fremden Einflüssen und bloßen Anlässen der Welt passiv unterwerfe. Vielmehr habe es die Möglichkeit, sich ausgehend von diesen Zufällen und Anlässen selbst neu zu bestimmen und einen neuen normativen Zusammenhang zu setzen. Es agiere in sozialen Praktiken, in die es eingelassen sei, dynamisch und trete in einen Abstand zu seiner sozialen Identität. Es verbinde auf produktive Weise *occasio* und *causa*. Und in dieser Dynamik allein, so Rebentisch, sei die Wirklichkeit der Freiheit, die gelebte Freiheit, beschlossen.[86] Ausgehend von der Verbindung von *occasio* und *causa* könne daher auch die Freiheit politischer Selbstregierung, die Lebensform der Demokratie, treffend erschlossen werden. Die Zusammenschau einer derart dynamisch verstandenen Subjekttheorie und Anthropologie und der für liberale Demokratien konstitutiven Politik souveräner Entscheidungen erlaube es besser als Schmitts „Theologie" zu verdeutlichen, warum das rationalistische Verständnis mit seiner legalistischen Geschlossenheit des Rechtssystems zutiefst dysfunktional sei.[87]

Rebentisch legt somit eine subjekttheoretische Nachbesserung und Korrektur der Romantikkritik Schmitts vor. Nicht seine Subjekttheorie, sehr wohl aber seine als „Theologie" apostrophierte und als *causa*-Denken in falscher Opposition zur Ästhetisierung gebrachte Souveränitätspolitik sei verantwortlich für seine fatalen faschistoiden Optionen. Gegen Balke argumentiert Rebentisch,[88] dass Schmitts Souveränitätsdenken sich keineswegs bloß defensiv und entgegensetzend zur faktisch voranschreitenden Ästhetisierung verhalte oder sich an ihr regenerieren wolle. Vielmehr sei es Schmitts, durch angebliche Säkularisierung theologischer Geltung fälschlich erkaufte Legitimität für seine autoritäre Souveränitätskonzeption, welche verhindere, dass er die souveräne Freiheit der Selbstregierung demokratisch produktiv durchdenke.

III. Schluss: Schmitt gegen seine Interpreten

Verschiedene Perspektiven der Aktualisierung von Schmitts Denken und mit ihm seiner „Weimarer Einsichten" wurden vorgestellt. Es ist sicher kein Zufall, dass Schmitts Romantikschrift als Kernzone der Verwicklung seines Denkens in Ästhetisierungs- und Subjektivierungsprozesse in den Interpretationen von Christoph Menke und Francesca Raimondi eher unterbelichtet erscheint, während sie bei dem Medienwissenschaftler Friedrich Balke und der Professorin für Ästhetik, Juliane Rebentisch, zum zentralen Text ihrer Interpretationen avanciert. Suchen die ersten doch im liberalen Diskurs das Recht durch eine immanente Kritik für sein Anderes zu öffnen, während die zweiten eine ganz

---

[86] Vgl. aaO. 235.
[87] Vgl. aaO. 261–262.
[88] Vgl. aaO. 235f.

andere Politik und Kultur der Liberalität zu denken wagen. Auch im Blick auf den Grad der Verwicklung von *occasio* und *causa* stehen sich zwei Deutungen gegenüber: Ließ Schmitt seinen Souverän sich an den Fallstricken der modernen Ästhetisierung der Kultur regenerieren? Oder unterschlug er gerade die freiheitstheoretischen Implikationen seiner eigenen Souveränitätslehre und damit auch ihre wahren demokratietheoretischen Potenziale, indem er die Ästhetisierung der Welt abwies, anstatt sie konsequent in ihren Ambivalenzen oder ihrer Stringenz zu durchleuchten?

Zugleich wird in den verschiedenen Interpretationen deutlich, dass beide – souveräne Dezision und Autorität auf der einen und ästhetische Vervielfältigung auf der anderen Seite – sich weniger unversöhnlich gegenüberstehen können, als Schmitt sich dies gewünscht hätte. So können Schmitts Texte, wie am Beispiel der zuletzt dargestellten Deutung Rebentischs gezeigt, auch zur Rechtfertigung des Ästhetischen in seiner genuin politischen Relevanz und zur Aufweichung desjenigen harten Freund-Feind-Denkens zwischen Romantik und Souveränität herangezogen werden, welches Schmitt selbst propagiert hatte.

Auch im Blick auf das Verhältnis von Politik und Theologie lassen sich Beobachtungen machen. Von Friedrich Wilhelm Graf stammt bekanntlich der Ausspruch: „Nur wer Theologien auch politisch liest, nimmt sie ernst"[89]. Umgekehrt gilt mit Schmitt: Nur wer Politik auch theologisch liest und ihre metaphysischen bzw. imaginären Weltformeln ergründet, kann sie in ihrer wahren Dynamik verstehen und sie produktiv überschreiten. Dass die metaphysische Lebenshaltung ästhetischer Praktiken zum Feld der Politischen Theologie selbst noch im Modus ihrer Ausgrenzung dazugehört, hat Schmitt in gewisser Weise *expressis verbis* eingestehen müssen, indem er in der *Politischen Romantik* die „metaphysische Formel" der Romantik analysiert. Für ihn beruhen ästhetische Praktiken des Subjekts und damit Praktiken der Entpolitisierung ebenfalls auf Metaphysik und funktionieren nicht ohne sie. Dies ist vielleicht die Kernthese, die mit Schmitt gegen Balke und Rebentisch aufrechtzuerhalten wäre. Insbesondere die von Rebentisch vorgelegte Analyse eines Zusammenspiels von Freiheitsdialektik und gespaltener Subjektivität ist vor diesem Hintergrund keineswegs davor gefeit, sich ideologisch zu verabsolutieren, während sie sich gleichsam „metaphysiklos" wähnt.

Viel weiterführender als der von Rebentisch propagierte Verzicht auf Schmitts Säkularisierungs- und Theologiethese könnte daher die Beobachtung sein, dass Schmitt mit seiner Gegenüberstellung von *occasio* und *causa* gleichsam eine Revitalisierung des zweigliedrigen Begriffes der göttlichen Allmacht, nämlich der scholastischen Unterscheidung von *potentia absoluta et ordinata*, vorgenommen hat. Stellt er doch die *occasio* als eine bindungslose und die *causa* als eine gebundene Macht dar, sieht beide allerdings nicht mehr durch eine höhere Einheit beider in einem einheitlichen Willen Gottes stabilisiert,

---

[89] GRAF: Einleitung (s. Anm. 11), 11.

sondern stellt ihren Gegensatz als einen echten Antagonismus zweier unvereinbarer Kräfte und Dynamiken heraus. Damit legt Schmitt aber genau denjenigen Spielraum des metaphysischen theologischen Machtbegriffs radikal offen, der bereits in der Möglichkeit der Macht Gottes angelegt ist, von einer ordnungsstiftenden zu einer ordnungsauflösenden Kraft (und *vice versa*) überzugehen. So formuliert bereits Kurt Röttgers in seiner Studie zur Genese der modernen Machttheorie aus dem theologischen Denken prägnant: „Für Gott ist die Rechtsordnung (ja sogar auch die Kausalordnung) ein kontingentes Faktum. Es wären andere Ordnungen der Macht denkbar."[90] Mit der theologischen Unterscheidung von absoluter und geordneter Macht Gottes werde, so Röttgers, zunächst jede weltliche Ordnung als kontingent, d.h. als auch *anders* möglich, ausgewiesen. Dies sei innovativ, denn an die Stelle einer bestehenden könne in dieser Sichtweise nach Gottes Willen stets auch eine neue Ordnung (ebenfalls nach seinem Willen) treten. Im Gottesbegriff werde damit allerdings noch zusammengehalten, was ohne diesen auseinanderfallen und prekär werden könnte, zum Beispiel in der Frage, wer oder was die Ein- oder Aussetzung der jeweiligen Ordnung legitimiert.[91] Sobald Gott dann nicht mehr für die Einsetzung absolut jeder weltlichen Ordnung verantwortlich gemacht und in Anspruch genommen werden kann, wie es beispielsweise bei Wilhelm von Ockham in seiner Lehre über den Menschen in einer Welt nach dem Sündenfall erstmals postuliert wurde, könne der Bereich weltlicher Ordnung weitestgehend von der Vorstellung einer gottgewollten Notwendigkeit entkoppelt werden.[92] Es vollziehe sich eine Emanzipation des politischen Denkens von der Theologie. Die Frage der souveränen Ein- oder Aussetzung konkreter Ordnungen müsse dann aber ganz neu verhandelt werden. Die moderne juridische Theorie der Souveränität, welche die Macht stets an das Recht bindet, wertet Röttgers vor diesem Hintergrund als Versuch, genau die hier aufbrechende Frage wieder zu unterschlagen, wie die beiden Modi der Macht, nämlich sich an eine Ordnung zu binden und sich von ihr zu lösen, ohne eine metaphysische Instanz im Hintergrund gedacht werden können. Die juridische Theorie der Souveränität erachte stattdessen nur eine an das Recht gebundene Machtform als legitim und erkläre alle andere Macht für illegitim.[93]

Vor diesem Hintergrund gelesen könnte man nun Schmitts spätere Lehre von der Souveränität als einer Entscheidung über den Ausnahmezustand als Versuch deuten, die zwei Seiten des theologischen Machtbegriffs erneut in einem starken Begriff der Souveränität zusammenzuführen, der beides umfasst: Bindung an und Lösung von der geltenden Rechtsordnung. Zugleich vermeidet

---

[90] Vgl. RÖTTGERS, KURT: Spuren der Macht. Begriffsgeschichte und Systematik, Freiburg i. Br./München 1990, 115.
[91] Vgl. aaO. 117.
[92] Vgl. aaO. 114–117.
[93] Vgl. aaO. 143.

es Schmitt aber damit in seiner späteren Theorie, das unüberbrückbare Auseinandertreten der Kräfte von Bindung und Lösung, welches durch den von Ockham ins Spiel gebrachten weltlichen Machtverzicht Gottes in Gang gesetzt ist, in seiner Virulenz zu durchdenken. Schmitts Romantikschrift kann hingegen gegenüber seiner späteren Lehre von der Souveränität als der radikalere Versuch angesehen werden, das Auseinandertreten der zwei Modi der Macht geltend zu machen und diesen Konflikt als ‚echten' Konflikt antagonistisch auszutragen.

Damit zeigt sich: Schmitts Denken vollzieht sich im Modus theologischer Operationen und ist durch deren Erkenntnis und nicht durch deren Ausblendung tiefer zu verstehen. Seine Politische Theologie als Ansatz der Analyse und Imagination von Politik setzt – dies muss gegen Rebentisch betont werden – *zu Recht* auf „Theologie", um Ästhetisierung und mit ihr Entpolitisierung sowie einen naiven Abschied von politischer Metaphysik zugunsten eines Programms der Diversifizierung der politischen Kultur zu verhindern. Wie Balke treffend schreibt, wollte Schmitt initial durch die Feindschaft, durch den antagonistischen Widerstreit von *occasio* und *causa*, die autoritative Funktion der Souveränität (neben ihrer subversiven) regenerieren. Genau in diesem Versuch hat er jedoch in Tat und Wahrheit beide Optionen auf produktive Weise offen gehalten, indem er sie als echte Alternativen gegeneinander profilierte. In der Zusammenschau könnte man fast formulieren, dass die Zwischenkriegsjahre Schmitt zu einer hellsichtigen Reaktion provoziert haben, die er selbst paradigmatisch in seiner Romantikschrift realisiert hat: Die Offenlegung des Antagonismus von *occasio* und *causa*, von Lösen und Binden, von Freiheit in der und gegen die Ordnung – von einem Kampf im Herzen der modernen Souveränitätspolitik.

Karl Barth's Tambach Lecture

One Hundred Years Later

Bruce L. McCormack

Introduction

September 25, 2019 marked the 100th anniversary of Karl Barth's Tambach lecture, the lecture which first brought him to the attention of German theologians and pastors. In the year of a significant anniversary (the first year of the Weimar Republic), it is good that we remember Karl Barth too. Doing so provides an excellent occasion for critical reassessment – for asking old questions in a fresh way and perhaps some new questions too in an effort to analyze the strengths and weaknesses of Barth's theology as it was in the autumn of 1919. Among the questions we will want to ask are the following: what were the decisive impulses of Barth's theology in that time of crisis in German political life? Do these impulses have ongoing vitality? Or were they epiphenomena of, let us say, the expressionism of the Weimar era, without lasting significance?

I should confess here at the outset that I am not a social historian; I was not trained in its methods of research. I read social historians as much as I can to keep me honest in the work I do as a historian of ideas and as a dogmatic theologian. And so, I deeply respect the work of a scholar like Friedrich Wilhelm Graf. I admire the breadth of his knowledge in Weimar-era theories of the state and their impact on the fledging Republic where its essential features were concerned (parliament governance, democracy, the rights of the individual, etc.). But I will not be able here to address the precise questions he has put to Barth's relationship to the Social Democracy on the one hand and to the Weimar Republic on the other.[1] What I can do is to inquire into the concept of God which appears here in Tambach (and later). Barth did not have anything so grand as a Christology at his disposal at this point in his development. But he did have a concept of God which, while underdeveloped, has implications for the questions I am interested in here.

---

[1] GRAF, FRIEDRICH-WILHELM: Der heilige Zeitgeist. Studien zur Ideengeschichte der protestantischen Theologie in der Weimarer Republik, Tübingen 2011, 381–423; 425–446; 447–459.

In what follows, I am going to take an unusual tack (where most research is concerned) but one which is in line with the trajectory of my own research. I am not going to interpret Barth as *anti-liberal*. That has been done – and with some justification, on the basis both of Barth's writings as well as his self-understanding. What I want to argue here, though, is that Barth was, in his own distinctive way, a theological *liberal*. There is a tendency of thought which surfaced quite clearly in Tambach which would never disappear. To miss it is to have a one-sided picture of his theology.

The truth is that Karl Barth's theology was never, in any sense, a completed whole. It was *systematic* without giving rise to a system. Indeed, it could not provide the source for a system without considerable effort being expended by an interpreter to *smooth out* its tensions and uncertainties. Barth often contented himself with gestures towards solutions to problems he was interested in; gestures which remained incomplete and quite possibly untenable. Indeed, there were unresolved problems of which Barth showed little or no awareness. *The* unresolved issue which interests me most appears already in Tambach. I turn then to the Tambach lecture.

I. Circumstances of Composition

The conference at Tambach in Thüringen was the creation of a pastor theologian, Otto Herpel. Herpel had been inspired by the Swiss Religious Socialist movement gathered around Leonhard Ragaz, Hans Bader and Hermann Kutter to organize a similar movement in post-war Germany. Herpel very much wanted the Swiss *fathers* to be present at this event – and extended invitations to a number of them (including Karl Barth) in June 1919. There is no need here to go into the details of the exchange of letters between Barth and Herpel which followed.[2] Suffice it to say that Barth was an inappropriate candidate for participation in such a conference - and he knew it. He had, by then, serious reservations with respect to the theology of and the strategies pursued by Ragaz especially. To his credit, he tried to make Herpel aware of criticisms. But when Karl's brother Peter backed out of an agreement to speak there at the last minute, Karl agreed to replace him - but only because he had learned by then that

---

[2] The source of the picture drawn here is the editor's introduction to Barth's lecture in: BARTH, KARL: Gesamtausgabe, im Auftrag der Karl-Barth-Stiftung, Hans-Anton Drewes (ed.): Bd. 3: Vorträge und kleinere Arbeiten, 1914–1921, Hans-Anton Drewes (ed. [in Verbindung mit Friedrich-Wilhelm Marquardt]), Zürich 2012, 546–556.

Ragaz would not be present. Lectures by both could only have confused the Germans. The lecture given to Barth was "Der Christ in der Gesellschaft".[3]

Most of the central themes in Barth's theology at this time were present in the lecture he then wrote: the kingdom of God, revelation, God as *wholly other*, protest against the use of metaphysics in theology, etc. Also present were the usual unkind words for Schleiermacher and Friedrich Naumann. But there was more.

II. A Rhetorically Powerful Opening

Barth introduced his Tambach lecture with a *deconstruction* of the theme announced in his assigned title. "*The Christian* in society!" he exclaimed. A theme that suggests reason to hope that society does not have to be surrendered to itself; it does not have to be allowed to develop in all spheres of life in accordance with the "laws" governing "its own logic and mechanisms".[4] Change is possible. Another society is possible. So, the theme is redolent with promise. And yet, Barth, suggests, the "new element" in the midst of the old, the new spirit infused into the development of the material conditions of life and even into all existing spiritual movements which would seek change cannot possibly be the Christians.

The Christian – we are probably agreed what is meant thereby could *not* be *the Christians*: neither the mass of the baptized nor somehow the elect remnant of the religious-socialists, nor even the finest selection the most noble, pious Christians of whom we might otherwise think. The Christian is *the Christ*. The Christ is that in us which we are not but is Christ in us.[5]

But is Christ really "in" us? Barth's initial answer is no, if by that is meant a "psychological given, a being grasped, overpowered or some such thing, but rather as a presupposition. 'Over us,' 'behind us,' 'beyond us' is meant with the 'in us'". "Christ is the turning of the ages which has already taken place and which is, even now, the "hidden meaning of all the movements of our time". The Christ is in us, above us, behind us and before us "as the meaning of life, a reminder of the origin [the *Ursprung*] of the human, a return to the Lord of the world, a critical no and a creative yes in relation to all the contents of our consciousness".[6]

---

[3] The original plan called for three themes to be addressed: "Der Christ in der Kirche, im Staat und in der Gesellschaft" – with each theme being addressed by a German and a Swiss (op. cit. 549).

[4] Op. cit. 556.

[5] Op. cit. 557.

[6] Ibid.

"The Christian – in society! How these two magnitudes fall apart, how abstractly do they stand over against each other."[7] Not just in the "emergency situation" ("Notlage") in which Christians in Germany now find themselves but always and everywhere there is a falling apart. Why? Because:

> The divine is something whole, enclosed in itself [...]. [I]t does not allow itself to be applied, stuck on, and brought into line. It does not allow itself to be divided and distributed[...]. It does not allow itself to be used; it wants to tear down and raise up. It is whole or it is not at all. Where does the world of God have open windows in relation to our social life? How does it come about that we act as though it did? To *secularize* Christ for the umpteenth time, today preferably in relation to the *Sozialdemokratie*, pacifism, the *Wandervogel* just as formerly in relation to the fatherlands, Swissness and Germanness, the liberalism of the highly cultured, *that* is something we can do.[8]

And yet, to secularize Christ would mean a new, a fresh betrayal of him. Barth's point is that what was true in 1919 was, in fact, always true. God will always stand at a distance over against all human attempts to enlist him in service of goals humans have set for themselves – aloof, brittle, unyielding.[9] All of that is on the one side.

On the other side stands society. Society too is something "enclosed in itself" – "without windows in relation to the kingdom of heaven".[10] On this side of the God-society relation, Barth's judgment is even more absolute. To ask where *God* has open windows in relation to society is not yet to say that there are none. But on the side of human societies, Barth does not hesitate to say "there are no open windows". And so, the attempt to Christianize society through some version or another of the socialist program turns out to be a contemporary version of the medieval attempt to "clericalize" society[11] – an attempt that collides sharply with the "brutal fact" that the "autonomous" development of society has continued inexorably on its way even in a time of revolution.[12] That is on the other side.

Taking a step back, I would like to make three observations about what Barth has said to this point. First, the "distance" between God and the human is not understood by him metaphysically but as a function of human sinfulness. He is not repristinating the ancient metaphysical distinction between uncreated and created being. He is describing God's relation to this world as it is. He everywhere announces his opposition to abstractive thinking of the kind employed in classical metaphysics. But second, he is not completely consistent with this intention. A God *enclosed in himself* is, after all, an abstraction,

---

[7] Op. cit. 558.
[8] Op. cit. 560.
[9] Cf. ibid.
[10] Ibid.
[11] Op. cit. 562.
[12] Op. cit. 561.

separated from life, from existence in divine and its creaturely dimensions. Barth would have to become more careful about how he spoke of God's *otherness* in relation to sinful humanity. Third, the reason, I think, for the inconsistency is that Barth's rhetoric sometimes ran ahead of his content. This is especially true in this first section of the Tambach lecture. The rhetoric is designed to provoke, to unsettle, to prod into action of a particular kind and arising out of a most concrete mind-set. We must not overestimate the significance of this, all the more so since a more positive expression of God's relation to the world will be set forth at a later point in the lecture.

III. The *Standpoint*

Methodological discussions, Barth tells us, always have something "awkward, impossible"[13] about them. Method(s) emerge in a process of engagement with a theme and can only be assessed after the fact; and even then, only provisionally. And so, in turning to a more positive treatment of his theme, Barth begins by issuing a word of caution. The *standpoint* of the theologian is that of the person who sees a bird in flight and attempts to paint it but loses a most vital element doing so, viz. the movement itself, the motion. The image is somewhat overly dramatized; modern painters like van Gogh surely did learn how to create landscapes which make it possible for viewers to perceive *motion*. But the crucial point here does not lie in the image. It is to be found in the conviction that God is not so much an "object" as a subject in motion, who is "given" in the "non-givenness" of a movement "perpendicularly from above".[14] That too is an image, but one that gets us a bit closer to Barth's conviction that the "object" of theology is to be found in "the history of God" – a phrase which recurs a number of times in this lecture.[15] The phrase is an interesting one. To speak of God in a history or as having a history is to speak of divine *life*, of divine existence in a relation to something other than itself to which God gives God's self. Existence, not a metaphysical *essence* (allegedly) standing in back of or beneath God's life, not an *as such* which could be abstracted from life, is the subject in its living-ness. Barth is not averse to speaking of divine "essence" but he understands God in God's lived existence to be what God is *essentially*.

Can God in God's *existence* be known and experienced? Barth's answer is a cautious yes.

---

[13] Op. cit. 565.
[14] Op cit. 564; 596. The phrase is borrowed from Friedrich Zündel. See 596, n.106.
[15] Op cit. 564; 565; 568; 575.

We must acquire anew the great *Sachlichkeit* in which Paul encountered the prophets, together with Plato. Christ is the unconditionally *new from above* [cf. Joh 3:31; 8:23], the way, the truth and the life *of God* [Joh 14:6] among human beings, the Son of Man in whom humanity becomes conscious of its *immediacy* to God.[16]

Indeed, he can say that "our soul has been awakened to consciousness of its immediacy to God, i.e. of a lost and still to be acquired immediacy of all things, relations, orders and structures to God"[17]. And he can even say that "[t]he history of God happens in us and to us"[18]. "This awakening of the soul is the movement in which we stand, the movement of the history of God or of the knowledge of God, the movement in life towards life."[19] These are tension-filled statements, to be sure. We have been awakened and yet an awakening to an immediacy is still to be acquired? What does that mean? And how, concretely, is it (provisionally?) achieved in the first place? Barth does not have answers to such question at this stage as far as I can tell (above all, because he has no Christology - and no Pneumatology, for that matter). But it is clear what he wants. He wants to turn theology away from that classical metaphysics which continued to haunt even the works of quite a few modern theologians and direct it towards a focus on "revelation," understood as an event in the here and now of the recipient's existence. He rejects all "false transcendence," every "metaphysical reification" of God. [20]

And so, Barth says: "Dead is all metaphysics. Dead would be God too were he only to push from outside, if he were a 'thing in itself' and not the One in All, the Creator of all things, the visible and the invisible, the Beginning and the End [Acts 1:8; 21:6; 22:13]."[21] Fascinating! What surfaces in this passage is the Spinozistic phrase "the One and All" so beloved of Schleiermacher.[22] I do not want to exaggerate the significance of this connection. Obviously, this is a way of speaking Barth would quickly leave behind. But it does suggest that Barth could achieve his ends without completely departing from Schleiermacher. The decisive issue – and one he might have learned from Schleiermacher – is the need to avoid reification of God into a "thing in itself", completely enclosed in himself, without an intrinsic relation to that which is other than God.

Barth ties the power of life over death to this attempt to overcome the division between metaphysical "essentialism" and God in God's lived relation to the world. We are, he says, comprehended by God in the "revolution of life

---

[16] Op. cit. 567.
[17] Ibid.
[18] Op. cit. 575.
[19] Op. cit. 570.
[20] Op. cit. 575.
[21] Op. cit. 571.
[22] See on this point, LAMM, JULIA A.: The Living God: Schleiermacher's Appropriation of Spinoza, Pennsylvania 1996.

against the powers of death which hem us in on all sides".[23] And so, the place he would like to begin in thinking about "the Christian in society" is with the recognition that God is the "shattering of the foundations of the world".[24] God is this in relation to all putative foundations, the relatively good as well as the relatively evil. There are, he insists, no "things in themselves". And so: the Youth Movement, he says, is a justified protest against "*Autorität an sich*". The dissolution of the family is a justified "attack" upon "*die Familie an sich*". Expressionism is a protest against "*Kunst an sich*". The Sparticists are justified in saying they would rather die than to be placed again under the "yoke of *Arbeit an sich*".[25] To this list he adds "*Religion an sich*" and suggests that the biggest surprise of the German revolution is that it failed to carry through a fundamental critique of the church.[26] Christians, he says, should be on the side of all of these protest movements. All of these "abstractions" from lived realities contain in themselves "the power of death" - precisely in being "abstractions".[27]

Barth concludes this, the second section of his lecture, with the claim that what was most crucial in the crisis of the times is that all movements – the revolutionary as well as the reforming – should be "comprehended" in God. To "comprehend" "our time and its signs" means:

> to see *von Gott aus* that everything must be as it is and not otherwise. Comprehend means: in the fear of God to take the entire situation upon oneself and in the fear of God enter into the movement of time. [...] For we should not allow ourselves to be deceived: there is contained in this disquiet through God which brings us into critical opposition to life the most positive and fruitful achievement imaginable. The judgment of God concerning the world is the establishing of his own righteousness[28].

A provisional observation is in order at this point. It is not clear at this stage that Barth has any criteria at his disposal for making judgments about relative goods. His call is for discernment, to see through the movements of the time to the movement of God which, he says, is their "transcendental meaning and motor".[29] But no criteria of discernment are advanced.

---

[23] BARTH: Der Christ in der Gesellschaft, in: in: idem: Gesamtausgabe, Bd. 3: VukA, 1914–1921 (see note 2 [author's translation]), 571.
[24] Op. cit. 573.
[25] Op. cit. 572.
[26] Op. cit. 573.
[27] Ibid.
[28] Op. cit. 573.
[29] Op. cit. 564.

IV. The Three Kingdoms[30]

"The kingdom of God", Barth now wants to say, does not begin with our protest movements. It is a revolution which is *before* all revolutions, just as it is *before* everything that exists. The great negation precedes the small ones, just as it precedes the small positions. The Origin is the Synthesis, out of which springs the Antithesis as well as the Thesis. The insight into the genuine transcendence of the divine Origin of all things permits us, indeed it requires us, to comprehend all that is and has existence in the present moment *as such* in God, in its connection with God.[31]

Those who "comprehend" will begin with the affirmation of the world as it is. We need to ask "with complete naiveté", Barth says, "about its relation to God. God could not redeem the world were he not its Creator".[32] There is, in fact, an "original grace" – an original relation of the kingdom of God to "orders of creation" that was, in fact, immediate in nature.[33] The two are not identical but, as created, there was no disruption of the relation between them either. "The kingdom of God is also the *regnum naturae* [...]."[34] Through human foolishness and evil, the original relation has been darkened. But the "divine meaning" of "natural relationships is still to be found in the most ordinary occurrences of everyday life, if one but has eyes to see. The new from above is, at the same time, the most ancient which has been forgotten and buried".[35] When Socrates wanted to discover eternal ethical laws, he did not retreat into a monk's cell; he wandered the streets, speaking with workers, doctors, tax collectors.[36] In any event, before there can be protest, there must first be affirmation of the original grace of the world as expressed in natural relationships. Opposition must, therefore, be accompanied by "grateful, smiling, understanding patience vis-à-vis the world, human beings and ourselves"[37].

Barth's talk of "orders of creation" here will likely come as a surprise to those who know only his later rejection of them. It has to be said, though, that

---

[30] BARTH: Christliches Leben, in: op. cit. 503–513. In turning to the positive treatment of the relation of God or the kingdom of God to movements and events in this world, Barth was able to draw upon a brief lecture he had given just three months earlier in the Swiss village of Aarburg. It bore the title Christliches Leben and was never published prior to appearing in the Karl Barth Gesamtausgabe.

[31] BARTH: Der Christ in der Gesellschaft, in: op. cit. 577.

[32] Ibid.

[33] BARTH: Christliches Leben, in: op. cit. 505.

[34] BARTH: Der Christ in der Gesellschaft, in: op. cit. 578.

[35] Op. cit. 579.

[36] BARTH: Christliches Leben, in: op. cit. 505; idem: Der Christ in der Gesellschaft, in: op. cit. 579.

[37] BARTH: Der Christ in der Gesellschaft, in: op. cit. 580.

he is not seeking (so far as I can tell) to provide a basis for ethical decision-making in such "orders". He speaks of "orders of creation" only then to say:

> Only from the standpoint of the Anthesis which is rooted in the Synthesis, can one so calmly recognize the Thesis as valid. Only she can speak in this way who is *absolutely* critical in relation to life and who, therefore, [...] can withhold *relative* criticism whenever necessary, who can [...] just as well acknowledge and take joy in the *analogy* of the *divine* in the *worldly*. For here too it is obviously not a matter of a way of seeing which loses itself in its object but rather a seeing through into the original creation, into the kingdom of heaven, whose laws are shadowed in the processes and relationships of the present Eon.[38]

Certainly, "seeing through" is no mean feat and many there will be who (understandably) find an element of Gnosticism in it. Again, I am not suggesting Barth is any closer to advancing positive criteria for ethical decision-making. But I am more interested in the fact that, for Barth, the kingdom of God is also (originally) *regnum naturae*, that an original relation exists for him between the kingdom of God and the so-called "orders of creation" – which still can be discerned.

Even more importantly, perhaps, is the fact that the Synthesis is said to contain both the Thesis and the Antithesis *in itself*. This means, if I am reading Barth rightly, that the beginning – which is made known through the disclosure of the end of all things in the resurrection – already contains the end. That certainly might suggest that a relation to this world is inherent in who and what God is. In a moment, I will show that this suspicion does actually receive some confirmation later, so that this possibility will have to be seen as belonging to at least one strand of Barth's thinking which is not easily reconciled (if at all) with his occasional treatment of divine freedom as expressing itself in a "choice" to create and a "choice" to redeem. Either God's relation to the world arises out of what we might think of provisionally as a "necessity of being" – or it arises out of a "choice" (for which reasons can, in all likelihood, not be given). I will return to this in a moment. For now, I will simply observe that what Barth thinks himself to have acquired through his reflections on the *regnum naturae* is "freedom to dwell in the land of the Philistines" – and so, also "in the house of the godless Social Democracy".[39] The crucial thing, he wants to say, is that "the *regnum naturae* [...] can become the *regnum Dei* again and again, so long as *we* are in the kingdom of God and the kingdom of God is in us"[40].

The second kingdom is the *regnum gratiae*. Barth "locates" this kingdom, interestingly enough, in protest movements. The grace of God expresses itself in protests. "Our yes to life carried the divine in itself from the beginning. Now it breaks forth in the Anthesis over against the provisional Thesis, pointing

---

[38] Op. cit. 581–582.
[39] Op. cit. 583.
[40] Ibid.

towards the original-final Synthesis [*urspünglich-endliche Synthese*] [...]."[41] The divine judgment serves the divine grace; it can never be an end in itself. So also, human judgment (or opposition) is always relativized by God's final yes to the world in the resurrection of Christ from the dead. And so: the kingdom of grace is realized in and through an opposition which does not take itself with ultimate seriousness. Our very human "no" has – at this stage – a greater significance than the relative *yes* spoken of under the heading of the *regnum naturae*. "Tears are closer to *us* than smiling. *We* stand deeper in the No than in the Yes, deeper in criticism and in protest than in naiveté, deeper in longing for the future than in participation in the present." But we must remember, Barth says, that the human no is not the divine No to which it points. The good news is that the kingdom of God has itself gone of the attack against society. And yet, no human protest stands in a relation of "continuity with divine action".[42] Knowledge that this is so leads not to inaction, however, to lethargy, to defeatism but to a quite real freedom to engage in active opposition without the burden of thinking that everything depends on this one action alone and or that one alone (the absolutizing of particular goals)! Having said all of that, Barth makes it explicit that it is his personal conviction that "the parable of the kingdom of God" in the fall of 1919 is to be found in that political movement in which the problem of opposition against all that exists has been posed "in its absolute and its relative significance", viz. the Social Democracy.[43] The "command of the hour"[44] for Christians, it would seem, consists in becoming a "comrade *within* the *Social Democracy*"[45]. Once again, Barth offers no criteria for his decision here. Such justification as is offered is allusive. He notes that Jesus said "'I came to bring fire on earth; there is nothing I want more than that it should already burn' (Lk. 12:49). That is the *regnum gratiae*. 'The kingdom of God has come near' [Mt. 4:17 par.]"[46].

The final step in this progression of thought is the *regnum gloriae*. What is "meant" by all true parables is not "*somewhat* other but rather the wholly other of the [...] kingdom of *God*. The power of the Thesis and the power of the Antithesis are rooted in the original, absolutely generative power of the Synthesis. The perishable is not the preliminary stage of the imperishable".[47] And: "Only in *God* is the Synthesis, only in him are we to find it."[48]

Barth's use of idealist terminology throughout this lecture is both expansive and narrowly applied. It is expansive in that it ties Barth directly to no one

---

[41] Op. cit. 587.
[42] Ibid.
[43] Op. cit. 590.
[44] Op. cit. 588.
[45] Op. cit. 590.
[46] Op. cit. 592–593.
[47] Op. cit. 593.
[48] Op. cit. 594.

Idealist thinker. It is narrowly applied in that he makes it to be about the inbreaking of the kingdom of God in the resurrection of Jesus. "The *resurrection of Jesus Christ from the dead is the world-moving power which also moves us because it is the appearance of a totaliter aliter [...] ordering of bodily life in our bodily life*."[49] To say, as Barth does, that the ultimate solution to all the world's problems is to be found in God alone and not in human actions might well be thought to lessen all incentive for humans to struggle, to lead rather quickly to discouragement. Barth clearly thought otherwise. "Pessimistic discrediting of this world and our activity in it is something we *do not* have to fear so long as the place of the Christian in society is itself understood ultimately, with Calvin, under the viewpoint of *hope for the future life*."[50]

I have reached the end of my analysis of the Tambach lecture. I have been struck, on re-reading this lecture, by the degree to which Barth intended *not* to provide positive criteria for discernment. I suspect that he feared that any positive criteria would quickly become absolutized. And so, he seems rather to want only to render impossible all identifications of both reforming movements and revolutionary programs with the kingdom of God. The point is that one is free to engage in both as needs be, in an ad hoc fashion. At the end of the day, positive guidance can be found in this-worldly sources and movements though none are specified by Barth.

V. Radical Autonomy or Communicative Freedom?

Barth's starting-point for reflection in Tambach lay in a presupposition: viz. that the "Thesis" that is expressed in creation and the "Antithesis" which must arise once the true foundations of that "Thesis" have been replaced by others are both contained "*in* God". Barth does not ask whether there is anything above, behind or beneath this "in God". He treats it as the true, the genuine "beginning" of all things. And since the "end" is contained in the "beginning," then, the likelihood is that the "beginning" is assumed to be God in God's "being" as God. Barth notes at one point in his lecture that there is something "unfortunate" about the attempt made by philosophers to understand "the Origin" in terms of an original unity of "*Erkennen und Handeln, Sollen und Sein*"[51]. The truth, however, is that what Barth has advanced here in the language of "Synthesis – Thesis – Antithesis" is very much *like* this particular

---

[49] Op. cit. 595.
[50] Op. cit. 597.
[51] Op. cit. 565. Barth has in mind here two essays by his philosopher brother, Heinrich. See ibid. n.74.

philosophical formulation. And if he hesitates and pronounces it "unfortunate", it is because he fears the construction of a "new metaphysics".[52]

Five years later, he would be in a position to say a good deal more without so many worries about a "new metaphysics". In his prolegomena lectures to his Göttingen Dogmatics in the spring of 1924, Barth sought to close the metaphysical gap created by the ancients between God "in and for himself" and God "for us".

> As though God did not reveal himself as he is, his essence, when he reveals himself! As though for him manifestation and essence, economic being and immanent being, were not one in revelation rather than two! as though to all eternity and the deepest depth of his deity he were not this God [...].[53]

What we catch sight of here is emergence of a "principle" – call it "Barth's rule" rather than "Rahner's rule" – which would resurface in *Church Dogmatics* I/1: the "rule", namely, that all "statements about the divine modes of being antecedently in themselves cannot be different in in content from those that are made about their reality in revelation".[54] In other words, if the ancient metaphysical gap is to be closed, there can be no difference in content between what God is "in himself" and what he is "for us" in revelation. But for that to be possible, God's "being" as God must contain in itself, at the very least, as a "determination" for a relation to the world in Jesus Christ. And in Göttingen, at least, that is what we find Barth saying: "God's relation to us is not accidental; it is necessarily contained and grounded in God's *essence*. [...] God would not be God if the relation to us were not inherent in him from the very first."[55] Barth would later abandon this way of speaking - due, I have little doubt, to his desire to say that God would be the same God (unchanged in his *being*) even if there had been no creation or redemption. But the desire to overcome the ancient metaphysical gap between a Trinity of *pure being* (unrelated to anything out with itself) and the Trinity in revelation would never leave him either.

The line I have been tracing reaches a peak of sorts in Barth's doctrine of election. There he describes election as God's "*Urentscheidung*"[56]. The key interpretive question which has agitated English-language research in recent

---

[52] Ibid.

[53] BARTH, KARL: The Göttingen Dogmatics. Instruction in the Christian Religion, Hannelotte Reiffen (ed.), Geoffrey W. Bromiley, Grand Rapids 1990, 101; cf. BARTH, KARL: Unterricht in der christlichen Religion, Erster Band: Prolegomena (1924), Zürich 1985, 123.

[54] BARTH, KARL: Church Dogmatics I/1, trans. Geoffrey W. Bromiley, Grand Rapids 1976, 479.

[55] BARTH: The Göttingen Dogmatics, 128; cf. idem: Unterricht in der christlichen Religion (see note 53), 156; 157 (respectively).

[56] BARTH, KARL: Kirchliche Dogmatik II/2, Zürich 1942, 8; 15; 53; 54; 55; 77; 98; 99; 184; 185.

years is: what is the significance of the prefix *Ur-*? Is Barth here interpreting election much as the old Reformed orthodoxy did, as an *opus Dei ad extra interna*? Not quite. Barth can use that language but only in a way which blows up its meaning in the older Reformed orthodoxy. He says of their use of this phrase:

> They could define the concept of the decree as *interna voluntatis divinae actio*, in spite of the fact that God, as *ens simplex et infinitum* was not properly or by definition capable of such *opera ad extra interna*, of such *interna actio*. It was surprising enough that this being should be capable of any such *opera ad extra* at all. But how could it be capable of such a concrete decision within itself?

Barth speaks here of an internal decision which has an effect upon the being of the One making it. And here, especially, the tensions I spoke of in my Introduction to this essay, surface with a vengeance. Why speak of an "election" which belongs to the doctrine of God (rather than belonging to the doctrine of creation as the first of God's works *ad extra*) as a *decision*? What Barth wants to say, I think, is something like the following: election is a "decision" which has never not already been made. But such a decision is indistinguishable from a "necessity of being" (when rightly understand); an eternal act of self-constitution in which God acknowledges that a relation to the world in Jesus Christ is proper to him as God; an eternal act of self-knowing and self-willing – in other words, an act of self-reflexivity which is, at one and the same time, the origination in God of the trinitarian processions. After all, Barth can say,

> God is not *in abstracto* Father, Son and Holy Ghost, the triune God. He is so with a definite purpose and reference: in virtue of the love and freedom in which in the bosom of the triune God He has foreordained Himself from and to all eternity. And when we treat of the doctrine of election, we have to do with this determination of His will, and *eo ipso* of His being and all His perfections. For how can we speak of the being of God without at once speaking of this *interna actio* of His being, i.e. the election? And how can we speak of election without speaking of the concrete life of the very being of God?[57]

On this showing, God's *Urentscheidung* – so far from being understood as a free "choice" amongst options – is the event in which the love that God is *essentially* "overflows"[58]. And so: "Precisely in the decision for this ['most original'] relation [to the world in Jesus Christ], in this determination of himself [...], in this *Urbeziehung* contained and completed in himself, God is the one he is."[59] "Decision" really is the wrong word for this. "Decision" connotes a process which begins in a cost-benefits analysis and ends in a choice amongst options. But there is no deliberation here for Barth. This *Urbeziehung* belongs to God as God. It is proper to him.

---

[57] Op. cit. 85.
[58] Op. cit. 8.
[59] Op. cit. 55.

That Barth did not pursue this line of thought consistently is clear to anyone who has read him. Certainly, he wanted to overcome any residual gap between God "in himself" and God "for us" in order to secure the absolute significance of God's Self-revelation. But he had another concern which militated against this one, a concern for the "freedom" of God understood (rather inconsistently) as mere "independence"; the freedom of God to be the same God he shows himself to be in revelation – *without us*. Those two concerns placed Barth in contradiction to himself. And it was the second which opened the door widely to Trutz Rendtorff's much discussed thesis concerning the "radical autonomy" of God.

Rendtorff's essay on the "radical autonomy of God" in Barth's thought was published in 1972.[60] It was a brilliant essay, the kind of reflection one can only achieve after many years of reflection. In it, Rendtorff challenged the received historiography (written largely by Barth's friends and former students) which saw in Barth's second *Romans* a turning-point in theological history. His thesis was that what we find in Barth's commentary is much rather "the first step in a new Enlightenment"[61]; an Enlightenment which, so far from simply contradicting the first Enlightenment, took up its tools and applied them to criticism of the first Enlightenment. Where the first Enlightenment had been conceived by its proponents as a struggle for the autonomy of the individual human being against the heteronomous authority of Church and tradition, the second Enlightenment initiated by Barth sought to safeguard the autonomy of God against every attempt made by nineteenth century theologians to bring God under the control of human beings. The protest raised in the second edition of *Romans* against the titanism and pride of humanity was, in fact, a "protest against [human] autonomy in the name of a higher autonomy"[62]. The decisive element in Rendtorff's reading of theological history lay in his claim that Barth had used Enlightenment tools to overcome the Enlightenment. Put more concretely, Barth had taken up those conceptions of freedom and autonomy which modern thought had attributed to human beings and attributed it instead to God. In so doing, Barth had conceived freedom and autonomy in a purely ideal form, freed not only from the heteronomy of Church and tradition but also from the newer forms of cultural heteronomy which had come into being through nineteenth attempts to mediate between Christian theology and the surrounding culture. But! the attainment of a pure form of autonomy had been purchased at a very high price, viz. the suppression of every form of autonomy which might enter

---

[60] RENDTORFF, TRUTZ: Radikale Autonomie Gottes: Zum Verständnis der Theologie Karl Barths und ihrer Folgen, in: idem, Theorie des Christentums: Historisch-theologische Studien zu seiner neuzeitlichen Verfassung, Gütersloh 1972, 161–181.
[61] Op. cit. 164.
[62] Op. cit. 165.

into competition with it.[63] The result was not merely the annihilation of human freedom and autonomy. It also meant that the creaturely world and its history were rendered mere shadow and appearance when seen in the light of the one truly real Reality, viz. God.

It should be noted that Rendtorff did not believe that the tendency to evacuate the creaturely world and its history of significance, which he had identified as flowing from Barth's commitment to a radical (or exclusive) autonomy of God was limited to the second *Romans* commentary. No, he was convinced that this tendency remained a permanent feature of Barth's thought, on into the *Church Dogmatics* – and that, he believed, helps to account for the reduction of theology to Christology which occurs there.[64] Rendtorff concluded his essay with three examples, drawn from the *Church Dogmatics*, of the kind of Christological reduction he had in mind. The most important of them, for our purposes here, was the already touched upon doctrine of election, whose fundamental thesis is that Jesus Christ is both the electing God and the elect human. The initial effect of this, as Rendtorff rightly observed, is that the problem of double predestination is removed from the sphere of human life and resolved in God. In a primal decision, God chose reprobation for himself and election for us in Jesus Christ. In this way, God takes the full consequences of sin and death into the divine life and extinguishes their power. The larger consequence of this train of thought is, according to Rendtorff, that the victory of good over evil is treated by Barth as axiomatic (much as the Enlightenment treated it): as a given. It should not be surprising, therefore, that Barth was unable to concede to evil and sin any reality in case that might diminish the unlimited and unconditional rule of God's autonomy in the world.

This was an architectonic critique of Barth's theology; one which directed itself to what we might call 'the deep structures' of his thinking, to his most basic tendencies. Without doubt, it was a critique made by a real expert in Barth's writings. It also has to be conceded that there is much, indeed, very much in Barth's writings which would lend support to it – if read in isolation of the more promising line of thought I tried to place before you here.

What I have tried to suggest here is that Barth did not *consistently* treat the *primal decision* of God as a contingent decision for which no reasons could be given, not even reasons intrinsic to God's nature. Indeed, the understanding of divine *freedom* resident in that (old Reformed) conception ultimately forbids any reason-giving, above all reasons having to do with God's being as God. And it does so on the grounds that if there were such elements in God inclining God to be *for us* in advance, then God would be (in the estimation again of the old Reformed) conditioned by that which lies out with God's self and, to just that extent, would be dependent upon human beings. I would say myself that

---

[63] Op. cit. 167.
[64] Op. cit. 173.

this conception of divine freedom does not appear at the point at which Barth is concerned with election. It emerges only when Barth feels anxiety that he has made the world necessary to God. It is at those points that discussions of *freedom* can enter in which disrupt the picture I have drawn of his more promising line of reflection. The net result of this fatal inconsistency is that divine *freedom* is defined by those who read Barth's doctrine of *election* in voluntaristic terms, i.e., in terms of a will that is absolutely free and unconditioned.

Now, of course, although Rendtorff passed in 2016, it is likely he knew nothing of the kinds of debates that have been taking place in the English-speaking world over the ontological implications of Barth's doctrine of election since the beginning of the new millennium. But it is interesting that advocates of the *voluntarist* Barth read him in much the same way Rendtorff did (albeit without any allusions to J. G. Fichte) – which strengthens the point I made a moment ago – viz. that there is much in Barth's writings that would support Rendtorff's conclusions.[65]

But, if it is the case that God's "life, that is, his life in himself, which is originally and properly the one and only life, presses towards [...] being-together with our life"[66], and if it could be shown that Barth regards the incarnate God's use of power in this world as expressed in weakness, then it would quite naturally follow that the kind of love that God is could not do otherwise than to seek to empower the creaturely *autonomy*. If the kind of love that God is, is self-giving love, self-donating, and self-emptying – and if God's freedom were understood as the freedom to be this kind of love in all that God does *ad extra* – then the understanding of divine freedom commensurate with this kind of love would have to be *communicative* rather than *autonomous*, enclosed in itself, etc.

Conclusion

I said at the outset that I read Karl Barth as a *modern* theologian. I hope you will have sensed the reasons for that: his talk of an original relation joining God to the human race in Christ, his willingness to employ idealistic language to bear witness to this relation, the claim that the end is contained in the

---

[65] I do not believe that Rendtorff's critique is finally valid for Barth himself. But I do believe that it points very nicely to the weakness in the version of Barth found in MOLNAR, PAUL: Can the Electing God be God without Us? Some Implications of Bruce McCormack's Understanding of the Doctrine of Election for the Doctrine of the Trinity, in: Neue Zeitschrift für systematische Theologie und Religionsphilosophie 49 (2007), 199–222; as well as in: HUNSINGER, GEORGE: Election and the Trinity: Twenty-Five Theses on the Theology of Karl Barth, in: Modern Theology 24 (2008), 179–98.

[66] BARTH: KD II/1, 308.

beginning (which coheres nicely with aspects of Hegel's thought). And if I am right, then so long as the *modern* project remains viable, then Barth's option within the horizon of possibilities created by that projected remains worthy of consideration. Even more, since he was so critical of other options (albeit in an *in-house* way that sought to address the problems these he criticized had already dealt with), it is all the more important to hear his voice in order to be as self-critical as we can be should wish to choose another option. Much more can be said on this theme, but this much is sufficient for our purposes here.

Via negativa?

Sprachskepsis und Schöpfungs-Philosophie bei Hermann Cohen, Franz Rosenzweig, Jakob Gordin und Emmanuel Lévinas

Heinrich Assel

I. *Via negativa* und ‚Dialektische Theologie'

(1) Hermann Cohens *Begriff der Religion im System der Philosophie* (1915) und seine *Religion der Vernunft aus den Quellen des Judentums* (posthum 1918) sowie Franz Rosenzweigs *Der Stern der Erlösung* (1921)[1] eröffnen zwischen 1915 und 1929 einen Bereich geteilter Probleme zwischen protestantischer Theologie und jüdischer Religionsphilosophie. Sie formulieren eine genuine *Sprachskepsis als zwischen zeitgenössischer Philosophie und Theologie geteiltes Problem, formulieren dazu genuine Konzepte von Dialektik und entwickeln das Konzept einer genuinen via negativa im religionsphilosophischen Denken und Reden.* Die *Dialektische* Theologie Karl Barths und Friedrich Gogartens hätte sich diesem geteilten Problem öffnen können, aber ein Diskurs kam nicht zustande.

Vermeintliche Lehrer-Hörer- und Lehrer-Leser-Verhältnisse, z.B. zwischen Karl Barth und Hermann Cohen, erweisen sich bei näherem Hinsehen als selektiv und im Kern reduktiv.[2] Die Geltungstheorie Cohens verschiebt sich bei Barth in eine bestimmte theologische Konstitutionstheorie.[3] Der Eindruck vermeintlich familienähnlicher Charaktere im Dialektik-Typ zwischen einer *via negativa* in der Attribuierung Gottes, des Einzigen bei Cohen, und einer

---

[1] COHEN, HERMANN: Religion der Vernunft aus den Quellen des Judentums, Bruno Strauß (Hg.), 3. Auflage, Wiesbaden 1995; COHEN, HERMANN: Der Begriff der Religion im System der Philosophie (1915), Werke Bd. 10, Helmut Holzhey (Hg.), eingeleitet v. Andrea Poma, Hildesheim u.a. 1996; ROSENZWEIG, FRANZ: Der Mensch und sein Werk. Gesammelte Schriften: Bd. II: Der Stern der Erlösung. Mit einer Einführung von Reinhold Mayer, 4. Auflage, Haag 1976.

[2] WIEDEBACH, HARTWIG: Karl Barth on Kant's „Biblical Theology". A Reading with Hermann Cohen, in: Heinrich Assel/Bruce McCormack (Hgg.): Luther, Barth, and Movements of Theological Renewal (1918–1933), Berlin/Boston 2020, 19–37.

[3] MOXTER, MICHAEL: Kultur als Lebenswelt. Studien zum Problem einer Kulturtheologie, HUTh 38, Tübingen 2000, 205–213.

analogia crucis im zweiten Römerbriefkommentar Barths zerstreut sich an der Inkompatibilität der Offenbarungs-Begriffe.[4]

Das zunehmend Fremde eines maimonideischen Offenbarungs-Konzepts bei Cohen nach 1908 und nach 1915 benennt schon Barths Lehrer Wilhelm Hermann – und dokumentiert damit sein wachsendes Nicht-Verstehen.[5] Die *christologische Grammatik* der Alteritäts-Wahrnehmung Barths führt selbst dort, wo er seine Dialektik auf's Äußerste strapaziert, wie in der Erwählungslehre und ihrer Kirche-Israel-Dialektik, doch nie zur Diskurseröffnung mit Rosenzweigs *System der Offenbarung* und der jüdisch-philosophischen *via negativa*.[6]

Philosophen wie Emmanuel Lévinas wurden, auch infolge dieser Ausgangslage, in der deutschsprachigen protestantischen Theologie erst weit nach 1945, ja erst nach 1980 wahrnehmbar. Protagonisten wie Jakob Gordin haben bis heute in einer theologisch interessierten Ideen-Geschichte der Weimarer Republik keinen Ort, obgleich Gordins *Untersuchungen zur Theorie des unendlichen Urteils* (Berlin 1929) die scharfsinnigste, zeitgenössische Analyse der *Dialektik* der jüdisch-religionsphilosophischen *via negativa* sind.

Während Hermann Cohen, Franz Rosenzweig und Emmanuel Lévinas bekannte Figuren sind, bedarf Gordin der Einführung: Jakob (russ. Jakov Isaakowitsch) Gordin (*1896, Litauen; †1947, Portugal) studierte 1915 bis 1919 und 1921 an der Fakultät für orientalische Sprachen und simultan an der Historisch-Philologischen Fakultät in St. Petersburg, bereits dort geprägt durch Cohen und den Marburger Neukantianismus sowie W. Solov'ev. Er emigrierte 1923 nach Berlin und wurde Stipendiat der Cohen-Stiftung für die Wissenschaft des Judentums, in seinem Promotionsvorhaben beraten von E. Cassirer, A. Görland und J. Guttmann. Die glänzende Dissertation Gordins bilden die genannten *Untersuchungen zur Theorie des unendlichen Urteils*. Gordin publizierte in der Folge in der *Encyclopedia Judaica* u.a. zu Juda Halevi, Hasdai Crescas, Joseph Kaspi, Abraham Herrera, Immanuel Kant, Lazarus Bendavid, Moritz Lazarus und Hermann Cohen. 1933 flüchtete er nach Frankreich und wirkte dort aktiv

---

[4] MCCORMACK, BRUCE L.: Karl Barth's Critically Realistic Dialectical Theology. Its Genesis and Development 1909–1936, Oxford 1995.

[5] Dies würde ein Vergleich des Diskurses zwischen beiden um 1908 und um 1915 zeigen: Vgl. zur früheren wechselseitigen Rezeption: COHEN, HERMANN: Religion und Sittlichkeit. Eine Betrachtung zur Grundlegung der Religionsphilosophie (1907), in: ders.: Jüdische Schriften 3, 98–168; und HERRMANN, WILHELM: Hermann Cohens Ethik (1907) sowie DERS.: Die Auffassung der Religion in Cohens und Natorps Ethik (1909), in: ders.: Schriften zur Grundlegung der Theologie, Teil II: Mit Anmerkungen und Registern, ThB 36/II, Peter Fischer-Appelt (Hg.), München 1967, 88–113.206–232. Zur späteren Phase vgl. COHEN, Begriff der Religion (1915) (s. Anm. 1) und Herrmann, Wilhelm: Der Begriff der Religion nach Hermann Cohen (1916), in: ders.: Schriften, 318–323.

[6] ASSEL, HEINRICH: Gottes Namen nennen – Karl Barth oder Franz Rosenzweig?, in: ZDTh 22/1 (2006), 8–33; s.a. MOXTER: Kultur (s. Anm. 3), 227f.

an Erhalt und Wiederaufbau der jüdischen Kultur und Bildung mit, und zwar in engem Austausch mit A. Koyré, E. Lévinas und L. Poliakov. Die französischen Schriften Jakob Gordins sind versammelt in *Écrits. Le renouveau de la pensée juive en France* (posthum 1995). Der Nachlass Gordins, der in seiner Biographie russische, deutsche und französische philosophische Prägungen und Kontexte originär verbindet und (zusammen mit Hebräisch) in vier Sprachen vorliegt, ist seit 2013 in Paris zugänglich.[7]

Ich setze die Sondierung daher genau hier an: bei der jüdisch-philosophischen *via negativa*. Mit *Via negativa* betitelt Dirk Westerkamp seine Untersuchung über *Sprache und Methode der negativen Theologie* (2006). Im Schlusskapitel *Der durchkreuzte Name. Negative Theologie im Diskurs der Moderne: Lévinas, Derrida, Marion, Putnam*[8] mutmaßt Westerkamp zu Recht: Die zeitgenössische Erneuerung der Theorie der infiniten Negation in der Attribuierung Gottes der maimonideischen Philosophie gehe in der Moderne von Hermann Cohens Abhandlung *Charakteristik der Ethik Maimunis* (1908) aus, zuerst publiziert zu Maimonides 700. Todestag im *Erinnerungsband* der *Gesellschaft zur Förderung der Wissenschaft des Judentums*. Mit dieser Abhandlung setzt in der Tat Cohens erneute Arbeit an seiner Religionsphilosophie ein, die ihn im letzten Jahrzehnt seines Lebens beschäftigt (1908 bis 1918) und die posthum publiziert wird. Ihr Resultat ist die Gottes- und Schöpfungstheorie der *Religion der Vernunft aus den Quellen des Judentums*. Westerkamp übergeht aber vollständig die Epoche 1908 bis 1929. Seine Darstellung der *via negativa* springt, nach kurzem Einsatz beim Cohen des Jahres 1908, unvermittelt zu Lévinas und dessen ethischer und religionsphilosophischer *via negativa* nach 1960.

Soll diese Lücke nicht weiter bestehen bleiben, so ist also zu fragen nach dem *Dialektik-Konzept im Kontext von Sprachskepsis und Sprachgewissheit* in

---

[7] GORDIN, JACOB: Écrits. Le renouveau de la pensée juive en France, Marcel Goldmann/Préface Léon Askénazi (ed.), Paris 1995; darin: LÉVINAS, EMMANUEL: Jacob Gordin (1972), 291–296; GORDIN, JACOB: Untersuchungen zur Theorie des unendlichen Urteils, Berlin, 1929. Der Nachlass Gordins befindet sich seit 2013 im Pariser Archiv der Alliance Israélite Universelle France AP 13 Fonds et Jacob Gordin. Eine kommentierende Einführung in den Nachlass bietet: TRAUTMANN-WALLER, CÉLINE: Jacob Gordin ou le judaïsme d'un philosophe européen. Saint-Pétersbourg-Berlin-Paris, Archives Juives, 2013/2 (Vol. 46), 30–58: https://www.cairn-int.info/revue-archives-juives1-2013-2-page-30.htm (Zugriff 20. November 2020). Wirkungen Gordins in Frankreich dokumentiert das Kolloquium Aux sources de l'universel dans le judaïsme. L'enseignement de Rachel et Jacob Gordin, Boulogne-Billancourt, avril 2013: http://www.akadem.org/sommaire/themes/histoire/leschefsspirituels/racheletjacobgordin/l-enseignement-de-rachel-etjacob-gordin-15-05-2013-52592_4476.php (Zugriff 20. November 2020).

[8] WESTERKAMP, DIRK: Via negativa. Sprache und Methode der negativen Theologie, München 2006, 185–218. Das Adjektiv jüdische Religionsphilosophie bedürfte selbstverständlich weiterer Diskussion, s. DERS.: Quaestio sceptica disputata de philosophia judaeorum: Is there a Jewish Philosophy, Yearbook of the Maimonides Center 2017, 3–14.

der Schöpfungsphilosophie *Hermann Cohens* im Jahr 1908 bis zu den *Untersuchungen Jakob Gordins* im Jahr 1929, wobei die (noch unerforschte) Wirkung Gordins auf Lévinas nach 1933 diese Frage perspektiviert.[9] Es geht mir darum, die Epoche der zwanziger Jahre des 20. Jahrhunderts als eigenständigen Diskurs zu würdigen und nach dessen noch offenen Möglichkeiten zu fragen. Die weitere Entwicklung in den Epochen von 1933 bis 1945, von 1945 bis 1960 und von 1960 bis 1980 perspektiviert die Darstellung heuristisch. Wie *anders macht sich das Dialektische in Aussage und Urteil sowie im ethisch-appellativen Sagen* im Spiegel dieser jüdisch-religionsphilosophischen *via negativa aus, wenn sie eingebettet wird in die* zeitgenössischen Kontexte neuthomistischer Analogie-Lehre, zeitgenössischer Rezeptionen der Logik Hegels (Absolutheitstheorie und Dialektik-Konzept) und der dialektisch-theologischen Offenbarungstheologie und deren Analogie-Lehre?[10]

(2) Der Sondierungsansatz bei der Dialektik-Struktur der jüdischen *via negativa* berücksichtigt zwei alternative heuristische Sondierungsoptionen und bezieht diese kritisch ein:

(a) Möglich wäre, die verweigerte *absolutheitstheoretische Explikation* dialektischer Offenbarungs-Theologie und Inkarnations-Christologie (bei Karl Barth) ins Zentrum zu stellen, um die religionsdialogische Diskursunfähigkeit der Dialektischen Theologie kritisch zu überwinden, wie Wolfhart Pannenberg ansinnt. Er schlägt eine absolutheitstheoretische Inkarnationsphilosophie als Diskursrahmen jüdischer und christlicher Rede von Gott vor:

Welche Bedeutung hat [...] die Einbeziehung des Inkarnationsgedankens in den Begriff des Absoluten einerseits für die absolute Wirklichkeit Gottes und andererseits für das Verständnis der Endlichkeit des menschlichen Daseins, das durch die Inkarnation mit der göttlichen Wirklichkeit verbunden wird?[11]

(b) Möglich wäre auch, den dialektisch-theologischen Offenbarungsbegriff und eine sprachhermeneutische Analogie-Lehre (*analogia adventus*) ins

---

[9] Der Erforschung dieser Wirkung von Gordins auf Lévinas zwischen 1933 und 1939 auf der Basis des Pariser Nachlasses Gordins widmet sich 2022 ein Forschungsvorhaben des Autors am Hamburger Maimonides-Center for Advanced Studies. Der vorliegende Aufsatz bildet dazu eine Vorstudie, die sich auf die Jahre 1908 bis 1929 beschränkt.

[10] Der zeitgenössischen neuthomistischen Analogie-Theorie begegnet Gordin erst in Paris, um sie zu kritisieren. Die Kritik der Hegel'schen Absolutheitstheorie und deren Dialektik-Konzept widmen sich die *Untersuchungen*. Eine Kritik der zeitgenössischen Offenbarungstheologie findet sich bei FRANZ ROSENZWEIG: Stern (s. Anm. 1), 103 (unpag). Eine späte Kritik christlicher Offenbarungstheologie formuliert LÉVINAS, EMMANUEL: Wenn Gott ins Denken einfällt. Diskurse über die Betroffenheit von Transzendenz (1982), 4. Auflage, Freiburg i. Br. 2004, 13f.

[11] PANNENBERG, WOLFHART: Das christliche Inkarnationsdogma als Thema der Philosophie, in: Marco M. Olivetti (Hg.): Incarnation, Archivio di Filosofia 19, Padua 1999, 503–508, 504.

Zentrum zu stellen, um von da aus den kritischen Dialog mit der *via negativa* (sensu Lévinas) aufzunehmen, wie dies Eberhard Jüngel vorschlägt.

(3) Die Funktionalisierung christlicher Offenbarungs-, Trinitäts- und Inkarnationslehre zu einem „Binnenmoment des als Geist gedachten Absoluten"[12] eignet sich nach meiner Einschätzung nur insofern als Rekonstruktionsmedium, als Cohen und Rosenzweig, Gordin und Lévinas beanspruchen, den Charakter von Theologie als Absolutheits-Theorie in mehreren Dekonstruktionsschüben aufzulösen.

Der erste Schritt ist Cohens transzendentallogische und vernunftreligiöse Konstruktion der ethischen und messianischen Erfahrung des Einzigen im Mitleid mit dem Mitmenschen. Sie mündet 1915 in den Begriff des *messianisch Einzigen* als ‚Bild des Armen' und als ‚prophetischer Knecht Gottes'.[13] *Einzigkeit* Gottes als Schöpfer und Erlöser am Ort des *messianisch Einzigen*, des prophetischen Knechts ist die Zielkorrelation des *Begriffs der Religion im System der Philosophie*. Sie sprengt die *Kontinuität* des Systems. In der *Religion der Vernunft* macht sich dieser Durchbruch durch die Kontinuität des Bestimmtheitszusammenhangs schon in der religionsphilosophischen Ur-Korrelation von Gott als einzigem Sein und Schöpfer einerseits und von Natur als Werden und je neuer Schöpfung andererseits geltend. Ein Drittes zwischen Sein und Nichts wird konsequent eliminiert. Dies richtet sich vor allem gegen die Idee des Logos als dieses Dritte und als Schöpfungs-Mittler des Werdens. Die Zugeständnisse an die christliche Messianologie, die Cohen 1915 macht, haben also die Kehrseite dieser Kritik am Logos-Mythos.

Der zweite Schritt ist Rosenzweigs Erzeugung des absolut isolierten Menschen, der absolut isolierten Welt und des absolut isolierten Gottes als Un-Grundlegungen der *Positivität von Offenbarung* im Ersten Teil des *Sterns der Erlösung* (mit dem Titel: *Die Elemente oder die immerwährende Vorwelt*).[14] Die Inversion dieser Un-Grundlegungen der isolierten Elemente der

---

[12] DIERKEN, JÖRG: Glaube und Lehre im modernen Protestantismus. Studien zum Verhältnis von religiösem Vollzug und theologischer Bestimmtheit bei Barth und Bultmann sowie Hegel und Schleiermacher, BHTh 92, Tübingen 1996, 229. Die Hegel-Rekonstruktion von Dierken (aaO. 203–307) ist maßstäblich, weil sie systematisch komplexer als diejenige Pannenbergs ist und Genese und Dialektik der Großen Logik einbezieht (203–243). Sie benennt präziser die Aporien der real-philosophischen Durchführung der Großen Logik in der „Transformation des Absoluten als Geist in den (christlich-trinitarischen) Gottesgedanken" (244, vgl. 229–231; 242f; 253; 282; 289f).

[13] ASSEL, HEINRICH: Elementare Christologie, Bd. 2: Der gegenwärtig erinnerte Jesus, Gütersloh 2020, 354–360.

[14] ROSENZWEIG: Stern (s. Anm. 1), 3–101: Gott und sein Sein oder Metaphysik (25–44); Die Welt und ihr Sinn oder Metalogik (44–67); Der Mensch und sein Selbst oder Metaethik (67–91). Zur Interpretation: ASSEL, HEINRICH: Name und Negativität. Der göttliche Name als selbstbezügliches Zeichen bei Franz Rosenzweig, in: Ingolf U. Dalferth/Philipp Stoellger (Hgg.): Krisen der Subjektivität. Problemfelder eines strittigen Paradigmas, RPT 18, Tübingen 2005, 333–359.

immerwährenden Vorwelt in die Positivität der *Offenbarung* der Schöpfung, der Offenbarung und der Erlösung erfolgt im Übergang vom Ersten zum Zweiten Teil des *Stern* (mit dem Titel: *Die Bahn oder die allzeiterneuerte Welt*). Sie beschreibt die Positivität der Offenbarung unter dem Anspruch eines neuen erfahrenden Denkens der Offenbarung des einzigen Gottes in den ‚Zeitekstasen' von Schöpfung, Offenbarung und Erlösung und unter dem Anspruch eines neuen erfahrenden Denkens des *existierenden Einzelnen* in seinen Schöpfung und Erlösung gewährenden Beziehungsweisen anhand der grammatischen Grundworte ER/Es, ICH/Du, Wir/Es.[15] Der Dritte Teil des *Sterns der Erlösung* widmet sich der Frage, wie *Erlösung* aus den so unableitbaren wie unvereinbaren Offenbarungserfahrungen des Christlichen und Jüdischen Gestalt gewinnt. Rosenzweig führt dies als dichte Beschreibung der messianischen Feste und Festkalender von Judentum und Christentum aus. Er perspektiviert diese Beschreibung durch eine jüdische Eschatologie des göttlichen Namens *via negativa* und durch eine ethische Beschreibung des messianischen Lebens im Gesetz.[16]

Den dritten Schritt der Dekonstruktion bilden Jakob Gordins *Untersuchungen zur Theorie des unendlichen Urteils*. Sie münden in eine Gegenüberstellung unter dem Titel *Die Dialektik des Ursprungs (Cohen) und die Dialektik des Systems (Hegel)*:[17]

Nur ein System, welches dadurch erzeugt wird, daß es – in der Isolierung der Bestimmtheit – durchbrochen wird, kann ein echtes System sein, weil nur unter dieser Bedingung seine Momente echte (selbständige) Momente sein können. Die höchste Steigerung des Systems [...] kennzeichnet zugleich sein Durchbrochenwerden, seinen ‚Durchbruch'. Die Echtheit der Bestimmtheit ist durch ihre Isoliertheit vom System gegeben, durch den Umstand nämlich, daß sie, wie in ihrem Ansatz, so auch in ihrer ‚Vollendung', im ‚Durchbruch' durch das sie umfassende System erzeugt wird. [...] Nur auf Grund des Prinzips der Isolierung der Bestimmtheit vom System wird es möglich, den Begriff der Persönlichkeit in der gesteigerten Bedeutung der ‚Einzigkeit' – im Unterschiede zur ethischen und ästhetischen Bedeutung (als mit-so-seiender Persönlichkeit) – zu begründen. Das Hegelsche ‚System' in seiner kreisförmigen Geschlossenheit [...] kann aber den Begriff des echten, konkreten, ‚einzigen' Ichs nicht realisieren. Auch aus diesen – letzten Endes wichtigsten – Gründen scheint uns

---

[15] Zum Verhältnis von negativer und positiver Philosophie der Offenbarung im Ersten Teil des Stern: ASSEL: Name und Negativität (s. Anm. 14). Zur Interpretation des Zweiten Teils: ASSEL, HEINRICH: Geheimnis und Sakrament. Die Theologie des göttlichen Namens bei Kant, Cohen und Rosenzweig, FSÖTh 98, Göttingen 2001, 193–308.

[16] Zur Interpretation des Dritten Teils: ASSEL, HEINRICH: „Im innersten Heiligtum der göttlichen Wahrheit ... erblickt so der Mensch nichts andres als ein Antlitz gleich dem eigenen" (Franz Rosenzweig) – Gottes Angesicht sehen, in: Anna Vind/Iben Daamgard/Kirsten Busch Nielsen/Sven Rune Havsteen (Hgg.): (In)Visibility. Reflections upon Visibility and Transcendence in Theology, Philosophy and the Arts, Refo500 AS 18, Göttingen 2020, 413–436.

[17] GORDIN: Untersuchungen (s. Anm. 7), 142–168.

jeglicher Versuche, die Hegelsche Dialektik in die Nähe der Cohenschen zu bringen, zum Scheitern verurteilt.[18]

Diese Gegenüberstellung sei, so das *Vorwort*, „auch durch bestimmte innere Entwicklungen der Marburger Schule bedingt"[19].

Den vierten Schritt bilden die publizierten und unpublizierten Arbeiten Gordins und Lévinas zu Maimonides Mitte der dreißiger Jahre. Beide arbeiteten seit 1934 bzw. 1930 an der Bibliothek der *Alliance Israélite Universelle* in Paris und bildeten bis 1939 eine philosophische Arbeitsgemeinschaft, in der Gordin *intellectual senior* war. Gordin rezipierte jetzt Rosenzweig, vermittelte ihn möglicherweise an Lévinas (eine offene Forschungsfrage) und setzte sich mit der Kritik an der Sprachlehre des französischen Neu-Thomismus (Analogie-Lehre) bei L. Brunschvicg auseinander.

Mêlant l'opposition faite entre paganisme et judaïsme par Rosenzweig dans *L'Étoile de la rédemption* à ses propres recherches sur Dieu dans la philosophie de la religion comme sur le jugement infini, Gordin fait de la négation de l'attribut négatif du monde créé (par opposition à l'éternité du monde non créé), le principe d'une philosophie juive radicalement opposée à la philosophie ‚païenne'. Considérant qu'avec Maïmonide, le problème de la création cesse d'être un problème de l'être naturel, cosmologique, pour devenir un problème de l'histoire et de la philosophie de l'histoire', il fait du commencement de la création le gage de la possibilité d'un temps ‚hétérogène', proprement historique, refondant donc le messianisme juif à partir d'une question de théorie de la connaissance [...].[20]

Die bisher nicht untersuchten Maimonides-Arbeiten Gordins aus der Mitte der dreißiger Jahre (unvollendete Maimonides-Biographie, Maimonides-Skripte[21]) in ihrer Wirkung auf Lévinas bilden also, zusammen mit der Schrift von 1929, ein *missing link*, das es künftig aufzuarbeiten gilt.

Der fünfte Schritt ist Lévinas' Denken des *existierenden Einzelnen* aus der ethischen *Erfahrung* des Anderen (der Exteriorität) und deren *phänomenologische* Beschreibung in *Totalität und Unendlichkeit* (1961). Hier unterscheidet Lévinas noch nicht zwischen *Stellvertretung* des Einen-für-den-Anderen in der

---

[18] AaO. 166.

[19] AaO. V. Meines Erachtens bezieht sich diese Bemerkung auf die Hegel-Rezeption in Ernst Cassirers Philosophie der symbolischen Formen, deren Band 3: Phänomenologie der Erkenntnis im selben Jahr 1929 erschien. Überprüft werden müsste dies an jenen Exzerpten und unpublizierten Manuskripten aus dem Nachlass Gordins, die sich Cassirer widmen (Box I Nr. CXXVII, Box 2 Nr. XXXXVIII; Box 3 Nr. LXIX; Box 5, CXXVII.

[20] GORDIN, JACOB: Actualité de Maïmonide, Cahiers juifs 10, Alexandrie, Paris, juin-juillet 1934, pp. 6–18, republished Jacob Gordin, Écrits, 123–144, 133. LEVINAS, EMMANUEL: L'actualité de Maïmonide, Paix et Droit, n° 4, avril, 1935. 6–7. BABA, S. TOMOKAZU: L'actualité de Maïmonide chez Jacob Gordin. Notes de lectures pour l'étude de la genèse de la vision de l'histoire de la philosophie occidentale chez le jeune Levinas: http://hermes-ir.lib.hit-u.ac.jp/rs/bitstream/10086/19020/2/jinbun0000503800.pdf (Zugriff 19. November 2020).

[21] Boite 5, Nr. CXXXV, CXXX, CXXII in AIU AP 13.

ethischen Verstrickung und der *Gerechtigkeit* in der Gesellschaft angesichts des Dritten.[22] Westerkamps Studie zur jüidsch-religionsphilosophischen *Via negativa* setzt auf dieser Stufe ein.

Der sechste Schritt der Dekonstruktion ist Lévinas nicht mehr phänomenologische, sondern ethische Beschreibung des inkarnierten Einzigen-für-den-Anderen, seine Verstrickung in Alterität und seine Trennungs-Korrelation zu Gott in Schöpfung und Erwählung in *Jenseits des Seins* (1978). Erst mit dieser Zuspitzung wird das Problem des *inkarnierten* Einzelnen, dessen Stellvertretung und dessen Verstrickung in den Tod des Anderen *jedem* absoluten Begriff zuvorkommt, zum Schlüsselproblem. Lévinas kommt also durchaus bei einer ethischen Beschreibung von Inkarnation des Einzigen-für-den-Anderen an. Aber der Preis ist die Dekonstruktion einer absolutheitstheoretisch explizierten Offenbarungs- und Inkarnationsphilosophie.

(4) Eberhard Jüngel tritt mit Lévinas' *Wenn Gott ins Denken einfällt* (1983, dt. 1985) erst in diesem letzten, sechsten Stadium ins kritische Gespräch:

> Wenn nicht alles täuscht, ist es die Auffassung des für unseren Problemzusammenhang [sc. Jesu Reich-Gottes-Botschaft] außerordentlich anregenden und belehrenden Philosophen Emmanuel Lévinas, daß genau da, wo es zur Unterbrechung des Weltbezuges menschlicher Existenz kommt, menschliche Existenz für Transzendenz geöffnet wird und sich damit die Möglichkeit eröffnet, daß ‚Gott ins Denken einfällt' [...] In vielen Einzelanalysen [...] berühren sich unsere Ausführungen mit denen von Levinas' auf das engste.[23]

Jüngel stellt die ‚aufregenden Analysen' Lévinas allerdings unter genau jenen Vorbehalt, der für die Dialektische Theologie Barths so charakteristisch war:

> Für das rechte Verständnis der elementaren Unterbrechung des Zusammenhangs von Welt durch Ansage der Gottesherrschaft ist es von erheblicher systematischer Bedeutung, daß diese *elementare Unterbrechung des Weltzusammenhangs* als Prädikat der *Offenbarung* und nicht umgekehrt *Offenbarung* als Prädikat der *elementaren Unterbrechung des Weltzusammenhangs* aufgefaßt wird.[24]

Mit dieser charakteristischen Vexier-Frage nach Subjekt und Prädikat von Offenbarung und Welt-Unterbrechung, in der die christologische Topik unschwer erkennbar ist, wird der Diskurs vorcodiert. Lévinas selbst verweigert denn auch die *offenbarungstheologische* Antwort. Der mit dem Namen oder Wort *Gott*

---

[22] Diese wichtige Selbstkritik in Lévinas, Vorwort (1987) zur deutschen Ausgabe von LÉVINAS, EMMANUEL: Totalität und Unendlichkeit. Versuch über die Exteriorität (1961), übersetzt von Wolfgang N. Krewani, Freiburg i. Br. 1987, 7f; Vgl. LIEBSCH, BURKHARD (Hg.): Der Andere in der Geschichte – Sozialphilosophie im Zeichen des Krieges. Ein kooperativer Kommentar zu Emmanuel Lévinas' Totalität und Unendlichkeit, 2. Auflage, Freiburg i. Br. 2017, 30–64.

[23] JÜNGEL, EBERHARD: Zur dogmatischen Bedeutung der Frage nach dem historischen Jesus, in: ders.: Wertlose Wahrheit. Zur Identität und Relevanz des christlichen Glaubens, 2. Auflage, Tübingen 2003, 214–242, insb. 221; 226.

[24] AaO. 221.

verbundene Sinn in der ethischen Beschreibung treffe auf Theologen, die sich darum sorgen,

in der Sprache der *Offenbarung*, wie sie von den positiven Religionen gelehrt oder gepredigt wird, anzuerkennen – oder zu bestreiten –, daß es sehr wohl *Gott* ist, der gesprochen hat, und nicht, unter einem falschen Namen, ein böser Geist oder eine Politik. Gleichwohl ist diese Sorge bereits *Philosophie*.[25]

Lévinas' *via negativa* zog sich zwar den Vorwurf zu, Krypto-Theologie zu betreiben.[26] Sie ist dies freilich weder nach ihrem Selbstverständnis, sofern sie sich selbst als *skeptischer* Widerruf bestimmter Typen von Absolutheitstheorie und hermeneutischer Offenbarungs-Theologie positioniert. Noch ist sie dies in der Sicht kritischer jüdischer Interpreten wie Hilary W. Putnam, der sie als *guide to life* interpretiert: als *Orientierungsphilosophie*.[27] Lévinas' skeptischer Widerruf von Theologie vollzieht sich allerdings, wie im Folgenden zu zeigen ist, *selbst mittels jener philosophischen Schöpfungs-Theorie*, für die Hermann Cohen, Franz Rosenzweig und Jakob Gordin die Vor-Arbeit leisten.[28]

Cohen und Rosenzweig nehmen eine genuine *Gewissheit* im ‚Nennen' und sogar im ‚Aussagen' ‚Gottes' in Anspruch, gerade indem sie die *Bedeutsamkeit* der Gottesrede von *ausschließlich* logischen *Verifikationsbedingungen* lösen, ohne sie *ausschließlich* in die ethische *Bewährung* des Sagens zu überführen. Diese Gewissheit im Nennen und sogar im Aussagen ‚Gottes', ist zu thematisieren, gerade weil sie sich der Zuschreibung verweigert, als Theologie zu gelten.

Wie aber das Verhältnis von Sprach-Skepsis und *via negativa* bestimmen? Nehmen wir als heuristischen Leitfaden Maurice Blanchots Bemerkung:

Was wir dem jüdischen Monotheismus verdanken, ist nicht die Offenbarung vom einzigen Gott. Es ist die Erschließung der (gesprochenen) Sprache als Ort, wo die Menschen *sich in Bezug halten zu dem, was jeden Bezug ausschließt*: das absolut Ferne, das absolut Fremde. Gott spricht, und der Mensch spricht zu ihm. Das ist das große Faktum Israels. [...] In diesem Sinn ist die gesprochene Sprache (*la parole*) das gelobte Land, wo das Exil sich als Aufenthalt erfüllt.[29]

---

[25] LÉVINAS, EMMANUEL: Wenn Gott ins Denken einfällt. Diskurse über die Betroffenheit von Transzendenz (1982), Freiburg i. Br. 1985, 13f.

[26] JANICAUD, DOMINIQUE: Die Theologische Wende der französischen Phänomenologie (1991), re.visionen 03, Marco Gutjahr (Hg.), Wien/Berlin 2014.

[27] PUTNAM, HILARY: Jewish Philosophy as a Guide to Life. Rosenzweig, Buber, Lévinas, Wittgenstein, Bloomington/Indianapolis 2008, 65–99.

[28] Inwieweit diese Elemente durch Gordin an Lévinas vermittelt wurden, bleibt zu erforschen: LÉVINAS: Jacob Gordin (s. Anm. 7). Der Text stammt aus dem Jahr 1972.

[29] BLANCHOT, MAURICE: Etre juif, in: ders.: L'entretien infini, Paris 1969, 180–190, 187f.

II. Via negativa – Von Lévinas zurück zu Gordin und Cohen

(1) Der späte Lévinas des Jahres 1974 widerruft namentliche Referenz und objektiven Bedeutungsgehalt des Wortes oder Namens ‚Gott'. Er widerruft die genuinen Geltungs- und Verifikationsansprüche theologischer Sätze und Satzzusammenhänge *skeptisch, ohne* für eine Form von *negativer Theologie* zu votieren.[30] Skepsis vollzieht sich als *diskursive* Kritik theologischer Verwendungen von ‚Gott' als ‚Wort'. Analysieren wir nur ein markantes Text-Beispiel:

> Umstürzendes semantisches Ereignis des Wortes Gott, das die von der *Illeität* ausgehende Subversion bezwingt. Die Herrlichkeit des Unendlichen, die sich einschließt in ein Wort und sich darin zu Seiendem macht, aber schon ihre Wohnung auflöst und sich schon zurücknimmt, ohne sich in Nichts aufzulösen; die das Sein einsetzt in ebender Kopula, durch die es *Attribute* erhalten hat [...]. Gesagtes, das einzig ist in seiner Art und sich – *als Wort* – nicht sehr eng an die grammatischen Kategorien hält (weder Eigen- noch Gattungsname), das sich – *als Sinn* – nicht richtig den Regeln der Logik fügt (*als ausgeschlossenes Drittes zwischen Sein und Nichts*). Gesagtes, das seinen Sinn von Zeugnis erhält, welches in der Thematisierung zwar *durch die Theologie verraten* wird, indem diese es ins System der Sprache, in die Ordnung des Gesagten einführt. Dessen mißbräuchliche Verwendung sich jedoch sogleich verbietet.[31]

(2) Die von der *Illeität* ausgehende semantische Subversion forciert nicht die Negativität des Unendlichen in Aussagen über die Heiligkeit und Herrlichkeit Gottes. Die von der *Illeität* ausgehende semantische Subversion ‚bezwinge' die bloße Negation durch Verunendlichung und Umkehr. Sie erzeugt die *Identität und Bestimmtheit* von A (‚Gott'), die theologische Aussagen überhaupt erst ermöglicht. Die Positivität von A (also von ‚Gott') schließt die Materialität des Zeichens, des Phonems und Graphems ‚Gott' ein. Diese Bestimmtheit und Identität sei aber sofort von der Gegenbewegung des Auflösens dieser Wohnung als materiell Seiendes begleitet, ohne dass sich das A (‚Gott') in dieser Zurücknahme in Nichts auflöst.

Erzeugt werde *Sinn*, der sich aber nicht richtig den Regeln der Logik fügen soll, ein ausgeschlossenes Drittes zwischen Sein und Nichts. Und ein Sinn, der, im theologischen Satz thematisiert, sofort travestiert und verraten wird, sich aber eben dieser Travestie widersetzt, so dass sich das Wort ‚Gott' seine missbräuchliche Verwendung im theologischen Satz verbietet.

Mit der Bestimmtheitserzeugung ist dieser Widerspruch wirksam, eine bestimmte Annihilierung. Offenbar wird erst durch beides genuine Positivität erzeugt, die A von B ebenso unterscheidet wie vom ‚Nichts'. Jetzt wird A (‚Gott') attribuierbar in Sätzen und Urteilen (S – x – P, ‚ist heilig', ‚ist

---

[30] Ein verbreitetes Fehlurteil z.B. in LIEBSCH: Der Andere (s. Anm. 22), 118. Richtig: WESTERKAMP: Via negativa (s. Anm. 8), 187–200.
[31] LÉVINAS, EMMANUEL: Jenseits des Seins oder anders als Sein geschieht (1974), aus dem Französischen übersetzt von Thomas Wiemer, München 1992, 331f.

herrlich', ‚ist unendlich'). Wobei das x (*ist* heilig ...) eingesetzt sei durch das A, das erzeugte *genuine Sein* ‚Gottes', welches die Verwendung von x verunendlicht, gleichsam mit dem Index der Verunendlichung versieht (‚ist unendlich herrlich heilig').[32]

(3) Was ich paraphrasierend zeigen will, ist dies: Lévinas' Beispiel lässt sich mit den Untersuchungen Jakob Gordins zum Denkgesetz der Erzeugung und des Widerspruchs oder der Vernichtung interpretieren. Die Un-Grundlegung der Einzigkeit des *Seins Gottes* führt zu einer genuinen Lehre von der *Attribuierung* Gottes. Diese *via negativa* liegt der *Positivität* dieser Attribuierung *als ethischer Sinn* (bei Lévinas) voraus.

Mit negativer Theologie hat das nichts zu tun, wenn negative Theologie Anonymitäts-Metaphysik ist, wie Westerkamp neuplatonisch inspirierte negative Theologien typisiert.

„Verstehbarkeit [sc. des Unendlichen], deren Ungewohntes sich nicht auf eine negative Theologie reduzieren läßt: Die Transzendenz des *Unendlichen* wird nicht in Aussagesätzen eingeholt, und seien diese auch negativ."[33]

Daß die *Offenbarung* Liebe zum anderen Menschen ist, daß die Transzendenz des Zu-Gott [...], daß die Beziehung [...] zum *Unendlichen* ethisch bedeutet, das heißt *in* der Nähe des anderen Menschen [...] All das beschreibt lediglich den Umstand, unter dem der eigentliche Sinn des Wortes Gott ins Denken einfällt [...]; Umstand [...], ohne daß unter diesen gerade präzisen Umständen solche Negationen in negative Theologie umschlagen.[34]

(4) Solche Differenz-Behauptungen zwischen der *via negativa* und negativen Theologien zehren aber selbst von theo-logischen Voraussetzungen.[35] Lévinas' *Theologie-Skepsis* setzt einerseits die Analysen zur Dialektik des unendlichen Urteils von Gordin voraus, der seinerseits auf Cohens Sprachlehre der infiniten Negation in der Attribuierung Gottes aufbaut. Sie setzt andererseits Rosenzweigs ‚Grammatik und Logik' der Positivität von Offenbarung voraus: die Gewißheit sprachlicher Bedeutsamkeit in den exemplarischen Grund-Worten von Schöpfung, Offenbarung und Erlösung und die beschreibende Grammatik des tatsächlichen Nennens göttlicher Namen in jüdischer Gottesrede. Diese Positivität gesprochener Sprache ist das Organon, um Geschöpflichkeit zu symbolisieren und in ‚erfahrendes Denken' zu überführen.[36]

---

[32] Das Urteilsschema S – x – P (nicht einfach: S – P) symbolisiert mit dem x, dass darin der Bestimmtheitsansatz A prinzipienlogisch mitgesetzt ist, der die kategorialen Urteile in dieser transzendentalen Logik reiner Erkenntnis noch grundlegt.

[33] LÉVINAS: Wenn Gott (s. Anm. 25), 168.

[34] AaO. 222f.

[35] WESTERKAMP: Via negativa (s. Anm. 8), 200, fasst dies als doppelte Negation negativer Theologie zusammen. „Lévinas verwirft sowohl ihre epistemische als auch ihre epistemologische These als eine Form zu überwindender Ontologie. Und dies schließt in seinem Spätwerk auch noch den frühen Versuch zur praktischen Anwendung der maimonideischen negativen Attributenlehre ein."

[36] ASSEL: Name und Negativität (s. Anm. 14).

(5) Die weiteren Elemente im Beispiel-Text von Lévinas lassen sich von daher erläutern: ‚Gott' als Wort sei Spur, sei grammatisch Drittes zwischen Eigen- und Gattungsname, sei *Pro-Nomen*, wofür der Kunstbegriff *Illei-tät* steht. Obgleich an der Oberfläche transzendental-generische Abstraktbildung, *illei-tas*,[37] wird Illeität als Platzhalter für den nicht zu nennenden Namen in ‚Gott', als Pro-Nomen gesetzt – eine erläuterungsbedürftige These, die für jetzt dahin gestellt sei. Logisch gesehen, ist *Illeität* eine Figur des ausgeschlossenen Dritten zwischen Sein und Nichts, genauer: für das verweigerte Dritte zwischen Sein und Nichts.

(6) Diese *Verweigerung* des logischen Dritten von Sein und Nichts kennzeichnet nun präzise die *Dialektik des Ursprungs* in der transzendentalen Logik Cohens. Es war J. Gordin, der herausarbeitete, dass Cohen mit dieser Struktur von Dialektik einer Logik widersprach, in der seinslogisch das Dritte zu Sein und Nichts das *Werden* ist. In Lévinas' These vom logisch verweigerten Dritten ist sein Bezug auf Jakob Gordins *Untersuchungen zum unendlichen Urteil* nicht zu übersehen.[38]

Das entscheidende Uebergewicht der Dialektik Cohens über die Dialektik Hegels [...] besteht darin, daß Cohen [...] den Bruch zwischen der Kontinuität und dem Nichts vermeidet. Ein solcher Bruch findet in Hegels Logik statt, wo das Werden die Rolle des ‚Dritten', die Rolle des Uebergangs spielt, und dies nicht nur in bezug auf die weiteren Schritte der Dialektik (wo tatsächlich die Kontinuität den Uebergang von einer Kategorie zur anderen realisiert), sondern auch in bezug auf den ‚Beginn' der Dialektik, in dem logischen Ort der Erzeugung.[39]

Dem gesamten Aufbau der Logik wie des Systems bei Cohen liege die „Absonderung des *Ursprung* als des Ursprungs der Erzeugung von der Kontinuität als der Methode der Erzeugung zugrunde. Eine solche Absonderung macht, unserer Meinung nach, das zentralste Motiv der Cohenschen Problematik des Ursprungs und der Erzeugung aus"[40].

(7) Lévinas beansprucht also in seinen späteren Texten zwar prononciert, sich von der transzendentalen Urteilslogik Cohens zu lösen, die er als Konstruktionsplan für die ethische *Erfahrung* von Heiligkeit diskreditiert. Die unvermeidbare Wiedereinführung des Wortes ‚Gott' ins Aussagengefüge von

---

[37] Zur Ambivalenz von ILLE und ILLEITÄT als generisches Abstraktum und als Singularität: CASPER, BERNHARD: Angesichts des Anderen. Emmanuel Lévinas – Elemente seines Denkens, Paderborn 2009, 51.
[38] GORDIN: Untersuchungen (s. Anm. 7), 105–113, v.a. die sich über diese Seiten erstreckende vollständige Anm. 70 sowie Anhang: Dialektik des Ursprungs (Cohen) und Dialektik des Systems (Hegel), 143–167.
[39] AaO. 106f. Anm. 79 (hier: Punkt 1); HEGEL, GEORG W. F.: Wissenschaft der Logik, Band 1. Die objektive Logik, Buch 1. Die Lehre vom Sein (1832), Gesammelte Werke 21, Friedrich Hogemann/Walter Jaeschke (Hgg.), Hamburg 1985, 82–115. Dagegen COHEN: Religion der Vernunft (s. Anm. 1), 75–80; 98.
[40] GORDIN: Untersuchungen (s. Anm. 7), 108, s. COHEN, HERMANN: Logik der reinen Erkenntnis, Werke 6, Hildesheim [4]1997, 90; 117 sowie DERS.: Religion (s. Anm. 1), 48; 75.

Philosophie und in die Ordnung des Ausgesagten müsse von Skepsis widerrufen werden können. Dies „erfordert vielleicht ebensoviel Kühnheit, wie sie der Skeptizismus bekundet, der sich nicht scheut, die Unmöglichkeit der Aussage zu behaupten, und dabei gleichwohl diese Unmöglichkeit zu realisieren wagt, durch eben die Aussage dieser Unmöglichkeit"[41].

Der Skeptizismus bestreitet also die These, nach der die *Beziehung, die* in der Synchronie *Bedingung an Bedingtes* knüpft, sich zwischen *Sagen und Gesagtem* wiederholt. Als hätte der Skeptizismus ein Gespür für die *Differenz* zwischen *meiner* – rückhaltlosen – *Ausgesetztheit* gegenüber dem Anderen, die das Sagen ist, und der Exposition oder der Aussage des Gesagten, in ihrer Ausgewogenheit und Gerechtigkeit.[42]

(8) Lévinas skeptische Nicht-Theologie zehrt aber vom genuin *logischen* Sinn der ‚Verunendlichung des Unendlichen'. Es wird also nicht das Hase-und-Igel-Spiel zwischen Skepsis und Anti-Skepsis wiederholt. Die These ist vielmehr: Die Positivität der *ethischen* Verstrickung in Heiligkeit und Güte des Unendlichen, die Lévinas als Erfahrung behauptet, setzt eine *logische* Lehre von der Attribuierung Gottes *via negativa* voraus, wie sie Gordin und Cohen formulieren.

Der adäquate Ausdruck der Methode des unendlichen Urteils ist [...] die Lehre von den negativen Attributen [sc. Gottes] [...] Der systematische Kern dieser Lehre besteht in der Negation der negativen Attribute, was nicht dazu führt, daß die positiven Attribute in bezug *auf Gott* affirmiert, *von Gott* prädiziert werden, sondern nur dazu, daß sie *in sich selbst affirmiert werden*, als [...] Grundlegungen der Menschheits- und Weltordnung.[43]

Verunendlichung der Unendlichkeit Gottes affirmiert nicht die positiven Attribute Gottes theologisch. Heiligkeit und Herrlichkeit, Liebe und Gerechtigkeit sind vielmehr nur vermittels der Operation des unendlichen Urteils dem schlechterdings Unbezüglichen, Fremden attribuierbar. *Affirmiert* sind diese nur *in sich selbst* als *ethische* Un-Grundlegungen der Herrlichkeit, der Heiligkeit, der Liebe und der Gerechtigkeit.[44]

(9) Das Problem einer Un-Grundlegung, die das Unendliche *als Güte und Liebe denkt, anders als Sein geschieht*, ist damit erst im Ansatz diskutiert.[45] Gordins Untersuchungen zum unendlichen Urteil bei Kant und Hegel, bei Cohen und Maimonides liegen ja auf einer *fundamentaleren* Ebene als diejenigen

---

[41] LÉVINAS: Jenseits des Seins (s. Anm. 31), 34.
[42] AaO. 364.
[43] GORDIN: Untersuchungen (s. Anm. 7), 164.
[44] Dies wird Lévinas die Nicht-In-Differenz des Unendlichen nennen: „als ob – ohne mit Worten spielen zu wollen – das Un- (le in) des Unendlichen (Infini) zugleich das Nicht (le non) und das In (le dans) bedeutete" (LÉVINAS, EMMANUEL: Gott und die Philosophie, in: Bernhard Casper [Hg.]: Gott nennen. Phänomenologische Zugänge, Freiburg i. Br./München 1981, 81–123, 96f).
[45] LÉVINAS: Jakob Gordin (s. Anm. 7), 292f benennt hingegen dieses Problem präzise und pointiert die originäre Erkenntnis Gordins.

der Aussagen- und Urteilslogik. Sie liegen auf der Ebene der *Denkgesetze* des Widerspruchs, der Identität und der Erzeugung im Ursprung. Nicht die kategorialen Urteilsdispositionen stehen hier zur Debatte. Vielmehr die fundamentalere Frage, wie Bestimmtheit A überhaupt möglich ist und erzeugt wird. Doch mag dieser Hinweis genügen.

III. Nichts und Nichts Gottes in der Schöpfungstheorie: Cohen und Gordin

(1) Im Schlüsselaufsatz über die *Charakteristik der Ethik Maimunis* (1908) interpretiert Cohen die Funktion der Idee des Guten bei Platon als *Ungrundlegung*.[46] Platon erkenne die Aporie der *Verwissenschaftlichung* der Sittlichkeit, des Guten. Die Idee des Guten sei Idee wie die *mathemata*, aber doch von unvergleichlich höherem Wert. Angesichts dieser Aporie präge Platon die Idee des Guten *methodisch* als Ungrundlegung (*anhypotheton*) als „Ausdruck verzweifelnder Demut des tiefsten Menschengeistes, der Selbstironisierung der Vernunft".[47] Diese *Ungrundlegung* der Idee des Guten übernimmt Cohen als methodische Operation in seine eigene Ethik von 1904. In der Interpretation der *Ethik Maimunis* wendet er sie ins Aporetische: „Die *Ungrundlegung* muß vielmehr als letzter, tiefster Grund *aller* Grundlegung eingesehen werden."[48] Die „*Ungrundlegung wird zum Ursprung der Grundlegung*. Und es bewährt sich auch an diesem großen Beispiel die Bedeutung des unendlichen Urteils als des Urteils des Ursprungs."[49]

Was behauptet Cohen eigentlich damit? Ist dem Operationsmittel der Un-Grundlegung des Guten nun plötzlich eine schöpfungstheoretische Wendung gegeben, wenn die Ungrundlegung zum Ursprung der Grundlegung werden soll? Die Frage einer *schöpfungstheoretischen* Interpretation der methodischen Operation der Un-Grundlegung ist

die schwierigste Frage, die man m.W. hier stellen kann. Einerseits ja: Man kann die Ungrundlegung sicher schöpfungstheologisch wenden. Aber dann wird man tendenziell zum *Hegelianer*, weil man die ethische und die naturphilosophische Grundlegung zusammenführt. Anderseits darf man es nicht, sofern man *Kantianer* bleiben will: Dann ist nämlich die Unterscheidung von Ethik und Naturphilosophie konstitutiv. *Für den System-Cohen war das wichtig*. Die *Erkenntnislogik* lieferte die Denkmethode der Grundlegung, blieb aber in ihr

---

[46] COHEN, HERMANN: Ethik des reinen Willens (2. Auflage, 1907), in: Werke 7, eingeleitet von Peter A. Schmid, 6. Auflage, Hildesheim u.a. 2002, B 429; COHEN, HERMANN: Charakteristik der Ethik Maimunis (1908), in: Werke 15: Kleinere Schriften IV 1907–1912, Hartwig Wiedebach (Hg.), Hildesheim/Zürich/New York 2009, 161–269; vor allem 168–170.
[47] COHEN: Ethik (s. Anm. 43), B 429.
[48] AaO. 171.
[49] AaO. 171f.

befangen. Die *Ethik* übernahm diese Denkmethode von der Logik (begründet sich also nicht selbst), konnte aber stattdessen über sie (über ihre spezifische Negation) hinaus auf die Nicht-mehr-Grundlegung blicken. Wollte man diese der Ethik entliehene Lizenz zur Negation der Grundlegung in die Schöpfungstheorie übernehmen, ohne Hegelianer zu werden, dann müßte man auf eine, wie Kant sagt, ‚gemeinsame Wurzel' zurückgehen, die aber gerade er (Kant) für unerforschlich hielt. Ob Cohen genau das getan hat?[50]

(2) Man muss die Schöpfungstheorie der *Religion der Vernunft* Cohens mit dieser Aporie des *System-Cohen* im Hinterkopf lesen. Bietet Gordin in seiner Rekonstruktion dieser Schöpfungstheorie und der *via negativa sensu Cohen* deshalb so viel Scharfsinn auf, um die Unvereinbarkeit der Dialektik Cohens und der Logik Hegels zu erweisen? Um die Frage auszuloten, inwieweit der späte Cohen die Operation der Ungrundlegung schöpfungstheoretisch exponiert, widmet sich Gordin der Analyse des *Denkgesetzes oder Urteils des Widerspruchs* in Cohens *Logik der reinen Erkenntnis*, das logikhistorisch originär ist.[51]

(3) In seiner *Logik* statuiert Cohen: Die Ermöglichung von Bestimmtheit überhaupt vermittels des Unendlichen, also vermittels der *Denkgesetze der Identität und der Erzeugung von A überhaupt*, soll stets von der *Vernichtung des jeweils absoluten Nichts* begleitet sein. Dies kennzeichnet die transzendentale Definitionstheorie Cohens. Nur auf dem Umweg der Verunendlichung des Inhaltsansatzes und Bestimmbarkeitsansatzes ist derjenige Begriff zur Definition zu bringen, der das jeweilige Problem bildet. Es geht um die *Dialektik* der transzendentalen Methode, wenn es um das Urteil des Ursprungs als unendliches Urteil geht. Die ursprungslogische Definitionstheorie erfolgt durch den Umweg der Verunendlichung des Inhaltsansatzes, des Bestimmbarkeitsansatzes A, wobei dieser Umweg der Verunendlichung Negation als Privation im Denkgesetz der Erzeugung im Ursprung und als absolute Annihilation im Denkgesetz des Widerspruches nutzt.

Wenn A als Zeichen des einfachsten Inhalts gilt, so ist vor allem zu fragen: woher dieses A? [...] Auf dem Umweg des Nichts stellt das Urteil den Ursprung des Etwas dar. [...] An hervorragenden Beispielen [sc. hier: der Begriff des *Indebitum*] läßt es sich erkennen, daß auch hier der Umweg des unendlichen Urteils da beschritten wird, wo es sich darum handelt, durch den unendlichen Inhalt *den Ursprung desjenigen Begriffs zur Definition zu bringen, der das jeweilige Problem bildet* [...].[52]

---

[50] Hartwig Wiedebach (Brief an den Autor vom 27. Juli 2019), s. zur Frage bei KANT: Kritik der Urteilskraft, B 258f; AA 5, 353.
[51] COHEN: Logik (s. Anm. 40), 79–120 (Die Urteile der Denkgesetze, hier: 104–120).
[52] AaO. 82.84.89. S. GORDIN: Untersuchungen (s. Anm. 7), 82: „Die Begriffe der positiven und negativen Qualität sind auf die Verknüpfung von Bestimmtheiten, die nur in der Ebene des Dispositionsschema des Urteils ‚S ist X für P' [...] möglich ist, nicht anwendbar, da die Verknüpfung weder als positive (bejahende) und noch weniger als negative (verneinende) Verknüpfung verstanden werden kann." Die Frage des unendlichen Urteils bewegt sich also nicht nur nicht auf der Ebene der fertigen Urteile oder der disjunktiven Urteile,

Das Denkgesetz des Widerspruchs steht im Dienst des Bestimmbarkeitsansatzes und charakterisiert das Denken als *Tätigkeit*.[53]

Die Bestimmung der Verneinung/Vernichtung als ‚Tätigkeit des Urteilens' benennt die spezielle Rolle dieses Urteils für die Bewegung des Urteils überhaupt. Dazu paßt auch, daß sich das Widerspruchsurteil, obwohl ‚nach' der Identität gelegen, dennoch auf die Ebene ‚vor' die Identität zurückwendet. Wenn demgemäß das Widerspruchsurteil durch seinen Anteil an der Grundlegung der Bestimmung allen Urteilen insgesamt das Moment der ‚Tätigkeit' verleiht, so kann man – unter diesem Aspekt zumindest – [...] sogar der ‚Verneinung' bzw. ‚Vernichtung' einen spezifischen Primat gegenüber der ‚Identität' geben.[54]

(4) In Cohens *Vernunft der Religion* wird das Denkgesetz des Widerspruchs schöpfungsphilosophisch fundamental, und zwar
- beim Bestimmtheitsansatz von ‚Gott' *als* ‚Einzigkeit'[55] und bei der Fortbestimmung von ‚Gott' *als* ‚einzigem Sein' und ‚Schöpfer-Ursprung';
- sowie beim Bestimmtheitsansatz von ‚Natur' *als* ‚Werden' und als ‚Schöpfung *ab nihilo*'.
- Generierung von Bestimmtheit erfolgt auf dem Umweg methodischer Verunendlichung der jeweils zur Definition infrage stehenden Begriffe.

Voraussetzung hierzu ist die genaue *Trennung* beider Korrelata:
- der Idee *Gottes* in Form einer radikal gedachten Nicht-Natur;
- der Idee der *Natur* in Form ihrer radikal gedachten Nicht-Göttlichkeit.

---

sondern auch nicht mehr auf der Ebene der Bestimmtheitsbildung nach dem Dispositionsschema, sondern noch elementarer, tiefer: „wie ist der Bestimmtheitsansatz selbst möglich? Wie ist A möglich? – woher A?" (aaO. 83).

[53] Die Frage nach der Möglichkeit von A verstärkt sich, weil jetzt nach der Möglichkeit von Möglichkeit gefragt wird. Diese Verstärkung der Frage führt nicht zum Sprung ins Denken, zum Denken ex nihilo. „Das absolute Nichts als das Nichts des Nichts kann eigentlich nicht als ein Nichts angesehen werden. Dasjenige Nichts, als dessen Nichts es gedacht wird, ist ein illegitimes Nichts", ein Schein des Nichts der Nichtigkeit. Dieses Nichts ist „die einzige Verkörperung der absoluten Unmöglichkeit, welche Unmöglichkeit ihre eigene Unmöglichkeit ist." (GORDIN, Untersuchungen [s. Anm. 7], 94).

[54] WIEDEBACH, HARTWIG: Wissenschaftslogik versus Schöpfungstheorie. Die Rolle der Vernichtung in Cohens Ursprungslogik, in: Pierfrancesco Fiorato (Hg.): Verneinung, Andersheit und Unendlichkeit im Neukantianismus, Würzburg 2008, 47–68; 55.

[55] Für den Bestimmtheitsansatz der Idee Gottes ist der Umweg über die Verunendlichung als Privation ausgeschlossen. „Gott ist nach Cohen ohne jedes privative Moment" (WIEDEBACH, Schöpfungstheorie [s. Anm. 54], 64). Fundamental ist die Verunendlichung als Erzeugung von Bestimmtheit A (Gottes) im Ursprung durch Vernichtung von Non-A um das Urteilsprinzip des Widerspruchs unter der Form des negierten privativen Urteils, siehe aaO. 65: „Diese Urteilstat gehört unmittelbar an den Anfang des religiösen Philosophierens und noch ins Vorfeld des nun zu generierenden A."

- Das Denkgesetz der Identität fordert die methodisch *absolute* Isolierung (Absonderung) von A zur Erzeugung des Bestimmungsansatzes A als Voraussetzung der methodisch *relativen* Isolierung.

Das zu vernichtende Non-A wäre *Gott und Natur in Vermischung oder Vermittlung.*

- Der *Pantheismus* und im Kern jede jüdisch-binitarische und christlich-trinitarische *Logos-Theorie mit pantheistischer Konsequenz* ist dasjenige Non-A, was ausdrücklich und kontinuierlich als Unwahrheit verneint und vernichtet werden muss.
- „Wir haben in der Religionsphilosophie eine Ursprungslogik, deren in-Gang-Setzung nur über die Vernichtung eines Non-A gelingen kann."[56]

In Cohens *Schöpfungstheorie* ist die unbedingte ontologische Trennung zwischen Sein und Dasein, Gott und Welt die Voraussetzung der Schöpfungs-Korrelation. „Und die Trennung wird entscheidend durch Vernichtungsinstanz des Widerspruchsurteils bewirkt und geschützt."[57]

(5) Für die Schöpfungstheorie des späten Cohen, wie sie die *Religion der Vernunft* (1918) bietet, folgt daraus zweierlei:

(a) Einerseits muß sich das Korrelations-A der Schöpfungslogik [sc. Natur als Schöpfung] durch den Umweg über das *relative Nichts* etablieren. Wir haben auch hier [sc. wie in dieser Definitionstheorie überhaupt] eine Frage, die von einem selbstverständlich gewordenen Weltzusammenhang ausgeht [sc. die Natur-Theorie der Naturwissenschaften], sich dann abwendet [sc. methodisch entselbstverständlicht] und in erneuter Umwendung den Weltzusammenhang aufs neue begründet. Die der Welt zukommende Trägheit ist über die Unträgheit Gottes [sc. die *Ursprungsursächlichkeit* Gottes] zu beurteilen und in ein schöpferisches Werden zu integrieren. Dieses relative Ursprungs-Nichts ist auch für die Schöpfungsdynamik das wesentliche methodische Sprungbrett. Und der Umstand, daß Cohen die göttliche Einzigkeit mit der Schöpfung identisch setzt, setzt sie auch in Identität mit diesem Nichts: Das vom Korrelations-A her relative Nichts wird identisch mit dem Sein Gottes.[58]

So entsteht der Begriff der *allzeit erneuerten Schöpfung aus Gott als einziges Sein* und Ursprungsursächlichkeit. Doch zeigt sich darüberhinaus jetzt noch ein weiterer schöpfungstheoretischer Sinn des Denkgesetzes des Widerspruchs oder der Vernichtung, der den Begriff der *Schöpfung-im-Anfang aus Nichts* exponiert.

(b) „Gerade dieses Sein als Einzigkeit aber fordert andersseits die Vernichtung allen angemaßten Inhalts, welcher Vermischung in die Bestimmung der Korrelation hineinträgt [sc. Werden als das Dritte von Sein und Nichts]." Also geht dem relativen Ursprungs-Nichts des Denkens Gottes als Sein „eine *nicht*

---

[56] AaO. 61.
[57] AaO. 65.
[58] Ebd.

relative Vernichtung unmittelbar zur Seite", die Vernichtung des nichtigen Nichts.[59]

Der ersten Korrelation (a) zwischen Gott und Welt als Schöpfung entspricht eine zweite Korrelation (b) „zwischen dem relativen Ursprungs-Nichts und dem absoluten Trennungs-Nichts".

In der – vom Denken her gefaßt – zweifachen Bewegung dieses Doppelnichts entsteht das religiös bestimmbare X, das sich zum selbstidentischen A der geschaffenen Natur fortbildet. In dieser *zweifachen* Denkbewegung des Nichts nimmt jene ‚Tätigkeit des Urteils' Gestalt an, die [...] das ‚Urteil des Widerspruchs' kennzeichnet.[60]

In dieser *Tat* des Urteilens fällt die Erzeugung der Korrelation von Gott als Ursprungsursächlichkeit (Schöpfer) und von Welt als Werden (Schöpfung) mit dem Urteil des Widerspruchs und der Erzeugung der Trennung zusammen. Und damit fällt in dieser Urteilstat „das relative Ursprungsnichts mit dem absoluten Nichts zusammen: eine *coincidentia oppositorum* eigener Art, denn sie liegt allein in der ‚Tätigkeit'".[61]

(6) Diese doppelte Operation durch das Denkgesetz des unendlichen Urteils und der Erzeugung im Ursprung als Un-Grundlegung akzentuiert Gordin als Interpret der Logik und Religionsphilosophie Cohens präzise.

Der Ursprung und die Kontinuität befinden sich in einem Verhältnis maximal-unendlicher Nähe. Anderseits aber enthält sich diese unendliche Nähe ihrem Wesen nach auch als maximal-unendliche Ferne. Eben die Tatsache, daß es zwischen dem Ursprung der Erzeugung und der Methode der Erzeugung, kein ‚Zwischen', kein Vermittelndes gibt, verleiht ihrer ‚Gegenstellung' den Charakter der Polarität, bildet zwischen ihnen eine Kluft, über die eigentlich kein Uebergang führt, die man nur ‚überspringen' kann, so daß der Uebergang hier eben einen Sprung bedeutet [...] In diesem Verhältnis der Nähe und Ferne liegt aber der Nachdruck auf dem Moment der Ferne. [...] Die Ur-Korrelation ist vorzugsweise auf der Absonderung aufgebaut, wobei die Absonderung eine absolute Er-Sonderung, genauer: eine Ur-Sonderung ist. In diesem Falle sind die (primäre) Ur-Sonderung und die ihr korrelative Einigung unendlich und absolut.[62]

Die Bildung des Schöpfungs-A erfolgt *in actu*. Das „A entsteht tat-sächlich aus nichts, nämlich als Setzung eines Naturinhalts gegenüber dessen eigener absoluter Vernichtetheit in der Einzigkeit Gottes"[63]. Durch diese „Annullierung, besser Annihilierung" entstehe das „echte wahre Nichts des Nichts".[64]

---

[59] GORDIN: Untersuchungen (s. Anm. 7), 94.
[60] WIEDEBACH: Schöpfungstheorie (s. Anm. 54), 66.
[61] Ebd.
[62] GORDIN: Untersuchungen (s. Anm. 7), 114.
[63] WIEDEBACH: Schöpfungstheorie (s. Anm. 54), 66.
[64] COHEN: Logik (s. Anm. 40), 107. Gordin zitiert die letztgenannte, für ihn anstößige Formel Cohens bezeichnenderweise nicht. Setzt Gordin doch das Nichts des Nichts als Schein, als absolute Nichtigkeit durch die Maske des Nichts (Gordin: Untersuchungen [s. Anm. 7], 94). Cohens Formel vom ‚echten, wahren Nichts des Nichts' muss m.E. religionstheoretisch entschlüsselt werden (s. COHEN: Religion [s. Anm. 1], 51f): Die Einzigkeit des

(7) Die Operation mit dem relativen und absoluten Nichts macht aus Cohens Schöpfungstheorie mehr als eine religiös unterlegte Naturwissenschaft: Das Sein Gottes stellt Welt ihrem eigenen radikalen Nichts gegenüber. Die Vernichtung am Beginn der Inhaltsbildung erzeugt das *nihil* einer allzeit erneuerten Schöpfung *ex Deo* als Schöpfung-im-Anfang *ex nihilo*.

Es bleibt aber der Modus des relativen Nichts auch in der Operation mit dem absoluten Nichts gültig. Die religiöse Reflexion steht unter der kritischen Rechtfertigungsinstanz der Logik reiner Erkenntnis. „Und dies erlaubt nach Cohen keinen Erzeugungssprung des Etwas *ex nihilo*, sondern allenfalls *ab nihilo*, sprich: ein Kontinuität stiftendes Neubilden als Umweg über das relative Ursprungs-Nichts."[65]

Das *Bekenntnis* der Schöpfung-im-Anfang und das *rituelle Morgenlob* der jeden Tag *erneuerten Schöpfungsgüte des Anfangs* stehen in der jüdischen Frömmigkeit gleichberechtigt nebeneinander. Logik und Religionsphilosophie können diese Spaltung nicht auf die inbegriffliche Einheit einer ‚gemeinsamen Wurzel' zurückführen.[66]

Seins Gottes zeige sich (mit Bezug auf Jes 45,6) in der Nichtigkeit der Götter: „im Unbegriff vom Sein, den der Götterglaube annimmt". Die „Einzigkeit bedeutet demgemäß auch die Unterscheidung zwischen Sein und Dasein" (vergleiche dagegen z.B. PANNENBERG, WOLFHART: Systematische Theologie, Bd. 1, Göttingen 1988, 383f, v.a. Anm. 45, der Dasein aus Wesen ableitet).

[65] WIEDEBACH: Schöpfungstheorie (s. Anm. 54), 66, mit Verweis auf COHEN: Religion (s. Anm. 1), 76 und COHEN: Logik (s. Anm. 37), 84.

[66] Die in Anm. 9 angekündigte weitere Erforschung zu Cohen, Gordin und Lévinas ist dokumentiert in: ASSEL, HEINRICH: Selbstwerdung des Menschen in Religion und Sittlichkeit. Hermann Cohen und Wilhelm Herrmann im Dialog und Disput 1900–1915, in: Peter Fischer-Appelt/Joachim Weinhardt (Hgg.), Wilhelm Herrmann, Tübingen 2024. – DERS.: Von der Kulturpsychologie zur Schöpfungstheorie via negativa – Jakob Gordin als Interpret der System-Philosophie Hermann Cohens 1922–1934, in: Hans Martin Dober/ Christian Wiese (Hgg.), Bewusstsein mit Leib und Seele, Tübingen 2024. – DERS.: Edition von: Jakob Gordin Die philosophisch-systematische Bedeutung des Gegenwartsbegriffes im Verhältnis zur Philosophie Cohens betrachtet, in: Hans Martin Dober/Christian Wiese (Hgg.), Bewusstsein mit Leib und Seele, Tübingen 2024.

„Gruß aus den Exilen"

Religiöses jenseits der Religion im Medium der Zeitschrift *Die Kreatur*

Daniel Weidner

1926 erscheint das erste Heft der Zeitschrift *Die Kreatur*, herausgegeben von Martin Buber, Viktor von Weizsäcker und Joseph Wittig. Die Zusammenarbeit der Herausgeber aus drei verschiedenen Konfessionen – Buber ist Jude, von Weizsäcker Protestant, Wittig Katholik – ist damals noch eine Ausnahme und schlägt sich auch im kurzen Editorial nieder. Man wolle die Differenz nicht aufheben, aber ein Gespräch eröffnen:

> Religionshafte Sonderungen, aus denen es keine andere Befreiung gibt als die messianische, haben die Not und die Zucht von Exilen. Sie sind uns nicht Imaginationen, wolkige verrückbare Gestaltungen, sondern sinnvoll beständige Wahrheitssphären, die nicht eher als in der Wirklichkeit des Reiches aufschmelzen dürfen. Erlaubt aber und an diesem Tag der Geschichte geboten ist das Gespräch: der grüßende Zuruf hinüber und herüber, das Sich-einander-Auftun in der Strenge und Klarheit des eignen Beschlossenseins, die Unterredung über die gemeinsame Sorge um die Kreatur. Es gibt ein Zusammengehen ohne Zusammenkommen. Es gibt ein Zusammenwirken ohne Zusammenleben.[1]

Drei Jahre lang, bis 1930, wird die Zeitschrift jeweils vierteljährlich mit einem um die 150 Seiten starken Heft erscheinen, bis der Verlag durch den Börsenkrach in wirtschaftliche Schwierigkeiten gerät und den Herausgebern die Beiträge ausgehen. Drei Jahre lang versammelt die Zeitschrift überwiegend essayistische Texte über Kulturkritik, Erziehung, Ästhetik, Anthropologie, Geschichte, selten auch über Politik, daneben gelegentlich zur Literatur und auch ein wenig Dichtung. Inspiriert ist das Projekt von Florens Christian Rang und Franz Rosenzweig, zu den Autoren gehören neben den Herausgebern auch Rosenstock Huessey, Hans und Rudolf Ehrenberg, Werner Picht, Dolf Sternberger, Walter Benjamin, Fritz Klatt, Hans Trüb und andere.[2]

---

[1] BUBER, MARTIN/VON WEIZSÄCKER, VIKTOR/WITTIG, JOSEPH: Titelloses Vorwort, in: Die Kreatur, Bd. I/1 (1926), 1.

[2] Zur Zeitschrift insgesamt vgl. die von Hans Dieter Zimmermann herausgegebene Anthologie: Die Kreatur, Berlin 2003; darin insbes. MÜLLER, LOTHAR: „…daß die Stummheit der letzten Jahrhunderte aufhört." Franz Rosenzweigs Beziehungen zur Zeitschrift Die Kreatur, aaO. 1–24, und Eugen Rosenstock-Huessys Rückblick auf Die Kreatur, in: aaO. 215–

Die Formel vom „Zusammengehen ohne Zusammenkommen" beschreibt die Dynamik des intellektuellen Gespräches dieser verschiedenen Autoren. Sie steht aber auch für eines der wichtigsten Formate eines solchen Gespräches: die Zeitschrift, in der unterschiedliche Positionen und Autoren, Weltanschauungen und Diskurse nebeneinander treten, Verhältnisse eingehen, aufeinander Bezug nehmen, aber auch verschieden bleiben. Schließlich steht die Formel ebenso wie die Rede von den ‚Konfessionen' und von der ‚Kreatur' für einen dezidiert religiösen Kontext, nämlich für die hybride Religion der Zwischenkriegszeit, die nicht nur nach religiösen Gemeinsamkeiten in verschiedenen Traditionen sucht, sondern auch Religion als Konzept verschiebt und verändert. Das Zusammenspiel dieser verschiedenen Lesarten steht im Zentrum des folgenden Beitrags, der nach (1.) einer kurzen Vorabreflexion über die Rolle der Weimarer ‚Religionsintellektuellen' und den Problemen ihrer Historisierung (2.) zunächst einen Überblick über Geschichte und personales Netzwerk der *Kreatur* sowie (3.) über deren Inhalte bzw. deren diskursives Profil sprechen wird, bevor (4.) die besondere Art diskutiert wird, wie Religion im Format und Profil dieser Zeitschrift zur Sprache kommt. All das wird nur skizzenhaft ausgeführt und zugespitzt auf die theoretischen und hermeneutischen Konsequenzen des Umgangs mit einem solchen Material.

I. Weimar und die Religionsintellektuellen

Die Herausgeber wie auch die Autoren der *Kreatur* sind typische Vertreter derjenigen Gruppe, die Friedrich Wilhelm Graf als ‚Religionsintellektuelle' bezeichnet hat: nicht mehr oder nur noch schwach kirchlich gebundene Autoren, die in einer allgemeinen Öffentlichkeit agieren und sich dabei oft als virtuose Medienprofis erweisen und sich zugleich durch ein hohes Positions- und Distinktionsbewusstsein auszeichnen.[3] Auf höchst fruchtbare Weise markiert der Begriff, welche sozialen und medialen Bedingungen den Religionsdiskurs im zwanzigsten Jahrhundert prägen und auch von älteren Epochen unterscheiden; dass der Begriff dabei auf einer Umwertung des zeitgenössischen pejorativen Begriffs der ‚Intellektuellenreligion' beruht – die von Max Weber immer von eigentlicher Religiosität unterschieden wurde –, trägt noch zu seinem Profil

---

228. Vgl. auch die Beiträge von Galili Shahar, Birgit R. Erdle, Enrico Rosso und Gustav Frank des Themenschwerpunktes zu Die Kreatur, in: Naharaim 13 (2019), 1–97, sowie meinen Aufsatz "Going together without coming together": "Die Kreatur" (1926–1929) and Why We Should Read German Jewish Journals Differently, in: Naharaim 10/1 (2016), 103–126.

[3] Vgl. dazu GRAF, FRIEDRICH WILHELM (Hg.): Intellektuellen-Götter: Das religiöse Laboratorium der klassischen Moderne, München 2009, bes. DERS.: „Zur Einführung", in: aaO. VII–XII. Sowie: DERS.: Propheten moderner Art? Die Intellektuellen und ihre Religion, in: Politik und Zeitgeschichte 30 (2010), 26–31.

bei.[4] Für Graf diente der Begriff sowohl dazu, die intellektuelle Dynamik der Zwischenkriegszeit kritisch zu beschreiben – insbesondere den revolutionären Gestus der Dialektischen Theologie und ihre Abgrenzung gegen ihre Vorgänger soziologisch und historisch zu kontextualisieren – als auch als durchaus aktuelles Muster für die Rolle der Theologie im öffentlichen Diskurs, die eben nicht mehr einfach als „Verkündigung", sondern als Beitrag zum intellektuellen Diskurs zu denken sei. Im innerprotestantischen Kontext lässt sich dieses Konzept daher auch verstehen als Teil der Selbstverständigung über die Geschichte des Protestantismus, insbesondere über die Rolle seiner wichtigsten Vertreter im Totalitarismus und deren Verhältnis zur Demokratie. Zeigt der Einfluss auf die Bekennende Kirche die Legitimität der Dialektischen Theologie, wie eine ältere Deutung behauptete? Oder wird im Rückblick gerade deren gefährliche Demokratieferne deutlich?[5]

Auch in anderen Feldern der Weimarer Religiosität lassen sich ähnlich komplizierte Verschränkungen erkennen zwischen den Phänomenen und den Kategorien, die üblicherweise benutzt werden, um sie historisch zu beschreiben. Die Forschung in der jüdischen Geschichte wurde etwa lange durch die Leitunterscheidung von Zionismus und Assimilation bestimmt, obwohl sich viele der Akteure dieser Alternative gerade entziehen wollten und sich insbesondere das religiöse Denken kaum auf sie verrechnen ließ. Noch deutlicher ist das Problem am politischen Messianismus, der etwa Autoren wie Ernst Bloch und Walter Benjamin prägt. Einerseits erfreut sich gerade Walter Benjamins Denken einer ungebrochenen Popularität und wird als immer noch gültige Kritik einer ‚bürgerlichen' Geschichtsauffassung und Gesellschaft gelesen. Andererseits wird es in historischen Untersuchungen oft als politisierter ‚Extremismus' betrachtet, der vom Königsweg eines liberal-demokratischen Politikverständnisses abweicht und daher nur noch historisch zu betrachten sei.[6] Allerdings sind beide Seiten dieser Alternative fragwürdig: Die Historisierung setzt allzu

---

[4] Zum Konzept der Intellektuellenreligion vgl. KIPPENBERG, HANS GEORG: Intellektuellen-Religion, in: Peter Antes/Donate Pahnke (Hgg.), Die Religion von Oberschichten, Marburg 1989, 181–201.

[5] Vgl. zu solcher Kritik etwa RENDTORFF, TRUTZ: Karl Barth und die Neuzeit, in: Evangelische Theologie 46 (1986), 298–314; GRAF, FRIEDRICH WILHELM: „Der Götze wackelt"? Erste Überlegungen zu Karl Barths Liberalismuskritik, aaO. 422–441.

[6] Vgl. dazu WEIDNER, DANIEL: Mächtige Worte. Zur Politik der Prophetie in der Weimarer Republik, in: Daniel Weidner/Stefan Willer (Hgg.): Prophetie und Prognostik. Verfügungen über Zukunft in Wissenschaften, Religionen und Künsten, München 2013, 37–57. Zur oben erwähnten ersten Position vgl. etwa LÖWY, MICHAEL: Erlösung und Utopie. Jüdischer Messianismus und libertäres Denken, Berlin 1997; zur zweiten SCHREINER, KLAUS: ‚Wann kommt der Retter Deutschlands?' Formen und Funktionen von politischem Messianismus in der Weimarer Republik, Saeculum 49 (1998), 107–160. Insgesamt zum politischen Messianismus vgl. auch VONDUNG, KLAUS: Die Apokalypse in Deutschland, München 1988; und BROCKHOFF, JÜRGEN: Die Apokalypse in der Weimarer Republik, München 2001.

selbstsicher voraus, dass der Liberalismus quasi das natürliche Ende der Geschichte sei – obwohl doch sowohl das historische Beispiel Weimars als auch die aktuellen Erfahrungen deutlich machen könnten, wie prekär diese Annahme ist. Umgekehrt vergisst die bruchlose Aktualisierung des Weimarer Messianismus die ebenso wichtige Tatsache, dass die messianische Kritik der Verhältnisse historisch gescheitert ist. Nirgends wird das so deutlich wie bei Walter Benjamin, dessen akademisches Charisma heute kaum zu überbieten ist, obwohl oder wohl auch gerade: weil er als Gescheiterter gelesen werden kann.

Die heute meist routinemäßig vorgetragene Forderung, man müsse dies oder jenes – einen bestimmten Denker, eine Position, eine Debatte – eben historisieren, erweist sich daher als nicht so einfach, und zwar gerade bei den Religionsintellektuellen, vielleicht auch gerade bei Religionsfragen, weil diese schwer auf die Logik intellektueller Felder zurechenbar sind und weil sie diffus suggerieren, es ginge in ihnen um mehr. Will man diese Suggestion nicht einfach ignorieren und das Charisma schlicht aus der Wissenschaft ausgrenzen, dann muss man andere Formen des Historisierens finden, für die – wie für Benjamin selbst – Historisierung und Aktualisierung keine Alternativen darstellen.

Nun hat der Begriff des Religionsintellektuellen auch noch andere Implikationen, die solche Alternativen eventuell erleichtern: Der Intellektuelle agiert nicht nur in der Öffentlichkeit und bezieht Position, sondern tut das wesentlich in Interaktion mit anderen. Graf wies ja etwa immer wieder darauf hin, dass es zwischen den verschiedenen Gruppen und Generationen keinesfalls so scharfe Brüche gegeben habe, wie die Zeitgenossen behaupteten, sondern dass hier vielfältiger Austausch stattfand.[7] Anstatt daher einzelne Positionen zu rekonstruieren und sie ins Verhältnis zu den erwähnten Größen –zum Nationalsozialismus und zur liberalen Demokratie – zu setzen, liegt es nahe, diese Interaktion selbst zu verstehen: auf das vorausgesetzte Gemeinsame ebenso zu achten wie auf die Dynamik der Differenzierung, den Transfer von Ideen und die Diskussion in den Vordergrund zu stellen und auch das Ephemere solchen Handelns nicht zu vernachlässigen. Dazu ist es nötig, die Aufmerksamkeit vom Einzelnen auf die Gruppe und vom Akteur auf das Netzwerk zu lenken, dessen Leistung nicht in der Summierung der einzelnen Leistungen besteht, sondern gerade in den Verbindungen. Das könnte auch darstellerische Konsequenzen haben: An die Stelle der einzelnen ‚intellektuellen Biographie', die in den letzten Jahrzehnten die standardmäßige Darstellung in der Philosophie-, Theorie- und Wissenschaftsgeschichte wurde, könnte die Gruppenbiographie zu stellen

---

[7] Vgl. dazu die verschiedenen Studien aus GRAF, FRIEDRICH WILHELM: Der heilige Zeitgeist, Tübingen 2011.

sein, die schon oft mit großem Erfolg versucht wurde und nun an die Bedingungen der Weimarer Intellektuellen anzupassen wäre.[8]

Wie aber identifiziert man so eine Gruppe? Wo sind die Netzwerke konkret? Die Zeitschrift als Format könnte, das ist die Leitthese der folgenden Überlegungen, wohl der paradigmatische Gegenstand eines solchen Unternehmens sein. Denn sie ist wesentlich ein Produkt der Zusammenarbeit und in ihr sind Positionen immer Resultat von Aushandlungen. Sie hat eine Position und in ihr gibt es eine gewisse Kohärenz – aber immer wieder auch Diversität und Streuung. Sie gibt dem Autor wie dem Leser Spielräume an die Hand, in denen er sich ausdrücken und auch verstehen kann, weil sie auf produktive Weise unbestimmt bleiben kann. Und die Zeitschrift wird permanent diskutieren, worum es in ihr geht und in welcher Sprache darüber gesprochen werden soll. Zugleich macht die Zeitschrift, weil sie eben auch rein konkretes Produkt ist, das wieder und wieder erscheint, das Netzwerk auch konkret, denn jede einzelne Ausgabe zeigt, was in diesem Netz im aktuellen Moment gerade möglich ist.

II. Die Herausgeber und ihr Netzwerk

Als 1926 das erste Heft von *Die Kreatur* erscheint, hat die Zeitschrift schon eine Vorgeschichte. Schon 1924 hatte der protestantische Pfarrer und Essayist Florens Christian Rang die Idee, eine konfessionsübergreifende Zeitschrift herauszugeben, die *Gruß aus den Exilen* heißen sollte, verstarb aber, bevor das Projekt Gestalt annehmen konnte. Franz Rosenzweig hielt diese Idee wach, wollte aber nicht selber Herausgeber sein und wandte sich daher an Martin Buber, der seinerseits Viktor von Weizsäcker als Mitherausgeber anfragte. Weizsäcker regierte zurückhaltend und betonte, dass er sich eigentlich dem Literatentum gegenüber fremd fühlte und den Sinn einer neuen Zeitschrift bezweifelte: „Könnten Sie, könnten wir nicht sagen was wir zu sagen haben in 'Hochland' oder ‚Zwischen den Zeiten'?"[9], also den wichtigen Zeitschriften des politischen Katholizismus und der Dialektischen Theologie. Weizsäckers Zögern macht nicht nur die allgemeine Ambivalenz eines typischen Bildungsbürgers gegenüber dem Literatentum und dem Journalismus deutlich. Seine Antwort lokalisiert das Projekt auch im zeitgenössischen Kontext und zeigt, dass Zeitschriften, Neugründungen zumal, selbst wiederum in Bezug auf andere Zeitschriften wahrgenommen werden. Schließlich stimmt Weizsäcker jedoch zu, schon um einen Ort zur Publikation seiner eigenen, noch unfertigen

---

[8] Vgl. etwa ESSBACH, WOLFGANG: Die Junghegelianer. Soziologie einer Intellektuellengruppe. München 1988; sowie Fischer, Joachim: Philosophische Anthropologie. Eine Denkrichtung des 20. Jahrhunderts, Freiburg i. Br. 2008.

[9] Viktor von Weizsäcker an Martin Buber, 12.7.1925, in: BUBER, MARTIN: Briefwechsel aus drei Jahrzehnten, Bd. II, Heidelberg 1973, 230.

und noch nicht buchförmigen medizinischen Anthropologie zu haben. Buber fragt auch den dritten Herausgeber, Joseph Wittig, einen katholischen Theologen und erfolgreichen Autor, der zwar enthusiastisch zusagt, allerdings den Vorbehalt äußert, gegen ihn werde gerade ein Exkommunikationsverfahren angestrengt, er könne also nicht wirklich als katholischer Repräsentant agieren, was sowohl Buber wie auch Weizsäcker allerdings unproblematisch finden.

Wie die drei Herausgeber zusammenarbeiten, kann man bis zu einem gewissen Grad in der Korrespondenz nachlesen. Zwar gab es keine formellen Redaktionssitzungen oder Herausgebertreffen und keine versandten Gutachten, der Austausch untereinander und mit den Autoren vollzog sich vielmehr in privaten Korrespondenzen, und auch das unterstreicht den ‚dialogischen' Charakter der Zeitschrift. Denn eine Zeitschrift vom Typ der *Kreatur* unterscheidet sich sowohl von der Fachzeitschrift, hinter der eine Disziplin mit mehr oder weniger festen Kriterien steht, aber auch von der Zeitung, die durch hierarchische Arbeitsteilung in verschiedenen Redaktionen geprägt ist. Entscheidungen werden hier individuell getroffen und persönlich und entformalisiert kommuniziert. Das ganze Projekt ist daher – wie viele erfolgreiche Zeitschriften, Resultat von Pragmatik, Kompromiss und konstanter Verhandlung. Gerade das macht die Zeitschrift so dynamisch und im wahrsten Sinne vielversprechend.

Schon 1988 hat Gert Mattenklott betont, dass für die ersten Jahrzehnte des zwanzigsten Jahrhunderts die literarisch künstlerischen und allgemeinen kulturkritischen Zeitschriften die diskursbestimmenden Medien gewesen seien, weil das Buch den stürmischen Entwicklungen einfach nicht habe folgen können, während die Zeitschriften zum Erprobungsterrain einer neuen essayistischen Kultur wurden.[10] Allerdings ist diese Anregung zunächst nicht auf besonders fruchtbaren Boden gefallen, noch 2004 konnte Erdmut Jost feststellen, dass die zahlreichen Zeitschriften immer noch eine wissenschaftliche *terra incognita* seien, erst langsam bildet sich in den letzten Jahren eine Zeitschriftenforschung heraus.[11] Die Beschäftigung mit Zeitschriften stieß und stößt offensichtlich auf tief verwurzelte Widerstände in den Geisteswissenschaften, die immer noch konstitutiv an der Pflege des Kanons interessiert sind und daher Zeitschriften wie Zeitungen vor allem als Quellen nutzen, aus denen die Texte

---

[10] MATTENKLOTT, GERT: Spuren eines gemeinsamen Weges. Deutsch-jüdische Zeitschriftenkultur 1910–1930, in: Merkur. Deutsche Zeitschrift für europäisches Denken 42 (1988), Heft 7, 570–581.

[11] Vgl. JOST, ERDMUT: Ästhetizismus im luftleeren Raum (Rezension von Vera Viehöver: Diskurse der Erneuerung nach dem Ersten Weltkrieg. Konstruktion kultureller Identität in der Zeitschrift Die Neue Rundschau, Tübingen 2004, veröff. in: IASL Online 5.7.2004. Allgemein zum Stand der Zeitschriftenforschung vgl. Andreas Vogel/Christiana Holtz-Bacha (Hgg.): Zeitschriften und Zeitschriftenforschung. Sonderheft der Zeitschrift Publizistik 3/2002; sowie: Beiträge zur kulturwissenschaftlichen Zeitschriftenforschung. Themenschwerpunkt in: Internationales Archiv für Sozialgeschichte der deutschen Literatur 45, Heft 1 (2020).

der ‚großen' Autoren entnommen und in Werkausgaben ediert werden, um sie dann als ‚Werke' lesen zu können.[12] Profitieren kann die Zeitschriftenforschung dagegen von der in den letzten Jahrzehnten entstandenen Theorie sozialer Netzwerke, wie auch umgekehrt Zeitschriften wohl ideale Gegenstände der Netzwerkanalyse sind.[13] Von Netzwerken zu sprechen betont den Zusammenhang der Handlungen, ohne dass sie zugrundeliegende Kollektivsubjekte voraussetzen. Netzwerke sind auch deshalb interessant, weil sie oft quer zu den Taxonomien verlaufen, mittels deren wir normalerweise das intellektuelle Feld klassifizieren – links und rechts, religiös und säkular etc. Sie sind ihrer Natur nach offen, weil die jeweiligen Akteure immer noch in anderen Netzwerken stehen, im vorliegenden Fall also nicht nur Beiträger zur *Kreatur*, sondern auch zum *Juden*, dem *Morgen*, der *Neuen Rundschau* und anderen Zeitschriften sind. Nichtsdestotrotz lässt sich das Netzwerk einer Zeitschrift als solches modellieren und gerade an ihm kann man die Wirksamkeit des Netzwerks auf doppelte Weise beobachten: *In actu*, bei der Produktion, die immer eine kollektive ist, und als Zuschreibung, im Produkt, das immer auch als gemeinsames wahrgenommen wird.

III. Die Zeitschrift und ihr Diskurs

Nicht nur die Produktion einer Zeitschrift ist ein komplizierter Prozess, auch das Resultat ist gleichermaßen komplex wie hybrid. Denn eine Zeitschrift vom Typ der *Kreatur* ist weder ein durchkomponiertes Werk noch eine nach klaren Kriterien erstellte Sammlung, sie behandelt weder einfach das tägliche Geschehen wie die Zeitung, noch tritt sie mit dem Gestus der Endgültigkeit auf, wie es das Buch tut. Eine Zeitschrift ist weniger eine einzelne Äußerung als ein Diskurs: verschiedene, aufeinanderfolgende Äußerungen. Sowohl Diversität wie auch Sequentialität gehört zu den wesentlichen Eigenschaften der Zeitschrift: Sie enthält Verschiedenes und sie wird fortgesetzt.[14] Die Diversität kann man bereits im ersten Heft der *Kreatur* deutlich erkennen. Es enthält nach dem bereits zitierten kurzen Editorial einen Aufsatz von Rudolf Ehrenberg über *Glaube und Bildung*, einen weiteren von Wilhelm Michel über *Gestalten der Angst*, dann wird Martin Bubers *Rede über das Erzieherische* abgedruckt, es

---

[12] Vgl. dazu FRANK, GUSTAV/PODEWSKI, MADLEEN/SCHERER, STEFAN: Kultur – Zeit – Schrift. Literatur- und Kulturzeitschriften als ‚kleine Archive', in: Internationales Archiv für Sozialgeschichte der deutschen Literatur 34 (2009), H. 2, 1–45.

[13] Vgl. FANGERAU, HEINER/HALLING, THORSTEN (Hgg.): Netzwerke. Allgemeine Theorie oder Universalmetapher in den Wissenschaften?, Bielefeld 2009.

[14] Vgl. dazu die älteren Wesensbestimmungen der Zeitung etwa in LÖDL, EMIL: Kultur und Presse, Leipzig 1903, 14ff, oder DOVIFAT, EMIL/WILKE, JÜRGEN: Zeitungslehre, Bd. 1, Berlin 1976, bes. 16ff.

folgt ein Essay von Eugen Rosenstock: *Lehrer oder Führer*. Darauf folgt *Der Arzt und der Kranke* von Viktor von Weizsäcker, im Untertitel als *Stücke einer medizinischen Anthropologie* annonciert – das verweist also bereits auf eine mögliche Fortsetzung – darauf folgt ein kurzer Text von Wittig über *Das Volk von Neusorge*, ein für Wittig typischer alltagsnaher, witzig pointierter Bericht über den schlesischen Volksglauben. Abgeschlossen wird der Band von einem eher esoterisch-spekulativen Text aus dem Nachlass von Rang, betitelt: *Das Reich*, einem Text von Franz Rosenzweigs *Die Schrift und das Wort* über das Projekt einer neuen Bibelübersetzung, sowie einer Erinnerung an Rang von Alfons Paquet.

Wie man sieht ist das Spektrum divers und dies prägt auch die weiteren Hefte. Es gibt viel zur Bildung, Erziehung und Pädagogik, es gibt anthropologische Überlegungen, oft auch politisch-metaphysische Texte wie die von Rang, aber auch Zeitdiagnostik, eher literarische Texte wie der von Wittig oder direkt theologische Beiträge wie der von Rosenzweig. Zwischen den Beiträgen gibt es zahlreiche Verbindungen: oft thematische Überschneidungen wie zwischen Bubers Überlegungen zum Erzieherischen und Rosenstocks Unterscheidung von Lehrer und Führer, manchmal auch nur Nachbarschaften, etwa wenn Wittig mit der Rede von der Gnade des Volkstums endet und Rang vom Verlust des Volkstums im borussischen Nationalismus beginnt. Hier geht also wirklich verschiedenes zusammen, ohne zusammenzukommen.

Historisch gehört die Kreatur zum Typus der Rundschau- oder Kulturzeitschrift, der gegen Anfang des 20. Jahrhunderts aufkam.[15] Diese Kulturzeitschriften versorgten nicht länger ein allgemeines Publikum mit Unterhaltung und populärem Wissen wie die Familienzeitschriften der zweiten Hälfte des 19. Jahrhunderts, sie richteten sich auch nicht an ein Fachpublikum wie die zahllosen wissenschaftlichen Zeitschriften, die in dieser Zeit den Prozess disziplinärer Ausdifferenzierung antrieben. Die Kulturzeitschrift richtete sich an ein elitäres Publikum, vermied aber gerade Spezialisierung, sondern zielte auf etwas neues: auf ‚Orientierung' in einer schnell an Komplexität gewinnenden Welt, die ein zunehmendes Bedürfnis nach ‚Weltanschauung' erzeugt. Typisch für dieses Genre ist etwa die 1890 gegründete *Neue Rundschau*, die ursprünglich vor allem der Theaterkritik gewidmet war, sich aber schnell in eine allgemeine essayistische Zeitschrift verwandelte, die typischerweise zwischen dem akademischen, dem künstlerischen und dem politischen Diskurs vermittelte, indem Experten für Laien schrieben.

‚Dialogisch' ist gerade die Kulturzeitschrift daher auch inhaltlich, und zwar in einem Bachtinschen Sinn: in ihr mischen sich verschiedene Sprachen,

---

[15] Vgl. dazu KAUFMANN, KAI/JOST, ERDMUT: Diskursmedien der Essayistik um 1900. Rundschauzeitschriften, Redeforen, Autorenbücher. Mit einer Fallstudie zur Essayistik zu den Grenzboten, in: Wolfgang Braungart/Kai Kaufmann (Hgg.): Essayismus um 1900, Heidelberg 2006, 15–36.

Idiolekte und Diskurse, sie übersetzt Fachwissen und experimentiert mit Spezialdiskursen, die sie mit anderen verbindet, wenn etwa Medizin und Farbenlehre miteinander kombiniert werden. Ihr genaues Themenspektrum und ihre Agenda bleiben eher vage, es gibt zwar einen impliziten Konsens darüber, was eine jeweilige Zeitschrift ausmacht – dass also etwa die neue Zeitschrift irgendwie ähnlich wie *Hochland* oder *Zwischen den Zeiten* sein müsse –, aber es ist meist schwer, diesen Konsens explizit zu machen, weil das Changieren zwischen verschiedenen Diskursen eben zur Natur des Formats gehört. Während etwa Fachzeitschriften in der Regel im Verlauf ihres Erscheinens dazu führen, die Grenzen des Faches genauer zu bestimmen, sind Kulturzeitschriften auf Diffusität angelegt und angewiesen. Auch die Kulturzeitschrift funktioniert als *Gatekeeper*, entscheidet, was Teil des öffentlichen Diskurses wird, sie ist aber auch Schnittstelle, die verschiedene Ansätze und Positionen verbindet und gemeinsames ebenso aufzeigt wie Konflikte und Widersprüche. Man kann, einen Hinweis von Frank, Scherer und Podewski aufgreifend, Zeitschriften als kleine Archive beschreiben, die verschiedene Texte mit unterschiedlichen, aber überlappenden Positionen enthalten und die damit den Diskurs als den Raum des Sagbaren abbilden, als eine Menge von Aussagen mit eher loser Verknüpfung, deren Regelmäßigkeit man gerade in ihrer Streuung untersuchen kann.[16]

Dabei ist die Zeitschrift nicht nur ein Spiegel des zeitgenössischen Diskurses, sondern bringt ihn auch hervor. Die sie auszeichnende essayistische Form mischt existierende Diskurse, bringt aber auch neue Ideen und neue Ausdrucksformen hervor und widmet sich Themen, die vorher noch nicht untersucht worden sind. Das geschieht auf der Ebene des Einzeltextes, der oft etwas vorläufiges und offenes hat, vor allem aber durch die Sequenzialität, welche die Zeitschrift auszeichnet: Nichts ist endgültig gesagt, alles kann wieder aufgegriffen und noch mal anders gewendet werden. ‚Dialogisch' ist die Zeitschrift hier in dem zeitlichen Sinn, dass keine Äußerung als Abschluss auftritt, sondern immer auf mögliche Fortsetzung hin geschrieben ist und gelesen werden kann. Besonders deutlich wird das dort, wo den Herausgebern gelingt, wovon jede Zeitschrift lebt: interne Kontroversen zu lancieren. In der *Kreatur* gelingt es nicht nur Martin Bubers diplomatischem Geschick, das zwei ihrer Autoren – Hermann Herrigel und Eberhard Grisebach – gegenseitig ihre Werke rezensieren: Auch aus der Diskussion über Erziehung aus dem ersten Heft wird eine lebendige Debatte, denn im zweiten Heft antwortet Albert Mirgeler auf Rosenstocks Gegenüberstellung von Lehrer und Führer, es handele sich hier um einen falschen Dualismus, der in Zukunft verschwinden würde, worauf wieder weitere Aufsätze und in späteren Heften auch Leserzuschriften als ‚Stimmen aus der Jugendbewegung' antworten.

---

[16] Vgl. FRANK/SCHERER/PODEWSKI (s. Anm. 12).

IV. Religion im Format der Zeitschrift

Was für Konsequenzen hat das Format der Zeitschrift nun für den Diskurs über Religion? Viktor von Weizsäcker erinnert sich an die Situation der Gründung:

> Es war die Frage gestellt, ob die konfessionell-religiösen Bindungen nicht schon so äußerlich und so entleert von ursprünglichem Inhalt geworden waren, daß nur durch neue Begegnung und Verwirklichung eine Rettung kommen konnte. Diese Zeitschrift sollte weder über- noch zwischen- noch unkonfessionell sein. Sondern der Glaube war für alle in die Verbannung geraten, und ein jeder sprach aus seiner Verbannung zum anderen. [...] Das Gemeinsame war, daß wir die Gemeinschaft in unserer religiösen oder kirchlichen Gemeinde alle verloren hatten: die Gemeinschaft der Gemeinschaftslosen und darum Wissenden.[17]

Hier wird gewissermaßen der ursprüngliche Titelvorschlag „Gruß aus den Exilen" entfaltet. Die „Verbannung" steht hier für eine Krise der überlieferten Form konfessionell-religiöser Bindungen, eine Krise freilich, die nicht einfach zu einer säkularen oder skeptischen Haltung führt oder zu einer Haltung über, zwischen oder jenseits der Konfessionen. Worum es Weizsäcker geht, ist weder eine allgemeine Religiosität ‚über' den Religionen, noch ein Dialog ‚zwischen' ihnen, noch säkulare Position ‚jenseits' der Religion, sondern das Gespräch aus in sich immer schon gebrochenen Positionen, die eben nur als Gemeinschaft von Gemeinschaftslosen verstanden werden kann. Mit dieser Denkfigur lässt sich das Spezifische des Religionsdiskurses der *Kreatur* tatsächlich gut umreißen: Religiöse Rede wird wichtig, gerade weil die alten Formen etwa der Konfessionen, aber auch der idealistischen Religionsphilosophie an Überzeugungskraft verloren haben, ohne dass es einen neuen Leitdiskurs gibt.

Wieder kann die Lektüre einer Zeitschrift wie *Die Kreatur* hilfreich sein, um diesen hybriden, experimentellen und oft idiosynkratischen Diskurs genauer zu analysieren. Das gilt schon für den Titel und das Programm: man sei gemeinsam verbunden, so das schon zitierte Editorial im „Ja zur Verbundenheit der geschöpflichen Welt, der Welt als Kreatur".[18] Der Titel ist dabei sowohl als eine Kompromissformel zwischen verschiedenen Konfessionen zu lesen als auch als Ausdruck eines in den Weimarer Jahren weit verbreiteten Interesses für das Kreatürliche, das von der philosophischen Anthropologie bis zum Expressionismus reicht.[19] Es ist aber auch ein Signal, dass hier nicht direkt, sondern auf einem Umweg über Religion gesprochen werden soll. Vor allem Rosenzweig hatte in der Korrespondenz vor der Gründung betont, die Zeitschrift solle auf keinen Fall eine rein theologische sein, sondern bedürfe auch der „Untheologie"; im Editorial ist daher davon die Rede, dass die Zeitschrift nicht Theologie, sondern Kosmologie betreiben werde: man wolle von

---

[17] VON WEIZSÄCKER, VIKTOR: Begegnungen und Entscheidungen, Stuttgart 1949, 26.
[18] BUBER/WEIZSÄCKER: Titelloses Vorwort (s. Anm. 1), 2.
[19] Vgl. dazu LETHEN, HELMUT: Verhaltenslehren der Kälte. Lebensversuche zwischen den Kriegen, Frankfurt a.M. 1994, bes. 40ff; 245ff.

der Welt so reden, dass ihre Geschöpflichkeit erkennbar werde: „Wenn sie stets der Kreation eingedenk bleibt, muss ihr jede Kreatur denkwürdig werden, der sie sich zuwendet."[20] Die indirekte Rede ist also Programm.

Es ist aber nicht primär die Programmatik der Zeitschrift, die zu dieser Indirektheit beiträgt, sondern ihr Format, also das, was dann in ihr versammelt wird. Denn das Verhältnis der Beiträge zum Religiösen variiert nicht nur sehr weit, sondern ist auch meist indirekt. Typisch ist etwa Ehrenbergs Aufsatz *Glaube und Bildung*, mit der die Zeitschrift überhaupt eröffnet wird. Ehrenberg betont, dass er weder als Theologe noch als Pädagoge spreche, sondern als Naturforscher über das Verhältnis des Individuums zur Welt nachdenke. Bildung und Glaube erscheinen dabei als Polarität: Bildung sucht Individualität in der Wirklichkeit auszubilden, Glaube geht von einem Sinn in der Welt aus, beide gehören daher zusammen: „Damit Bildung einen Sinn haben soll, muß es eine Wirklichkeit geben, in die hinein die Selbstverwirklichung der Seele geschieht."[21] Wo hier eher vage Transzendenz evoziert wird, geht Martin Bubers im selben Heft enthaltene *Rede über das Erzieherische* argumentativ und rhetorisch ganz anders vor. Sie beginnt erst einmal mit einer Kritik des Titels, zu dem zu sprechen Buber eingeladen war: *Die Entfaltung der schöpferischen Kräfte im Kinde*. Schöpferisch sei, so Buber, nur Gott, nicht der Mensch; vorsichtig kritisiert er daher auch die einseitige Betonung der Freiheit in der Erziehungsreform und die Rede vom pädagogischen Eros, denn Erziehung sei eben keine symmetrische Beziehung. Freiheit sei nur die Voraussetzung der Erziehung, die sich eigentlich in einer Begegnung verwirkliche, in der auch die Grenzen der Autonomie deutlich werden: „Der Mensch, das Geschöpf, welches Geschaffenes gestaltet und umgestaltet, kann nicht schaffen. Aber er kann, jeder kann sich und kann andere dem Schöpferischen öffnen. Er kann den Schöpfer anrufen, daß er sein Ebenbild rette und vollende."[22] Die Denkfigur der Kreatur erlaubt hier einen Rückgriff auf das Religiöse, der wiederum zur Kritik von anderen Diskursen führt: Die Pädagogik kann theologisch kritisiert werden, ohne dass das zu einer expliziten Theologie führt. Dabei unterscheidet sich dieser Ansatz durchaus von dem Ehrenbergs, ja steht sogar in Spannung dazu, denn Buber kritisiert ja gerade die vagen Analogien des Religiösen – etwa die Rede vom „Schöpferischen" –, die Ehrenberg verwendet.

In der Argumentation ähnlich wie Buber, allerdings in Duktus und Inhalt erheblich idiosynkratischer und kryptischer argumentiert Florens Christian Rang in „Das Reich", einer antiborussischen Diatribe, die aufs schärfste die deutsche Vergötzung des Staates kritisiert. Dabei sei der Reichsgedanke

---

[20] Franz Rosenzweig an Martin Buber, wohl April 1926, in: DERS.: Briefe und Tagebücher, Bd. II, Edith Rosenzweig/Bernhard Casper (Hgg.), Den Haag 1979, 1091. Vgl. BUBER/WEIZSÄCKER: Titelloses Vorwort (s. Anm. 1), 2.
[21] EHRENBERG, RUDOLF: Glaube und Bildung, Die Kreatur I/1 (1926), 3–16, 14.
[22] BUBER, MARTIN: Rede über das Erzieherische, Die Kreatur I/1 (1926), 31–51, 31.

letztendlich vor allem deshalb zur Idee der Nation entstellt worden, weil die protestantische Theologie das „Messianische" vergessen habe und ganz auf die „pneumatische" Gegenwart des Gottesreichs gesetzt habe. Wie in anderen Beiträgen Rangs wird also die Krise der Zeit in theologischen Kategorien diskutiert – und zwar in den Kategorien der Theologie der Krise. An anderer Stelle kritisiert er Walter Rathenau, der vorgeschlagen hatte, das moderne „Arbeitsproblem" – also die Entfremdung der Industriegesellschaft – durch Liebe und Gemeinschaft zu überwinden: Nicht Liebe, sondern Glaube sei das eigentlich kritische Potential. Hier ist die theologische Kritik zugleich Kritik einer falschen Theologie, in der immer auch die Verwerfung guter Werke durch eine straff lutherische Glaubensorientierung durchklingt.

Aber es gibt auch ganz andere Zugriffe. Weit weniger kritisch und weniger kryptisch, auf den ersten Blick geradezu naiv sind die Beiträge von Joseph Wittig, der schon an anderer Stelle betont, er wolle „nicht in Theologensprache" schreiben, weil er sich an „das gläubige, von Sündennot geplagte Volk" richte, „das die Theologensprache nun einmal nicht versteht".[23] In der *Kreatur* erzählt Wittig meist Geschichten aus dem Alltag des Seelsorgers und Erziehers auf dem Lande, wo sich das Religiöse oder eben genauer: das Kreatürliche nicht nur in zwischenmenschlichen Beziehungen zeigt – etwa wenn Wittig in der Volksschule die Schöpfungsgeschichte unterrichtet –, sondern auch im Umgang mit den Dingen, wenn beim Hausbau die Materialien plötzlich ihr eigenes Leben gewinnen. Unter den meist eher pathetischen Texten der *Kreatur* gehören die von Wittig zu denen, bei denen der Leser oft nicht weiß, ob sie ernst oder ironisch gemeint sind.

Wieder anderen Charakter haben die nicht besonders zahlreichen Beiträge, die sich direkt theologischen Fragen widmen, im ersten Heft ist das etwa Rosenzweigs *Die Schrift und das Wort*, eine Art Ankündigung der neuen Bibelübersetzung. Argumentativ geht Rosenzweig gewissermaßen umgekehrt vor wie Ehrenberg, Buber und Rang, weil er nicht in der modernen Wirklichkeit einen theologischen Kern oder eine theologische Kritik entdeckt, sondern die theologische Frage nach dem Status der Bibel durch allgemeine Überlegungen über gesprochenes und geschriebenes Wort entwickelt: Man müsse, so Rosenzweig, das Wort Gottes aus dem Buch befreien und wieder neu zum mündlichen, zum Wort der Begegnung machen. Dass er dabei sogar und ausgerechnet dem „Zeitungsfeuilleton" zutraut, es habe „etwas von solcher den Fluch der Literatur, ihrer Zeitlosigkeit bannenden Segenskraft des Mündlichen", gibt auch dem eigenen Zeitungsprojekt den Status des Lebendigen und Verlebendigenden.[24] Hier wird also theologische Sprache: die Kategorie des „Wort

---

[23] WITTIG, JOSEPH: Leben Jesu in Palästina, Schlesien und anderswo, 2 Bde., München 1925, IX. Zu Wittigs Beiträgen vgl. SHAHAR, GALILI: The Creature. The First Question, Naharaim 13 (2019), 3–14.

[24] ROSENZWEIG, FRANZ: Die Schrift und das Wort, Die Kreatur I/1 (1926), 124–130, 125.

Gottes" gerade dadurch aktualisiert und ernst genommen, dass sie auf die Alltags-, Sprach- und Zeitungserfahrung bezogen wird. Ähnlich betrachtet Ehrenberg im dritten Jahrgang das Dogma als etwas, das positiv für die „Aussprechbarkeit der Offenbarung steht", aber gerade nicht für eine unverrückbare Wahrheit, sondern für etwas, „was mit der Zeit wachsen muss, was immer wahrer werden muss".[25] Auch hier wird also ein spezifisch theologischer, kirchlicher Begriff auf die allgemeine Problematik des Historismus bezogen, auch hier geschieht das vor allem als Proklamation, als Versuch und Forderung – bezeichnenderweise wird der Aufsatz gerade dort abgebrochen, wo er sich konkreten Dogmen zuwenden müsste.

Wir sehen also ein breites Spektrum von möglichen Stellungnahmen zu und Anverwandlung von religiösen Diskursen – und das Spektrum würde sich noch erheblich erweitern, wenn man weitere Texte in den Blick nähme, etwa die von Weizsäcker, von Wilhelm Michel oder von Eugen Rosenstock, um nur auf das erste Heft zu blicken; Texte, in denen das Religiöse wenn überhaupt eine viel weniger offensichtliche Rolle spielt. Das gilt noch stärker für spätere Hefte, die sich teilweise vom Titel und vom Programm der Kosmologie weiter ablösen oder dieses doch breiter interpretieren. Wieder erlaubt und fordert die Zeitschrift als Format verschiedene Stimmen und kann eine gewisse Unschärfe nicht nur leicht aushalten, sondern fordert sie geradezu. Eine Untersuchung von Zeitschriften könnte daher erlauben, in dieser Unschärfe zu untersuchen, was die Beiträge gemeinsam haben und wo sie differieren. So kann man etwa auch erkennen, dass der Rekurs auf Religion und Theologie ganz verschiedene Funktionen haben kann. Oft fungiert diese Referenz einfach negativ als eine Kritik der säkularen Vernunft oder der Bildungsreligiosität, oft wird sie eingesetzt, um sich wahlweise von Idealismus oder Naturalismus zu distanzieren. Verschiedene Beiträge greifen auf die Figur des Exils zurück, um die Gegenwart als Ära des Unbehagens, als problematisches Zeitalter darzustellen, wobei die daraus zu ziehenden Konsequenzen wiederum erheblich differieren. Teilweise kommen aber auch komplexe theologische Unterscheidungen wie Rangs Differenz von pneumatischer und messianischer Geschichtsauffassung ins Spiel, bei denen dann alles andere als einfach zu entscheiden ist, ob es sich um theologische, politische oder philosophische Denkfiguren handelt.

Als besonders charakteristisch erscheint dabei eine Argumentationsfigur, die man als „Religion und ..." bezeichnen könnte, und die sich schon in vielen Titeln niederschlägt: *Glaube und Bildung* (Ehrenberg), *Gottesreich und organisches Leben* (ders.), *Glaube, Liebe und Arbeitsamkeit* (Rang), *Kirche und Arbeit* (Rosenstock), *Altes und neues Denken* (Rosenzweig) und einige mehr. Auch das ist ein besonderer Fall von Religiösem jenseits der Religion. Religiöse Semantik wird verwendet und auf Nicht-Religiöses bezogen, und zwar nicht in der vertrauten Weise der Theologie des 19. Jahrhundert, die etwa unter

---

[25] EHRENBERG, RUDOLF: Über das Dogma, in: Die Kreatur III/1 (1929/1930), 23.

„Religion und Vernunft" oder „Religion und Sittlichkeit" in der Regel ein Entsprechungs- oder Ergänzungsverhältnis verstand, in der die Religion gewissermaßen den harmonisch eingefügten Schlussstein darstellte. Für die Autoren der *Kreatur* eröffnet das „und" eher Probleme, wie ein Essay von Rosenstock über *Kirche und Arbeit* aus dem zweiten Jahrgang besonders deutlich macht. Die Arbeitsfrage sei nicht ohne Theologie und Kirche zu lösen, wie auch umgekehrt die Krise der Kirche sich an der Arbeitsfrage entscheiden werde. Denn der Protestantismus habe zwischen freiem Beruf und weltlicher Gesellschaft unterschieden, heute aber löse sich diese Unterscheidung auf, weil auch die freien Berufe bloß noch Arbeitskräfte seien. Religiöse Sprache erlaubt es also, das Arbeitsproblem neu zu durchdenken, ohne schon eine Lösung zu haben, umgekehrt macht das Arbeitsproblem das Religiöse auch relevant und verständlich – und zwar eben gerade durch das, was Rosenzweig „Untheologie" genannt hatte.

„Religion und ..." ist aber nicht nur eine bestimmte Argumentationsfigur, sondern auch eine Figur der Rede: Die Formel organisiert eine stark antithetische Rhetorik, die viele der Texte bestimmt und Ehrenbergs *Die Kreatur* eröffnender Text über *Glaube und Bildung* folgendermaßen charakterisiert: „Wenn man zwei Hauptworte durch das Wörtchen ‚und' verbindet und es sich nicht nur um die Aussage einer Summierung handelt, so nehmen die beiden Begriffe ein kritisches Verhältnis zu einander an."[26] Der folgende Text spielt das dann durch: Er zeigt, dass Glaube und Bildung verschieden sind und man ihr Wesen durch diese Unterscheidung besser versteht. Ganz ähnlich argumentiert Rosenstocks *Führer und Lehrer*, und auch sonst gibt es in vielen Beiträgen entsprechende Unterscheidungen wie ‚Sehen und Denken', ‚Nation und Reich', die dazu dienen, das Feld zu ordnen, aber eher experimentelle Typologien als ausgearbeitete analytische Kategorien sind.

Offensichtlich kann man dieses Verfahren zum Teil auf Impulse von Rosenzweigs „Neuem Denken" zurückführen, in dem die Präpositionen und überhaupt die Sprache die zentrale Rolle eines Leitfadens übernehmen sollten: „An die Stelle der Methode des Denkens, wie sie alle frühere Philosophie ausgebildet hat, tritt die Methode des Sprechens."[27] Auch Rosenzweigs Sprachdenken wollte die Autonomie der Vernunft überwinden und fand damit neu zur religiösen Überlieferung: „die theologischen Probleme wollen ins Menschliche übersetzt werden und die menschlichen bis ins Theologische vorgetrieben. Etwa das Problem des Gottesnamens ist nur ein Teil des logischen Problems des Namens überhaupt"[28] (ND 225). Sowohl diese Methode als auch dieses Interesse vereint viele der Beiträge der *Kreatur*, ja

---

[26] EHRENBERG: Glaube und Bildung (s. Anm. 21), 3.
[27] ROSENZWEIG, FRANZ: Das Neue Denken, in: Zweistromland. Kleinere Schriften zur Religion und Philosophie, Gesine Palmer (Hg.), Berlin 2001, 210–234, 223.
[28] AaO. 225.

viele scheinen der Methode zu folgen, weil sie es eben erlaubt, ‚neu' und das heißt auch: essayistisch, ohne kritische Präambeln und philosophische Terminologie zu schreiben und neuen Problemen eine neue Darstellung zu geben. Rosenzweigs ‚Methode', die bei ihm selbst noch eine ausführliche systematische Begründung hatte und auch einigermaßen komplex ausgeführt wurde, wird in dieser Anwendung natürlich viel diffuser und offener. Und wieder ist besonders diese Diffusität aufschlussreich, weil man dabei sieht, wie eine bestimmte Methode zum Gemeinsamen einer sonst recht disparaten Gruppe wird – sogar so weit, dass man manchmal eine gewisse Selbstironie heraushören kann. So erzählt etwa Joseph Wittig in *Das Geheimnis des ‚Und'*, seine Schüler hätten auf die Frage, wie viel eins plus eins sei, immer mit „drei" geantwortet, weil sie immer das Additionszeichen (das Kreuz!) mitzählten und weil aus der Begegnung immer etwas Drittes werden müsse.

Weil es sich bei dieser Methode um eine Methode des Sprechens handelt, prägt sie auch einen bestimmten Sprachstil, der eben durch jene Disjunktionen und eine Reihe anderer Figuren charakterisiert werden kann, etwa der bewusste Gebrauch von Pronomen, die starke Adressiertheit vieler Texte, das Paradox. Es ist von großer Bedeutung, diese stilistischen Züge gewissermaßen mitzulesen, weil sie oft wichtiger sein können als der argumentative Gehalt. Natürlich kann man etwa Ehrenbergs *Glaube und Bildung* auch systematisch lesen, aber man würde damit vielleicht einen situativen Text zu ernst nehmen oder etwas, was eher tentativ und ephemer ist, in das Prokrustesbett der Kohärenz zwängen, die weder zu den Absichten noch zum Gehalt des Textes passen. Essayistische Texte zeichnen sich eben weniger durch argumentative Kohärenz, geschweige denn durch Systematik aus als durch den Gebrauch sprachlicher Formen: durch subjektive und metaphorische Sprache, plötzliche Sprünge im Argument, durch Vermischung von Beschreibung und Interpretation etc. – durch einen bestimmten ‚Stil' des Denkens und Schreibens.

Es ist dieser Stil, der die Autoren der Kreatur miteinander auf lose Art verbindet und zugleich nach außen zu einer vagen Einheit macht, weil sie sich jeweils aneinander orientieren und weil sie wiederum von Beobachtern als ‚ähnlich' wahrgenommen werden. Wenn eine Zeitschrift wie *Die Kreatur* keinen fest umrissenen Gegenstand und auch keine klare Programmatik hat, so hat sie doch in der Regel einen ‚Denkstil' im Sinne Ludwik Flecks: eine bestimmte Art zu denken und zu sprechen, die eine Gruppe, ein ‚Denkkollektiv', auszeichnet und von ihr produziert wird.[29] Gerade auf dieser stilistischen Ebene wird der kollektive oder eben: ‚vernetzte' Charakter intellektueller Produktion deutlich; umgekehrt könnten Zeitschriften für die Untersuchung von Denkstilen besonders fruchtbar sein, weil sich hier die stilistische Ähnlichkeit der Beiträge

---

[29] Zum Zusammenhang von Denkstil, Denkkollektiv und Zeitschrift vgl. den Beitrag von FRANK, GUSTAV: Die Kreatur und Walter Benjamins Periodika-Netzwerk der 20er Jahre. Neue Zugänge der Zeitschriftenforschung, Naharaim 13 (2019), 29–71.

verschiedener Autoren auch sprachlich beobachten und untersuchen lässt. Nicht selten erlaubt die erhaltene Korrespondenz sogar einen Blick auf die Arbeit am Stil, denn oft geht es in ihr darum, einen Text ein wenig anders zu formulieren, einen Titel anzupassen oder einen neuen Schluss hinzuzufügen, der ‚besser passt'.[30] Denn wie jeder weiß, der schon einmal in einer Zeitschrift veröffentlicht oder gar eine solche herausgegeben hat, spielen hier mehr oder weniger bewusste Prozesse der Nachahmung oder Passung eine wichtige Rolle: Texte werden nicht einfach nach fixen Kriterien geschrieben oder akzeptiert, sondern mit der diffusen Erwartung, zu den anderen zu passen oder auch manchmal: passend gemacht zu werden.

V. Nachgeschichte der *Kreatur*

Paul Mendes Flohr hat *Die Kreatur* als Projekt einer „postliberal religion" beschrieben, ein Ausdruck der in der Tat als charakteristisch für viele religiöse Phänomene der Weimarer Zeit betrachtet werden kann.[31] ‚Postliberal' ist diese Religiosität deshalb, weil sie die liberale Formatierung des Religiösen durchbricht, die das 19. Jahrhundert geprägt hatte, und die auf der Verbindung einer privatisierten, verinnerlichten Frömmigkeit mit einem spirituellen Nationalismus beruhte, wie sie vor allem der Kulturprotestantismus ausgeprägt hatte. Jenseits der Formatierung wird Religiöses wieder ortlos – das heißt, es kann an ganz verschiedenen Orten vorgestellt und gesucht werden: in der Rede vom Menschen, von der Schöpfung, in den verschiedenen Problemen wie Bildung, Politik, Arbeitsmoral etc. Die Rede vom Postliberalen impliziert dabei bereits, dass es noch ein neues Paradigma gibt, die neuen Religiositäten können mystisch und politisch, konservativ und libertär sein. Gerade der Religionsdiskurs ist daher heterogen und hybrid, und die Zeitschrift hat sich dafür als das ideale Medium erwiesen, weil sie viele Stimmen nebeneinander stellt und es auch dem Leser erlaubt, ganz verschiedenes mit der Religion zu verbinden: verschiedene Themen, aber auch verschiedene Diskurse, Stimmlagen und Stile, weil hier eben nicht nur Theologen über die Religion sprechen, sondern auch Ärzte, Sprachtheoretiker und Pädagogen.

Vom idealen Medium zu sprechen heißt freilich nicht, es zu idealisieren. Die Rede vom ‚Gespräch' konnotiert nicht nur Verständigung und Austausch, sondern auch Konflikt und Abgrenzung. Schon 1924 hatte Rosenzweig in einem Brief über ein mögliches Ende des liberalen Zeitalters gesprochen, das zwar

---

[30] Vgl. etwa zur Korrespondenz Buber/Benjamin WEIDNER, DANIEL: Going together without coming together (s. Anm. 2), bes. 106ff.

[31] MENDES-FLOHR, PAUL: Zwischen Deutschtum und Judentum – Christen und Juden, in: Avraham Barkai u.a. (Hgg.): Deutsch jüdische Geschichte der Neuzeit, Bd. 4, München 1997, 154–166, 161.

die religiösen Verfolgungen gestoppt und Toleranz gebracht habe – aber auch Ignoranz:

Der Christ ignoriert den Juden, um ihn tolerieren zu können, der Jude ignoriert den Christen, um sich tolerieren lassen zu können. [...] Heute treten wir oder vielmehr sind schon in einer neuen Ära der Verfolgungen. Dagegen ist nichts zu machen, weder von uns noch von den wohlgesinnten Christen. Was aber zu machen ist, ist, daß diese Ära der Verfolgungen auch eine der Religionsgespräche wird, wie die mittelalterliche, und daß die Stummheit der letzten Jahrzehnte aufhört.[32]

Für uns nachgeborene Leser klingt eine solche Äußerung schon auf fast unheimliche Art prophetisch, und die hier geahnte „Ära der Verfolgungen" wirft dunkelste Schatten auf den Dialog, von dem dieser Beitrag handelt. Aber wenn man Rosenzweigs intellektuellen Mut ernst nehmen will, sollte diese Dunkelheit uns nicht einfach zurück in den Liberalismus führen, wo die einzelne Konfession selbstständig ist und über Religion nur Experten sprechen. Vielmehr würde es darum gehen, die vielfältigen und komplexen Formen der Interaktion von Juden, Protestanten und Katholiken, aber auch von Theologen, Philosophen und Laien genauer in den Blick zu nehmen, um zu verstehen, wo es zum Religionsgespräch und wo zur Verfolgung kommt.

---

[32] Franz Rosenzweig an Martin Buber, 19.3.1924, in: Rosenzweig: Briefe und Tagebücher (s. Anm. 20), 947f.

Der „Geist der Utopie" ist ein „fremder Gott"

Auch Ernst Bloch liest Marcion

Georg Essen

Warum Marcion? Als erster Versuch einer Antwort auf die Frage, warum Bloch ihn las, fiel mir diese Sentenz aus seiner Feder ein: „Noch wo ein Meister irrt, ist er lehrreich. Hat dann Wichtigeres zu melden als die meisten Mittelmäßigen, wenn sie recht haben."[1] Lassen wir einstweilen, was mein Thema betrifft, noch dahingestellt, ob nun Marcion oder Bloch selbst, selbigen vergegenwärtigend, dieser „Meister" ist.

Sollte Marcion gemeint sein, dann dies vorab und als Mahnung an die Zunft der Dogmenhistoriker, die aus Marcion einen der Erzketzer machten und ihn in entsprechende Häresiologien einreihten. Ist es nicht erstaunlich, dass es nicht wirklich gelungen ist, Marcion häresiographisch zu Grabe zu tragen? Was die moderne Dogmengeschichte betrifft, haben wir dies wohl vor allem Adolf von Harnack zu danken, der Marcion mit seinem Buch *Das Evangelium vom fremden Gott* ein Denkmal gesetzt hat.[2] Auch der Nestor der protestantischen Dogmengeschichte hatte sich, wie Bloch dies in zeitgenössischer Wahlverwandtschaft getan hat, affirmativ auf Marcion bezogen. Unmittelbare und direkte Rezeptionsverhältnisse zwischen den beiden gibt es, was die frühe Beschäftigung mit Marcion in den Weimarer Jahre betrifft, offenbar nicht.[3] Dass

---

[1] BLOCH, ERNST: Subjekt-Objekt. Erläuterungen zu Hegel. Erweiterte Ausgabe (GA, 8), Frankfurt a.M. 1977, 484.

[2] Vgl. VON HARNACK, ADOLF: Marcion. Das Evangelium vom fremden Gott. Eine Monographie zur Geschichte der katholischen Kirche. Neue Studien zu Marcion (Bibliothek klassischer Texte), Darmstadt 1996.

[3] Die Erscheinungsdaten der Erst- wie der umgearbeiteten Zweitfassung von „Geist der Utopie" plausibilisieren, dass dies im Falle der Erstfassung von 1918 naturgemäß noch nicht der Fall sein konnte, da Harnack seinen „Marcion" erstmals 1921 publizierte. Auch das Erscheinungsdatum der Zweitfassung von *Geist und Utopie*, 1923, macht es, wenn man die diesem Datum vorausgehende Umarbeitungszeit mit einbezieht, eher unwahrscheinlich, dass sich Bloch auf Harnack überhaupt hat beziehen können; genannt wird er jedenfalls nicht. Das wird sich später dann ändern. Sowohl in seinem Hauptwerk *Prinzip Hoffnung* als auch in dem Buch *Atheismus im Christentum* bezieht er sich auf Harnack. Dass wiederum dieser für sein Marcion-Buch Bloch gelesen hat, scheint ebenfalls nicht der Fall gewesen zu sein. Harnacks Beschäftigung mit Marcion folgt ohnehin eher den eigenen Pfaden, da sie auf eine Jugendschrift von 1870 zurückgeht, für die er in Dorpat eine später dann aus Geldnot

es aber zwischen Bloch und Harnack gewissermaßen motivphänomenologische Analogien gibt, hat beispielsweise Jacob Taubes erwähnt. „Wir lesen sie", heißt es über Harnacks Marcion-Monographie, „nicht (nur) als historische Studie, sondern (auch) als Zeugnis einer neuen Religiosität am Ende des liberalprotestantischen Zeitalters". Und weiter heißt es bei Taubes, der nunmehr Harnack selbst zitiert: „‚Ernstlich' erhebt Harnack die Frage, ‚ob der Marcionismus, wie er heute gefasst werden muss, nachdem seine zeitgeschichtlichen Gerüste abgebrochen wurden', nicht wirklich ‚die gesuchte Lösung' des religiösen Problems heute ist [...]".[4] Wenn, Harnack folgend, Marcion die gesuchte Lösung eines religiösen Problems ist, dann gilt für Bloch sinngemäß, dass Marcion die gesuchte Lösung eines philosophischen Problems ist. Auf welches Problem Marcion eine Antwort sein soll, das wird zu zeigen sein. Taubes jedenfalls spricht von einer „Gleichzeitigkeit und Unabhängigkeit der Interpretationsversuche Ernst Blochs und Adolf von Harnacks".[5]

Taubes' Aufsatz trägt den Titel: „Das stählerne Gehäuse und der Exodus daraus oder Ein Streit um Marcion, einst und jetzt". Der Obertitel nennt bereits das erkenntnisleitende Interesse seiner Beschäftigung mit Marcion. Der Untertitel weist darauf hin, dass es Taubes darum geht, das Interesse an Marcion als ein modernitätstheoretisch relevantes zu würdigen. In einem Parforceritt durch die Geistesgeschichte der Moderne eilt Taubes von Christian Baur zu Hans Jonas, kommt auf die Neuzeitattacken eines Eric Voegelin zu sprechen und rekonstruiert, nicht ohne einen pointierten Seitenblick auf Max Weber zu werfen, in knappen Zeilen die Replik von Hans Blumenberg auf Voegelin. Nicht nur Ernst Bloch kommt zu Wort, sondern, wie erwähnt, auch Adolf von Harnack. Martin Buber wird in Erinnerung gerufen und mit ihm Simone Weil.

Deutlich ist, dass sich diese Namensnennungen, konzentrischen Kreisen gleich, jeweils auf Epochenumbrüche der Moderne beziehen. Diese wiederum werden einem Thema unterstellt, das Taubes wie folgt umreißt: „Die Forschungsgeschichte der Gnosis lässt sich in zweifacher Weise lesen. Sie gilt erstens und vornehmlich dem Studium der spätantiken Gnosis. Sie kann aber auch

---

versetzte goldene Preismedaille bekam. Vgl. ESSEN, GEORG: Adolf von Harnack (1851–1930) in: Arbeitsbuch Theologiegeschichte. Diskurse. Akteure. Wissensformen, Gregor Maria Hoff/Ulrich H. J. Körtner (Hgg.): Bd. 2: 16. Jahrhundert bis zur Gegenwart, Stuttgart 2013, 198–217.

[4] TAUBES, JACOB: Das stählerne Gehäuse und der Exodus daraus oder Ein Streit um Marcion, einst und jetzt, in: ders.: Vom Kult zur Kultur. Bausteine zu einer Kritik der historischen Vernunft. Gesammelte Aufsätze zur Religions- und Geistesgeschichte, Aleida Assmann/Jan Assmann/u.a. (Hgg.), München 1996, 172–181, 176. Auf diese Textausgabe wird im Folgenden zurückgegriffen. Dieser Aufsatz bildet die Einleitung, mit der Taubes das von ihm und Odo Marquard initiierte Kolloquium zum Thema „Gnosis und Politik" eröffnete. Vgl. Gnosis und Politik (Religionstheorie und Politische Theologie, 2), Jacob Taubes (Hg.), München u.a. 1984, 9–15.

[5] TAUBES: Das stählerne Gehäuse, in: aaO. (s. Anm. 4), 176.

palimpsestisch als Ortsbestimmung der Gegenwart gelesen werden. An ihren Knotenpunkten stand das Studium der spätantiken Gnosis im Dienst einer Ortsbestimmung der Gegenwart".[6] Es geht Taubes also um das, was er auch das „gnostische Rezidiv" nennt – der Ausdruck selbst geht bekanntlich auf Hans Blumenberg zurück.[7] Entscheidend ist jedoch, dass Taubes selbiges unter den Bedingungen der Neuzeit analysieren will und es bewusst in den Kontext des von Blumenberg her thematisch einschlägigen Legitimationsdiskurses zu stellen beabsichtigt. Vor dem Hintergrund der Neuzeitpolemik eines Voegelin, mit der dieser die Legitimität der Neuzeit als gnostisch „denunziert" hatte, wie es bei Taubes heißt, bringt er Blumenbergs These ins Spiel, die Neuzeit als die „zweite und endgültige ‚Überwindung der Gnosis'" zu begreifen. Der springende Punkt ist hier für Taubes die Meinung, für die Neuzeit stelle die „Flucht" ins außerweltlich Transzendente keinen „Ausweg" mehr dar.[8]

Aber gerade, wenn die unterstellte Auffassung richtig wäre, dass nämlich die Neuzeit die definitive Überwindung der Gnosis sei, ist doch Taubes zufolge in Erwägung zu ziehen, ob die Präsenz des Gnostischen in der Neuzeit nicht vielmehr deren „Ende" anzeige. Die Auffassung, die Neuzeit sei alternativlos auf sich selbst zurückgeworfen, presst Taubes in Webers Bild von der modernen Welt als einem „stahlharten Gehäuse". Taubes wiederum liest dieses Bild, das von Weber selbst „mit hoher Absicht", wie Taubes unterstreicht, als „Verhängnis" bezeichnet wurde, als eine „gnostische Hieroglyphe".[9] Eine Hieroglyphe aber will entziffert werden.

Taubes geht es darum, das besagte gnostische Rezidiv als ein „Symptom für eine Krise im Selbstverständnis der Gegenwart seit dem Ende des Ersten Weltkrieges" zu deuten.[10] Hier kommt denn auch Marcion ins Spiel, dessen Name ein zeitloses und übergeschichtliches Programm sei. Warum Marcion? Webers Gehäusemetapher ist eine Hieroglyphe, die auf den Verhängnischarakter der Moderne hinweist, auf deren Auswegslosigkeit. Gnostisch ist diese Hieroglyphe, weil es nun doch darum gehen soll, einen „Exodus", einen „Auszug" aus diesem „stählernen Gehäuse" zu wagen. „An Marcion", heißt es bei Taubes, „scheiden sich die Geister, aber im Streit um Marcion könnte auch deutlich werden, was mit dem Zeichen ‚Gnosis' geistesgeschichtlich und theopolitisch" gemeint sei.[11]

---

[6] AaO. 173.
[7] AaO. 174.
[8] Ebd.
[9] AaO. 175.
[10] AaO. 174.
[11] AaO. 175.

I. Ernst Bloch haut die „phantastisch konstitutiven Wege"

Taubes nennt Bloch den ersten, der sich nach dem Ersten Weltkrieg auf Marcion bezogen hatte, und verweist auf die Erstfassung von „Geist der Utopie", die 1918 erschien; geschrieben hatte Bloch sie von April 1916 bis Mai 1917 und also noch während des Ersten Weltkrieges. 1923 dann erscheint eine umgearbeitete Auflage. Aber im Mittelpunkt soll hier die Erstfassung stehen.[12] Was ist Blochs, so die Überschrift der Einleitung, „Absicht", die er mit seinem Werk verbindet?
„Wie nun? Es ist genug. Nun haben wir zu beginnen. In unsere Hände ist das Leben gegeben. Für sich selber ist es längst schon leer geworden. Es taumelt sinnlos hin und her, aber wir stehen fest, und so wollen wir ihm seine Faust und seine Ziele werden"[13].
So lauten die, ist man zu sagen geneigt, Eingangsverse. Die Einleitung endet mit diesen Sätzen, die das Anliegen des Werkes benennen:

Wir haben Sehnsucht und kurzes Wissen, aber wenig Tat und was deren Fehlen mit erklärt, keine Weite, keine Aussicht, kein Enden, keine innere Schwelle, geahnt überschritten, keinen utopisch prinzipiellen Begriff. Diesen zu finden, das Rechte zu finden, um dessenwillen es sich ziemt, zu leben, organisiert zu sein, Zeit zu haben, dazu gehen wir, hauen wir die phantastisch konstitutiven Wege, rufen, was nicht ist, bauen ins Blaue hinein, bauen uns ins Blaue hinein und suchen dort das Wahre, wirkliche, wo das bloß Tatsächliche verschwindet – incipit vita nova [...].[14]

Der Name Marcion steht in einem Kapitel, das mit „Symbol: die Juden" überschrieben ist. Aus der Vielzahl der Motive, die Bloch in diesem Abschnitt aufgreift, interessiert nur das Stichwort vom „latente[n] Gnostizismus"[15], der – dies ist entscheidend – ihm zufolge intrinsisch mit der jüdisch-christlichen Tradition verbunden ist. Es will Beachtung finden, dass der Name Marcion in dem Kapitel über „die Juden" fällt und nicht in dem Kapitel, das den schlichten Titel „Jesus" trägt.[16] Taubes kleidet diese Wahrnehmung in die Worte, dass die „Krise des monotheistischen Glaubens", für die die Gnosis steht, „von innen her aufbricht".[17] Bloch verortet, das ist für ihn entscheidend, Marcions Programm innerhalb des Judentums, um zeigen zu können, dass in ihm, dem Judentum selbst, die Kraft der Antithese, der Ausstieg aus der Welt angelegt ist.

---

[12] Vgl. BLOCH, ERNST: Geist der Utopie. Erste Fassung (München/Leipzig 1918), Berlin 2018. Die nachstehenden Seitenverweise im Text verweisen auf dieses Buch. Vgl. ders.: Geist der Utopie. Bearbeitete Neuauflage der zweiten Fassung von 1923 (GA, 3), Frankfurt a.M. 1977.
[13] AaO. 11.
[14] Ebd.
[15] AaO. 327.
[16] AaO. 316–329; 369–377.
[17] TAUBES: Das stählerne Gehäuse, in: aaO. (s. Anm. 4), 180.

Das ist zwar eine Negation, die sich gegen das Judentum richtet, aber hinter ihr steht Bloch zufolge kein Antijudaismus. Bloch spricht von einem „scheinbare[n] metaphysische[n] Antisemitismus", von dem es freilich heißt, er stehe der „messianischen Geistigkeit näher als die ganze spätere, auch das Alte Testament versteinernde Heilsökonomik".[18]

In diesen Zeilen scheint die uns geläufige Mainstream-Interpretation zu Marcion anzuklingen, von der sich Bloch jedoch verabschiedet. Die traditionelle Deutung des Marcion läuft bekanntlich auf den Hiatus zwischen dem Gott des Alten Testaments und dem des Evangeliums zu. Die Verwerfung des Schöpfers habe die Absage an die Schöpfung zur Folge. Der Gott des Evangeliums hingegen sei der ganz andere, der weltferne, der fremde Gott. Von ihm wisse das Alte Testament nichts, erst durch Christus habe die Menschheit überhaupt zum ersten Mal von ihm erfahren. Diese Geltungslogik hat die Forderung zur Folge, das AT aus dem Kanon zu entfernen und mit ihm dann auch neutestamentliche Referenztexte mit alttestamentlicher Grundierung. Diese dann in der Tat antijudaistische Lesart macht sich Bloch jedoch, wie bereits angedeutet, in seiner Marcion-Interpretation nicht zu eigen. Dies geschieht auf dem Wege, dass Bloch Marcion in eine Kette von Zeugen einreiht, die von den Propheten über die Apokalyptiker bis hin zu Jesus selbst reicht.

Was aber treibt, Marcion lesend, Bloch eigentlich um? Er ist an Entgegensetzungen interessiert und Entzweiungen, soviel ist deutlich. Das stärkste Motiv ist das von dem Zerschlagen des Bandes, das Schöpfung und Erlösung miteinander verbindet, weil damit, wie Taubes herausarbeitet, der Weg zurück in die uns vertraute Welt verstellt sei. Über sie hatte es ja im bereits zitierten Eingangsvers geheißen: „Es ist genug"[19]. Was immer Erlösung sein mag, sie ist jedenfalls nicht als die „Wiederherstellung eines ursprünglichen Zustandes" zu konstruieren.[20] Anders gewendet: Erlösung ist, folgen wir Bloch, u-topisch. Der „ferne Messias ist noch nicht gekommen, die allkräftig beherrschende Idee der Welt ist noch nicht gefunden"[21]. Diese Deutung setzt freilich eine gnostische Reinterpretation der Inkarnation voraus, die Bloch auch flugs vornimmt: „Jetzt ist auch Jesus deutlich aus der Zeit gewichen und aus der Geschichte, ja aus der Welt dazu, in deren Mitte er fälschlich hineingestellt wurde, als ob nicht schon die kürzeste Handauflegung des wirklichen Messias diese Welt vergottet hätte"[22]. Das ist natürlich scharf gegen die lukanische Christologie gerichtet, für die Jesus die „Mitte der Zeit" (Hans Conzelmann) ist. Auch war Jesus, folgen wir Bloch, „nur ein Helfer, kein Erlöser"[23]. Denn das Messianische, das

---

[18] BLOCH: Geist der Utopie (s. Anm. 12), 327.
[19] AaO. 11.
[20] TAUBES: Das stählerne Gehäuse (s. Anm. 4), 176.
[21] BLOCH: Geist der Utopie (s. Anm. 12), 327.
[22] Ebd.
[23] AaO. 328.

erlöst und rettet, ist nicht nur nicht *von* dieser Welt, es war und ist auch nicht *in* dieser Welt. Die „letzte, unbekannte, wahrhaft sprengende Essenz der Welterlösung fehlte". Sie fehlte auch dem Mann aus Nazareth, den Bloch den „moralisch intensivsten Menschen" nennt, und sie, die Essenz der Welterlösung fehlt bis heute.[24]

Diese Zuspitzung verdichtet sich schließlich in einem hochdramatisch inszenierten metaphysisch grundierten Geschichtsbild, das deutliche Gegenwartsbezüge erkennen lässt. Die Menschen seien, heißt es bei Bloch, „noch immer oder wieder, im Endgültigen schutzlos und ohne Himmel, aber in unserer Kraft zu wenden und zu rufen, in unserem tiefsten, noch namenlosen Inneren schläft der letzte, unbekannte Christus, der Kälte-, Leere-, Welt- und Gottesbesieger, Dionysos, der ungeheure Theurg, von Moses geahnt, von dem milden Jesus nur umgeben, aber nicht verkörpert". Es gebe – wir schreiben das Jahr 1918 – drei „Rezipienten des Wartens", wie Bloch sie nennt:

Es muss wieder denkbar werden, es gibt keinen Zweifel daran, dass durch die tausendfachen Energien, durch die äonenweite Optik einer neuen Proklamation das Judentum mit dem Deutschen nochmals ein Letztes, Gotisches, Barockes zu bedeuten hat, um solchergestalt mit Russland vereint, diesem dritten Rezipienten des Wartens, des Gottesgebärertums und Messianismus, – die absolute Zeit zu bereiten [...].[25]

Taubes nennt diese rhetorische Gedankenkaskade eine „utopische Legitimierung der Oktoberrevolution", die ihm zur Antwort auf seine Frage wird, welche „Funktion in ihrer geschichtsphilosophischen Reflexion" der Gestalt Marcions eigentlich zukommt.[26] Es dürfte hilfreich sein, den theopolitischen Geltungssinn, den Bloch mit Marcion verbindet, durch den Rückgriff auf eine Differenz auf den Begriff zu bringen, der das Oszillierende des Gnostischen festhält: Bloch ist an der Weltfremdheit der Gnosis interessiert, nicht an deren Weltverneinung. Diese zielt bekanntlich, formuliert in dualistischen Artikulationsmodi, auf die Verächtlichmachung, die Abwertung der Welt, vor deren Verderblichkeit und Verfallenheit man sich zu hüten hat. Die Eingangsverse hingegen tragen jedoch eine performative intendierte Selbstaufforderung in sich, die Welt – trotz alledem – nicht zu verlassen: „Nun haben wir zu beginnen. In unsere Hände ist das Leben gegeben". Und weiter heißt es über das Leben: „aber wir stehen fest, und so wollen wir ihm seine Faust und seine Ziele werden".[27] Was Bloch unter Gnosis versteht, darf jedenfalls nichts mit Eskapismus zu tun haben. Die Weltfremdheit, die Bloch vor Augen hat, rekurriert, mit Taubes gesprochen, der sich wiederum metaphorisch bei Max Weber bedient, auf das „stählerne Gehäuse", das kein Entrinnen kennt. Was aber wäre, noch einmal den Marcion mit Bloch lesenden Taubes zitierend, der „Exodus

---

[24] AaO. 325.
[25] AaO. 329.
[26] TAUBES: Das stählerne Gehäuse (s. Anm. 4), 178.
[27] BLOCH: Geist der Utopie (s. Anm. 12), 11.

daraus"?²⁸ Darum geht es! Infrage steht, ob die Gnosis eine Sinnressource sein kann für das Erkennen, Handeln und Leiden der Menschen.

II. Modernitätstheoretische Zwischenüberlegung

Das frühe Utopie-Buch von 1918 wird von dem energischen Willen vorangetrieben, in der von Krieg und Revolution gezeichneten Krise das utopische Denken der Menschheit wachzuhalten. Es ist nicht verfehlt, Bloch an dieser Stelle modernitätstheoretisch zu lesen. Zumindest die von Hegel her stammende Modernetheorie, wie sie sich etwa auch bei Jürgen Habermas auffinden lässt, entzündet sich an dem Problem der Selbstbegründung des auf Vergesellschaftung hin angelegten Subjekts, das, seinem Interesse an Emanzipation und Autonomie folgend, seine Normativität „aus sich selber schöpfen" will – und muss.²⁹ Der in seinem „Philosophischen Diskurs der Moderne" auf Hegel fixierte Habermas verbindet mit diesem emanzipatorischen Freiheitsinteresse das geschichtsphilosophische Problem, ob nämlich das Prinzip der Subjektivität als „Quelle für normative Orientierungen" ausreicht, um moderne Bewusstseinslagen zu stabilisieren.³⁰ Dies ist die zugrundeliegende Denkfigur für die Präsumtion, Hegel habe die „Entzweiung der Moderne auf den Begriff gebracht".³¹

Wie sich nun Ernst Bloch in das philosophiehistorische Schema eines „Linkshegelianismus" eintragen lässt, sei dahingestellt. Hierzu müsste man, was jedoch außen vor bleiben muss, seine „Erläuterungen zu Hegel" mit einbeziehen.³² Aber für unser Thema lohnend ist der Querverweis zu Hegel schon, weil die bereits erwähnte „Entzweiungs"-Präsumtion zumindest junghegelianisch mit der revolutionären Prätention versehen wurde, das Projekt einer Überwindung besagter Entzweiung als innergeschichtlich einlösbar und realisierbar zu begreifen. Die geschichtliche Verortung der Hegelschen Figur der Entfremdung zielt auf deren reale geschichtliche Überwindbarkeit; die Aufhebung der Entzweiung ereignet sich in der Geschichte, in Raum und Zeit als Versöhnung. Sie heraufzuführen aber ist in dieser Perspektive die Aufgabe geschichtlicher Praxis. Diese wiederum kann jedoch nicht auf Sinnressourcen der Vergangenheit zurückgreifen; das Programm totaler Emanzipation weist diese

---

[28] TAUBES: Das stählerne Gehäuse (s. Anm. 4).
[29] HABERMAS, JÜRGEN: Der philosophische Diskurs der Moderne. Zwölf Vorlesungen (stw, 749), 2. Auflage, Frankfurt a.M. 1989, 16.
[30] AaO. 31.
[31] AaO. 55.
[32] BLOCH: Subjekt-Objekt (s. Anm. 1). Zum Folgenden vgl auch ESSEN, GEORG: Geschichtstheologie und Eschatologie in der Moderne. Eine Grundlegung (Lehr- und Studienbücher zur Theologie, 6), Berlin 2016, 39–53.

als korrumpiert zurück. Eine wirkliche Aufhebung von Entfremdung und damit die umfassende Befreiung des Menschen kann allein noch von der Zukunft erhofft werden. Indiz hierfür ist, was auch gegen Hegel in Stellung gebracht wird, die notorische Unversöhntheit und Unfreiheit der Gegenwart. Dies ist die Negativfolie, vor der die Zukunft in den Blick genommen wird, weil von ihr die Realisierung dessen erwartet wird, was der Gegenwart an Versöhnung verweigert bleibt. Die ebenfalls unterstellte Überzeugungskraft der Feuerbachschen Religionskritik wirkt auf diesen Gedanken in der Form ein, dass die Zukunft ein Projekt ist, das durch geschichtlich-gesellschaftliche Praxis von Menschen realisiert werden kann. Diese religionskritischen Implikationen bestehen in der Überzeugung, dass an die Stelle Gottes als des eschatologischen Subjekts der Geschichte der Mensch als weltgeschichtliches Projekt tritt.

Dass Bloch in seinem *Geist der Utopie* von 1918 das in der Tradition Hegels stehende spekulative Ternar von Entfremdung, Entzweiung und Versöhnung nicht geschichtsphilosophisch denkt, darauf deuten Passagen hin, die in dem bereits genannten Kapitel zu finden sind, das mit *Jesus* überschrieben ist.[33] Freilich bleiben die Andeutungen über das Antihistorische in einer Weise opak, um nicht zu sagen kryptisch, dass hier jede Interpretation zum Wagnis wird. Jesus, gibt, so heißt es, „Kunde vom Vater als einer bisher unbekannt gebliebenen Gottheit". Aber dann fährt Bloch unmittelbar fort mit dem Hinweis, dass diese Kunde „vom noch schwachen, dämmernden Gott der Geschichte, der Wiederherstellung des Prozesses und des allein prozessual getragenen Reichs des ewigen Lebens" gibt.[34] Aber was heißt hier „noch"? Auf das Thema kommt Bloch ganz am Ende dieses Kapitels zurück, wo dann sehr explizit vom „Ende der Geschichtsphilosophie Gottes" die Rede ist. Was ereignet sich an diesem Ende? Mit ihm zieht

der Seele Wandel […] auch noch über diesen selbst, über Welt, Satan und Gott, diese bloße Hilfsobjektivierungen des Seelengangs, über die letzte weltliche Erscheinung in dem Gegenüber, in dem bloßen Erziehungszoll, in den Assignaten der göttlichen Objektivität hinaus. Er zerbricht und geht auf, Gott, als das Um uns, der Dritte, die beseelte Distanz, als Mütterlichkeit und die warme Luft des objektiven Herzens, wie sie uns schon in aller Freundschafts- und Liebesmystik umgibt, er deckt sich endlich mit unserem Gold, das Buch wird verschlungen und der schöpferische Raum der Versammlung bricht an […]. Denn wir tragen den Funken des Endes durch den Gang.[35]

Dass das Utopische, zu dessen Begriff Bloch mit seinem Buch unterwegs ist, in dem Sinne u-topisch ist, dass jedenfalls die Geschichte dieser Ort nicht sein

---

[33] Wie Bloch Jesus verstehen will, wäre ein eigenes Thema und kann hier nicht verfolgt werden. Hinzuweisen ist allenfalls auf die Querverweise von Jesus auf Paulus, dessen „antithetische[…] Denkweise" Bloch an mehreren Stellen hervorhebt, auch wenn der Name Marcion nicht fällt (BLOCH: Geist der Utopie [s. Anm. 12], 371; 373f).

[34] AaO. 374.

[35] AaO. 377.

kann, durchzieht als Reflexionsfigur alle Passagen dieses Buches. Wenn es überhaupt einen solchen Ort gibt, dann ist einer inversen Struktur in die Innerlichkeit des Menschen hinein zu folgen: „Darum also tragen wir den Funken des Endes durch den Gang. Wie wir wandern, so will die Welt selber in unserer Wanderschaft zu Ende wandern".[36]

III. „Wahrheit als Gebet". Blochs *Geist der Utopie* als „gottbeschwörende Philosophie"

Nicht nur Eingangsworte werfen, wie gesehen, schlaglichtartig einen Blick auf die Programmatik eines Buches, sondern auch dessen letzte Worte. Das letzte Wort von „Geist der Utopie" lautet: „Gebet".[37] Das Schlusskapitel, das auf dieses Wort zuläuft, hebt, mit deutlichem Rückbezug auf den Anfang des Buches, mit diesen Versen an:

Wie also? Darf hier überhaupt etwas viel zu viel an uns werden? Zwar wir leben und wissen nicht wozu. Wir sterben und wissen nicht wohin [...] Und doch, es bleibt uns hier, die wir leiden und dunkel sind, weit hinaus zu hoffen. Wenn sie stark genug bleibt, rein wird, sich selbst unabgelenkt inne hat, lässt sie nicht zuschanden werden – die Hoffnung lässt uns nicht zuschanden werden [...].[38]

Es findet sich im Weiteren ein anderer Gedanke: „aber dass wir selig werden, dass es das Himmelreich geben kann", das sei „schlechterdings notwendig". Diese Hoffnung aber sei „von utopischer, intensiver Neigung genau gegebener, essentieller Realität".[39] Für Bloch ist dies ein apokalyptischer Gedanke, mit dem sich die „gottträgerische Seele ihren Traum, den Traum der Ahnung aufschließt, als welcher zuletzt die Wahrheit der ganzen Welt sein wird". Warum, was Bloch hier beschreibt, eine Apokalypse ist, schreibt er gleich im Anschluss:

Darum zum Ende, wir selber schreiten derart, indem wir das Leid und die Sehnsucht denken, in unseren inneren Spiegel hinein. Wir verschwinden in der kleinen, gemalten Tür des fabelhaften Palastes, den Messias zu rufen, und in Explosion fliegt auf das Draußen, in den Weg Gestelltes, Satan der Todesdämon [...].[40]

---

[36] AaO. 382. Die Zweitfassung von *Geist der Utopie* bringt diese Exteriorität deutlich zum Ausdruck, wenn nicht nur die „Weite, die Welt der Seele" sich ausbreitet, sondern auch die „externe, kosmische Funktion der Utopie" (BLOCH: Geist der Utopie [1923], 1977 [s. Anm. 12], 13).
[37] BLOCH: Geist der Utopie (s. Anm. 12), 437.
[38] AaO. 435.
[39] AaO. 436.
[40] Ebd.

Die Präsenz einer Hoffnung im Leid lehrt, dass es, Bloch zitiert aus dem Sohar, einem Text der Kabbala, „einen doppelten Blick für alle Welten gibt": die doppelte Hinsicht auf das Innen und das Außen. Bloch stellt das „Gebet" in den Horizont des Apokalyptischen, denn es sei, „um die eine Welt in der anderen enthalten zu machen und sie zu erheben nach oben". Das „Außen" und das „Oben" bezeichnen hier die Sinnperspektive und Zielrichtung: alles ist – „dorthin geht es" – ausgerichtet auf das „furchtbare[...] Erntefest der Apokalypse". Was sich in dem Gebet – und damit „in uns allen" – spiegelt, ist

> des Herrn Klarheit, mit aufgedecktem Angesicht, und wir werden verklärt in dasselbe Bild, von einer Klarheit zu der anderen, als vom Geist des Herrn. Denn wir sind mächtig; nur die Bösen bestehen durch ihren Gott, aber die Gerechten – da besteht Gott durch sie, und in ihre Hände ist die Heiligung des Namens, ist Gottes Ernennung selber gegeben, der in uns rührt und treibt, geahntes Tor, dunkelste Frage, überschwängliches Innen, der [sc. Gott, der] kein Faktum ist, sondern ein Problem, in die Hände unserer gottbeschwörenden Philosophie und der Wahrheit als Gebet [...].[41]

IV. „[D]er Tröster ruft draußen vor der Tür"

Will man den frühen Bloch verstehen, sollte man sich auf diese expressionistische, eigentümlich fromme Sprachgestalt unbedingt einlassen. Diese Sprachgestalt ist von Bloch ja gewollt, weil es darum gehen muss, der Fremdheit des Utopischen auch sprachlich Rechnung zu tragen, um es nicht in, sondern *samt* seiner Fremdheit aufzudecken. Es gibt ihn ja nicht, den „utopisch prinzipiellen Begriff"[42]!

Einmal noch ist aus dem *Geist der Utopie* von 1918 zu zitieren. Es geht um die Frage nach der Utopie und mit ihr um die „Gestalt der unkonstruierbaren Frage"[43].

> Es hat sich draußen grau und kalt um uns zugezogen. Aber es ist uns morgendlich zumute, trotz alledem. Es ist uns weihnachtlich zumute, mitten in diesen dunklen Tagen, unter diesem verhängten Himmel [...]. Wir werden erwartet, und wie die Menschen rufen, so wird nach ihnen gerufen, der Tröster ruft draußen vor der Tür. Aber wir schlafen und niemand öffnet; und doch, wir wollen daran festhalten, dass wir nicht getrennt werden können, wir und der uns Ersehnte, in dessen Hände wir unseren Geist befehlen [...].[44]

Auch dieses fromm innigliche Bild wird freilich ins Apokalyptische gewendet: „Irgendwie ist das Matte vorbei, ein uralter Sturm will sich erheben, wie er zweitausend Jahre unter den Horizont gebraust war an unbekannte Orte und

---

[41] BLOCH: Geist der Utopie (s. Anm. 12), 437.
[42] AaO. 11.
[43] AaO. 338.
[44] AaO. 341.

jetzt wiederkommt, grau vor Macht und Feuer vergießend ringsum, der Lichtbringer".[45]

Auch wenn die Teleologie des Sozialismus das expressionistische, im Modus des Performativen vorgetragene Argumentationsdesign strukturiert, ist das Erbe der Feuerbachschen Religionskritik, in dem Bloch steht, allenfalls erahnbar, so etwa im Umkehrschluss, dass die Gerechten nicht durch ihren Gott bestehen, sondern Gott durch sie. Ein solcher Satz wäre für Feuerbach ein gefundenes Fressen gewesen und Ansatzpunkt für seine projektionstheoretische Aushebelung Gottes, die Aufhebung von Theo-Logie in Anthropo-Logie. Aber eine solche Aussage wird, vom frühen Bloch, jedenfalls im *Geist der Utopie*, noch keineswegs, wie dies beim späteren der Fall sein wird, mit dem Gestus der atheistischen Vindizierung vorgetragen. Stattdessen hat es den Anschein, als ob der Sozialismus, den Bloch schon hier, inmitten der Revolutionswirren am Ende des Ersten Weltkrieges, vertritt, sich seiner jüdischen Herkunft zu vergewissern sucht. Es herrscht die Rollenprosa eines kabbalistisch inspirierten Mystikers vor, nicht die des materialistisch geschulten Marxisten.

Es werden jene biblischen Traditionen in Erinnerung gerufen und mobilisiert, die die totale Vorwärtsgewandtheit des apokalyptischen Heilswissens vertreten. Damit widerstreitet Bloch der Behauptung Friedrich Engels von der „Entwicklung des Sozialismus von der Utopie zur Wissenschaft".[46] Insofern begreift Bloch das Verhältnis von Marxismus und Religion im „Geist der Utopie" als ein, wie es hier heißt, „Funktionsverhältnis". Noch ist es, wie spätestens in seinem Atheismus-Buch, kein Nachfolgeverhältnis.[47]

Hier, in dem 1968 erschienenen Buch *Atheismus im Christentum*, fallen der „Deus Creator" und der „Deus Spes" dann jedoch auseinander, weil „ein Prinzip, welches in die so vorhandene Welt hereinführt, nicht auch das Prinzip sein kann, welches aus so vorhandener Welt auch leitend herausführt".[48] Folglich wird, so der Bloch der 60er Jahre, nun als Folge radikaler Eschatologie die Aufhebung des Gottesbegriffs unausweichlich. Nunmehr tritt der „Homo absconditus" an die Stelle des „Deus absconditus", „das Ganz Andere der anthropologischen Tiefe".[49] Im *Geist der Utopie* von 1918 galt die Aufmerksamkeit hingegen noch der Weltfremdheit des Messianischen. Sie wiederum, diese Weltfremdheit, entspringt der leidvollen Erfahrung, dass, weil die erlittene Geschichte keine Erlösung bietet, die Erlösung keine Geschichte hat.

---

[45] Ebd.
[46] Vgl. ENGELS, FRIEDRICH: Entwicklung des Sozialismus von der Utopie zur Wissenschaft ([1]1880), Berlin 2017.
[47] Zum Begriff des „Nachfolgeverhältnisses" von Religion und Marxismus vgl. die Deutung bei PRÖPPER, THOMAS: Der Jesus der Philosophen und der Jesus des Glaubens. Ein theologisches Gespräch mit Jaspers – Bloch – Kolakowski – Gardavsky – Machovec – Fromm – Ben-Chorin, Mainz 1976.
[48] BLOCH, ERNST: Atheismus, Reinbek 1970, 39.
[49] AaO. 31.

Diesen Gedanken gilt es aufzugreifen und zu vertiefen. Dazu ist es erforderlich und hilfreich, nach Einlassungen zu Marcion zu fragen, die sich im späteren Werk Blochs finden. Während die Zweitfassung des Utopie-Buchs uns, was Marcion betrifft, in Stich lässt, werden wir in der „Philosophie der Hoffnung", die erstmals 1959 publiziert wurde, fündig.[50] Entscheidend ist hier, dass Bloch eine rezeptionshistorische Leerstelle füllt, die im Utopie-Buch allenfalls angedeutet wurde. Nun nennt er Marcion sehr entschlossen und explizit den „Vollender des antithetischen Paulus". Hermeneutischer Dollpunkt dieser Marcion-Interpretation ist aber die radikal-antithetische Legitimationsfigur, der da spricht: „Siehe, ich mache alles neu" (Apk 21,5). Dieses Neue aber sei „der neue Gott, der schlechthin fremde, von dem bis zu Christus niemals eine Kunde zu den Menschen kam".[51] Diese aufdeckende Dialektik von „neu" und „fremd" führt Bloch auf den Deus absconditus zurück, auf den, Blochs Marcion folgend, das Jesuanische Wort vom Sohn, der allein den Vater kennt und der den Willen des Vaters offenbar macht. Dieser Vater aber sei – und damit ist Bloch wieder bei Paulus – niemand anders als der „Theos Agnostos", der unbekannte Gott, von dem dieser in Athen gepredigt hatte. Die gnostische Quintessenz, die Bloch als Fazit zieht, lautet denn auch: „Marcion stellt so den stärksten Begriff Anti-Jahwe dar, zugunsten Christi als des totalen Novum oder Paradoxes in Jahwes Welt". Und dann folgt, was Marcion betrifft, der entscheidende Satz, der dessen vermeintlich antijudaistische Programmatik ins Herz des Judentums selbst hineinholen soll: „Indem Marcion freilich die Brücke zum Alten Testament abbricht, steht er selbst auf dieser Brücke [...]. Anders gesagt: Marcion kommt nicht nur von Paulus her, er kommt ebenso von Moses her, der wahre oder fremde Gott dämmert im Exodusgott [...]."[52] Aber auch jetzt bleibt es dabei, dass die „Utopie Messianismus" in Opposition zum weltverhafteten Schöpfergott steht. Entscheidend ist auch jetzt der innerjüdische Diskurs, den Bloch freilegen will: die apokalyptische Deutung des Exodus gehört dazu, die Dominanz der alttestamentlichen Prophetie vom neuen Himmel und der neuen Erde, die dem Weltenschöpfer den Rang abgelaufen hat, der anklagende, nach Hoffnung schreiende Hiob. Und dann dieser Satz: „Der Apokalyptiker Jesus nun steht von oben bis unten in dieser Exodus-Idee; so wurde er mit der Paradiesschlange zusammengesehen, nicht mit dem Gott derer, die in der Welt alles gut fanden, gleich ihrem Gott selbst".[53]

Doch selbst hier bleibt Marcion als Impuls erhalten, wie eindrücklich der Schlusssatz des Hoffnungs-Buches belegt. Aber der Geltungssinn ist nun doch ein anderer als im „Geist der Utopie". Dass die Utopie das radikal Andere der

---

[50] BLOCH, ERNST: Das Prinzip Hoffnung. In fünf Teilen, 1–2 (GW, 5), Frankfurt a.M. 1959.
[51] AaO. 1499.
[52] AaO. 1499f.
[53] AaO. 1500.

Zukunft ist, verbindet das Spät- mit dem Frühwerk. Aber das apokalyptische Szenario einer fundamentalen Weltfremdheit ist verschwunden. Und auch die Geschichte kann nun, richtig verstanden, zum Verwirklichungsort der Utopie werden.

Die wirkliche Genesis ist nicht am Anfang, sondern am Ende, und sie beginnt erst anzufangen, wenn Gesellschaft und Dasein radikal werden, das heißt sich an der Wurzel fassen. Die Wurzel der Geschichte aber ist der arbeitende, schaffende, die Gegebenheiten umbildende und überholende Mensch. Hat er sich erfasst und das Seine ohne Entäußerung und Entfremdung in realer Demokratie begründet, so entsteht in der Welt etwas, das allen in die Kindheit scheint und worin noch niemand war: Heimat [...].[54]

V. Warum Marcion? oder: ‚Zechen auf fremde Kreide'

Ohne sozialistisch atheistisches Pathos, sondern protestantenfromm formuliert im Übrigen auch, auf Marcion Bezug nehmend, Harnack einen ganz ähnlichen Gedanken: „Die Paradoxie der Religion, ihre eindeutige Kraft und ihr ausschließender Charakter als Erlösung sind hier zusammengefasst. Nicht kehren die Menschen durch die Erlösung in ihr Vaterhaus zurück, sondern eine herrliche Freude ist aufgetan und wird ihnen zur Heimat."[55]

Was hätte Bloch darauf antworten können? Im „Prinzip Hoffnung" findet sich eine Passage, die sowohl religions- als auch modernitätstheoretisch gelesen werden kann. Sie wäre diese Antwort wohl gewesen. Und sie dürfte zugleich eine Antwort auf die Frage sein: Warum Marcion?

Deutliche Zeichen weisen vielmehr darauf hin, dass im Unterbewusstsein noch frühere, sattere Wunschbilder fortdauern und stützen. Durch den Rest von ihnen, der von ihnen blieb, fühlt der sogenannte moderne Mensch den Schlund nicht, der unaufhörlich um ihn ist und der ihn zuletzt so sicher verschlingt. Durch sie rettet er ganz unversehens sein Ichgefühl, durch sie entsteht der Eindruck, als ginge nicht der Mensch unter, sondern als habe nur die Welt eines Tages die Laune, ihm nicht mehr zu erscheinen. Wahrscheinlich also zecht dieser ganz flache Mut, wie er imstande ist, die Angst aller früheren Zeiten zu verdrängen, auf fremde Kreide [...].[56]

---

[54] AaO. 1628.
[55] VON HARNACK: Marcion (s. Anm. 2), 20.
[56] BLOCH: Das Prinzip (s. Anm. 50), 1361.

Versailles und Bethel

Der deutsche Protestantismus zwischen nationaler Kränkung und gesellschaftsdiakonischem Anspruch

Klaus Fitschen

Was ist eigentlich Theologie? Aus kirchenhistorischer Sicht ließe sich dabei zuallererst an die Entwicklungen in den einzelnen theologischen Fächern denken, ebenso an den Stellenwert der Theologie an der Universität, dann auch an den Transfer theologischer und damit eben auch exegetischer, praktisch-theologischer und kirchenhistorischer Erkenntnisse und Debatten in Kirche und Gesellschaft hinein sowie an Rückkoppelungsprozesse aus Kirche und Gesellschaft heraus und an das, was neben dem klassischen Fächerkanon sonst noch produziert wird: Diasporatheologie oder Missionswissenschaft zum Beispiel.

Allerdings wird sich sagen lassen, dass in keinem anderen theologischen Fach nach dem Ersten Weltkrieg die Brüche und Neuanfänge so deutlich waren wie in der Systematischen Theologie. Exegetische Anstöße, wie sie zum Beispiel von dem 1919 erschienenen Buch *Die Formgeschichte des Evangeliums* des Heidelberger Neutestamentlers Martin Dibelius ausgingen, wirkten sich erst später aus, und das gilt auch für Rudolf Bultmanns 1921 erschienene *Geschichte der synoptischen Tradition*. An Martin Dibelius lässt sich im Übrigen beispielhaft studieren, wie weit die wissenschaftliche Arbeit und das sonstige Denken auseinanderliegen konnten und fachspezifisch wohl auch mussten, wie also „theologische Existenz" neben der fachwissenschaftlichen aussehen konnte: Dibelius war ein wacher Zeitgenosse und wie so mancher evangelische Theologe der Deutschen Demokratischen Partei verbunden. Er favorisierte bei der Reichspräsidentenwahl 1925 den Zentrumspolitiker Wilhelm Marx gegenüber dem nationalprotestantischen Hindenburg und war später in Sachen Günter Dehn engagiert. Dibelius war aber auch ein Theologe der Krise, der das Kriegsende als fundamentalen Umbruch erlebte und sich davon ein religiöses Neuerwachen versprach.[1] Dass davon etwas unmittelbar auf seine exegetische Arbeit abfärbte, lässt sich nicht feststellen, jedenfalls nicht für die frühen Jahre der Weimarer Republik. Hier wirkten sicher noch Traditionen aus der Zeit vor dem Kriegsende nach, denn viele Bücher, die nach 1918 erschienen, hatten

---

[1] BRINGELAND, HANS: Religion und Welt: Martin Dibelius (1883–1947), Bd. 2, Berlin 2013, 75–81.

natürlich eine Vorgeschichte. So schnell wie die Systematiker in ihrer Rezeption des Zeitgeschehens war sonst niemand.

Ähnliches gilt für die Kirchenhistoriker, wobei der ewig größte unter ihnen, Adolf von Harnack, ja geradezu die Resistenz gegen jenes Umbruchs- und Aufbruchsdenken verkörpert, das in der Systematischen Theologie seinen Ort hatte. Man könnte der Kirchengeschichte sogar vorwerfen, dass Umbrüche und Neuanfänge, wie es sie in der Systematischen Theologie gab, ausblieben, und man das nicht erfand, was man schon zu dieser Zeit hätte erfinden müssen: die Kirchliche Zeitgeschichte nämlich, die das Werden der eigenen Gegenwart hätte kritisch durchleuchten können. Was eben nach 1918 fehlte, war ein kritischer Rückblick auf die Geschichte der Kirche, wie er sich nach 1945, wenn auch erst allmählich, einstellte. Im Übrigen war ja auch Harnack ein wacher Zeitgenosse, ein Akteur seiner Zeit und jemand, der auch schon einen Neuanfang versucht hatte, wenn man seine Dogmengeschichte ernst nimmt. Für einen systematisch-theologischen Neuaufbruch aber fehlte ihm bekanntlich das Verständnis, und also fiel in seinem *Offenen Brief an Karl Barth* der Satz: „Ich sehe in dieser wissenschaftlichen Theologie die einzige mögliche Weise, sich des Gegenstandes erkenntnismäßig zu bemächtigen", und: „Die Aufgabe der Theologie ist eins mit den Aufgaben der Wissenschaft überhaupt."[2] Die vielen Debatten um die Frage, wie theologisch die Kirchengeschichte sei und was es überhaupt heiße, theologisch zu sein, nahmen hier ihren Anfang.

I. Die Folgen der Novemberrevolution für die Universitäten

Nun gab es ja auch zur gleichen Zeit Interferenzen zwischen Systematischer Theologie und Kirchengeschichte: Dafür steht die Lutherrenaissance, die zwar schon ältere Wurzeln hatte, aber nun erst voll zum Durchbruch kam. Karl Holl ist hier zu nennen und auch die von ihm im September 1918 mitbegründete Luther-Gesellschaft. Das ist eben „der andere Aufbruch" (Heinrich Assel). Wenn man die Theologiegeschichte des zwanzigsten Jahrhunderts und auch dieser Zeit ansieht, war Luther immer gut zur Krisenbewältigung. Der 1923 in Eisenach gegründete Lutherische Weltkonvent war ja auch ein Neuaufbruch, sein Präsident Ludwig Ihmels zu dieser Zeit schon nicht mehr Professor für Systematische Theologie an der Universität Leipzig, sondern Bischof der sächsischen Landeskirche. Nicht nur das Luthertum aber internationalisierte und globalisierte sich: Die protestantische Ökumene überhaupt entwickelte sich, allerdings war dabei auch klar: „Lehre trennt, Dienst aber verbindet" – so der Präsident des preußischen evangelischen Oberkirchenrates Hermann Kapler und in seiner Folge Nathan Söderblom. „Life and Work" funktionierte besser

---

[2] VON HARNACK, ADOLF: Offener Brief an Karl Barth, in: Offene Briefe 1909–1935 (Karl-Barth-Gesamtausgabe V. Briefe), Diether Koch (Hg.), Zürich 2001, 68.

als „Faith and Order", praktisches, soziales Christentum war der gemeinsame Nenner, auf den man sich am besten einigen konnte, und hier war in Kirche und Theologie Dynamik spürbar – darauf wird noch einzugehen sein.

Neuaufbrüche gab es also einige, freilich waren die meisten eher Optionen auf die Zukunft, die gedeihen konnten, aber nicht mussten, und so scheint es im Blick auf die Systematische Theologie auch zu sein. Richtet man den Blick nun auf die deutsche theologische Szene und auf die Universitätstheologie, kann es fruchtbar sein, einen Blick in die Universitätsgeschichte zu werfen: Theologieprofessoren waren doch ihrem Standesdenken nach zuerst einmal Professoren. Das Ende des Ersten Weltkrieges, die folgende revolutionäre Phase und die Anlaufschwierigkeiten der Weimarer Demokratie trafen vor allem die ehemaligen Trägerschichten des Kaiserreiches: das konservative, nationalistische, rechtsliberale Bürgertum, also Beamte, Professoren, Pfarrer, Juristen, Offiziere und so weiter. Andere hatten deren Probleme nicht, jedenfalls verhieß ihnen die neue Zeit ein besseres Los. Nach dem verlustreichen, alle Kräfte verzehrenden Krieg konnten Menschen auf eine lichtere Zukunft hoffen, sei es unter roter Fahne, sei es unter der Fahne der Republik, die in der Präambel ihrer Verfassung versprach, den gesellschaftlichen Fortschritt zu fördern. Das Stinnes-Legien-Abkommen vom November 1918 begründete die Sozialpartnerschaft von Arbeitgebern und Arbeitnehmern, bescherte diesen den Achtstundentag und dämpfte die revolutionäre Emphase.

Für Beamte und Professoren, auch für Pfarrer, waren die Zeiten jedoch weniger verheißungsvoll: Sie mussten durch staatliche Sparmaßnahmen und dann durch die Inflation in den Anfangsjahren der Weimarer Republik teils einschneidende Einkommenseinbußen hinnehmen. Vergröbernd gesagt: Was sollte man von einem Staat halten, der einem einen massiven Statusverlust bescherte, die Universitäten nicht ordentlich finanzierte, seinen Pflichten als Dienstherr nicht gerecht wurde und einen dazu zwang, das Tafelsilber zu verkaufen?[3]

Nicht zuletzt aber war es die revolutionäre Situation, aus der die Republik geboren wurde, die in den ehemals staatstragenden Schichten viele beunruhigte. Das böse Wort des Münchner Kardinals Michael von Faulhaber, gesprochen auf dem Münchner Katholikentag 1922, die Republik sei geboren aus Meineid und Hochverrat – es folgte ein heftiger Widerspruch von Konrad Adenauer –, machte auch bei vielen Protestanten die Runde. Diese Urerfahrung aus der Geburtsstunde der Republik wirkte bei vielen bis 1933 nach und prägte Mentalitäten nachhaltig.

Die Revolution fand ja auch an den Universitäten statt, die im Übrigen einen gewaltigen Verlust unter der Studentenschaft durch den Krieg zu beklagen

---

[3] GRÜTTNER, MICHAEL: Nachkriegszeit. Die Universität in der Nachkriegskrise 1918–1920, in: Geschichte der Universität unter den Linden, Bd. 2, Berlin 2012, 7–65 (hier 36–40).

hatten. Von rund 80.000 Studenten im Deutschen Reich war rund ein Fünftel gefallen. Nach Kriegsende bildeten sich Studentenräte, die freilich der Größe nach überschaubar waren – in der Regel kamen die Studenten ja aus bürgerlichen Kreisen und waren an revolutionären Aktionen nicht interessiert. Weitaus prägender waren von außen verübte Übergriffe wie Vandalismus oder Gebäudebesetzungen. Für die Angehörigen der Arbeiter- und Soldatenräte waren die Universitäten völlig fremde Welten, Bastionen des kaiserzeitlichen Bürgertums.

In Berlin freilich zeigte sich die Professorenschaft so erschüttert über die neuen Verhältnisse, dass sie sich sogar unter der Federführung von Ernst Troeltsch zu einem „fortschrittlichen und freiheitlichen Empfinden" bekannte.[4] Das war allerdings nur die Meinung eines Teiles, hier der momentanen Mehrheit, der Professoren, und daher eher eine Momentaufnahme, die auch auf andere Angehörige der Trägerschichten des Kaiserreiches zutraf, zu denen die Pfarrer- und Theologenschaft gehörte: Man trauerte den Monarchen nach, fürchtete das Schlimmste, nämlich ein Übergreifen des als Oktoberrevolution verklärten bolschewistischen Putsches und bemühte sich angesichts der ungeklärten Verhältnisse um Neutralität. So lassen sich auch offizielle kirchliche Verlautbarungen lesen, die eben nicht nur von der Trauer über das Verlorene geprägt waren, sondern auch von einer abwartenden Haltung.

Als man sich von den revolutionären Ereignissen erholt hatte, der Weg zu einer verfassunggebenden Nationalversammlung offenstand, diese eine Verfassung verabschiedete und sich die Republik auf leidlich festem Boden etabliert hatte, positionierte man sich in der Professorenschaft wieder eindeutiger: nationalkonservativ und monarchistisch, und das verstärkte sich noch nach der Unterzeichnung des Versailler Vertrages. Der Erste Weltkrieg wirkte eben nicht läuternd, vielmehr redeten und schrieben manche so wie im August 1914, und eine Erneuerung der Universitäten fand ebensowenig statt wie die vieler anderer Institutionen. Albert Einstein sah das in einem Brief so: „Die Professoren haben in diesem Kriege zur Evidenz gezeigt, daß man von ihnen in politischen Dingen nichts lernen kann, daß es dagegen dringend not tut, daß sie eines lernen, nämlich: Maul halten!"[5] Ein aufmerksamer und kritischer Beobachter war auch Ernst Troeltsch, der als einen der Gründe für den deutschnationalen Kurs vieler Professoren die Angst vor einer gesellschaftlichen Nivellierung durch Reformen im Bildungswesen benannte.[6]

Nicht alle also phantasierten von Untergang und Bedrohung, allerdings taten es viele und unter denen, die hörbar wurden, die meisten. Zu ihnen zählte Reinhold Seeberg, für den die Deutschen nun Sklaven geworden waren. Seeberg war ja schon zur Zeit des Ersten Weltkriegs einer derjenigen gewesen, die der

---

[4] Vgl. GRÜTTNER: Nachkriegszeit (s. Anm. 3), 13.
[5] Albert Einstein an Leo Arons, zitiert nach Grüttner: Nachkriegszeit (s. Anm. 3), 22.
[6] Zitiert nach Grüttner: Nachkriegszeit (s. Anm. 3), 23.

deutschen Expansionspolitik bis zuletzt blindlings das Wort geredet hatten. Auch Harnack und Troeltsch beklagten den Versailler Vertrag,[7] zogen daraus aber nicht die Lehre, das neue politische System sei zu verwerfen.

Ein spezieller Aspekt der Universitätsgeschichte und ein zusätzlicher Faktor der Verunsicherung war die Frage, ob es überhaupt weiterhin Theologische Fakultäten geben sollte. Mit der Religionswissenschaft und der Soziologie waren inzwischen Disziplinen aufgekommen, die das bessere Programm zu haben schienen, aber vor allem wurde von politisch linker Seite die Forderung erhoben, die Theologischen Fakultäten abzuschaffen: Religion war Privatsache, und Theologie war es dann wohl auch. Wer Religion für das Verderben der Menschheit hielt, musste Theologie als eine pseudowissenschaftliche Legitimationsgrundlage dafür ansehen. Adolf von Harnack hat darauf 1919 eine vielleicht bis heute tragfähige und facettenreiche Antwort gegeben, die nicht zuletzt den Nutzen der Theologischen Fakultäten für den Staat betonte, der so für eine Verbindung von Religion und Wissenschaft Sorge trug.[8]

II. Auf halbem Wege steckengeblieben: Kirchliche Neuordnungsversuche

Offen war zugleich die Frage, was eigentlich aus dem Protestantismus und seiner Sozialgestalt, der evangelischen Kirche, werden sollte. Die Anfeindungen von politisch linker Seite waren immens und trafen nicht nur die Theologischen Fakultäten, sondern auch den Religionsunterricht. Die preußische Kirchenpolitik des Kultusministers Adolph Hoffmann war radikal antikirchlich, und dabei sollte es in deutschen Einzelstaaten wie Sachsen, Thüringen und Braunschweig noch länger bleiben. Auch in den Debatten der Verfassunggebenden Nationalversammlung stand es nicht unbedingt gut für die Kirchen und die gemeinsamen Angelegenheiten von Staat und Kirche. Aber auch abgesehen von der Sphäre der Politik bekamen die Kirchen – allen voran die evangelische – zu spüren, dass in der Zeit des Kaiserreiches die Säkularisierung schon viel weiter vorangeschritten war als es die Kirchenaustrittszahlen von rund 20.000 im Jahr vor dem Ersten Weltkrieg ahnen ließen: 1919 traten fast 238.000 evangelische Christen aus der Kirche aus, 1920 waren es 314.000, 1921 über 256.000. Gefragt war wieder einmal die Innere Mission, die 1921 in Berlin die *Apologetische Centrale* gründete, um in der Welt von Säkularisierung, kulturellem Aufbruch, Anthroposophie, religiösem Pluralismus und sexueller Selbstbestimmung Dämme aufzurichten.

---

[7] Vgl. GRÜTTNER: Nachkriegszeit (s. Anm. 3), 28f.
[8] VON HARNACK, ADOLF: Die Bedeutung der Theologischen Fakultäten, in: Adolf von Harnack als Zeitgenosse. Reden und Schriften aus den Jahren des Kaiserreichs und der Weimarer Republik, Kurt Nowak (Hg.), Teil 1, Berlin/New York 1996, 874.

Die revolutionäre Situation unmittelbar nach Kriegsende, die ja auch das Ende des landesherrlichen Kirchenregiments mit sich brachte, beflügelte aber auch Reformkräfte, die auf einen kirchlichen Neuaufbruch hinarbeiten wollten. Der jedoch sollte in einer Selbstorganisation bestehen, da dem Staat nicht mehr zu trauen war und die Zukunft ungewiss. Niemand wusste, wie es weitergehen sollte. Wenn man nun die verfassten Kirchen in den Blick nimmt, ist zu bedenken, dass diese ja nur ein Teil des Protestantismus waren. Noch waren sie auch gar nicht verfasst, sondern auf der Leitungsebene der Konsistorien und Oberkirchenräte Teil der Staatsverwaltung und ihr mehr oder minder direkt eingegliedert. Das änderte sich nun schnell, die Kirchenverwaltungen wurden verselbständigt, die Personen blieben die gleichen und der Habitus der Konsistorial- und Oberkirchenräte auch. Allerdings – und auch das muss man sagen – war die Trennung keineswegs so abrupt, wie sie heute wahrgenommen wird. Zum einen bestand das Ergebnis in der Weimarer Reichsverfassung ja in dem, was man dann „hinkende Trennung" nannte, zum anderen aber hatte sich seit der Paulskirchenverfassung das Bewusstsein der Notwendigkeit einer stärkeren Differenzierung von Staat und Kirche entwickelt, das schon lange vor 1918 in der formellen Ausgliederung kirchenleitender Behörden, der Einführung der Kirchensteuer und der Schaffung von Kirchenvorständen zur Darstellung kam. Es war also – bis auf ein leitendes geistliches Amt – alles schon vorhanden.

Der andere Teil der evangelischen Kirche bestand aus den vielen Vereinen und Verbänden, die sich im 19. Jahrhundert gegründet hatten. Die Innere Mission mit ihren diakonischen Vereinen, Großverbände wie der Gustav-Adolf-Verein oder der Evangelische Bund, Jugend- und Frauenvereine und andere bildeten ein buntes Feld mit großem Selbstbewusstsein. Hinzu kam eine neue Laienbewegung, die innerhalb kurzer Zeit anwuchs, aber mit der kirchlichen Neuorganisation auch weitgehend wieder von der Bildfläche verschwand. Schon am Bußtag des Jahres 1918 gründete sich in Göttingen der *Volkskirchenbund*, der *Volksbund für evangelisch-kirchliches Leben*, dessen treibende Kraft der Systematische Theologe Arthur Titius war. Titius machte sich nachhaltig unbeliebt, als er im September 1919 auf dem Dresdner Kirchentag – einer Funktionärsversammlung, die den weiteren Weg der evangelischen Kirche bestimmen sollte – kritisch über das Verhalten der Kirche im Krieg sprach. Zu dieser Zeit war die Haltung des offiziellen deutschen Protestantismus schon bestimmt durch den Versailler Vertrag und die durch ihn verursachte narzisstische Kränkung.

Zur gleichen Zeit wie Titius' Volkskirchenbund wurde der „Deutsche evangelische Gemeindetag" ins Leben gerufen, hinter dem vor allem der in Gießen lehrende Martin Schian stand. Beteiligt war an der Gemeindetagsbewegung auch Ferdinand Kattenbusch, ein früher Konfessionskundler in Halle. Ende September/Anfang Oktober 1918 hielt man in Duisburg eine reichsweite Tagung ab und forderte mehr Rechte für die Gemeinden – dazu zählte auch die

Urwahl von Synodalen und das Recht der alleinigen Pfarrerwahl.[9] Ein anderes Beispiel ist der Chemnitzer Pfarrer Hermann Bernhard Gay. Gay verfasste zusammen mit Martin Rade einen Aufruf, der im November 1918 in *Die Christliche Welt* veröffentlich wurde. Gefordert wurde im Sinne des Priestertums aller Gläubigen eine reichsweite Kirchenversammlung und eine direkt gewählte Reichssynode. Volkskirchenräte sollten gewählt werden, um eine „Freie Evangelische Volkskirche" zu gründen.[10]

Hier und da gab es auch für kirchliche Verhältnisse radikale Initiativen: In Berlin gründete sich 1919 der *Bund sozialistischer Kirchenfreunde* durch den später als Kritiker der Gefallenenverherrlichung bekannt gewordenen Günther Dehn. Eine ähnliche Gründung war der *Bund Neue Kirche*, den der sächsische Pfarrer Erhard Starke 1919 ins Leben rief und der sich dann mit dem *Bund sozialistischer Kirchenfreunde* zum *Bund religiöser Sozialisten* vereinigte.

Die Zeichen standen also in manchen Kreisen durchaus auf Aufbruch: *Volkskirche* war das Stichwort, Selbstorganisation das Mittel dazu. *Volkskirchliche Laienbünde*, die sich gründeten, hatten bald Hunderttausende von Mitgliedern. Zugleich wurde der Volkskirchengedanke dann aber von konservativen, den Kirchenleitungen nahestehenden oder von ihnen autorisierten Kräften usurpiert. Dem diente der Berliner *Volkskirchendienst*, der in enger personeller Überschneidung dem *Vertrauensrat* des Berliner Oberkirchenrates verbunden war, dessen Geschäftsführer Otto Dibelius wurde – auch ein Mann des Neuaufbruchs mit Optionen auf die Zukunft, nicht zuletzt in eigener Sache. Letztlich endete die Entwicklung dann eben doch bei der *verfassten Kirche*, bei den Landeskirchen, die sich als Körperschaften des öffentlichen Rechtes Verfassungen gaben und vom Staat anerkannt wurden. Allerdings blieb der Volkskirchengedanke auf demokratischer Basis durchaus lebendig: Dafür steht der in Kiel lehrende Otto Baumgarten mit seinem 1920 erschienenen Werk *Der Aufbau der Volkskirche*.

Die Neuorganisation der Landeskirchen minderte keineswegs das Selbstbewusstsein des Vereins- und Verbandsprotestantismus, der in der Weimarer Republik – ohne dass er die Republik gewollt hätte – ganz neue Chancen sah. Ein besonders eindrückliches Beispiel dafür ist die Haltung von Franz Rendtorff, Professor für Praktische Theologie in Leipzig und Präsident des Gustav-Adolf-Vereins. In der Zeit des Ersten Weltkriegs hatte der Gustav-Adolf-Verein im besetzten Polen bestens mit der deutschen Zivilverwaltung zusammengearbeitet und Pläne für eine evangelische Landeskirche dort entwickelt. Auch mit Hindenburg und Ludendorff, den Führern des im Baltikum errichteten Militärstaates *Ober-Ost*, wusste man sich in bestem Einvernehmen. Mit dem Ende des Krieges befiel Rendtorff und andere Verantwortliche im Verein keineswegs

---

[9] Kirchliches Jahrbuch 46 (1919), 36–39.
[10] NOWAK, KURT: Evangelische Kirche und Weimarer Republik, 2. Auflage, Göttingen 1988, 63.

eine Depression, sondern sie verfielen in ein trotziges *Jetzt erst recht!* und erfanden eine eigene Theologie für die deutsche Auslandsdiaspora. Auch das war in gewisser Weise ein Neuaufbruch. Anders als die Landeskirchen, die sich erst einmal vom Staat verselbständigen mussten, hatten die evangelischen Vereine und Verbände ja auch nicht die Erfahrung eines Bruches oder einer Neuorientierung machen müssen.

III. Theologische Aufbrüche: Der soziale Protestantismus

Was hat es nun mit den Stichworten *Versailles und Bethel* auf sich? Beide sind Brennpunkte einer Ellipse, die den deutschen Protestantismus dieser Zeit umschreibt: Der Versailler Vertrag bzw. die von ihm ausgehende Kränkung verweist auf die nationalkonservative Prägung der meisten Angehörigen der deutschen und nicht nur der deutschen Theologen- und Pfarrerschaft. Bethel als Ort des *Sozialen Kirchentags* im Jahre 1924 wiederum steht für den zu dieser Zeit noch starken Vereins- und Verbandsprotestantismus und seine gesellschaftsdiakonischen Ziele. Eigentlich aber hätten die Stichworte auch „Dresden und Bethel" heißen können. Der Dresdner Kirchentag im September 1919 nämlich stellte den Abschluss der kirchenorganisatorischen Neuaufbrüche dar, die zugleich den nationalkonservativen Protestantismus stabilisierten. Der Dresdner Kirchentag ist letztlich eine Folge von Versailles, weil man kirchlicherseits lieber das Alte bewahren als ins Ungewisse aufbrechen wollte. Der Dresdner Kirchentag blockierte darum auch die Bewegungen, die sich nicht nur mit den neuen Verhältnissen arrangieren, sondern diese auch mitgestalten wollten.

Der Dresdner Kirchentag war eben eine Versammlung kirchlicher Funktionäre, die aus den Landeskirchen und den Vereinen und Verbänden kamen. Die Konkurrenz von Kirchenleitungen einerseits und Vereinen und Verbänden andererseits wurde so entschieden, dass die Kirchenleitungen das Heft in der Hand behielten, die volkskirchlichen Aufbrüche somit gezähmt wurden und der Vereins- und Verbandsprotestantismus seine starke und weithin selbständige Stellung behielt. Debatten über das Urwahlprinzip von Synoden hatten längere Zeit in Anspruch genommen, waren aber letztlich eingestellt worden. Dass es im Endergebnis doch ein Defizit gab, sah dann Martin Rade, der den ausgebliebenen Aufbruch beklagte. Bestimmte Sozialmilieus waren in Dresden nämlich gar nicht vertreten, und die Suche nach evangelischen Arbeitern, die man in der Vorbereitungszeit durchaus ernsthaft betrieben hatte, hatte nicht gefruchtet. So sagte Rade in Dresden: „Wir haben keinen einzigen Sozialdemokraten unter uns. Folglich sind wir keine Volksvertretung, keine Vertretung der Volkskirche." Und, so Rade weiter: „Ich kann […] die Angst nicht loswerden, daß die Kirche zu einer Sekte der Bürgerlichen wird."[11]

---

[11] Verhandlungen des Deutschen Evangelischen Kirchentages 1919, Berlin 1919, 227.

In den auf 1919 folgenden Jahren konstituierten sich die evangelischen Landeskirchen, die Vereine und Verbände setzten ihre Arbeit fort, und man pflegte kirchlicherseits das Ungenügen an den neuen politischen und kultuspolitischen Bedingungen. Theologen waren in der Masse an Aufbrüchen nicht beteiligt, aber immerhin in Einzelfällen, wenn auch nicht in dem theologischen innovativen Sinne einer neuen Systematischen Theologie. Franz Rendtorff mit seiner Auslandsdiasporatheologie war schon benannt worden. Arthur Titius engagierte sich wie manch anderer in der ökumenischen Bewegung. In diesem Zusammenhang ist auch der Berliner Neutestamentler Adolf Deißmann zu nennen, der ebenfalls am Dresdner Kirchentag teilnahm, wie andere liberale Theologen Mitglied der DDP war und als einer der wichtigsten deutschen Vertreter in der Ökumene bekannt wurde, nicht zuletzt als Herausgeber der deutschsprachigen Dokumentation der großen Tagung von Life and Work 1925 in Stockholm. Zu nennen ist auch der eingangs erwähnte Martin Dibelius, der ebenfalls ökumenisch engagiert war.

Die Tagung in Stockholm war zugleich eine Manifestation des internationalen sozialen Protestantismus, und hier ist noch einmal das Stichwort *Bethel* aufzugreifen: ein symbolischer Ort des sozialen Protestantismus und Tagungsort des „Sozialen Kirchentags" im Jahre 1924 – die Kirchentage der Weimarer Zeit stellten eine Art von Reichssynoden dar. Der soziale Protestantismus hatte, fast ohne eigenes Zutun, einen neuen Impuls erhalten, als er in den Wohlfahrtsstaat der Weimarer Republik integriert wurde. Zugleich hatte er in der Zeit der Inflation und der Nachkriegsnöte ein reiches Betätigungsfeld, das er professionell mit der Errichtung von Wohlfahrtsämtern und Sozialpfarrämtern durchdrang und theologisch-theoretisch reflektierte. Dabei war der Gedanke der Inneren Mission immer noch lebendig und somit die Frage, in welchen Sozialmilieus der Protestantismus überhaupt noch zuhause sein konnte. Martin Rades Angst vor einer bloßen Kirche des Bürgertums teilten ja auch andere und nicht zuletzt Otto Dibelius in seinem *Jahrhundert der Kirche*.[12]

Akademisch gewann dieses Anliegen Gestalt durch die Errichtung einer Professur für Systematische Theologie und Sozialethik in Marburg im Jahre 1932, auf die Georg Wünsch berufen wurde, der schon seit 1927 außerordentlicher Professor für das Fach war. Andere engagierten sich aus ihren Professuren heraus für den sozialen Protestantismus: Otto Baumgarten war bis 1921 Präsident des Evangelisch-Sozialen Kongresses. Hier galt, was das halboffizielle Organ des Deutschen Evangelischen Kirchenbundes, das Kirchliche Jahrbuch, 1919 so formulierte: „Kaum jemals zuvor haben die Akademiker so gründlich und in so großer Zahl um die praktische Gestaltung des kirchlichen Lebens sich gemüht."[13]

---

[12] DIBELIUS, OTTO: Das Jahrhundert der Kirche, 3. Auflage, Berlin 1927, 244.
[13] Kirchliches Jahrbuch 46 (1919), 324.

In die akademische Sphäre gehört aber auch ein Theologe, in dem sich die Kreise Systematische Theologie und Sozialer Protestantismus überschneiden, und das war der seit 1925 in Rostock lehrende Friedrich Brunstäd – im Übrigen der Doktorvater von Eugen Gerstenmaier –, der zuvor Leiter der Kirchlich-Sozialen Schule der Inneren Mission in Spandau gewesen war und es neben seiner Professur auch blieb. Brunstäd war ohne Zweifel ein Konservativer und Mitglied der DNVP, zugleich war er aber auch ein Vertreter des Aufbruchs und zwar nicht nur des „anderen Aufbruchs", der Lutherrenaissance, sondern jemand, der Theologie und Religionsphilosophie neu ins Gespräch bringen wollte. Dafür steht sein 1922 erschienenes Werk *Die Idee der Religion. Prinzipien der Religionsphilosophie*, das freilich schon auf Vorarbeiten aus der Kriegszeit zurückging. Im 3. Kapitel befasste sich Brunstäd mit der geistlichen Funktion und dem inneren Zusammenhang der Religion, und die Unterüberschriften zeigen, worum es ihm dabei ging: Wissenschaft, Kunst, Sittlichkeit, Lebensgestaltung. Die soziale Frage ist dabei letztlich eine religiöse, und ohne Religion jedenfalls nicht zu lösen, denn ein Gemeinwesen ohne Religion zerfällt in individuelle Interessen.[14]

Aufbrüche gab es also viele, und derjenige, der am meisten Einfluss hatte, war der Neuaufbruch des Sozialen Protestantismus, der vielen Theologen und Kirchenvertretern als die bessere Religionskultur erschien. Das galt zum Beispiel auch für Karl Holl, der auf dem „Sozialen Kirchentag" 1924 in Bethel die Frage stellte: „Wohnungsbau, Arbeitszeit, Lohn usw. Dürfen wir uns dort hinein wagen?" und die Antwort gab: Luther hat sich hineingewagt. Es ist Zeit, mit der Auffassung zu brechen, als ob Luther Christentum und Welt nur geschieden hätte."[15] Ähnliches sagte bei der gleichen Gelegenheit der überaus lutherische Ludwig Ihmels: „Je sorgfältiger wir uns aber auf das rein religiös-ethische Gebiet beschränken, um so mehr hat die Kirche für die Fragen des sozialen Lebens viel zu sagen."[16] Martin Rade wünschte sich „eine ganze Bank von Fabrikanten und Arbeitern" auf künftigen Kirchentagen.[17]

IV. Vorwärts zu Friedrich Naumann?

Ein kurzer Schluss: Wenn der damals noch nicht berühmte Karl Barth in seinem inzwischen berühmt gewordenen Vortrag und Aufsatz *Der Christ in der Gesellschaft* davon sprach, es gebe keinen Weg zurück zu Richard Rothe und

---

[14] BRUNSTÄD, FRIEDRICH: Die Idee der Religion. Prinzipien der Religionsphilosophie, Halle 1922, 209.
[15] Verhandlungen des Ersten Deutschen Evangelischen Kirchentages 1924, Berlin 1924, 234.
[16] AaO. 220.
[17] AaO. 230.

kein Vorwärts zu Friedrich Naumann, dann traf er damit einen großen Teil der – um es so zu sagen – protestantischen Religionskultur dieser Zeit, die ihren Weg ging, auch wenn der für Barth direkt von der Inneren Mission in Naumanns Liberalismus führte. Nicht alle, und schon gar nicht die Vertreter des sozialen Protestantismus fühlten sich *zwischen den Zeiten*. Vielmehr suchten viele Theologen, auch solche, die an den Universitäten lehrten, nach einer Möglichkeit, unter den neuen politischen Bedingungen den Protestantismus weltzugewandt zu halten und die Gesellschaft – ohne dass sie das politische System akzeptieren mussten – im christlichen Geist zu verändern. Dieses Programm war nicht neu, neu waren aber die Rahmenbedingungen, unter denen man sich zurechtfinden musste. Der Neuaufbruch bestand insofern immerhin in einer Anpassungsleistung, aber das ist ja auch nicht wenig und war nicht jedermanns Sache.

Symbol, Dämonie, Angst

Paul Tillich und die Kulturwissenschaftliche Bibliothek Warburg

Christian Danz

Die Angst vor dem Schicksal kehrte unter dem Einfluß der Spätantike wieder. *Fortuna* wurde in der Kunst der Renaissance zu einem beliebten Symbol, und selbst die Reformatoren waren nicht frei von Astrologen-Aberglauben und -Furcht. Und die Angst vor dem Schicksal wurde noch gesteigert durch die Furcht vor dämonischen Mächten, die unmittelbar oder durch menschliche Wesen Krankheit, Tod und alle Arten von Zerstörung bewirkten.[1]

Entnommen ist die eben zitierte Passage Paul Tillichs 1952 erschienener Schrift *The Courage to Be*, einem der erfolgreichsten Texte des 1933 in die USA emigrierten protestantischen Theologen. Der von ihm erwähnte Astrologen-Aberglaube der Reformatoren spielt – implizit und ohne ausdrückliche Nennung – auf Aby Warburgs Studie *Heidnisch-antike Weissagung in Wort und Bild zu Luthers Zeiten* an, in der das Nachleben des antiken Sternglaubens im Zeitalter der Reformation behandelt wird. Tillichs eher beiläufige Bemerkung ist eine Spur oder ein Engramm, die seine nur wenig bekannten Kontakte mit der Kulturwissenschaftlichen Bibliothek in Hamburg, die bis in die 1920er Jahre zurückreichen, in seinem Werk hinterlassen haben.[2]

Was aber verbindet den religiösen Sozialisten Tillich mit dem Kunsthistoriker Warburg und seiner Bibliothek, die dieser als „Urkundensammlung zur Psychologie der menschlichen Ausdruckskunde" charakterisierte?[3] Die methodische Innovation Warburgs und seines Kreises besteht in einer

---

[1] TILLICH, PAUL: Der Mut zum Sein, in: ders.: Sein und Sinn. Zwei Schriften zur Ontologie (Gesammelte Werke, Bd. XI), Stuttgart 1969, 13–139, 51.

[2] Als Tillich 1936 erstmals nach seiner Emigration wieder nach Europa kam, besuchte er am 21. April die inzwischen nach London übersiedelte Kulturwissenschaftliche Bibliothek. In seinem Reisetagebuch notierte er an diesem Tag: „Dann kurz im Hamburger Warburg-Institut, das jetzt in London ist. Saxl und Mrs. Bing; rate ihnen, in England zu bleiben und nicht nach New York zu gehen" (TILLICH, PAUL: Reisetagebuch 1936, Nachlass Paul Tillich, Andover-Harvard Theological Library, Harvard Divinity School, Cambridge, NL-Signatur: bMS 649/88 [1–2]).

[3] WARBURG, ABY: Reise-Erinnerungen aus dem Gebiet der Pueblo Indianer in Nordamerika, in: ders.: Werke in einem Band. Auf der Grundlage der Manuskripte und Handexemplare, hg. u. kommentiert v. Martin Treml/Sigrid Weigel/Perdita Ladwig, Berlin 2018, 566–600, 582.

kulturtheoretischen Erweiterung der Kunstgeschichte,[4] in deren Fokus die Funktion von Symbolen für eine Theorie des sozialen Gedächtnisses tritt.[5] Das gilt, wie zu zeigen sein wird, auch für Paul Tillichs Verständnis der christlichen Religion im Horizont der Kultur. Es ist jedoch nicht nur der Symbolbegriff, der thematisch im Fokus der Werke von Warburg und Tillich steht, sondern auch andere Konzepte wie das Dämonische und das Phänomen der Angst, die in einem systematischen Zusammenhang mit der Symboltheorie stehen. In das Werk des Theologen finden diese Begriffe, zunächst der des Symbols, zu Beginn der 1920er Jahre Eingang, also in der Zeit, als Tillich seine Kontakte zur Kulturwissenschaftlichen Bibliothek knüpfte. Freilich lässt sich nicht direkt belegen, dass er den Symbolbegriff von Warburg übernommen hätte. Aber Tillich arbeitet sein Verständnis des Symbols in den 1920er Jahren in Auseinandersetzung mit dem Kreis um Warburg und der Kulturwissenschaftlichen Bibliothek, allen voran Ernst Cassirer, aus, und das hinterließ, wie die eingangs zitierte Passage aus *The Courage to Be* zeigt, Spuren bis hin zu seinem Spätwerk.

Damit ist das Thema der nachfolgenden Überlegungen zu Paul Tillich und der Kulturwissenschaftlichen Bibliothek Warburg benannt. Nachzugehen ist den Spuren von Warburgs ‚Problem-Bibliothek' (Fritz Saxl) im Werk des Theologen. Dabei orientieren wir uns an den Konzeptionen des Symbols, des Dämonischen und der Angst. Das wird in drei Abschnitten erfolgen. Einzusetzen ist mit Tillichs Begegnung mit der Kulturwissenschaftlichen Bibliothek. Im zweiten Abschnitt werfen wir einen Blick auf Aby Warburgs Theorie des sozialen Gedächtnisses, und im abschließenden dritten Abschnitt ist darzustellen, wie Tillich diese Themen in seinem eigenen Werk aufnimmt.

---

[4] Vgl. SAXL, FRITZ: Die Kulturwissenschaftliche Bibliothek Warburg in Hamburg (1930), in: McEwan, Dorothea: Fritz Saxl – Eine Biographie. Aby Warburgs Bibliothekar und erster Direktor des Londoner Warburg Instituts, Wien/Köln/Weimar 2012, 265–270, 267: „Dadurch erfährt der Begriff der Bildgeschichte eine Erweiterung, indem das über seinen künstlerischen Gehalt hinaus zur religions- und wissenschaftsgeschichtlichen Quelle wird."

[5] Vgl. VILLHAUER, BERND: Aby Warburgs Theorie der Kultur. Detail und Sinnhorizont, Berlin 2002, 66.

I. „Das einigende Band all dieser Arbeiten ist die Idee der Bibliothek Warburg", oder: Paul Tillich und die Kulturwissenschaftliche Bibliothek

Im Mai 1921 erschien im Leipziger Verlag B. G. Teubner Aby Warburgs Studie *Heidnisch-antike Weissagung in Wort und Bild zu Luthers Zeiten*.[6] Ihr Gegenstand ist der Sternglaube im Wittenberg Luthers und Melanchthons, also das Nachleben und die Überlagerungen von heidnisch-antiker Magie und Mathematik in den Astralbilder-Kämpfen um die Deutungshoheit der Reformation. Maßgeblichen Anteil an ihrer Publikation hatte der Wiener Kunsthistoriker Fritz Saxl, der aufgrund von Warburgs schwerer psychischer Erkrankung seit dem 15. April 1920 als stellvertretender Direktor der Bibliothek fungierte, ihre Umwandlung in ein Forschungsinstitut vorantrieb und gleichsam als Wissenschaftsorganisator wirkte, der die Vernetzung der Bibliothek mit zahlreichen Gelehrten im In- und Ausland intensivierte.[7] Auf seine Initiative gehen die ab Oktober 1921 regelmäßig abgehaltenen Vorträge ebenso zurück wie die beiden Reihen der Bibliothek, die im Leipziger Teubner-Verlag verlegt wurden und die Forschungen der Bibliothek institutionalisierten.[8] Saxl betrieb auch mit hohem persönlichen Aufwand die Rezeption von Warburgs Luther-Studie, indem er Forscher aus sehr unterschiedlichen Forschungsrichtungen anschrieb und um Besprechungen des Buches bat.[9] Kunsthistorikern aus dem Umfeld Warburgs, aber auch Religions- und Reformationshistorikern sowie Theologen wie Otto Eißfeld, Hugo Gressmann, Hermann Gunkel, Karl Ludwig Schmidt, Walther Köhler, Otto Scheel, Karl Holl schickte er das Buch zu. Zu den von

---

[6] WARBURG, ABY: Heidnisch-antike Weissagung in Wort und Bild zu Luthers Zeiten, Leipzig 1921. Die Studie erschien zuerst in den Sitzungsberichten der Heidelberger Akademie der Wissenschaften. Philosophisch-historische Klasse Jg. 1920, 26. Abhandlung, eingegangen 25. Oktober 1919, vorgelegt von Franz Boll.
[7] Vgl. hierzu MCEWAN, DOROTHEA: Fritz Saxl – Eine Biographie. Aby Warburgs Bibliothekar und erster Direktor des Londoner Warburg Instituts, Wien/Köln/Weimar 2012, 52–64. Bereits am 9. August 1921 schrieb Saxl an Wilhelm Waetzholdt, dass Tillich eine Rezension des Luther-Buches für die Internationalen Monatshefte schreiben würde. Vgl. F. Saxl an W. Waetzholdt, 9.8.1921 (Warburg Institute Archive London [WIA], NL-Signatur GC/13123). Vgl. MCEWAN, DOROTHEA: Making a Reception for Warburg: Fritz Saxl and Warburg's Book Heidnisch-antike Weissagung in Wort und Bild zu Luthers Zeiten, in: Richard Woodfield (ed.): Art History as Cultural History. Warburg's Projects, Amsterdam 2001, 93–120, 119, note 141. Möglicherweise wird hier jedoch der Artikel über die Bibliothek mit der Rezension verwechselt.
[8] Bei den beiden Reihen, als deren Herausgeber Saxl fungierte, handelt es sich um die Studien der Bibliothek Warburg und Vorträge der Bibliothek Warburg.
[9] Vgl. hierzu MCEWAN: Fritz Saxl (s. Anm. 7), 65–71; DIES.: Making a Reception for Warburg (s. Anm. 7), 93–120; BIESTER, BJÖRN: Ernst Troeltschs Artikel „Der Völkerhaß" (Mai 1915) und die Reaktionen von Werner Weisbach, Aby M. Warburg und Wilhelm Dibelius, in: Mitteilungen der Ernst-Troeltsch-Gesellschaft 15 (2002), 21–40.

ihm angefragten Wissenschaftlern gehörte auch der Berliner Privatdozent Paul Tillich. Am 12. Oktober schreibt Saxl an den Theologen: „Bin ich sehr unbescheiden, wenn ich frage, ob Sie vielleicht irgendwo Professor Warburgs Büchlein anzeigen können?"[10] Saxls Bemühungen um eine Besprechung des Luther-Buches durch den Berliner Privatdozenten blieb indes erfolglos. Eine Rezension von Tillich lässt sich nicht nachweisen.[11] Aber wie kam Saxl überhaupt auf die Idee, den zu Beginn der 1920er Jahre noch relativ unbekannten Berliner Privatdozenten um eine Besprechung von Warburgs Studie über *Heidnischantike Weissagung in Wort und Bild zu Luthers Zeiten* zu bitten?

Schon in einem Brief an die Kirchenhistorikerin Lydia Stöcker vom 6. Juni 1921, in dem Saxl über seine Bemühungen berichtet, Rezensenten für das Luther-Buch zu gewinnen, fällt neben dem Namen Karl Ludwig Schmidt auch der Tillichs.[12] Er hoffe, wie es in dem Schreiben weiter heißt, dass beide zu Vorträgen nach Hamburg kommen. Achtzehn Tage später, am 24. Juni, berichtet Saxl schließlich dem in Kreuzlingen weilenden Warburg, dass Paul Tillich die Bibliothek besuchen und über sie einen Bericht in akademisch theologischen Blättern schreiben werde.[13] Wer genau den Kontakt des jungen Theologen mit der Kulturwissenschaftlichen Bibliothek hergestellt hat, ist bislang nicht bekannt. Vermutlich war es der Neutestamentler Karl Ludwig Schmidt, Schüler von Hugo Gressmann, der ebenso wie Tillich Privatdozent an der Theologischen Fakultät der Berliner Universität war.[14] Warburg hatte Schmidt im Zuge seiner Recherchen zu seinem Luther-Buch konsultiert.[15] Wie dem auch sei, in einem Schreiben vom 22. Juni an Tillich teilt Saxl diesem mit, er freue sich darauf, ihm in der nächsten Woche die Bibliothek zeigen zu können. Selbstverständlich werde, wie es weiter heißt, die Bibliothek seine Kosten für Reise, Unterkunft und Verpflegung übernehmen.[16]

Vom 3. bis 5. Juli 1921 besuchte Tillich die Kulturwissenschaftliche Bibliothek in Hamburg und war, wie Saxl zehn Tage später Warburg mitteilte, begeistert und würde – ebenso wie Ernst Cassirer – gern zu einer längeren

---

[10] F. Saxl an P. Tillich, 12.10.1921 (WIA GC/13206).

[11] Ein halbes Jahr später, am 6. Januar 1922, fragte Warburg – der in Kreuzlingen ungeduldig auf Resonanzen auf seine Studie wartete – bei Saxl noch einmal nach, warum Tillich keine Besprechung des Luther-Buches geschrieben habe. Vgl. A. Warburg an F. Saxl, 6.1.1922 (WIA, GC/13865). Vgl. MCEWAN: Making a Reception for Warburg (s. Anm. 7), 109.

[12] F. Saxl an Lydia Stöcker, 6.6.1921 (WIA GC/13185).

[13] F. Saxl an A. Warburg, 24.6.1921 (WIA GC/13326).

[14] Zu Schmidt vgl. Mühling, Andreas: Karl Ludwig Schmidt. „Und Wissenschaft ist Leben", Berlin/New York 1997. Mühling geht jedoch in seiner Studie zu Schmidt nicht auf dessen Beziehungen zur Bibliothek Warburg ein.

[15] Darauf weist MCEWAN: Making a Reception for Warburg (s. Anm. 7), 107, hin. Vgl. auch ebd., 118, Anm. 131.

[16] F. Saxl an P. Tillich, 22.6.1921 (WIA GC/13201).

Haftstrafe verurteilt werden, um in der Bibliothek arbeiten zu können.[17] Ähnliches berichtet auch Mary Warburg, die sich am Sonntagabend, dem 3. Juli, mit Tillich und den Ehepaaren Saxl und Cassirer getroffen und den Abend verbracht hatte.[18] In der weiteren Korrespondenz zwischen Saxl und Tillich sowie von Saxl und Warburg ist immer wieder von einem Bericht des Theologen die Rede, den dieser über die Bibliothek schreiben wolle. Offen war zunächst der Publikationsort, um den sich Saxl ebenfalls bemühte. Im Brief an Warburg ist von der Zeitschrift *Logos* die Rede,[19] dann von der *Internationalen Monatsschrift*.[20] Tillichs Artikel erschien schließlich ein Jahr später in der Dezemberausgabe der Zeitschrift *Theologische Blätter* seines Freundes Karl Ludwig Schmidt unter dem Titel *Renaissance und Reformation. Zur Einführung in die Bibliothek Warburg*.[21]

---

[17] F. Saxl an A. Warburg, 13.7.1921: aaO. Tillichs Besuch in der Bibliothek erwähnt Saxl auch in seinem Jahresbericht für 1921. „Herr Dr. Tillich, Dozent für Religionsgeschichte in Berlin, kam auf mehrere Tage hierher und war so stark von dem Gedanken der Bibliothek erfaßt, daß er einen Aufsatz über sie schrieb, der im Jahre 1922 in einer wissenschaftlichen Zeitschrift erscheinen wird." Bericht über die Bibliothek Warburg für das Jahr 1921, in: TILMANN VON STOCKHAUSEN, Architektur, Einrichtung und Organisation, Hamburg 1992, 124–132, 129.
[18] M. Warburg an A. Warburg, 4.7.1921 (WIA GC/35635). Auf den Besuch Tillichs in der Bibliothek sowie den gemeinsamen Abend zusammen mit Mary Warburg bezieht sich vermutlich die Bemerkung von MEYER, THOMAS: Ernst Cassirer, Hamburg 2006, 103. Eine Lehrtätigkeit Tillichs in Hamburg, wie Meyer behauptet, geht aus der Korrespondenz nicht hervor und ließ sich bislang auch nicht belegen.
[19] F. Saxl an A. Warburg, 13.7.1921 (WIA GC/13331).
[20] F. Saxl an Wilhelm Printz, 14.7.1921 (WIA CG 13080). Am 16. August schreibt Saxl an Tillich, er bekäme gerade die Mitteilung von Wilhelm Waetzoldt, „dass er gern bereit ist, durch Vermittlung des Ministerialrates Richter, des Referenten im Ministerium für die Internationalen Monatshefte, an Herrn Professor Cornicelius heran zu treten bezüglich eines Artikels über die Bibliothek Warburg." Wenn Tillich seinen Artikel fertig habe, so Saxl weiter, so möge er ihn ihm zuschicken. „Ich werde ihn dann an die Monatshefte weiter geben." F. Saxl an P. Tillich, 16.8.1921 (WIA GC/13204).
[21] TILLICH, PAUL: Renaissance und Reformation. Zur Einführung in die Bibliothek Warburg, in: ThBl 32 (1922), Sp. 265–267. Abgedruckt in: DERS.: Impressionen und Reflexionen. Ein Lebensbild in Aufsätzen, Reden und Stellungnahmen (= Gesammelte Werke, Bd. XIII), Stuttgart 1972, 137–140. Tillich hatte, wie aus einem Brief an Hannah Gottschow, seine spätere Frau, vom September 1921 hervorgeht, in dieser Zeit an dem Artikel gearbeitet und ihn wohl Anfang Oktober an Saxl geschickt, der dessen Eingang am 12. Oktober bestätigt und Tillich mitteilt, er leite den Beitrag, wie in seinem Schreiben vom 16. August angekündigt, über Waetzold und Richter an Max Cornicelius, den Herausgeber der Internationalen Monatsschrift und ebenso an Warburg weiter. Vgl. Brief Paul Tillichs an Hannah Gottschow o. D. (Privatarchiv Wien); F. Saxl an P. Tillich, 12.10.1921 (WIA GC/13206). Am 11. Februar 1922 fragt Karl Ludwig Schmidt Saxl, wo Tillichs Beitrag erscheine (WIA GC/13711). Saxl antwortet Schmidt am 18. Februar, dass er dies nicht wisse, teilt ihm aber mit, dass der Artikel nicht in der Internationalen Monatsschrift publiziert werde, und fragt daraufhin Schmidt, ob er einen Publikationsort für Tillichs Artikel vorschlagen könne (WIA

In seiner *Einführung in die Bibliothek Warburg* berichtet Tillich nicht nur über seinen Besuch in Hamburg vom Juli 1921, er hebt vor allem deren Bedeutung für die theologische und religionsgeschichtliche Arbeit hervor. Diese liege in der „Energie, mit der alles einzelne auf das Grundproblem bezogen ist, wodurch jeder Benutzer der Bibliothek von dem Problem der Renaissance mit unwiderstehlicher Macht umstrickt wird".[22] Es ist die geschichtsphilosophische Deutung der eigenen Gegenwart und ihrer Genese, die durch die Studien Warburgs und seiner Bibliothek in ein neues Licht rücken. Gegenüber einfachen Kontrastierungen von kultureller Renaissance und religiöser Reformation sowie Theorien von „geschlossenen Kulturkreise[n] als Ausdruck und Schöpfung bestimmter Kulturseelen" mache die Bibliothek deren komplexe Überlagerungen deutlich.[23] Die Renaissance ist nicht einfach die erste Station einer autonomen Befreiung vom heteronomen Mittelalter, sondern eine „Erschütterung des religiösen Bewußtseins der europäischen Völker", also selbst eine Gestalt religiösen Bewusstseins, deren Ausdrucksformen sich dem transformierenden Rückgriff auf die „mystisch-religiöse" Spätantike verdanken.[24] Erst dadurch werden die „astral-mythologische[n] und dämonologische[n]" Elemente verständlich,[25] die sich in der Renaissance mit rationalen verbinden. Das Bild der Kulturwissenschaftlichen Bibliothek, welches Tillich seinen Lesern vor Augen malt, evoziert deutlich Warburgs Studie über das Nachleben heidnischen Astralglaubens im Zeitalter der Reformation. Kein Wunder also, dass man in Hamburg und Kreuzlingen von dem Artikel des jungen Theologen begeistert war.

Tillichs Beitrag über die Kulturwissenschaftliche Bibliothek in den *Theologischen Blättern* ist nicht der einzige literarische Niederschlag, den seine Kontakte mit dem Kreis um Aby Warburg gefunden haben. Im Nachlass des Theologen ist eine bislang unbekannte Rezension der beiden Schriftenreihen der Bibliothek Warburg überliefert. Am 14. Juli 1925 teilte der Teubner Verlag der Bibliothek Warburg mit, dass sich Paul Tillich bereit erklärt habe, die beiden Schriftenreihen der Bibliothek für das *Kairos*-Jahrbuch zu rezensieren.[26] Im ersten *Kairos*-Band, der 1926 erschien, findet sich am Ende eine Bücherschau,

---

GC/13712). Am 8.5.1922 schreibt Saxl an Schmidt, er erwarte Tillichs Beitrag und möchte ihn publiziert sehen (WIA GC/13717).

[22] Tillich: Renaissance und Reformation (s. Anm. 21), Sp. 267.
[23] AaO. Sp. 265.
[24] Ebd.
[25] Ebd.
[26] E. Triepel an Bibliothek Warburg, 14.7.1925 (WIA GC/16894). Bis 1928 lagen, wie Tillich in seiner Besprechung erwähnt, 10 Bände der Studien der Bibliothek Warburg und 6 Bände der Vorträge der Bibliothek Warburg vor. Vgl. TILLICH, PAUL: Schriftenreihe der Bibliothek Warburg (bMS 649/12[9]).

die die Schriften der Bibliothek Warburg allerdings nicht erwähnt.[27] Wie aus dem um 1928 niedergeschriebenen Manuskript Tillichs hervorgeht, sollte diese im zweiten *Kairos*-Band erscheinen,[28] was aber ebenfalls nicht geschehen ist.[29] Tillichs Besprechung deutet die „Idee der Bibliothek Warburg" als das „einigende Band all dieser Schriften", nämlich das Problem der Nachwirkung der Antike im europäischen Bildgedächtnis.[30] Wie bereits in seinem Artikel über die Bibliothek aus dem Jahre 1922 weist er auf die Erweiterung der Kunstgeschichte durch die Religionsgeschichte hin, die zur methodischen Innovation des Kreises um Aby Warburg gehört. Genau darin liege die Bedeutung der Bibliothek für die Theologie der Gegenwart, die durch ein Abrücken von religionsgeschichtlichen Betrachtungen und eine Vorherrschaft des religionskritischen Prinzips charakterisiert sei.[31] Gemeint ist die sogenannte Dialektische Theologie Friedrich Gogartens und Karl Barths, die in den 1920er Jahren zunehmend an Einfluss gewann. Der Mangel dieser Theologie bestehe in einem Zurücktreten des gestaltenden Moments hinter dem kritischen, damit aber in einer Isolierung der Theologie von kulturellen Gestaltungsaufgaben. „Sobald aber das gestaltende Moment wieder deutlicher zu seinem Recht kommt, wird auch der Blick auf die Religionsgeschichte und die unermeßliche Fülle von Gestaltungen, die sie enthält, freier werden."[32]

Religionsgeschichte und Gestaltung, das sind die von Tillich hervorgehobenen Aspekte, mit denen er die Bedeutung der Kulturwissenschaftlichen Bibliothek für die Theologie der Gegenwart zusammenfasst. Was das genauer heißt, müssen wir nun in den Blick nehmen.

II. Symbolismus als „Function der Schwerkraft im geistigen Haushalt", oder: Aby Warburgs Theorie des Symbols

Darf man nicht, was wir Symbol nennen, als Funktion des sozialen Gedächtnisses begreifen, weil hier das hemmende oder treibende umschaltende Organ entsteht, [...] zwischen triebhaft-leidender Kinesis und ordnender kosmologischer Theorie das Bewusstsein und den Willen zu ausgleichender Besonnenheit als höchste Kulturmacht?[33]

---

[27] Vgl. HERRMANN, CHRISTIAN: Bücherschau, in: Tillich, Paul (Hg.): Kairos. Zur Geisteslage und Geisteswerdung, Darmstadt 1926, 467–483.
[28] Vgl. TILLICH: Schriftenreihe der Bibliothek Warburg (s. Anm. 26).
[29] Der zweite Kairos-Band enthält anders als der erste keinen Rezensionsteil. Vgl. TILLICH, PAUL (Hg.): Protestantismus als Kritik und Gestaltung. Zweites Buch des Kairos-Kreises, Darmstadt 1929.
[30] TILLICH: Schriftenreihe der Bibliothek Warburg (s. Anm. 26).
[31] Ebd.
[32] Ebd.
[33] A. Warburg an U. v. Wilamowitz-Moellendorf, 1924. Zit. nach VILLHAUER: Aby Warburgs Theorie der Kultur (s. Anm. 5), 67.

Dem Symbol kommt, wie diese Bemerkung aus einem Brief Aby Warburgs an den klassischen Philologen Ulrich von Wilamowitz-Moellendorf aus dem Jahre 1924 erkennen lässt, eine grundlegende Funktion für das soziale Gedächtnis zu. Ohne Symbole gibt es kein soziales Gedächtnis. Doch was versteht Warburg unter einem Symbol und worin besteht die in dem Brief an Wilamowitz-Moellendorf angedeutete Funktion des Symbols für das soziale Gedächtnis? Zur Beantwortung dieser Frage beziehe ich mich im Folgenden vor allem auf Warburgs bereits erwähnte Studie *Heidnisch-antike Weissagung in Wort und Bild*, seinen Kreuzlinger Vortrag über die Pueblo-Indianer vom 21. April 1923 sowie seine späten Einleitungen zum Mnemosyne-Atlas.

Warburgs späte Symboltheorie ist das Resultat lebenslanger Überlegungen zur Struktur und Funktion von Symbolen, die sich bis in seine Studienzeit zurückverfolgen lassen, in der er wichtige Impulse für deren Ausformulierung erhalten hat.[34] Signifikant für seine Konzeption des Symbols ist die Intention einer wissenschaftlichen Fundierung des Symbolismus, die zu einer methodischen Neubegründung der Kunstgeschichte im Sinne eines kulturwissenschaftlichen Programms führen soll.[35] So verwundert es nicht, dass es psychologische und naturwissenschaftliche Theorieprogramme sind, die als Referenzrahmen, aber auch als Plausibilitätsverstärker von Warburgs Symboltheorie fungieren. Grundlegend für die Beantwortung der kulturtheoretischen Frage nach der Entstehung von Symbolen ist eine psychologische Theorie, die er von dem Anthropologen und Evolutionstheoretiker Tito Vignoli übernimmt.[36] Symbole bannen Angst und halten diese auf Distanz, indem sie im Bild verobjektiviert wird. Verstanden werden die vom Menschen geschaffenen symbolischen Bilder also als eine Reaktion auf einen Reiz, gleichsam als eine „Abwehrmassregel".[37] Der Kultur liegt somit Angst zugrunde, der eine kulturschaffende Kraft zukommt, indem der phobische Reiz gleichsam im Bild gebannt und auf Distanz gehalten wird. In diesem Sinne sind Symbole zunächst Sinn-Bilder, die, wie es im obigen Zitat hieß, auf eine triebhaft-leidende Kinesis reagieren, indem sie ein kosmologisches Bild setzen, das Ordnung und Orientierung stiftet.

Solche Bildsetzungen, die den phobischen Reiz in ein orientierendes Bild umwandeln und so die Wirklichkeit für den Menschen bewohnbar machen,

---

[34] Vgl. WEDEPOHL, CLAUDIA: Pathos – Polarität – Distanz – Denkraum. Eine archivarische Spurensuche, in: Martin Treml/Sabine Flach/Pablo Schneider (Hgg.): Warburgs Denkraum. Formen, Motive, Materialien, München 2014, 17–49; VILLHAUER: Aby Warburgs Theorie der Kultur (s. Anm. 5), 15–51. Vgl. auch GOMBRICH, ERNST H.: Aby Warburg. Eine intellektuelle Biographie, Hamburg 2006, 42–62.

[35] Vgl. hierzu die Beiträge in FAHRENBACH, FRANK/ZUMBUSCH, CORNELIA (Hgg.): Aby Warburg und die Natur. Epistemik, Ästhetik, Kulturtheorie, Berlin/Boston 2019.

[36] Vgl. VIGNOLI, TITO: Mythos und Wissenschaft, Leipzig 1880.

[37] WARBURG: Reise-Erinnerungen aus dem Gebiet der Pueblo Indianer (s. Anm. 3), 587. Vgl. auch ebd. 579: „Durch das ersetzende Bild wird der eindrückende Reiz objektiviert und als Objekt der Abwehr geschaffen."

indem sie deren Schrecken abgerungen werden und diesen auf Distanz halten, nennt Warburg Umfangsbestimmung.[38] Gemeint ist damit eine Aneignung seiner Umwelt durch den Menschen, indem er sein Selbstbild erweitert.[39] Bilder sind stets Abstraktionen. Durch von ihm selbst geschaffene Bilder verleibt sich der Mensch die Wirklichkeit gleichsam ein. Das erfolgt zunächst durch Greifen, also durch eine Verlängerung des Menschen durch Medien wie Werkzeuge, Schmuck etc. Indem der Mensch sich seine Umwelt aneignet, sie ergreift, verringert er den Abstand zwischen ihr und sich. Das ist allerdings nur die eine Seite der Bildsetzung. Hinzu kommt eine zweite. Indem durch das Bild die Entfernung zwischen Mensch und Umwelt abgebaut wird, wird diese durch einen geistigen Akt in der Bildsetzung, den Warburg symbolischen Akt nennt, wiederhergestellt.[40] Beides, Abbau der Entfernung und deren geistige Wiederherstellung, gehören in der Bildsetzung zusammen. Ein Symbol ist somit nicht nur ein Sinn-Bild, konstitutiv ist für es gleichermaßen ein symbolischer Akt, der die Differenz zwischen Mensch und Umwelt wieder setzt. Warburg nannte dies in einer Projektskizze, die er Ende der 1890er Jahre ausarbeitete, um die theoretischen Grundlagen seiner Symboltheorie in kondensierter Form zusammenzufassen, ‚Symbolismus als Umfangsbestimmung'.[41]

In der Bildsetzung durch den Menschen wird die Wirklichkeit nicht nur angeeignet und gleichsam einverleibt, sie wird zugleich auf Distanz gehalten. Durch Symbole erweitert der Mensch ständig seine Welt und hält sie ebenso auf Abstand. Zum symbolischen Akt gehört damit Reflexivität, eine Unterbrechung von Reiz und Reaktion, die das ermöglicht, was Warburg Denkraum und Besonnenheit nennt. Ohne diejenige Distanz, die durch symbolische Bilder ermöglicht wird, ist keine Orientierung und keine Kultur möglich. „Bewusstes

---

[38] Vgl. WARBURG: Reise-Erinnerungen aus dem Gebiet der Pueblo Indianer (s. Anm. 3), 573f. Vgl. hierzu VILLHAUER: Aby Warburgs Theorie der Kultur (s. Anm. 5), 68–70.

[39] Vgl. WARBURG: Reise-Erinnerungen aus dem Gebiet der Pueblo Indianer (s. Anm. 3), 574f: „Der Versuch einer magischen Einwirkung ist also erstens ein Aneignungs-Versuch eines Naturereignisses in seinem lebendigen, ähnlichen Umfangsgebilde: der Blitz wird durch mimische Aneignung herbeigelockt nicht wie in der modernen Kultur durch magnetische, unorganisch-gerätmäßige Anziehung in den Erdboden hinein vernichtet. Ein solches Verhalten zur Umwelt unterscheidet sich von unserem Verhalten dadurch, dass durch das mimische Bild die Verknüpfung erzwungen werden soll, während wir die geistige und reale Entfernung anstreben."

[40] Vgl. WARBURG, ABY: Bilder aus dem Gebiet der Pueblo-Indianer in Nord-Amerika, in: ders.: Werke in einem Band (s. Anm. 3), 524–566, 561: „Das mythische und das symbolische Denken schaffen im Kampf um die vergeistigte Verknüpfung zwischen Mensch und Umwelt den Raum als Andachtsraum oder Denkraum, den die elektrische Augenblicksverbindung raubt, falls nicht eine disciplinierte Humanität die Hemmung des Gewissens wieder einstellt."

[41] WARBURG, ABY: Symbolismus als Umfangsbestimmung, in: ders.: Werke in einem Band (s. Anm. 3), 615–628. Vgl. hierzu VILLHAUER: Aby Warburgs Theorie der Kultur (s. Anm. 5), 127–130.

Distanzschaffen zwischen sich und der Außenwelt" sei, wie Aby Warburg in seinen Notaten zur Einleitung in das Mnemosyne-Projekt 1929 festhält, der „Grundakt menschlicher Zivilisation".[42]

Warburgs Theorie des sozialen Gedächtnisses baut auf die bisher erörterte Struktur des Symbols als Umfangsbestimmung auf. Im Bildgedächtnis der Menschheit lagern sich gleichsam die den Schrecken der Wirklichkeit bannenden Bilder ab und überlagern sich. Materielle Bilder sind externalisierte Speicher, ein Archiv von bildgewordenen Reizreaktionen.[43] Dem kulturellen Bildergedächtnis liegt eine affektive Reizreaktion, eine gleichsam religiöse Ergriffenheit zugrunde, in der die maßgeblichen Formen des Ausdrucks geprägt wurden und aufbewahrt werden.[44] Durch einfühlendes Nacherleben werden die im Archiv des sozialen Gedächtnisses abgespeicherten Bilder angeeignet, indem sie bei ihrem Rezipienten korrespondierende Gefühle hervorrufen, die den Nachvollzug des dargestellten Ausdrucks ermöglichen.[45] Dabei verknüpft Warburg mit seiner Theorie des sozialen Gedächtnisses eine evolutionäre Deutung der Kulturentwicklung, die symboltheoretisch im Anschluss an Theodor Vischer ausformuliert wird.[46] In frühen Texten wie der bereits genannten Projektskizze *Symbolismus als Umfangsbestimmung* geht Warburg noch von einer kulturgeschichtlichen Entwicklung von der Religion zur Wissenschaft aus. Diese Entwicklung strukturiert er mit Vischers Differenzierung des Symbolbegriffs, die aus unterschiedlichen Zuordnungen von Bild und Sinn resultiert. Am Anfang der Kulturentwicklung steht das religiös-mythische Bewusstsein, dem ein ‚dunkel-verwechselndes' Sinn-Bild korrespondiert, und am Ende die wissenschaftliche Kultur, in der Zeichen und Bezeichnetes differenziert werden. Zwischen diesen beiden Eckpunkten der kulturellen Entwicklung steht ein

---

[42] WARBURG, ABY: Mnemosyne Einleitung, in: ders.: Werke in einem Band (s. Anm. 3), 629–639, 629.

[43] Vgl. WARBURG: Reise-Erinnerungen aus dem Gebiet der Pueblo Indianer (s. Anm. 3), 582: „Das Gedächtnis ist nur eine ausgewählte Sammlung von beantworteten Reizerscheinungen durch lautliche Aeusserungen."

[44] Vgl. WARBURG: Mnemosyne Einleitung (s. Anm. 42), 631: „In der Region der orgiastischen Massenergriffenheit ist das Prägewerk zu suchen, das dem Gedächtnis die Ausdrucksformen des maximalen inneren Ergriffenseins, soweit es sich gebärdensprachlich ausdrücken lässt, in solcher Intensität einhämmert, dass diese Engramme leidenschaftlicher Erfahrung als gedächtnisbewahrendes Erbgut überleben und vorbildlich den Umriss bestimmen, den die Künstlerhand schafft, sobald Höchstwerte der Gebärdensprache durch Künstlerhand im Tageslicht der Gestaltung hervortreten wollen."

[45] Auf eine ähnliche Weise konstruiert Rudolf Otto in Das Heilige Religion und ihre Weitergabe. Aber anders als Warburg konstruiert Otto eine religiöse Anlage im Menschen, das numinose Gefühl, dem ein Objektbezug eingeschrieben ist. Vgl. OTTO, RUDOLF: Das Heilige. Über das Irrationale in der Idee des Göttlichen und sein Verhältnis zum Rationalen, Jörg Lauster/Peter Schüz (Hgg.), München 2014, 79–91.

[46] Vgl. VISCHER, THEODOR: Das Symbol, in: Philosophische Aufsätze. Eduard Zeller zu seinem fünfzigjährigen Doctor-Jubiläum gewidmet, Leipzig 1887, 151–193.

gleichsam abtastend-entfernendes Verhältnis von Bild und Sinn, nämlich die Kunst.[47] Dieses Entwicklungsschema vom Mythos zur Wissenschaft bzw. vom Bild zum Zeichen hat Warburg in seinem Spätwerk in ein Kreislaufmodell transformiert. Erste Ansätze hierzu finden sich bereits in den späteren Eintragungen zu der Projektskizze *Symbolismus als Umfangsbestimmung*.[48] Was bedeutet das für Warburgs Kulturverständnis?

Der Kulturentwicklung wird auf diese Weise eine Tragik eingeschrieben, die darin besteht, dass der Distanzgewinn, durch den Kultur erst möglich wird, durch diese selbst wieder abgebaut wird. Warburg versteht nun die nacherlebende Aneignung der im Bildergedächtnis gespeicherten Ausdrucksformen als Polarität bzw. als Pendelbewegung zwischen magischer Religion und Wissenschaft.[49] In seiner Studie zur „astrologischen Politik" im Reformationszeitalter von 1921, die zugleich eine Analyse der Bilder-Propaganda während des Ersten Weltkriegs ist, hat er das Nebeneinander von Logik und Magie, von Tropus und Metapher prägnant anhand des Nachlebens des antiken Astralglaubens herausgearbeitet.[50] Während die Sternbilder dem Menschen Orientierung ermöglichen, indem sie als von ihm geschaffene Bilder einen Denkraum eröffnen, zerstören sie diesen, wenn in der Aneignung dieser Bilder deren affektive sinnliche Dimension überwiegt und der symbolische Akt ausbleibt, der im Geist die Distanz zwischen Zeichen und Bezeichneten wieder herstellt. Das Orientierung gebende Bild gewinnt dann eine dämonische Macht über den Menschen, der er nicht nur ausgeliefert ist, sondern die auch die Kultur selbst zerstört, weil der Denkraum aufgelöst wird, der diese erst ermöglicht. Aus den

---

[47] Vgl. WARBURG: Symbolismus als Umfangsbestimmung (s. Anm. 41), 626.

[48] AaO. 622. Der Eintrag stammt vom 8. Dezember 1899. Vgl. hierzu HÖNES, HANS CHRISTIAN: Spielraum der Rationalität. Warburg und die Wahrscheinlichkeitsrechnung, in: Frank Fahrenbach/Cornelia Zumbusch (Hgg.): Aby Warburg und die Natur. Epistemik, Ästhetik, Kulturtheorie, Berlin/Boston 2019, 33–48.

[49] Vgl. WARBURG: Mnemosyne Einleitung (s. Anm. 42), 629: „Dem so zwischen religiöser und mathematischer Weltanschauung schwankenden Menschen kommt nun das Gedächtnis sowohl der Kollektivpersönlichkeit wie des Individuums in einer ganz eigentümlichen Weise zu Hilfe: nicht ohne weiteres Denkraum schaffend, wohl aber an den Grenzpolen des psychischen Verhaltens die Tendenz zur ruhigen Schau oder orgiastischen Hingabe verstärkend." Vgl. auch DERS.: Bilder aus dem Gebiet der Pueblo-Indianer (s. Anm. 40), 559: „Der Ersatz der mythologischen Verursachung durch die technologische also nimmt ihr den Schrecken, den der primitive Mensch empfindet. Ob sie durch diese Befreiung von der mythologischen Anschauung ihm auch wirklich hilft, die Rätsel des Daseins ausreichend zu beantworten, das wollen wir nicht ohne weiters behaupten."

[50] Vgl. WARBURG: Heidnisch-antike Weissagungen in Wort und Bild (s. Anm. 6), 427: „Logik, die den Denkraum – zwischen Mensch und Objekt – durch begrifflich sondernde Bezeichnung schafft und Magie, die eben diesen Denkraum durch abergläubisch zusammenziehende – ideelle oder praktische Verknüpfung von Mensch und Objekt wieder zerstört, beobachten wir im weissagenden Denken der Astrologie noch als einheitlich primitives Gerät, mit dem der Astrologe messen und zugleich zaubern kann.'

Sternenbildern werden dämonische Mächte, die „aus der kampfdurchtobten sozialen und politischen Gegenwart eine Bluterneuerung erfahren, die sie gewissermaßen zu politischen Augenblicksgöttern macht".[51]

Das Bildgedächtnis ist ambivalent. Einerseits ermöglicht es erst eine Gestaltung der Kultur und andererseits verhindert es sie, indem es eine geradezu dämonische Macht über den Menschen ausübt. Welchen Ausweg gibt es aus dieser Tragödie der Kultur? Keinen anderen als eine neue Eroberung des Denkraums, also der Distanz zwischen Bild und Wirklichkeit. „Athen", so Warburg, „will eben immer wieder neu aus Alexandrien zurückerobert sein".[52]

III. Kritik und Gestaltung, oder: Paul Tillichs Kulturtheologie

In seiner *Einführung in die Bibliothek Warburg* sowie in seiner Rezension der Schriftenreihen der Kulturwissenschaftlichen Bibliothek hatte, wie wir oben gesehen haben, der junge Paul Tillich deren Bedeutung für die Theologie darin gesehen, dass sie ein komplexeres Bild der geschichtlichen Herausbildung der Moderne bietet als einlinige Entwicklungskonstruktionen und das Problem der Kulturgestaltung in den Fokus der Aufmerksamkeit rückt. Beide Aspekte stehen ebenfalls im Brennpunkt seiner eigenen Arbeit an einer Theologie der Kultur, die er nach dem Ersten Weltkrieg ausgearbeitet hat. Hierzu benutzt auch Tillich den Symbolbegriff.[53] Erstmals taucht er in seinen Schriften in einer Rezension von zwei kunstgeschichtlichen Studien mit dem Titel *Religiöser Stil und religiöser Stoff in der bildenden Kunst* auf, die 1921 erschien, im selben Jahr also, als er die Bibliothek Warburg besuchte. Weitergeführt werden in der Besprechung Überlegungen seines Vortrags *Über die Idee einer Theologie der Kultur* von 1919, in der er den Begriff Symbol noch nicht verwendete. Seine Symboltheorie hat Tillich in den 1920er Jahren sukzessive ausgebaut und Elemente in sie aufgenommen, die uns bereits bei Warburg begegnet sind, nämlich

---

[51] WARBURG: Heidnisch-antike Weissagung in Wort und Bild (s. Anm. 6), 428. Vgl. Kany, Roland: Die religionsgeschichtliche Forschung an der Kulturwissenschaftlichen Bibliothek Warburg. Gratia. Bamberger Schriften zur Renaissanceforschung, Heft 19, Dieter Wuttke (Hg.), Bamberg 1989, 14: „Der Mensch erlag dann der Macht von Bildern, statt sie in den Dienst zu nehmen. Die antike Kunst, die aus den verschiedenen antiken Religionen gewachsen war, konnte einen heilsamen wie verderblichen Einfluss auf die Menschen in Europa" ausüben.

[52] WARBURG: Heidnisch-antike Weissagung in Wort und Bild (s. Anm. 6), 485.

[53] Zum Symbolbegriff Tillichs vgl. HEINEMANN, LARS: Sinn – Geist – Symbol. Eine systematisch-genetische Rekonstruktion der frühen Symboltheorie Paul Tillichs, Berlin/Boston 2017, 410–549; DANZ, CHRISTIAN: Symbolische Form und die Erfassung des Geistes im Gottesverhältnis. Anmerkungen zur Genese des Symbolbegriffs von Paul Tillich, in: Das Symbol als Sprache der Religion. Internationales Jahrbuch für die Tillich-Forschung, Bd. 2, ders./Werner Schüßler/Erdmann Sturm (Hgg.), Wien 2007, 59–75.

das Dämonische und die Angst. In dem 1928 erschienenen Aufsatz *Das religiöse Symbol* hat schließlich sein Verständnis des Symbols seine abschließende Gestalt gefunden. Diese verdankt sich auch der Auseinandersetzung mit dem Kreis um die Kulturwissenschaftliche Bibliothek, insbesondere der Philosophie der symbolischen Formen von Ernst Cassirer, von der Tillich seine eigene Konzeption abhebt.[54] Was versteht Tillich unter Symbolen und wie unterscheidet sich sein Verständnis von dem Warburgs?

Tillich arbeitete sein Verständnis des Symbols im Rahmen einer Theologie aus, die eine religiöse Deutung der Wirklichkeit ermöglichen soll. Das hat zur Folge, dass seine symboltheoretischen Überlegungen in erster Linie einer Beschreibung der Eigenart der Religion im Unterschied zu den anderen kulturellen Formen dienen. Vor dem Hintergrund von Neukantianismus, Phänomenologie und dem Deutschen Idealismus gibt Tillich seiner Symboltheorie von vornherein eine reflexivere Fassung als Warburg. Dessen psychologische Fundierung wird ersetzt durch eine bewusstseinstheoretische Strukturtheorie. Auch Religion bestimmt der Theologe anders als der Theoretiker des sozialen Gedächtnisses. Sie ist für Tillich keine kulturelle Form mehr neben anderen Kulturformen, sondern eine Art reflexive Bewusstheit des Kulturprozesses.[55] Als eine besondere Kulturform wird Religion also aufgelöst, allerdings nur, um ihre Allgemeinheit zu behaupten. Obwohl kein menschliches Bewusstseinsvermögen, so ist die Religion doch die Grundlage der Kultur als ganzer. Sie steht nämlich für diejenige Bewusstheit des Bewusstseins, die die Voraussetzung allen kulturellen Schaffens ist. Tillich selbst bezeichnet das als Richtung auf das Unbedingte, welches wiederum als Sinn erörtert wird. Es entspricht dem,

---

[54] Vgl. CASSSIRER, ERNST: Philosophie der symbolischen Formen, 3 Bde., 9. Auflage, Darmstadt 1994. Vgl. hierzu DANZ, CHRISTIAN: Die politische Macht des mythischen Denkens. Paul Tillich und Ernst Cassirer über die Ambivalenz des Mythos, in: Die Macht des Mythos. Das Mythosverständnis Paul Tillichs im Kontext, ders./Werner Schüßler (Hgg.), Berlin/Boston 2015, 119–141. Tillich hat 1924 in der Theologischen Literaturzeitung Cassirers Schrift *Die Begriffsform im mythischen Denken*, die 1922 in den Studien der Bibliothek Warburg als deren erster Band erschienen war, besprochen. Vgl. TILLICH, PAUL: Probleme des Mythos, in: ThLZ 49 (1924), Sp. 115–117. In Tillichs Nachlass ist eine weitere bislang unbekannte Rezension der beiden ersten Bände der Philosophie der symbolischen Formen Cassirers überliefert, die wohl aus derselben Zeit stammt wie die der Schriftenreihe der Bibliothek Warburg. Vgl. TILLICH, PAUL: Rez.: Ernst Cassirer, Philosophie der symbolischen Formen (bMS 649/12[9]).

[55] Vgl. nur die Bestimmung der Religion als Richtung auf das Unbedingte, wie sie Tillich seit dem Kulturvortrag von 1919 in den 1920er Jahren sukzessive ausgearbeitet hat. Vgl. TILLICH, PAUL: Über die Idee einer Theologie der Kultur, in: ders.: Ausgewählte Texte, Christian Danz/Werner Schüßler/Erdmann Sturm (Hgg.), Berlin/New York 2008, 26–41, bes. 30; DERS.: System der Wissenschaften nach Gegenständen und Methoden [1923] (Gesammelte Werke, Bd. 1), Stuttgart 1959, 111–293, 228: „Voraussetzung dieser Auffassung ist die Erkenntnis, daß Religion keine Sinnsphäre neben anderen ist, sondern eine Haltung in allen Sphären: Die unmittelbare Richtung auf das Unbedingte."

was Warburg Denkraum nannte, nur eben übertragen auf die Religion, um deren Eigenart im Unterschied zum kulturellen Handeln zu beschreiben.

Den Symbolbegriff benutzt Tillich zunächst zur Beschreibung der Inhalte der Religion. Diese, also die religiösen Bilder von Gott, verweisen nicht auf Gegenstände himmlischer oder geschichtlicher Art. Mit ihren Inhalten bezeichnet sich vielmehr die Religion selbst als Erschlossenheit der Bewusstheit des Bewusstseins, die Voraussetzung und Grundlage des kulturellen Handelns ist. In religiöser Sprache formuliert: Gott ist ebenso vor der Gotteserkenntnis, wie der Sinn vor der Sinndeutung ist.[56] Aber die Erschlossenheit des Bewusstseins hinsichtlich seiner Voraussetzungsstruktur, also die Entstehung der Religion im einzelnen Menschen, kann dieser nicht herstellen. Religion als Gotteserkenntnis entsteht unableitbar im Menschen, sie ist an die Offenbarung Gottes gebunden.[57] In ihr bleibt allerdings die Bewusstheit des Bewusstseins transzendent und damit prinzipiell nicht darstellbar. Sie muss aber dargestellt werden, andernfalls würde keine Religion im Menschen entstehen können und in der Kultur erkennbar sein. Religion als Erschlossenheit des Bewusstseins hinsichtlich seiner Voraussetzungsstruktur muss sich in Bildern darstellen, aber zugleich verfehlen diese Bilder stets die Religion. Gott kommt nur in einem Bild von ihm zur Welt, das zugleich immer schon falsch ist. Diese gegenläufige Struktur nennt Tillich religiöses Symbol, nämlich ein Bild, das gesetzt und wieder negiert werden muss, da in und mit ihm etwas prinzipiell Nichtdarstellbares dargestellt wird.[58] Aufgrund dieser paradoxen Anschaulichkeit des religiösen Symbols ist es, wie es in dem Symbolaufsatz von 1928 in Abgrenzung vom Symbolverständnis Cassirers heißt, uneigentlich.[59] Es konstituiert keine Gegenständlichkeit, sondern im Symbol artikuliert sich Religion. Zum religiösen Symbol gehört eine Differenz, nämlich die von Bildinhalt und gemeinter Religion. Ähnlich wie für Warburg ist damit der Ausdruckscharakter für

---

[56] Vgl. TILLICH, PAUL: Rechtfertigung und Zweifel, in: ders.: Ausgewählte Texte, Christian Danz/Werner Schüßler/Erdmann Sturm (Hgg.), Berlin/New York 2008, 124–137, 130: „Der Durchbruch dieser göttlichen Grundoffenbarung, die vor allem Zweifel und Suchen steht, bringt die Befreiung, daß sie jedes Tun der Erkenntnis in zweite Linie rückt und die Gegenwärtigkeit Gottes vor der Gotteserkenntnis und des Sinnes vor der Sinneserkenntnis offenbart."

[57] Wie andere Theologen seiner Generation, z.B. Karl Barth, Friedrich Gogarten, Rudolf Bultmann u.a., gebraucht Tillich den Offenbarungsbegriff als religiöse Reflexionskategorie, um die Bewusstheit des religiösen Akts hinsichtlich seiner Unableitbarkeit und seiner Bindung an seinen Vollzug zu beschreiben.

[58] Vgl. TILLICH, PAUL: Das religiöse Symbol, in: ders.: Ausgewählte Texte, Christian Danz/Werner Schüßler/Erdmann Sturm (Hgg.), Berlin/New York 2008, 183–198, 184: Religiöse Symbole „haben kein anderes Recht als das der Vertretung des Unanschaubar-Transzendenten, das ihrer nicht bedarf, um zur Existenz zu kommen". Das unterscheidet das religiöse Symbol von kulturellen Symbolen.

[59] Vgl. aaO. 183.

religiöse Symbole konstitutiv. Sie sind „Ausdruck des Religiösen; sie sind seine Geschöpfe und seine Träger".[60]

Mit dem Symbolbegriff bezeichnet Tillich die inhaltliche Seite des religiösen Bewusstseins. Dieses ist jedoch stets in eine konkrete Geschichte – ein soziales Gedächtnis – eingebunden, in der bestimmte symbolische Formen als Ausdruck der Religion geprägt wurden und weitergegeben werden. Neben Uneigentlichkeit und Anschaulichkeit sind deshalb Selbstmächtigkeit und Sozialität konstitutiv für das religiöse Symbol.[61] Ähnlich wie bei Warburg geht es auch hier um prägende Formen, die in einer Religionsgemeinschaft als Träger des Ausdrucks von Religion in diversen Medien wie Schrift und Bild gespeichert und weitergegeben werden. Sie zeichnet aus, dass in ihnen „keine Eigenbedeutung zu überwinden" ist, da sie im sozialen Gedächtnis gleichsam als Träger von religiösen Ausdrucksformen vorgegeben sind.[62] Aber das ist nur die eine Seite der religiösen Symbole. Hinzu kommt eine andere, durch die sie erst als Ausdruck der Religion zusammen mit dieser entstehen. Ohne eine individuelle Aneignung der vorgeprägten Ausdrucksformen gibt es weder Religion noch religiöse Symbole. Tillich bindet die Aneignung der überlieferten Symbolwelten an die Offenbarung Gottes, also die Entstehung der Religion im Menschen. Sie tritt an die Stelle von Warburgs nachfühlendem Erleben der im Bildergedächtnis aufbewahrten Ausdrucksformen.[63] Der symbolische Akt, der die Differenz von Bild und Wirklichkeit setzt, wird also von Tillich nicht mehr als ein gleichsam invariantes anthropologisches Gefühl verstanden, dem ein bestimmter Ausdruck entspricht, sondern als Reflexionsakt in der Struktur des Bewusstseins, dem allerdings ebenfalls Allgemeingültigkeit zugesprochen wird, auch wenn er im Einzelnen lediglich unableitbar entsteht.

Religiöse Symbole, deren zwei Seiten wir kurz besprochen haben, sind Darstellungen des Nichtdarstellbaren. Für sie ist eine spezifische Differenz konstitutiv, eben dass mit dem religiösen Bild die Erschlossenheit des Bewusstseins gemeint ist und nicht der kulturelle Bildgehalt selbst. Dazu muss ein Bild gesetzt und wieder negiert werden. Das religiöse Bewusstsein kann jedoch das gesetzte Bild festhalten und es gleichsam der Negation entziehen, um es als einen prägnanten Ausdruck seiner selbst und seiner Selbsterschlossenheit zu bewahren. Eine solche religiöse Bildsetzung bezeichnet Tillich als dämonisch.[64] Auch sie fußt wie die Offenbarung Gottes auf einer Erschlossenheit

---

[60] TILLICH, PAUL: Religiöser Stil und religiöser Stoff in der bildenden Kunst, in: Kulturphilosophische Schriften (Hauptwerke, Bd. 2), Berlin/New York 1990, 88–99, 96.
[61] Vgl. TILLICH: Das religiöse Symbol (s. Anm. 58), 182f.
[62] TILLICH: Religiöser Stil und religiöser Stoff in der bildenden Kunst (s. Anm. 60), 96.
[63] Ebenso ist Tillichs Konstruktion der Religion von der Ottos unterschieden, für den Religion auf einem dem Menschen als Anlage bereits mitgegebenen numinosen Gefühl fußt.
[64] Zu Tillichs Verständnis des Dämonischen vgl. DANZ, CHRISTIAN: Das Dämonische. Zu einer Deutungsfigur der modernen Kultur bei Georg Simmel, Georg Lukács, Leo

des Bewusstseins und stellt diese in einem Bild dar. Aber diese Erschlossenheit wird als ein Gottesbild fixiert. Der symbolische Akt, der die Differenz von Bild und gemeinter Religion setzt, durch die der anschauliche Gehalt erst zu einem Symbol wird, ist hier unterdrückt. Zwar unterliegt der Mensch nicht mehr wie bei Warburg der Übermacht einer sinnlichen Reizreaktion, aber ähnlich wie bei ihm der dämonischen Macht der Bilder, die zur Zerstörung des Subjekts und der Kultur führen.

Für Warburg liegt, wie oben ausgeführt, der Kultur Angst zugrunde, die im Bild gebannt und auf Distanz gehalten wird. Auch diesen Aspekt hat Tillich in der Mitte der 1920er Jahre in seinen symboltheoretischen Religionsbegriff eingefügt. Im Hintergrund steht dabei freilich weniger Warburgs anthropologische Kulturtheorie, sondern eine existential-anthropologische Umformulierung der Grundlagen der Theologie Tillichs im Anschluss an die im Entstehen begriffene philosophische Anthropologie sowie den Existentialismus.[65] Anders als Warburg benutzt der Theologe den Angstbegriff als eine Strukturbeschreibung der menschlichen Existenz und erst in zweiter Linie als einen subjektiven Affekt. Angst, so Tillich, sei das Gewahrwerden der eigenen Freiheit und Endlichkeit durch den Menschen.[66] Genau das treibt den Menschen an, die Angst in einem Selbst- und Welt-Bild zum Verschwinden zu bringen, das dadurch dämonisch wird.

Welchen Ausweg gibt es aus der dämonischen Macht der Bilder? Keinen anderen als den Aufbau einer erneuten Distanz gegenüber den Bildern. Anders als Warburg verbindet Tillich jedoch die Rückgewinnung des Denkraums mit der Religion. Diese ist, da sie ein reflexives Bewusstsein bezeichnet, eine Bildpraxis, die um die Differenz von Bild und Sinn weiß. Sie realisiert sich in der Geschichte als Kritik und Gestaltung der kulturellen Formen, als Wissen um die Notwendigkeit der konkreten Formen der kulturellen Darstellung und deren gleichzeitige Unangemessenheit. Warburgs psychologisch-anthropologische Grundlegung der Kulturtheorie in der Unterbrechung der phobischen Reizreaktion nimmt Tillich in dem veränderten Rahmen seiner Kulturtheologie auf, die er in den 1920er Jahren in Auseinandersetzung mit der Kulturwissenschaftlichen Bibliothek ausgearbeitet hatte. Noch in seiner späten Schrift *The Courage to Be*, die sich – wie eingangs erwähnt – auf Warburgs Luther-Studie bezieht, behauptet Tillich als Ausweg aus der Tragödie der modernen Kultur

---

Löwenthal und Paul Tillich, in: Das Dämonische. Kontextuelle Studien zu einer Schlüsselkategorie Paul Tillichs, ders./Werner Schüßler (Hgg.), Berlin/Boston 2018, 147–184.

[65] Vgl. hierzu FRITZ, MARTIN: Menschsein als Frage. Paul Tillichs Weg zur anthropologischen Fundierung der Theologie, Habilitationsschrift Neuendettelsau 2016.

[66] Zu Tillichs Verständnis der Angst vgl. DANZ, CHRISTIAN: „Anxiety is finitude, experienced as one's own finitude." Werkgeschichtliche Anmerkungen zu Paul Tillichs Ontologie der Angst in Der Mut zum Sein, in: The Courage to Be. International Yearbook for Tillich Research, Bd. 13, ders./Marc Dumas/Werner Schüßler/Mary Ann Stenger/Erdmann Sturm (Hgg.), Berlin/Boston 2018, 25–46.

einen absoluten Glauben, der in dem Wissen um die Differenz von Bild und Sinn besteht. Dieser Glaube, nun der Mut zum Sein genannt, „*gründet in dem Gott, der erscheint, wenn Gott in der Angst des Zweifels untergegangen ist*".[67]

---

[67] TILLICH: Der Mut zum Sein (s. Anm. 1), 139.

Im Bildnis des Lebens

Formprozesse des Religiösen im Werk der Psychoanalytikerin Lou Andreas-Salomé

Anne Steinmeier

I. Auf Wegen der Ersten Kulturwissenschaft

Es ist gewiß nicht oft vorgekommen, daß ich eine psa. Arbeit bewundert habe, anstatt sie zu kritisieren. Das muß ich diesmal tun. Es ist das Schönste, was ich von Ihnen gelesen habe, ein unfreiwilliger Beweis Ihrer Überlegenheit über uns alle, entsprechend den Höhen, von denen herab Sie zu uns gekommen sind. Es ist eine echte Synthese, nicht die unsinnige, therapeutische unserer Gegner, sondern die echte wissenschaftliche, der man zutrauen könnte, daß sie die Sammlung von Nerven, Muskeln, Sehnen und Gefäßen, in die das analytische Messer den Leib verwandelt hat, wieder zum lebendigen Organismus rückverwandeln kann. Gelänge es, was Sie mit hauchdünnen Pinselstrichen hinmalen, zur Greifbarkeit zu vergröbern, so hätte man vielleicht endgültige Einsichten in Besitz bekommen.[1]

Die Arbeit, auf die Freud sich bezieht, ist ein langer Brief der 1861 in Petersburg geborenen Lou Andreas-Salomé an Freud, der mit dem Titel *Mein Dank an Freud* als Festschrift anlässlich seines 75. Geburtstages auf Freuds Wunsch hin veröffentlicht wird.[2]

Dennoch blieb die eigene Stimme Andreas-Salomés lange unbekannt, interessanter schien ihr Leben, ihr nie ganz für die Öffentlichkeit aufgeklärtes Verhältnis zu Nietzsche, ihre Liebesbeziehung zu dem jüngeren Rilke. Das hat sich seit ihrem 150. Geburtstag im Februar 2011 verändert. Eine Edition ihres gesamten Werkes wird seitdem realisiert.[3]

---

[1] Sigmund Freud in einem Brief an Lou Andreas-Salomé am 10. Juli 1931, in: ERNST PFEIFFER (Hg.): Sigmund Freud – Lou Andreas-Salomé. Briefwechsel, Frankfurt a.M. ²1980, 213.

[2] ANDREAS-SALOMÉ, LOU: Mein Dank an Freud (1931), in: Weber, Inge/Rempp, Brigitte (Hgg.): Lou Andreas-Salomé. Das ‚zweideutige' Lächeln der Erotik. Texte zur Psychoanalyse, Freiburg i. Br. 1990, 245–324. Vgl. auch den Aufsatz in der Neuedition: ANDREAS-SALOMÉ: „Mein Dank an Freud". Aufsätze und Essays. Bd. 4: Psychoanalyse, Brigitte Rempp/ Inge Weber (Hgg.), Taching am See 2012, 169–266. (Für das Folgende gilt: Die Zahlen in Klammern beziehen sich auf die Seitenangabe in der jeweiligen Neuedition). Vgl. GROPP, ROSE-MARIA: Lou Andreas-Salomé mit Sigmund Freud. Grenzgänge zwischen Literatur und Psychoanalyse, Weinheim/Basel 1988, 18, Anm. 32.

[3] Vgl. https://www.medienedition.de (Zugriff 13. Juni 2020).

Zurück zu ihrem Brief. Dass Freud nicht allzu häufig bewundert, ist bekannt. Für die „unsinnige, therapeutische" Synthese, von der er spricht, mag hier der Name C.G. Jung genügen. Dessen Vorstellung universell geltender Wirkmächte eines kollektiven Unbewussten, der so genannten Archetypen, die Idee einer das Subjekt in seinen Gegensätzen übergreifenden „Ganzheit", ist für den Aufklärer Freud undenkbar.[4]

Georges Didi-Huberman urteilt, dass es Freud „auf überwältigende Weise [gelungen sei], die Frage des *Subjekts* neu aufzuwerfen – ein Subjekt, das fürderhin nicht als Verschluß, sondern als Riß gedacht werden muß, ein Subjekt, das fürderhin zur Synthese, und sei sie transzendental, unfähig ist".[5] Nur deshalb habe er überhaupt die Frage nach dem Wissen neu aufwerfen können. Der Riss, der hier angesprochen ist, ist die Entdeckung der Dynamik des individuellen Unbewussten und der hiermit neu geschriebenen Textur des seelischen Lebens, einer Dynamik, die alles vermeintliche Wissen des Subjekts über sich selbst unterläuft. Das gilt auch für die Religion.[6]

Welcher Art aber ist dann die Synthese, auf die Freud so positiv reagiert? Die Spur führt zu dem, was dem klinischen Blick lange als „philosophischer Ballast"[7] erschien, der einen vornehmlich an klinischer Praxis interessierten Leser nicht unbedingt interessierte, eine Umsetzung in die praktische Anwendung eher zu erschweren schien.[8]

Was Andreas-Salomé „anhaftet", ihr „nach"-geht, ist Religion „nach" der Religion, in ihrer Sprache: Religion, obwohl „*Gott verloren*"[9] war. Eine Religion nach dem Riss als Suchbewegung im „Nachleben" der Religion, wie ich im Anschluss an die gegenwärtige Debatte mit Sigrid Weigel, Daniel Weidner und Martin Treml formuliere.[10] Dieses „Nach" ist eine Figur des Dritten: Denn

---

[4] Bezüglich eines anderen Blicks auf Jung vgl. STEINMEIER, ANNE M.: Kunst und Psyche – Impulse der Psychologie C.G. Jungs für die Sinnarbeit des Lebens. Eine kulturphilosophische Relecture, in: WzM, 71/3 (2019), 237–252.

[5] DIDI-HUBERMAN, GEORGES: Vor einem Bild, München 2000, 15.

[6] Vgl. STEINMEIER, ANNE M.: Wiedergeboren zur Freiheit. Skizzen eines Dialogs zwischen Theologie und Psychoanalyse, Arbeiten zur Pastoraltheologie, Bd. 33, Göttingen 1998, 30–68.

[7] WELSCH, URSULA/WIESNER, MICHAELA: Vom „Lebensurgrund" zur Psychoanalyse, 2. Auflage, München/Wien 1990, 321.

[8] Vgl. ROTHE, DARIA A./WEBER, INGE (Hgg.): „... als käm ich heim zu Vater und Schwester". Zum Briefwechsel zwischen Anna Freud und Lou Andreas-Salomé, in: dies. (Hg.): Lou Andreas-Salomé – Anna Freud, Briefwechsel, Band II, Göttingen 2001, 884.

[9] ANDREAS-SALOMÉ, LOU: Mein Kampf um Gott (1885 unter dem Pseudonym Henri Lou publiziert), Hans-Rüdiger Schwab (Hg.), München 2007, 40. Vgl. auch: Andreas-Salomé, Lou: Lebensrückblick. Grundriß einiger Lebenserinnerungen, Ernst Pfeiffer (Hg.), 5. Auflage, Frankfurt a.M. 1984, 23.

[10] WEIDNER, DANIEL/TREML, MARTIN: Nachleben der Religionen. Kulturwissenschaftliche Untersuchungen zur Dialektik der Säkularisierung, München 2007. In Bezug auf Andreas-Salomé ist hier bewusst im Singular formuliert.

die Rede vom Nachleben der Religionen [sperrt sich] gegenüber der Vorstellung, diese seien ein für allemal verschwunden und allenfalls ihr Beitrag zur abendländischen Kultur könne heute bilanziert werden. Sie subvertiert aber gleichermaßen die Vorstellung, Religion habe eine ungebrochene – und letztlich: nicht zu brechende – Lebenskraft, die nur eine Weile verdeckt gewesen sein soll.[11]

Eine Wahrnehmung, die verlangt, Säkularisierung als die vielleicht „*letzte große Erzählung*" noch einmal einer Relecture zu unterziehen, sie in ihrer Mehrdeutigkeit zu lesen, in ihrer „*Dialektik*", in der sie „weder ungebrochenes Fortleben, noch auch ein klar bestimmter Abbruch" ist.[12]

Andreas-Salomé bewegt sich in jener, durch einen epistemologischen Bruch qualifizierten, Ersten Kulturwissenschaft um 1900, die sich „durch eine auffällige Gleichzeitigkeit" auszeichnet:

Um 1900 wird im selben Moment Religion – nicht Theologie oder Glaube oder Kult – erstmals als eigenes Wissensfeld untersucht und der Gedanke der Kulturwissenschaft formuliert. Das ‚Nach' des Nachlebens, seine ambivalente Zeitlichkeit und seinen unheimlichen Präsenzcharakter kann man nicht als Anfang oder Ende, aber als *Überleben* und *Ursprung* denken.[13]

Damit werden Prozesse in Gang gesetzt, die sich nicht mehr in disziplinäres Wissen einordnen lassen. In „Akte[n] der Verwandlung und Übertragung" werden Grenzen überschritten, „sei es die Grenze von Sakralem und Profanen, sei es die verschiedener nationaler oder religiöser Kulturen oder die verschiedener Binnenregister innerhalb von Religion oder Profanität".[14]

Lou Andreas-Salomé ist in dieser geistigen Welt vernetzt. In und mit dem riskanten Potential von Unbestimmtheits- und Ambivalenzstrukturen zeigt sich in ihrem Werk Religion in „kulturellen Registern"[15]: „an der Grenze von Bildern und Begriffen, von verschiedenen Disziplinen, von Wissenschaft und Kultur, von Wissen und Nicht-Wissen"[16].

Mit 21 Jahren hat sie Nietzsche kennengelernt und die erste Monographie über den Philosophen verfasst, *Friedrich Nietzsche in seinen Werken*.[17] Sie bewegt sich in jenem Horizont des Denkens, für den das Leben leitend wird, der Lebensphilosophie, das gilt vor allem für Wilhelm Dilthey und Henri Bergson. Sie ist von wesentlicher Bedeutung für das Werden der Dichtung Rainer Maria Rilkes. Henrik Ibsens *Frauen-Gestalten* hat sie nicht nur rezensiert, sondern

---

[11] AaO. (s. Anm. 10) 11. Vgl. DIDI-HUBERMAN, GEORGES: Das Nachleben der Bilder. Kunstgeschichte und Phantomzeit nach Aby Warburg, Berlin 2010.
[12] WEIDNER/TREML: Nachleben (s. Anm. 10), 11.
[13] AaO. 12.
[14] Ebd.
[15] Ebd.
[16] AaO. 13.
[17] ANDREAS-SALOMÉ, LOU: Friedrich Nietzsche in seinen Werken (1894), Ernst Pfeiffer (Hg.), Frankfurt a.M./Leipzig 1983.

seine Dramen neu erzählt und literarisch interpretiert.[18] Nach der *Schule bei Freud*[19] wird sie die erste Psychoanalytikerin in Deutschland, das heutige Göttinger Institut ist nach ihr benannt. Über die direkten Verbindungen lassen sich komparatistische Lektüren finden, vor allem in Bezug auf Walter Benjamin, aber auch avant la lettre auf Hans Blumenberg.

Das Herausfordernde im Werk von Andreas-Salomé ist das Ästhetische ihres Denkens, sie malt in Sprache, mit hauchdünnen Pinselstrichen, wie Freud sensibel präzisiert. Von hierher lässt sich auch der eigene Sprach- und Schreibstil von Andreas-Salomé erklären. Gisela Brinker-Gabler, emeritierte Professorin für Comparative Literature an der State University of New York in Binghamton, beschreibt ihre

creative and evocative textual practise. In her critical and autobiographical prose, the train of rational thought is continuously interrupted by / through the associative powers of images that call forth experiences, memory and the heterogeneity of life. She often uses something familiar to unlock a space that opens up a to a yet 'unknown' or forgotten, which leads the way to an alternative mode of thinking in continuous dialogue with images that are remembered, rewritten, or invented. Images participate in thought. They appear as thresholds to the as-yet 'unthought' and 'unsaid', to desires and impulses, and give rise to powerful revisionings [...].[20]

Das ist ein Stil, der auch die Formprozesse des Religiösen, die Prozesse ihres „Nachlebens" als ikonische lesen lässt. Aber so sehr komparatistische Lektüren Verwebungen und Familienähnlichkeiten aufzeigen mögen, so sehr ist zugleich darauf zu achten, welche besondere Stimme Andreas-Salomé hier eingetragen hat. Eine Stimme, die zu entdecken sich heute noch lohnt. Oder, um es im Anschluss an Freuds Formulierung auszudrücken, es interessiert, welchen besonderen Pinselstrich sie in dieses schillernde Bild einträgt. Man muss genau hinsehen, und vielleicht ist das Bild gerade nicht zu „vergröbern", wie Freud imaginiert.

Ich gehe im Folgenden Schlüsseltexten des Werkes von Andreas-Salomé nach, in denen sich der Weg zu ihrem eigenen psychoanalytischen Profil bildet, ein Profil, das, wie Freuds, längst nicht nur klinisch ist.

---

[18] ANDREAS-SALOMÉ, LOU: Henrik Ibsens Frauen-Gestalten. Psychologische Bilder nach seinen sechs Familiendramen (1892), Cornelia Pechota (Hg.), Taching am See 2012.

[19] ANDREAS-SALOMÉ, LOU: In der Schule bei Freud. Tagebuch eines Jahres 1912/13, Manfred Kleemann (Hg.), Taching am See 2017.

[20] BRINKER-GABLER, GISELA: Image in Outline. Reading Lou Andreas-Salomé, New York 2012, 12.

II. Mein Umgang mit Gott – Mehr als eine Kindheitsgeschichte

Meine früheste Kindheitserinnerung ist mein Umgang mit Gott. [...] [E]s handelte sich [...] dabei nicht in erster Linie um den Gott der Kirche oder der Familie, sondern um meinen höchsteigenen, den ich zufällig in jenem entdeckt, – um mein *Eigentum*.[21]

Unter dem Titel *Gottesschöpfung*, publiziert in der 1892 in Berlin gegründeten Literaturzeitschrift *Freie Bühne*, reflektiert Andreas-Salomé ihre frühe religiöse Geste zur Welt. Einer Welt, die dem kleinen Mädchen reich und voller Möglichkeiten und in der alles mit allem verbunden schien. In dieser eigenen, kreativen Bildung war „Gott" ihr persönlicher, ihr „allerbeste[r]" Freund. Darum brauchte sie – im Unterschied und in Abgrenzung von den Eltern – keine „gleichsam offizielle[...] Eingangspforte",[22] denn „ihre" Andacht war keine bloß zeitlich begrenzte Gottesübung. Mit „ihrem Freund" Gott stand sie in ständigem Zwiegespräch, einem unablässigen Lebensgebet, in dem sie ihm die Geschichten des Tages anvertraute – „wie Du weißt",[23] und wie er verstand – und wunderhaft verwandeln konnte. Was dieser Freund ihr als Kind gab, was sie im Gespräch mit ihm empfing, war „vor allem der Spielraum", in dem alle „selbstschöpferischen Gemütskräfte" sich ausleben, in dem das „individuell Besonderste" sich bergen, in dem man sich wie in einem Mantel „mit tausend Falten und Taschen" verhüllen und verstecken konnte.[24] Darum störte sie das „Übersinnliche und Unsichtbare an der Sache, diese Tarnkappe, die mein bester Freund trug und niemals ablegte", „zum Verwundern wenig".[25]

Verwundern könnte allerdings die Bildkraft, wenn man sich vergegenwärtigt, dass die Hausandacht der Eltern die religiöse Form reformierter, das heißt wesentlich bildloser, allein auf das Wort bezogener, Prägung hatte. Der Vater, Gustav von Salomé, hatte mit Erlaubnis des Zaren die deutsch-reformierte Kirchengemeinde in St. Petersburg gegründet. Dieser theologischen Bildlosigkeit setzt sie ihren Umgang, ihre Phantasie, den Reichtum, die Kraft und Energie des Spielraums einer inneren Bilderwelt entgegen.

Aber die das erzählt, ist nicht das „historische Kind". Es ist die Reflexion der Einunddreißigjährigen, deren Blick aus der Gegenwart auf die Kindheit und ihre Szenen fällt und ihnen „Bedeutungen entlockt, die sich erst in der Zeit

---

[21] Andreas-Salomé, Lou: Gottesschöpfung (1892), in: Freie Bühne für den Entwicklungskampf der Zeit, 3 (1892), 169–179, 169f. Vgl. auch den Aufsatz in der Neuedition: „Von der Bestie bis zum Gott". Aufsätze und Essays, Bd.1: Religion, Hans-Rüdiger Schwab (Hg.), Taching am See 2010, 133–150, 133.
[22] ANDREAS-SALOMÉ: Gottesschöpfung (s. Anm. 21), 169, (134).
[23] Vgl. ANDREAS-SALOMÉ: Lebensrückblick (s. Anm. 9), 14.
[24] ANDREAS-SALOMÉ: Gottesschöpfung (s. Anm. 21), 170f, (135).
[25] AaO. 169f, (134).

des Erinnerns auftun".[26] Eine Zeitlichkeit des Gedächtnisses, die Entwicklung nicht als lineare Abfolge klar bestimmter Ereignisse bestimmt, sondern in der Prägnanz von Überschichtungen wahrnimmt,[27] in der die Erzählung und das Gedächtnis ihre Bedeutung erst im Nachhinein erhalten.[28]

Die das erzählt, hat als Gasthörerin, denn Frauen waren für das Studium nur in Ausnahmen zugelassen, Philosophie und Theologie in Zürich studiert (1880–1881), und sie ist 1882 Nietzsche begegnet. Aus dem mehrwöchigen Zusammensein in Thüringen, in Tautenburg bei Dornburg, wandernden Gesprächen, in denen sie sich „cirka 10 Stunden täglich" „förmlich todt"[29] gesprochen haben, schreibt sie Texte über das *Bild Nietzsches*[30] und die Monographie, aus der sie dem Erblindenden noch teilweise vorgelesen hat. Mit Nietzsche weiß sich Andreas-Salomé „im religiösen Grundzug unserer Natur" verbunden, der unter den Bedingungen der Zeit

vielleicht gerade darum so stark in uns hervorgebrochen [ist], weil wir Freigeister im extremsten Sinne sind. [...] Im Freigeiste kann das durch die Religionen *entstandene religiöse Bedürfnis*, – gleichsam auf sich selbst zurückgeworfen, zur heroischen Kraft seines Wesens werden, zum Drang der Selbsthingabe einem großen Ziele [...].[31]

Oder wie Nietzsche in einem Aphorismus für die Freundin aufzeichnet: „Wer das Große nicht mehr in Gott findet, findet es überhaupt nicht *vor* und muß es entweder leugnen oder – schaffen (schaffenhelfen)".[32] Im Ausdruck *Gottesschöpfung*, mit dem sie das Narrativ ihrer frühen religiösen Geste und ihres Gottesbildes überschreibt, trifft sie sich mit Nietzsche. Aber im Rückzug der Tagebuchaufzeichnungen brechen auch ambivalente Gedanken und Empfindungen auf: „Sind wir uns *ganz* nah? Nein, bei alledem nicht. [...] [I]n

---

[26] Vgl. BÖHME, HARTMUT/EHRENSPECK, YVONNE: Walter Benjamin, Aura und Reflexion. Schriften zur Kunsttheorie und Ästhetik, ausgewählt und mit einem Nachwort von Böhme, Hartmut und Ehrenspeck, Yvonne, Frankfurt a.M. 2007, 484.

[27] Vgl. WEIDNER, TREML: Nachleben (s. Anm. 10), 12.

[28] Diese Wahrnehmung stellt Fragen an soziologische Studien, auch im Blick auf Ostdeutschland (vgl. z.B. WOHLRAB-SAHR, MONIKA/KARSTEIN, UTA/SCHMIDT-LUX, THOMAS: Forcierte Säkularität. Religiöser Wandel und Generationendynamik im Osten Deutschlands, Frankfurt a.M. 2009).

[29] ANDREAS-SALOMÉ: Lebensrückblick (s. Anm. 9), 84.

[30] ANDREAS-SALOMÉ, LOU: Zum Bilde Friedrich Nietzsches (1891) und (1892), in: dies.: „Ideal und Askese". Aufsätze und Essays, Bd. 2: Philosophie, Hans-Rüdiger Schwab (Hg.), Taching am See 2010, 183–240.

[31] NIETZSCHE, FRIEDRICH/RÉE, PAUL/VON SALOMÉ, LOU: Die Dokumente ihrer Begegnung. Auf der Grundlage der einstigen Zusammenarbeit mit Karl Schlechta und Erhart Thierbach (†), hg. von Ernst Pfeiffer, Frankfurt a.M. 1970, zit. in: Schwab, Hans-Rüdiger: Der Freigeist, die Frauen, das Leben. Lou Andreas-Salomés Beiträge zur Philosophie, in: dies.: „Ideal und Askese" (s. Anm. 30), 318–345, 330.

[32] NIETZSCHE, zit. in: Schwab, Freigeist (s. Anm. 31), 321.

irgendeiner verborgenen Tiefe unseres Wesens sind wir weltenfern voneinander."³³ Die Ambivalenz „gründet" in der Zeittiefe ihrer Erinnerungen, die sie zunächst nur mit „halb unwissentliche[n] Gefühlen" verbinden kann: Gefühlen aus ihrer „allerkindischsten und doch persönlichsten, unvernichtbaren Kindheit". Aber: „Das Faszinierende und zugleich eine innere Abkehr davon gehörten ineinander."³⁴

Ein Ineinander, das Andreas-Salomé nur schreibend, im Sprachkörper, klären kann.³⁵ Zu dieser Klärung gehört der Begriff Umgang, den sie als Kennzeichen ihres Gottesverhältnisses beschreibt. *Umgang* ist bei Nietzsche, so Volker Gerhardt, ein anthropologischer Ausdruck nach dem Zerfall metaphysischer Gewissheiten, nach dem „Begriffe wie Sein und Wahrheit [...] stets nur *unseren* Umgang mit den Dingen, niemals aber diese Dinge selbst erkennen"³⁶ lassen. Der Begriff Umgang steht für die Kunst, zum Leben Stellung zu nehmen.³⁷

Die *Gottesschöpfung* ist darum nicht einfach nur als kindlich oder, wie Andreas-Salomé selbstironisch formuliert, mit ihrer „befremdlichen Schwärmernatur" abzutun, sondern „in jener naiven Nüchternheit der Auffassung" zu würdigen, der „nur ein Kindesverstand noch fähig ist, der noch nicht scharf zu unterscheiden weiß zwischen Sinnlichem und Übersinnlichem, äußerlich Wahrgenommenem und innerlich Erlebtem." Eine „Nüchternheit", die vielleicht auch „im Götterglauben primitiver Menschen ausschlaggebend gewesen sein mag".³⁸

Der Bruch dieser frühen Form des religiösen Weltverhältnisses ist somit auch nicht nur als Entwicklung zur Autonomie zu deuten. Der Verlust ihres Gottes ist für Andreas-Salomé die Erfahrung und das Bewusstwerden von Resonanzlosigkeit, und zwar nicht nur in Bezug auf sich selbst: Was jetzt herausforderte, „war ja der unabänderliche Tatbestand der Gott-Verlassenheit des Universums selber".³⁹

Darum ist nicht einfach „freigeistig" aufzugeben, was nicht regressiv zurückruft, vielmehr erst auf den Weg setzt: Nicht nur in Bezug auf die eigene Biographie, sondern in grundsätzlicher Perspektive spricht Andreas-Salomé von einem sich verändernden Sinn des Religiösen, den sie als Psychoanalytikerin nicht nur festhalten, sondern theoretisch ausformulieren und anthropologisch begründen wird. Der Gedanke entwickelt sich über die Differenzierungen

---

[33] ANDREAS-SALOMÉ, zit. in: Schwab, Freigeist (s. Anm. 31), 323.
[34] ANDREAS-SALOMÉ: Lebensrückblick (s. Anm. 9), 85.
[35] Hier mag eine Nähe zu Kleist liegen, vgl. SCHMIDBAUER, WOLFGANG: Kleist. Die Entdeckung der narzisstischen Wunde, Gießen 2011. Vgl. ANDREAS-SALOMÉ, LOU: Eintragungen. Letzte Jahre, Ernst Pfeiffer (Hg.), Frankfurt a.M. 1982, 43ff.
[36] GERHARDT, VOLKER: Pathos und Distanz. Studien zur Philosophie Friedrich Nietzsches, Stuttgart 1988, 18.
[37] Vgl. GERHARDT: Pathos und Distanz (s. Anm. 36), 18ff.
[38] ANDREAS-SALOMÉ: Gottesschöpfung (s. Anm. 21), 170; (134).
[39] ANDREAS-SALOMÉ: Lebensrückblick (s. Anm. 9), 23.

der Bilder, der „Gehäuse", die ihren Sinn nicht in sich selbst haben, sondern sich entwickeln können. Dazu gehört auch das „sehr armselige[...] und jeder Mißdeutung tausendfach zugängliche[...] Wort" „Gott", wie sie in ihrem Aufsatz *Religion und Kultur* schreibt.[40] Was den Sinn dieses Wortes für den einzelnen Menschen

belebt, was ihm ‚Gott' zum Gott macht, das erhält in diesen verschiedenen Erkenntnisformen gewissermaßen nur ein officielles Gehäuse, das von seinem gotthaftesten, religiös inspiriertesten Inhalt manchmal gar nicht, manchmal nur zwischendurch und bei officiellen Anlässen bewohnt wird, denn dieser Inhalt ist nichts, was sich fixiert und verkapselt – sei es auch in der goldenen Kapsel kostbarer Gottesweisheit – übertragen läßt, sondern stets nur wieder aufs neue aus dem tiefsten Contact mit dem Leben selbst erzeugt werden kann [...].[41]

In diesem „tiefsten Contact mit dem Leben" gründet, was Andreas-Salomé mit Nietzsche verbindet und zugleich von ihm abwenden und sich trennen lässt. Das wird deutlich in ihrer Monographie über den Philosophen. An Nietzsche fasziniert sie die Polyphonie seines Lebens: „ein Musiker von hoher Begabung, ein Denker von freigeisterischer Richtung, ein religiöses Genie und ein geborener Dichter",[42] aber diese Polyphonie seiner Seele zerbricht, indem sie sich „zu sich selber nicht nur wie zu einem *anderen*, sondern auch wie zu einem *höhern* Wesen" empfindet. So bringt er „einen Theil seiner selbst sich selber zum Opfer" und „[i]n den Erschütterungen seines Geistes, in denen er das heroische Ideal eigener Preisgebung und Hingebung zu verwirklichen wähnt, [...] *an sich selbst einen religiösen Affekt* zum Ausbruch".[43] In dieser „Rückbeziehung auf sich selbst anstatt auf eine ihn mit umfassende, außer ihm liegende Lebensmacht", kann ein Mensch in der Vielstimmigkeit seiner Seele keine „höhere Einheit" gewinnen, sondern erleidet „das gerade Gegentheil des Angestrebten", die „innerste Zweitheilung" seines Wesens, seine „Spaltung zum ‚*Dividuum*'".[44]

---

[40] ANDREAS-SALOMÉ, LOU: Religion und Kultur. Religionspsychologische Studie (1898), in: Die Zeit. Wiener Wochenschrift für Politik, Volkswirtschaft, Wissenschaft und Kunst (Wien), 14/183 (1898), 5–6, 6. Vgl. auch den Aufsatz in der Neuedition: „Von der Bestie bis zum Gott" (s. Anm. 21), 117–132, 123.

[41] ANDREAS-SALOMÉ: Religion und Kultur (s. Anm. 40), 6 (123; das Zitat ist in der ursprünglichen Schreibweise übernommen).

[42] ANDREAS-SALOMÉ: Nietzsche (s. Anm. 17), 49.

[43] AaO. 61.

[44] AaO. 62. Vgl. zur Interpretation Andreas-Salomés auch GUTJAHR, ORTRUD: Philosophische Durchdringung. Psychologische (Selbst-)Analyse. Lou Andreas-Salomés Pionierstudie Friedrich Nietzsche in seinen Werken und ihr Kontext, in: Dominic Angeloch/Joachim Küchenhoff/Joachim Pfeiffer (Hgg.): Nietzsche. Freiburger literaturpsychologische Gespräche. Jahrbuch für Literatur und Psychoanalyse, Bd. 39, Würzburg 2020, 183–221.

Mit dieser Andeutung des Bezugs auf eine „mit umfassende, außer ihm liegende Lebensmacht"[45] rekurriert Andreas-Salomé nicht auf die verlorene Figur des Kinderglaubens, sehr wohl aber auf das Widerstandspotential ihres kreativen Weltbezugs, ihres „Umgangs mit Gott", dessen Leerstelle sie bewahrt.

Eine Leerstelle, die ihren Blick auch auf den Menschen Nietzsche lenkt. Einen Menschen anzusehen, sich von seinem Bild ansehen zu lassen, bedeutet, den „Mantel" um seine Schätze zu legen,[46] um mit ihm diesen Blick ins Innere zu teilen. Sie beschreibt seine Hände, die das schlechte Sehen nicht durch „Zugriffigkeit" auszugleichen suchen. Sie sahen vielmehr aus „wie Hüter und Bewahrer eigener Schätze, stummer Geheimnisse, die kein unberufener Blick streifen sollte".[47]

Der berufene Blick aber wird die Beziehung zum Abwesenden halten, „weil und insofern es das nie ganz Abwesende ist"[48], wie eine komparatistische Lektüre im Anschluss an Hans Blumenberg nahelegt. Der berufene Blick führt zur Weiterarbeit an der Frage der Kunst und ihrem Verhältnis zur Religion.

III. Der religiöse Traum

1896, zwei Jahre nach der Monographie über Nietzsche, erscheint die Schrift *Jesus der Jude*.[49] Diese Schrift gibt den Anlass des über die Liebeziehung hinaus lebenslang währenden Gespräches mit Rilke. Ein Thema, das in der damaligen Debatte um den Menschen Jesus verortet werden kann. Aber die Konstellation mit der im selben Jahr publizierten Novelle *Aus fremder Seele*[50], die die jüdische Herkunft eines Pfarrers auf äußerst dramatische Weise thematisiert, ist auffällig. Ich lasse diese Beobachtung zunächst einmal so stehen und wende mich dem Essay zu.

Was den Juden Jesus ausgezeichnet hat, war sein religiöser Traum, ein Traum im „Contact mit dem Leben", in dem er nicht als der Überwinder des Judentums, sondern als dessen „schärfste[r] Ausdruck" gesehen werden kann.[51] Denn in ihm habe das Judentum Ernst gemacht „mit der innersten

---

[45] ANDREAS-SALOMÉ: Nietzsche (s. Anm. 17), 62.
[46] AaO. 33.
[47] AaO. 38.
[48] BLUMENBERG, HANS: Matthäuspassion, Frankfurt a.M. 1988, 8, zit. in: MOXTER, MICHAEL: Die schönen Ungenauigkeiten. Hans Blumenbergs phänomenologische Variationen, in: Neue Rundschau, 109/1 (1998), 83–92, 84.
[49] ANDREAS-SALOMÉ, LOU: Jesus der Jude, in: „Von der Bestie bis zum Gott" (s. Anm. 21), 169–184, 181.
[50] ANDREAS-SALOMÉ, LOU: Aus fremder Seele. Eine Spätherbstgeschichte (1896), Berlin 2016.
[51] ANDREAS-SALOMÉ: Jesus der Jude (s. Anm. 49), 176.

Glaubensvoraussetzung: ‚was Gott verspicht, das muß das Leben halten'"[52]. Dem Werk eines Dichters vergleichbar, der seinem Inneren einen stimmigen, adäquaten Ausdruck in Worten und Bildern schafft, habe sich hier ein höchster religiöser Traum bilden können, der „uns in seiner ganzen Vollendung gleichsam greifbar, plastisch geworden, entgegentritt"[53].

Dieses Credo des wirklichen Menschen Jesus, des „Juden seiner Zeit", lässt allein vorstellen, was in ihm vorgegangen sein muss in Gethsemane, als er seinen Kampf verloren sah und ihn doch noch bis ans Kreuz durchgehalten hat, mit dem Schrei der Gottverlassenheit, „gleichviel ob *er* es gerufen hat, oder nach seinem Tode die trostlose Verzweiflung und Scham der Jünger"[54].

Und Ostern? Andreas-Salomé kennt die Diskussion und antwortet: Je klarer und strenger ihre Methoden werden, desto mehr muss sie gerade in dem Moment „ihre Beute" loslassen, „wo diese anfängt am interessantesten, am problematischsten zu werden".[55] Das heißt, was immer auch geschehen sein mag, es ist offen zu halten. Erst „in der *Rückwirkung* einer, gleichviel entstandenen Gottheit auf den an sie glaubenden Menschen"[56] ist das eigentliche religiöse Phänomen gegeben. Oder, wie sie in ihrer späteren Schrift *Der Gott* im Motto voraussetzt: „Nemo contra Deum nisi Deus ipse"[57].

Auch Tolstoi nicht.

IV. *Die Zeit der Bilder*[58]

Mochte der Dichter sie und den jungen, noch seine Stimme suchenden, Rilke „auf das heftigste" ermahnt haben, derart „abergläubischem Volkstreiben nicht noch durch dessen Mitfeier zu huldigen", so „fand die Osternacht uns doch, direkt von ihm kommend, unter der Gewalt der Kremlglocken".[59]

---

[52] AaO. 178.
[53] AaO. 172. Hier wird ihr Bezug auf Wilhelm Dilthey deutlich, insbesondere im Blick auf jene zweite Phase, die nach Matthias Jung in „bislang weitgehend übersehene[r] Nähe zu dem Denken von William James und John Dewey" zu sehen ist (JUNG, MATTHIAS: Wilhelm Diltheys handlungstheoretische Begründung der hermeneutischen Wende, in: Kühne-Bertram, Gudrun/Rodi, Frithjof (Hgg.): Dilthey und die hermeneutische Wende in der Philosophie. Wirkungsgeschichtliche Aspekte seines Werkes, Göttingen 2008, 257–271, 260). Zur Bedeutung der Dichtung in Bezug auf Rilke vgl. STEINMEIER, ANNE M.: Kunst der Seelsorge. Religion, Kunst und Psychoanalyse im Diskurs, Göttingen 2011, 191ff.
[54] ANDREAS-SALOMÉ: Jesus der Jude (s. Anm. 49), 181.
[55] AaO. 171.
[56] AaO. 169.
[57] ANDREAS-SALOMÉ, Lou: Der Gott (1909/10), Taching am See 2016.
[58] Vgl. MOXTER, MICHAEL/FIRCHOW, MARKUS (Hgg.): Die Zeit der Bilder. Ikonische Repräsentation und Temporalität, Tübingen 2018.
[59] ANDREAS-SALOMÉ, LOU: Rainer Maria Rilke, Leipzig 1928, 19.

Die Osternacht im Frühjahr 1899 wird zur Metapher für ein Erleben ihrer Reisen nach Russland, für ihre Begegnung mit den Bildern, den Ikonen, dem Ritual der Kirche als Gefäße, die die Seele braucht. Gefäße, derer ein Mensch bedarf, um seiner eigenen Innerlichkeit nicht fremd zu werden.[60] Die Ausdrucksformen der Religion entdeckt sie in ihrem „weiten" Potential, „individuelle[...] Stimmungen der Religion" aufzunehmen und darum einer Rationalität überlegen, in der ein Mensch nicht „merkt", dass er mit ihrer Beseitigung „nicht nur die Gedanken klären, sondern auch die Gemüther verflachen würde".[61] Eine Gebärde, eine Verneigung, ein Kelch vermögen das Individuelle zu bergen, mögen ihm Gestalt, Gewand, Heimat geben.

Wie ist das zu verstehen? Die Verführung, die Reise als eine bloße Rückkehr in ihre Heimat, zu den Tagen ihrer Kindheit, als ein Wiederkennen und Wiederauffinden früherer Erinnerungen, ihre Äußerungen letztlich als eine Art nostalgischen Ausflug zu deuten, ist groß. Deutungen, die Andreas-Salomé in bestimmten Formulierungen nährt, indem sie, wie zum Beispiel später im *Lebensrückblick*, vom „Rausch des Wiedersehens mit der russischen Wirklichkeit in ihrem vollen Umfang" spricht.

[D]icht um mich herum stellte sich dieses Volkes Land in seiner Weite, dieser Menschheit Elend, Ergebung und Erwartung; es umfing mich so überwältigend wirklich, daß ich nie wieder – außer in individuellsten Einzelerlebnissen – etwas von ähnlicher Stärke der Eindrücke erfuhr.[62]

Aber es bedarf des näheren Hinsehens. Als Quelle für das „Erlebnis" Russland liegt ihr Reisetagebuch vor, das der französische Literaturwissenschaftler Stéphane Michaud herausgegeben hat. Das Vorwort hat die 2019 verstorbene Hamburger Schriftstellerin Brigitte Kronauer verfasst. Es ist mit dem Titel *Die Ikone als Heimat und umgekehrt* überschrieben.[63] Dieses Reisetagebuch, so Kronauer, ist ein Zeugnis der Kulturgeschichte, für das die Entdeckung der Ikone von wesentlicher Bedeutung wird. Doch im Unterschied zur nationalen und ästhetisch motivierten Rehabilitierung der Ikone durch die künstlerische Intelligenz sah Andreas-Salomé „die Ikone noch verräuchert, nicht gereinigt, im Dämmer von Jahrhunderten religiöser Verehrung, und nur in dieser Gestalt

---

[60] Vgl. STEINMEIER: Kunst der Seelsorge (s. Anm. 53), 194ff.
[61] ANDREAS-SALOMÉ, LOU: „Russland mit Rainer". Tagebuch der Reise mit Rainer Maria Rilke im Jahre 1900, hg. von Stéphane Michaud in Verbindung mit Dorothee Pfeiffer, Marbach ²2000, 37. Die folgenden Reflexionen beziehen sich auf diese dritte Reise im Frühjahr 1900.
[62] ANDREAS-SALOMÉ: Lebensrückblick (s. Anm. 9), 69.
[63] Vgl. KRONAUER, BRIGITTE: Die Ikone als Heimat und umgekehrt. Vorwort, in: Andreas-Salomé: Tagebuch der Reise (s. Anm. 61), 30. Vgl. auch KRONAUER, BRIGITTE: Die Ikone als Heimat und umgekehrt. Zu Lou Andreas-Salomés Tagebuch Rußland mit Rainer, in: dies.: Zweideutigkeit. Essays und Skizzen, Stuttgart 2002, 152–168; DIES.: Die zwei Seiten der Medaille. Zu Lou Andreas-Salomé, in: dies.: Zweideutigkeit, 169–181.

empfand sie – als westliche Intellektuelle zum letzten Mal? – deren Würde und Kraft. Oder, in einem hier zu untersuchenden Sinn, erstmals?"[64]

Kronauer zeigt den Weg zur spezifischen Zeit erinnernden Sehens auf.[65] Hier geht es um das Widerfahrnis einer „ikonische[n] Repräsentation"[66], in der nicht Altes, mental Vorgestelltes, wieder aufgeführt wird, ein Vorgegebenes die Sinne organisiert, wie es eine inkarnations- oder sakramentstheologische Interpretation deuten könnte.[67] Es geht vielmehr um eine Repräsentation, die mit der Untrennbarkeit von Sinnlichkeit und Sinn ein prägnantes Zeitverhältnis impliziert. Eine „Erfahrung dichter Gegenwart"[68], wie ich im Anschluss an Michael Moxter formuliere, zu der eine unhintergehbare Distanz gehört. In der Sprache von Andreas-Salomé lautet das so: Wie Franz von Assisi muss jeder „irgendwann einmal seine Seele nackt entkleidet haben vor seinem Gott, seinen Eltern und seinem Anhang, um das Wort wahr zu machen von Jesu Forderung: ‚verlasse alles und folge mir nach'"[69]. Sonst geht es um „bloße Costümentwicklung, hinter der nur Kleiderständer stecken."[70]

Im Passiv des Gefundenwerdens der Osternacht formuliert Andreas-Salomé den Abstand zu sich selbst, die Diachronie, die konstitutiv zur Präsenzerfahrung von Ikone, Ritual und Gebärde hinzugehört.[71] Es ist ein „‚ikonisches Präsens', das Vergangenes und Zukünftiges in sich ‚verwandelt'"[72], so dass in der „‚Simultaneität eines Anblicks'"[73] Zeit „sichtbar", Zeit gestiftet wird.[74] Zeiterfahrung ist nur als Ineinander von Anwesendem und Abwesendem möglich.[75] „[A]lles mit drin"[76], zitiert sie die Menschen, die sie erlebt. Es ist diese Zeiterfahrung, die, in Differenz zur chronologischen Zeit, „Synthesen" schafft, die

---

[64] KRONAUER: Vorwort (s. Anm. 63), 12.

[65] Vgl. BOEHM, GOTTFRIED: Mnemosyne. Zur Kategorie des erinnernden Sehens, in: ders.: Die Sichtbarkeit der Zeit. Studien zum Bild der Moderne, Ralph Ubl (Hg.), München 2017, 105–123.

[66] MOXTER, MICHAEL: Einleitung, in: Moxter/Firchow, Zeit der Bilder (s. Anm. 58), 19. Vgl. LAUSCHKE, MARION: Ikonische Formprozesse und Affordanzen, in: Johanna Schiffler/Franz Engel (Hgg.): Ikonische Formprozesse. Zur Philosophie des Unbestimmten in Bildern, Berlin/Boston 2018, 45–62.

[67] Vgl. MOXTER: Einleitung (s. Anm. 66), 26 in Bezug auf WESTERKAMP, DIRK: Ikonische Prägnanz, Paderborn 2015.

[68] MOXTER: Einleitung (s. Anm. 66), 17.

[69] ANDREAS-SALOMÉ: Tagebuch der Reise (s. Anm. 61), 139.

[70] AaO. 140.

[71] MOXTER: Einleitung (s. Anm. 66), 17.

[72] AaO. 25 in Bezug auf Westerkamp (s. Anm. 67), 18.

[73] MOXTER: Einleitung (s. Anm. 66), 23 in Bezug auf Westerkamp (s. Anm. 67), 83.

[74] Vgl. BOEHM: Sichtbarkeit der Zeit (s. Anm. 65).

[75] Vgl. MOXTER: Einleitung (s. Anm. 66), 19.

[76] ANDREAS-SALOMÉ: Tagebuch der Reise (s. Anm. 61), 31.

auch die Form und ihre Prozesse organisiert.[77] Das gilt auch und gerade für die Religion.

Hier mag sich eine komparatistische Lektüre mit Walter Benjamin nahelegen.[78] Seine Wahrnehmung von Bildern der Erinnerung, „die wir nie sahen, ehe wir uns ihrer erinnerten"[79], so dass ein einmal gesehenes Bild zum Schlüssel „zu allem, was vor ihm und zu allem, was nach ihm kam"[80], werden und ein unendliches Netz von Korrespondenzen knüpfen kann, berührt sich mit dem Widerfahrnis prägnanter Zeit, der auch Andreas-Salomé in ihrer Sprache Ausdruck gibt. Benjamin spricht von Bildern, die uns „Kunde" „von einem Ganzen" geben.[81] Nicht als „Aufhebung von Zeitlichkeit im Moment erfüllter Erinnerung"[82], sondern in der Verschränkung der Zeiten, in denen eine prägnante Wahrnehmung entsteht: In Andreas-Salomés Worten, wenn wir „unsere […] ganze Seele geben […], als die empfangenden Geschöpfe, während wir es doch schaffen: aber nur weil es uns so geschaffen hat"[83]. Nur darum kann, mit Benjamin im Horizont der Aura formuliert, „den Dingen etwas von den Blicken bleib[en], welche jemals auf ihnen ruhten"[84].

Die Rezeptionen sind den Quellen nicht äußerlich, denn die Formen leben von den Blicken, das Ritual erwacht in individuellen Gebärden. Nur in diesem prägnanten Sinn wird die Zeit gestiftet in Resonanzen und Korrespondenzen, aber auch in „Zusammenstößen" mit dem uns Unvertrauten, Fremden. In diesem Sinne spricht Andreas-Salomé in ihrem Reisetagebuch von dem Gott, vor den wir nicht nur „eine kleine Kulturarabeske", sondern

unser Leben als solches hin[tragen], mit dem dunkelsten Gesammtinhalt aller Tage, […] allerdings in unserer individualisiertesten, selbsteigensten Persönlichkeit […], aber nicht in jener von heute oder morgen, nicht in jener, die etwas mehr oder weniger lernte, etwas höher

---

[77] Vgl. BOEHM: Mnemosyne (s. Anm. 65).

[78] BENJAMIN, WALTER: Gesammelte Schriften, Bd. II, 2. Auflage, Frankfurt a.M. 1999, 320.

[79] BENJAMIN: GS II (s. Anm. 78), 1064.

[80] AaO. 312.

[81] AaO. 323, vgl. auch WEIGEL, SIGRID: Entstellte Ähnlichkeit. Walter Benjamins theoretische Schreibweise, Frankfurt a.M. 1997, 54.

[82] PETHES, NICOLAS: Mnemographie. Poetiken der Erinnerung und Destruktion nach Walter Benjamin, Tübingen 1999, 327. Vgl. auch Pechotas Interpretation des ambivalenten Bezugs Andreas-Salomés auf Henri Bergson: Andreas-Salomé sehe in Bergsons dynamischem Zeitbegriff ein „spirituelles Weltbild" einer „transzendentale[n] Einheit von Mensch und Leben". Was aber bei Bergson „zwischen création und vrai durée zur ‚metaphysische[n] Offenbarung' wird, bleibt bei Andreas-Salomé indes ein ‚Symbol des Erlebens'" (PECHOTA, CORNELIA: Existenz als Experiment. Dimensionen der Wahrnehmung bei Lou Andreas-Salomé, in: Britta Benert/Romana Weiershausen [Hgg.]: Lou Andreas-Salomé. Zwischenwege in der Moderne/Sur les chemins de traverse de la modernité, Taching am See 2019, 100–138, 118).

[83] ANDREAS-SALOMÉ: Tagebuch der Reise (s. Anm. 61), 31.

[84] BENJAMIN, WALTER: Gesammelte Schriften, Bd. I, Frankfurt a.M. 1991, 647.

oder niedriger aufstieg, sondern in einer von Ewigkeit her, die weder in ihren Thaten noch in deren Motiven voll enthalten ist, vielmehr nur zugleich in dem, was ihrem eigenen Bewußtsein entschlüpft.[85]

Die Frage des „Gottes" lässt sie nicht los, weil wir nicht leben können, ohne es, wenn auch nur „durch den Schein trügerischer Zutaten und leerer Überschüsse, *ganz* zu tun".[86] Solche Imaginationen mögen trügerisch im Blick auf das „Wahrheitsstreben" sein, aber sich doch als bedeutsam erweisen, weil sie einen anderen Blick ermöglichen, das Erlebte um nicht oder nur halb Gelungenes ergänzen können. In diesem Sinne ließe sich vielleicht auch von Trost sprechen, denn in solchen Bildern erscheint „schon jedes Stückchen Leben [als] ein unter unerhörten Möglichkeiten und gefährdenden Zufällen Gelungenes", ja, als ein „Geniestreich", ein „Seltene[s] und Unerhörte[s]", auf das wir „angelegt" sind.[87] Dazu gehört auch die Wahrnehmung der „Unerschöpflichkeit dessen, der seine seelische Kapazität nur nicht aussprechen"[88] kann.

So wird „Gott" zum „Grund" der Imaginationen, die eine „Rückverwandlung des Wirklichen in den Horizont seiner Möglichkeiten"[89] zulassen, die auch das nicht verloren geben, was nicht geworden ist. Denn „Wesen ist nicht nur ‚was gewesen ist', sondern auch, was möglich gewesen wäre"[90]. Diese *Erinnerung an das Humane*[91] im Anklang an Hans Blumenberg legt sich nahe, wenn man mit Andreas-Salomé auf die Skulptur *Das Alter* der Bildhauerin Anna Semjonowna Golubkina, einer Schülerin Rodins,[92] sieht:

Ein verschrumpftes, hart und knöchern hingekauertes Weib […]. Man könnte meinen: nur Häßlichkeit und Verfall. Und doch könnte hinter dieser Müdigkeit, nach außen unsichtbar, irgend eine letzte Erkenntniß, irgend ein Traum stecken, als Frucht des Lebens, – aber heimlich, unsichtbar, unerfaßbar und begraben mit dem Leben selbst.[93]

---

[85] ANDREAS-SALOMÉ: Tagebuch der Reise (s. Anm. 61), 136.
[86] ANDREAS-SALOMÉ: Gott (s. Anm. 57), 60.
[87] ANDREAS-SALOMÉ: Tagebuch der Reise (s. Anm. 61), 94. Diese Interpretation ist angeregt durch eine komparatistische Lektüre mit Hans Blumenberg, vgl. MOXTER, MICHAEL: Trost, in: Buch, Robert/Weidner, Daniel (Hgg.): Blumenberg lesen, Berlin 2014, 337–349.
[88] KRONAUER: Vorwort (s. Anm. 63), 16.
[89] BLUMENBERG, HANS: Wirklichkeiten, in denen wir leben. Aufsätze und eine Rede, Stuttgart 1999, 151.
[90] MOXTER, MICHAEL: Rezidive der Vernunft. Revisionen der Theologie, in: ders. (Hg.): Erinnerung an das Humane. Beiträge zur phänomenologischen Anthropologie Hans Blumenbergs, Tübingen 2011, 257–280, 264.
[91] Vgl. aaO. den Titel des Buches.
[92] Vgl. ANDREAS-SALOMÉ: Tagebuch der Reise (s. Anm. 61), 31, Anm. 7.
[93] AaO. 32.

V. „Gedächtnis *haben* wir, Erinnerung *sind* wir"[94]

Der Philosoph, mit dem Andreas-Salomé sich in dieser Konsequenz sowohl religiös verortet als auch psychoanalytisch weiterdenkt, auch über Freud hinaus, ist Spinoza: der einzige Denker, zu dem sie „schon eine ahnende und fast anbetende innere Beziehung fast als Kind besaß", und der ihr als der Philosoph der Psychoanalyse wieder begegnet. „Wo man in irgend einem Punkt lange genug richtig weiterdenkt, stößt man auf ihn; man begegnet ihm wie er wartend und bereit immer am Wege steht."[95] In konstellativer Lektüre findet sie den Begriff, der bildkompetent für die prägnanten Wahrnehmungen des Lebens ist:

In der Psychoanalyse ist etwas grundlegend, was allem Spinozismus äußerst stark entgegenkommt: der Begriff der Ueberdetermination [sic]. Diese Einsicht, jegliches sei psychisch überdeterminirt, ja *müsse* es sein, wenn man es nur weit genug verfolgt, hebt über den gewöhnlichen logischen Determinationsbegriff weit hinaus, zerreißt seine einseitige Kettengliedlinie, und macht aus ihm schließlich eine Allwechselwirkung.[96]

Das bedeutet konsequent eine nicht nur klinisch relevante Korrektur der Topographie des seelischen Lebens. In ihrem Brief vom 9. April 1916 schreibt Andreas-Salomé an Freud: Das Unbewusste ist nicht nur ein „Residuum", und Entwicklung zielt nicht einlinig auf bewussten Ausdruck. Sie hält ihm entgegen, was er als „Mahnung anders zu denken", würdigt: „daß das Bewußte nirgends dem Ubw entläuft, überallhin ihm entgegenläuft'".[97]

Dieses Differenz setzende Verstehen trifft sich mit der Freud-Interpretation Paul Ricœurs, der die Bewegungen des Sinns als regressiv-progressive Figurationen gelesen hat:

Meine These ist folgende: das, was die Psychoanalyse Überdeterminierung nennt, läßt sich nicht außerhalb einer Dialektik zweier Funktionen verstehen, die zwar als Gegensätze gedacht werden, die das Symbol aber in einer konkreten Einheit koordiniert. Die Ambiguität

---

[94] ANDREAS-SALOMÉ: Narzißmus als Doppelrichtung (1921), in: Weber/Rempp, Lächeln (s. Anm. 2), 191–222, 214. Vgl. auch den Aufsatz in der Neuedition: Andreas-Salomé: „Mein Dank an Freud" (s. Anm. 2), 117–153, 144.

[95] ANDREAS-SALOMÉ: Schule (s. Anm. 19), 52.

[96] AaO. 51f. Vgl. PECHOTA: Existenz als Experiment (s. Anm. 82); vgl. KLEMANN, MANFRED: Von Spinoza zu Freud. Überlegungen zur klinischen Theorie von Lou Andreas-Salomé, in: Benert/Weiershausen (Hgg.): Zwischenwege (s. Anm. 82), 170–186.

[97] PFEIFFER (Hg.): Sigmund Freud – Lou Andreas-Salomé (s. Anm. 1), 47. Zur heutigen Rezeption dieser analytischen Perspektive vgl. OGDEN, THOMAS H.: Gespräche im Zwischenreich des Träumens. Der analytische Dritte in Träumen, Dichtung und analytischer Literatur, Gießen 2004.

des Symbols besteht dann nicht in einem Mangel an Eindeutigkeit, sondern in der Möglichkeit, gegensätzliche und in sich kohärente Interpretationen zu tragen und zu erzeugen. [98]

In dieser Lesung des Sinns, der sich in Figuren, Konstellationen, „zeitigt", in denen wir „wahrhaft leben",[99] liegt die Möglichkeit der Bildung eines „‚Sinnes für Kontingenz'", der „gegen den Wirklichkeitssinn gestellt" „als Horizonterweiterung (und -alternative) zum Wirklichkeitsprimat" fungiert.[100] Dazu gehört für Andreas-Salomé auch die Lesung des religiösen Sinns. Ihre erste, im eigentlichen Sinne psychoanalytische Schrift handelt *Von frühem Gottesdienst*.[101] Im Unterschied zu einer bloßen Reduktion auf Triebsymptome beschreibt sie diesen als Gabe des Blicks, der ihr den Sinn für das Imaginäre der Wirklichkeit eröffnet, dem „Wege sich auftun, vergessene, verwachsene, auf denen die Alten noch sich zurückfinden zu rätselhaften Schätzen, und um die jeder Schaffende heimlich weiß wie um eine Heimat"[102].

Das Unbewusste trägt die Variation jenes unabschließbaren Spiels der Signifikanten in sich, die nicht die Auflösung ins Beliebige bedeutet, sondern die prägnante „Zeitlichkeit" der Erinnerung, die wir sind, offenhält. Denn „Gedächtnis *haben* wir, Erinnerung", als immer schon „‚poetischer Vollzug'", „*sind* wir"[103]. „Dichtung" ist eine Figur des Dritten, etwas „zwischen dem Traum und seiner Deutung".[104]

In ihrem 1931 publizierten *Dank an Freud* gibt sie Freud seinen eigenen Gedanken zurück, indem sie ihn vielleicht besser versteht als er sich selbst, sonst hätte er nicht vom „Schönsten" gesprochen, das er bisher gelesen habe: Von ihm als Dichterin der Psychoanalyse gewürdigt, erinnert sie ihn an die Erschütterung jenes Augenblicks,

---

[98] RICŒUR, PAUL: Die Interpretation. Ein Versuch über Freud, 4. Auflage, Frankfurt a.M. 1993, 507. Vgl. DERS.: Hermeneutik und Psychoanalyse. Der Konflikt der Interpretationen, Bd. 2, München 1974, 206.

[99] RILKE, RAINER M.: Sonette an Orpheus I, 12. Kommentierte Ausgabe in vier Bänden, Manfred Engel/Ulrich Fülleborn/Horst Nalewski/August Stahl (Hgg.), Bd. 2, Frankfurt a.M./Leipzig 1996, 246. Zur Bedeutung der Dichtung Rilkes im Briefwechsel zwischen Anna Freud und Lou Andreas-Salomé, vor allem angesichts der Erkrankung Freuds, vgl. ROTHE, DARIA A./WEBER, INGE (Hgg.): „... als käm ich heim zu Vater und Schwester". Lou Andreas-Salomé – Anna Freud, Briefwechsel, Bd. 1, Göttingen 2001, 189f.

[100] DALFERTH, INGOLF U./STOELLGER, PHILIPP: Einleitung: Religion als Kontingenzkultur und die Kontingenz Gottes, in: dies. (Hg.): Vernunft, Kontingenz und Gott, Tübingen 2000, 1–44, 24f, Anm. 86 im Anschluss an Musil.

[101] Von frühem Gottesdienst (1913), in: WEBER, INGE/REMPP, BRIGITTE, LÄCHELN (s. Anm. 2), 37–49. Vgl. auch den Aufsatz in der Neuedition in: „Von der Bestie bis zum Gott" (s. Anm. 21), 151–165.

[102] ANDREAS-SALOMÉ: Gottesdienst (s. Anm. 101), 38 (152).

[103] ANDREAS-SALOMÉ: Narzißmus (s. Anm. 94), 144.

[104] Andreas-Salomé, zit. in: GROPP: Lou Andreas-Salomé mit Sigmund Freud (s. Anm. 2), 30. Vgl. ANDREAS-SALOMÉ: Gott (s. Anm. 57), 62ff.

wie Sie, nachdem Sie uns einen Neurosefall ein paarmal rückwärts, Schicht um Schicht, klargelegt hatten, – ihn plötzlich [...] mit einem Griff in unversehrter Ganzheit vor uns zur Sichtbarkeit hoben. Was in jenem Augenblick mich – uns – erschütterte, war die unausweichliche, von Ihnen absolut nicht beabsichtigte, Empfindung, Gewißheit: Menschenleben – ach! Leben überhaupt – *ist* Dichtung. Uns selber unbewußt leben wir es, Tag um Tag wie Stück um Stück, in seiner unantastbaren Ganzheit aber lebt es, dichtet es *uns*. Weit, weitab von der alten Phrase vom ‚Sich-das-Leben-zum-Kunstwerk-machen' (von welcher Selbstbespiegelung am sichersten, ja eigentlich allein, Psychoanalyse heilt); wir sind nicht *unser* Kunstwerk [...].[105]

Wessen denn? Vielleicht ist ihre Wahrnehmung der Hände Nietzsches auch ein Spiegelbild des Eigenen. Vielleicht sind ihre – schreibenden – Hände auch „Hüter und Bewahrer eigener Schätze, stummer Geheimnisse, die kein unberufener Blick streifen sollte."[106] Geheimnisse auch der eigenen Wurzeln, des Kostbaren, Gefährdeten.

Es ist Stéphane Michaud und seiner Schweizer Kollegin Cornelia Pechota zu verdanken, auf der Spur des Namens Salomé die Abstammung Andreas-Salomés von einer südfranzösischen Familie Salomé nachgewiesen zu haben, die vom Judentum zum Protestantismus konvertierte und nach 1621 aus der Provence vertrieben wurde.[107] Nicht sicher, aber doch wahrscheinlich ist, dass ihr diese transgenerationelle Verwurzelung bewusst war. Nicht nur das Thema des Jüdischen in ihren Schriften mag diese Gründung nahelegen.

Ihre psychoanalytische Hauptschrift 1921 *Narzißmus als Doppelrichtung*[108] ist als Antwort auf Freuds 1920 erschienenen Essay *Jenseits des Lustprinzips*[109] zu lesen. Schon im Briefwechsel kündigt sich an, was sie dann ausführen wird. Am zweiten Weihnachtstag 1920 schreibt sie an Freud:

[W]elche Freude mir`s war, können Sie leicht ermessen, da ich mich sogar in Briefen mit der Befürchtung herumschlug, bezüglich des ‚Triebpassiven' nicht Ihre Zustimmung zu haben. [...] Von den Gedanken über Leben und Tod [...] kann ich, in einer eigentümlichen Weise *sowohl* sagen: da geh ich mit, *wie auch*: ich geh in der Richtung umgekehrt. [...] Tod und Leben stehen eben in einer Aufeinanderbezogenheit, die uns notwendig als Ganzes entgeht, sind immer die Hälfte *eines* Geschehens: wie die unsichtbar bleibende Mondhälfte steht das Abrundende um den Begriff unfasslich herum.[110]

---

[105] ANDREAS-SALOMÉ, LOU: Mein Dank an Freud (s. Anm. 2), 252 (177f). Hier ist zugleich Wilhelm Diltheys lebensphilosophisches Verständnis von Dichtung als „sinnstiftende[m] Ausdruck der ‚lebendigste[n] Erfahrung vom Zusammenhang unserer Daseinsbezüge'" präsent (PECHOTA: Existenz als Experiment [s. Anm. 82], 107).
[106] ANDREAS-SALOMÉ: Nietzsche (s. Anm. 17), 38. Vgl. zur Geste der „anderen" Hand im Blick auf Benjamin, STEINMEIER: Kunst der Seelsorge (s. Anm. 53), 255–257.
[107] PECHOTA VUILLEUMIER, CORNELIA: Heim und Unheimlichkeit bei Rainer Maria Rilke und Lou Andreas-Salomé, Hildesheim/Zürich/New York 2010, 210ff.
[108] ANDREAS-SALOMÉ: Narzißmus (s. Anm. 94).
[109] FREUD, SIGMUND: Jenseits des Lustprinzips (1920), in: ders: Gesammelte Werke XIII, 9. Auflage, London 1987, 3–69.
[110] PFEIFFER: Briefwechsel Freud – Andreas-Salomé (s. Anm. 1), 116f.

Was sie zu ihrer eigenen psychoanalytischen Stimme herausfordert, ist das in Freuds Schrift höchst „empfindliche[...] Gleichgewicht" zwischen Todes- und Lebenstrieb, zwischen dem „wesentlich kritische[n], gegen die archaischen Objekte und Illusionen gerichtete[n] Thema" des Realitätsprinzips und dem „wesentlich lyrischen, gegen den Todestrieb gerichteten" „Thema des Eros".[111] Was das „Triebpassive" andeutet, führt sie in ihrer, vielleicht auch als „Arbeit am Mythos"[112] zu bezeichnenden, psychoanalytischen Hauptschrift aus: In Abgrenzung zu einer „Wortverwechslung mit bloßer Selbstliebe"[113] entwickelt Andreas-Salomé hier die Konzeption eines „gesunden, unbeschädigten Narzißmus", in dem ein „übersubjektive[s] Moment wirksam" ist,[114] und zwar „innerhalb unserer Objektbesetzungen, innerhalb unserer Wertsetzungen, und innerhalb narzißtischer Umsetzung ins künstlerische Schaffen"[115]. Nicht nur als „primitiver Ausgangspunkt der Entwicklung", differenziert sie gegenüber Freud, nicht auf ein einzelnes Libidostadium beschränkt, sondern als Basis „bis in alle spätern Objektbesetzungen der Libido hinein" begleitet der Narzissmus „als unser Stück Selbstliebe alle Stadien".[116] „Einzelhaftigkeit" wird nur im Rückbezug auf den „Urzustand", „dem wir, entsteigend, dennoch einverleibt" bleiben, gleich einer Pflanze, die „trotz ihres entgegengesetzt gerichteten Wachstums ans Licht" dem Erdreich verbunden bleibt.[117]

In diesem von ihr so genannten „Doppelphänomen" „gründen" die Figuren des Lebens, jene Konstellationen, in denen ein Leben in ikonischen Prägnanzen aufscheint. Das unsichtbare Wurzelgeflecht ist der unausschöpfbare „Grund" der Repräsentationen.[118] In eben diesem Sinne findet Andreas-Salomé ihre Formulierung der „narzißtischen Wesenheit Gottes":

Und wenn der Mensch sich einen Gott als Weltenschöpfer vorstellt, so ist das nicht nur, um die Welt, sondern auch des Gottes – narzißtische – Wesenheit zu erklären: mag solcher Welt Böses und Übel in Menge anhaften, der fromme Glaube würde erst zunichte an einem Gott, der nicht wagt, Werk, Welt, zu werden.[119]

---

[111] Vgl. RICŒUR: Interpretation (s. Anm. 98), 345f.
[112] Vgl. BLUMENBERG, HANS: Arbeit am Mythos, Frankfurt a.M. 1979.
[113] ANDREAS-SALOMÉ: Narzißmus (s. Anm. 94), 193 (119).
[114] AaO. 219 (150).
[115] AaO. 193 (119f).
[116] AaO. 191 (117).
[117] AaO. 192 (118).
[118] Es ist das prägnante Verhältnis zur Zeit, in dem ich mich von Interpretationen unterscheide, die den „Urgrund" im Zusammenhang einer Art mentaler Vorstellungen verstehen, z.B. Wieder, Christiane: Sehnsucht und Erinnerung im Hinblick auf den Narzissmusbegriff im psychoanalytischen Werk von Lou Andreas-Salomé, in: TE WILDT, BERT (Hg.): anderswohin tragen. Erinnerung und Sehnsucht in Wissenschaft und Kunst. Würzburg 2008, 95–118. Zu Grund und Figur vgl. BOEHM, GOTTFRIED/BURIONI, MATTEO (Hgg.): Der Grund. Das Feld des Sichtbaren, München 2012.
[119] ANDREAS-SALOMÉ: Narzißmus (s. Anm. 94), 222 (153).

Diesem Gott, so schreibt sie kurz nach der Ausbildung bei Freud, „dankt man nicht ab: man dankt ihm durch die Lebendigkeit des Lebens"[120], die Lebendigkeit und Leidenschaft auch sachlicher Hingabe der Traumfähigkeit eines reifen Narzissmus. Vielleicht auch der Traumfähigkeit des Juden Jesus?

Es ist „die spezifisch jüdische Bestimmtheit der Religion", dass sie den Zusammenhang von Gott und Mensch „als Verhältnis von Geschöpf und Schöpfer zum Ausdruck bringt."[121] Andreas-Salomé spricht in der Konsequenz ihres Gedankens von der „schöpferisch[n] Tätigkeit par excellence", die nur „‚von Fall zu Fall', d.h. im lebendigen Vollzug allein", vollziehen kann, „was nie und nirgends sich begeben". Es ist die libidinöse Kraft, die die Energie entwickelt, das „Unvorgeschriebene, schlechthin Gedichtete", das Mögliche und Wirkliche in der Realität zu wagen, weil sie deren „Abseits […] nicht ertrüge". Darum ist die Ethik „das äußerste Wagestück des Narzißmus, […] der Ausbruch seines letzten Mutes und Übermutes ans Leben". Denn in das gelebte Leben hinein, in der Erfahrung von Realität, in Brüchen, „in Drangsal, […] an den Anprall aller Zufälle und Wirrnisse" wagt ein Mensch seinen Traum in der Realität und verleiht dem „Bruchstückhaften" Würde, eine Würde, in der allenfalls etwas gelingen kann, aber nichts vollendet wird.[122]

In diesem Geist „mit hauchdünnen Pinselstrichen" gemalter Bildnisse des Lebens hat Andreas-Salomé vielleicht auch Freud in seinem Bezug auf das Religiöse berührt.[123]

Als sie fast 76jährig 1937 stirbt, besetzt die Gestapo ihr Haus am Hainberg in Göttingen, weil in ihm die „jüdische Wissenschaft" praktiziert worden sei. Ihre gesamte Bibliothek, in der sich zahlreiche Werke jüdischer Autoren fanden, wurde von der Göttinger Polizei auf Anordnung der Gestapo konfisziert, in den Keller des Rathauses gebracht und verbrannt.

Ihren literarischen Nachlass – Manuskripte veröffentlicher und ungedruckter Werke, Tagebücher und Briefe – hatte Andreas-Salomé schon zwei Jahre vor ihrem Tod einem ihrer letzten Freunde, Ernst Pfeiffer, geschenkt, der die Handschriften bewacht und bewahrt hat. Als erster Herausgeber hat Pfeiffer die Arbeiten seiner Tochter Dorothee Pfeiffer übergeben, die heute das Archiv in Göttingen verwaltet, so dass das gesamte Werk ediert werden kann, Lektüren möglich geworden sind, deren Potential noch längst nicht ausgeschöpft ist.[124]

---

[120] ANDREAS-SALOMÉ: Gottesdienst (s. Anm. 101), 47.
[121] MOXTER, MICHAEL: Der Mensch als Darstellung Gottes Zur Anthropologie der Gottebenbildlichkeit, in: Theologie zwischen Pragmatismus und Existenzdenken. Festschrift für Hermann Deuser zum 60. Geburtstag, Marburg 2006, 271–284, 282.
[122] ANDREAS-SALOMÉ: Narzißmus (s. Anm. 94), 212f (142f).
[123] In diesem Rahmen kann ich nur auf Yosef Hayim Yerushalmi verweisen: Freuds Moses – Endliches und unendliches Judentum, Berlin 1993.
[124] Vgl. https://www.spiegel.de/spiegel/print/d-46169886.html (Zugriff 5. Oktober 2019).

Apokalypse now?

Geschichtstheologische Deutungsfiguren zwischen Untergang und Aufbruch

Christian Polke

I. Spenglers Stunde

Das Buch der Stunde erschien im Grunde, noch bevor das ganze Ausmaß und die ganze Dramatik des Umbruchs für jedermann ersichtlich war. Denn Oswald Spenglers berühmt-berüchtigtes Werk *Vom Untergang des Abendlandes*[1] wurde noch vor Beginn des letzten Kriegsjahres 1918 im Dezember 1917 in seinem ersten Band abgeschlossen und der Öffentlichkeit vorgelegt. Die Reaktion darauf ließ nicht lange auf sich warten, aber mehr noch wurde diese im Pathos düsterer Stimmung gehaltene und dennoch nüchtern vorgelegte Abhandlung zum Buch der Stunde für die Jahre nach dem Zusammenbruch des Kaiserreiches und für die Suchbewegungen in der ersten deutschen Demokratie. Schon der Widerhall, den Spengler mit seinem Buch auslöste, hätte manchen Zeitgenossen in Verwunderung über die schnelle Wandelbarkeit der geistigen Lage versetzen können; ein Werk, dessen eigentümliche Qualität jedenfalls schon damals nicht in der genuinen Stichhaltigkeit seiner Aussagen und Ansichten hat liegen können. Denn diese sind meist nicht weniger hanebüchen, wie diejenigen aus dem nur wenige Zeit später erschienenen Aufsatz über *Preußentum und Sozialismus*, wo man auf Behauptungen trifft, wie jene von der „Wiederkehr des Herzogs Widukind in Luther" oder der Feststellung, wonach die „abendländischen Völker mit anarchischem Instinkt [...] sozialistisch im größeren Sinne des Faustisch-Wirklichen" seien.[2] Doch, so hat bereits Hermann Lübbe vor fast vierzig Jahren in einem Aufsatz mit dem bezeichnenden Untertitel *Spengler wiedergelesen* festgestellt, was

wissen wir nun? Und wenn man endlos fortführe, zitathaft Sätze und Absätze dieser lunatischen Sorte aneinanderzufügen – die Fortschritte, die wir auf der kognitiven Ebene machen

---

[1] Alle Zitate aus diesem Werk entnehme ich der Ausgabe: SPENGLER, OSWALD: Der Untergang des Abendlandes. Umrisse einer Morphologie der Weltgeschichte. Ungekürzte Sonderausgabe, München 1979.

[2] SPENGLER, OSWALD: Preußentum und Sozialismus (1919), in: ders.: Politische Schriften. Volksausgabe, München 1933, 1–126, 25f.

könnten, blieben gering. Unsere Versuche, ‚jene Wiederkehr des Herzogs Widukind in Luther' wirklich zu durchschauen, müßten erfolglos bleiben.[3]

Man sollte also meinen, in einem zwar durch den Krieg erschöpften, von Hunger bedrohten und durch die Schmach der Niederlage auch psychisch verstörten Land, das gleichwohl für seine Wissenschaftskultur, nicht zuletzt mit Blick auf die Philologen- und Historikerzunft, weltweit Anerkennung und Ruhm erntete, hätten wenigstens die Mandarine und Geistesgrößen auf so eine Buchercheinung mit Spott, Häme, Herablassung oder wenigstens mit Gleichgültigkeit reagiert. Doch das Gegenteil ist der Fall. Der mittlerweile auch zu einigem Geld gekommene, ehemalige Kurzzeit-Gymnasiallehrer Spengler muss sich vehement Anfragen und Aufforderungen erwehren, doch wenigstens eine ordentliche Philosophie-Professur ins Auge zu fassen. Und doch: Was sich von heutiger Warte aus als einigermaßen irritierend darstellt, findet seine Plausibilität, wenn man stärker auf die „Pragmatik der Spenglerschen Texte" achtet, um nochmals mit Lübbe zu sprechen. Diese zielt auf

eine[...] Politisierung des Bewußtseins beim Leserpublikum. Mit einer bei entsprechender Eingestimmtheit wahrhaft berauschenden historizistischen Assoziationskraft wird Entschlossenheit stimuliert, das eigene Schicksal politisch zu übernehmen, nämlich in der zivilisatorischen Endphase der europäischen Kultur-Dekadenz in ‚Härte' zu überwinden und ausgreifend standzuhalten [...] Das ist die Rhetorik des politischen Existentialismus, und die historizistische Argumentation ist das Mittel der Erweckung des Bildungsbewußtseins zu diesem politischen Existentialismus.[4]

In anderen Worten: Apokalypse now! – das ist die rhetorische Dramaturgie von Spenglers Buch, und es sind eher die Ausnahmen, die bei Erscheinen des zweiten Bandes 1922, wie Friedrich Meinecke, etwas süffisant auch fragen können: „Bedeutet Oswald Spengler ein Ereignis oder eine bloße Sensation in unserem Geistesleben?"[5] Die Wirkmacht der Spenglerschen Texte lässt sich sicherlich zu einem guten Teil auch von deren prophetischem Gestus her begreifen. Mehr noch aber ist es die eigenartige Stimmung, die die Lektüre beim Leser erweckt, die seinem „Raunen" das Gewicht eines apokalyptischen Sehers gibt. Neben dem Motiv des Fremdseins in der Welt und der dualistischen Perspektive von Diesseits und Jenseits ist es die Figur des Rufs, die apokalyptisches Denken und Reden kennzeichnet, wie schon Jacob Taubes bemerkte: „Das Jenseitige, das im Hier der Welt nicht beheimatet ist, wird in der Welt als Ruf vernehmbar [...] Der Ruf ist als Symbol fundamental für den apokalyptisch-gnostischen

---

[3] LÜBBE, HERMANN: Historisch-politische Exaltationen. Spengler wiedergelesen (1980), in: ders.: Die Aufdringlichkeit der Geschichte. Herausforderungen der Moderne vom Historismus bis zum Nationalsozialismus, Graz/Wien/Köln 1989, 286–308, 289.
[4] Ebd.
[5] MEINECKE, FRIEDRICH: Über Spenglers Geschichtsbetrachtung (1923), in: Friedrich Meinecke Werke, Band IV: Zur Theorie und Philosophie der Geschichte, Eberhard Kessel (Hg.), Stuttgart 1959, 181–195, 181.

Umkreis."⁶ Und so ruft auch der Bote vom Untergang des Abendlandes seinen Hörern zu, sich in der Entschlossenheit der Unausweichlichkeit des Kommenden in ihr Schicksal tapfer und mannhaft zu fügen. Das als Pessimismus zu bezeichnen, ist selbst schon Ausdruck eines Unverständnisses, jedenfalls für Spengler. Und so heißt es: „Die Welt verstehen nenne ich der Welt *gewachsen sein*. Die *Härte* des Lebens ist wesentlich, nicht der Begriff des Lebens [...] Wer sich nichts von Begriffen vormachen läßt, empfindet das nicht als Pessimismus"⁷, sondern er steht wacker im Strom derjenigen Geschichte, die „vorauszubestimmen [...] in diesem Buche [...] zum ersten Mal der Versuch gewagt [wird]"⁸. Wie schon gesagt, Spenglers Buch hat seine Wirkung nicht verfehlt. Seine Faszination reicht bis weit in die allerdunkelsten Jahre der deutschen Geschichte. Vor allem aber scheint der Prophet und Mahner seine Behauptung wirklich eingelöst zu haben, jedenfalls für viele, auch und gerade in Theologie und Philosophie, als mit der Abdankung des Kaisers im November 1918, den revolutionären Wirren der Jahreswende auf 1919 sowie dem Versailler Vertrag (dem sog. „Siegerdiktat") endgültig der Zusammenbruch, wenn schon nicht des Abendlandes, so doch eines seiner vornehmsten Glieder und Kinder, Wirklichkeit wurde.

II. Kierkegaards junge Herren

Es sind zumeist Zeiten der Krise, in denen Geschichtstheologien unter negativem Vorzeichen ihre Blütekraft entfalten. Das gilt, wie wir noch immer in der Wissenschaft vom Alten Testament annehmen, für bestimmte nach-exilische Prophetenliteratur; das gilt, nicht minder für das Aufblühen der frühjüdischen Apokalyptik und des Messianismus, und auch die neutestamentliche Offenbarung des Johannes ist ein Dokument der Krise, des Leidensdrucks, der Verfolgung oder jedenfalls der Angst vor ihr.⁹ In Krisenzeiten haben Propheten und Seher Hochkonjunktur, das gilt ebenso für die Moderne und für den Beginn

---

⁶ TAUBES, JACOB: Abendländische Eschatologie (1947). Mit einem Anhang, Berlin 1991, 30.

⁷ SPENGLER: Untergang (s. Anm. 1), IX. – Interessant ist, wie die Zentralmetapher „Untergang" sich in der Rezeption von dem (angeblich) ursprünglich durch ihren Verwender Gemeinten, nämlich als „Vollendung" unterschieden hat, was dann den Pessimismus-Vorwurf erhärtete. Vgl. SPENGLER, OSWALD: Pessimismus, Berlin 1921, 3f.

⁸ SPENGLER: Untergang (s. Anm. 1), 3.

⁹ Lediglich mit Blick auf die Johannes-Apokalypse des NT verweise ich hier auf die knappen, religionstheoretisch wie hermeneutisch konstruktiven Überlegungen von: THEIßEN, GERD: Die Religion der ersten Christen. Eine Theorie des Urchristentums, Gütersloh 2000, 330–333. Man sollte sich zudem stets daran erinnern, dass die Johannes-Apokalypse im Mittelalter und bis in die Zeit Luthers hinein das am meisten kommentierte und illustrierte, auch künstlerisch in Gestalt gebrachte biblische Buch war.

des kurzen 20. Jahrhunderts im Jahre 1918. Da überrascht es dann auch nicht, dass Religionsphilosophie und Theologie nicht daran vorbeigehen können, ihrem Auftrag entsprechend, „ihre Zeit in Gedanken zu fassen" (Hegel), mit mehr oder weniger schlagendem Erfolg und stets auch unter Erwartungsdruck. In diesem Sinne sind Theologien immer auch Ausdruck und Kinder ihrer Zeit. Über deren Eigenwert sagt das noch wenig, solange man nicht die Maßstäbe offenlegt, an denen die Vor- und Nachteile, die Angemessenheiten und Unangemessenheiten theologischer Figurative, Leitmetaphern und Denkstile nachvollziehbar erscheinen. Und selbst diese Kriterien ändern sich im Laufe der Geschichte und sagen oftmals zunächst mehr über die Zeitläufe aus, denen sie selbst entstammen und aus denen sie entnommen sind, als über die Triftigkeit gegenüber ihrem Anwendungsbereich. Daran gilt es sich zu erinnern, um am Ende von eher systematisch gehaltenen Ausführungen nicht selbst theologiegeschichtspolitischen Anachronismen anheimzufallen.

Geschichtstheologien, Eschatologien und apokalyptische Denkmuster bedienen sich zumeist der Versatzstücke aus beidem, symbolischen Bildern und explikatorischen Elementen. Sie wollen sowohl evozieren wie provozieren. Sie sind deswegen besonders geeignet, in Zeiten des Zusammenbruchs Reflexionsangebote zu unterbreiten, weil ihr eigenes Vokabular am ehesten der Aufgabe gerecht wird, den Motivlagen und -stimmungen jener Situationen Ausdruck und Geltung zu verleihen. Ohne einen harten Dual aus Bedingtem und Unbedingtem, Relativem und Absolutem, ohne Begrifflichkeiten wie Gericht und Kairos, Entscheidung und Erfüllung, Hoffnung und Utopie lassen sich solche kollektiven wie individuellen Krisenlagen kaum für die Betroffenen und die an ihnen Beteiligten hinreichend formulieren. Insofern verschwimmen in solchen Zeiten relativ leicht oder programmatisch gewollt vormals eingespielte Unterscheidungen, etwa diejenigen von Wissenschaft und Lebenswelt, Reflexion und Situation, Theologie und Religion. Nirgends wird dies für unseren Zeitraum deutlicher als in der Krisentheologie *par excellence*, die wir als Dialektische Theologie mit den Namen eines Karl Barth und, für den deutschsprachigen Raum damals vielleicht noch eindrücklicher, eines Friedrich Gogarten[10] verbinden. Bei beiden wird die Predigtsprache nicht nur vordergründig zur theologischen Reflexion, das Rhetorik inszenierende Sprachpathos wird selbst zur Botschaft. So muss man jedenfalls Sätze wie diejenigen Barths aus der zweiten Auflage seines Römerbriefes zu Röm 8, 24–25, lesen: „Christentum, das nicht

---

[10] Man lese dazu nur noch einmal das berühmte Manifest „Zwischen den Zeiten" (1920) sowie den Wartburg-Vortrag „Von der Krisis unserer Kultur" (1920) aus der Feder Gogartens, beides nachzulesen in: Anfänge der dialektischen Theologie, Teil II: Rudolf Bultmann. Friedrich Gogarten, Eduard Thurneysen/Jürgen Moltmann (Hgg.), 4. Auflage, München 1987, 95–121. – Zum intellektuellen Profil Gogartens siehe jetzt auch die jüngste Biographie von: GOERING, D. TIMOTHY: Friedrich Gogarten (1887–1967). Religionsrebell im Jahrhundert der Weltkriege, Berlin/Boston 2017, v.a. 89–103.

ganz und gar und restlos Eschatologie ist, hat mit *Christus* ganz und gar und restlos nichts zu tun."[11] Die Unbedingtheit des Anspruches kommt durch den apodiktischen Gestus des Behaupteten oder sollten wir besser sagen: des Verkündeten „ganz und gar und restlos" zum Ausdruck. Hier gelingt es der Sprache, den bewussten Willen zum Abbruch gegenüber dem bislang gewesenen und mit der Zeit und der Geschichte „verkommenen" oder „verlustig Gegangenen" artikulierbar zu machen. Das Momentum der Geschichte, deren Vergangenheit in Trümmern liegt und deren Zukunft die Augen scheinbar nicht ansichtig werden können, schreit geradezu nach einer eschatologischen Perspektivierung, stellt es doch ein Kennzeichen eschatologischer Rede dar, dass sie im Modus des behauptenden Beschwörens an der Schwelle, „auf der Grenze", zwischen dem zu stehen kommt, was sie dem Untergang weiht, und dem, was sie erhoffen, erahnen, aber niemals in Konturen wirklich zu beschreiben vermag. So jedenfalls wollten sich „Kierkegaards junge Herren" (Troeltsch[12]) verstanden wissen, und deswegen müssen sie jede auf Kontinuität setzende, Überbrückungen versuchende und unter Bezug auf geschichtliche Entwicklung und Kontinuität um Neuanfänge bemühte Form theologischer Reflexion von vornherein brandmarken. Untergang wird zur zentralen und assoziativ im Bedeutungsspektrum reichen Metapher. Antihistorismus[13], so scheint es, zwingt zu axiologischer Eschatologie, wohingegen nur eine Geschichtstheologie, die immer noch einem Vermittlungsdenken und der Immanenz verhaftet ist, weiterhin eine teleologische Eschatologie bemühen kann.[14] So, wie im politischen Denken der frühen Jahre der Weimarer Republik sich Revolutionspathos, Weltanschauungsradikalismus, Ideologeme und Utopien verbinden, so

---

[11] BARTH, KARL: Der Römerbrief (Zweite Fassung) 1922, 16. Auflage, Zürich 1999, 325. – Zu der Zeit- und Kulturimprägnierung des Verständnisses von Eschatologie bzw. ihres Gebrauchs, siehe nach wie vor: BIRKNER, HANS-JOACHIM: Eschatologie und Erfahrung, in: Hayo Gerdes (Hg.): Wahrheit und Glaube (FS für E. Hirsch), Itzehoe 1963, 31–41.

[12] Vgl. dazu auch die Studie von: GRAF, FRIEDRICH WILHELM: „Kierkegaards junge Herren". Troeltschs Kritik der „geistigen Revolution" im frühen zwanzigsten Jahrhundert, in: ders.: Der heilige Zeitgeist. Studien zur Ideengeschichte der protestantischen Theologie in der Weimarer Republik, Tübingen 2011, 139–160.

[13] Zu diesem Begriff verweise ich statt vieler Belege auf die instruktiven Ausführungen von NOWAK, KURT: Die „antihistoristische Revolution". Symptome und Folgen der Krise historischer Weltorientierung nach dem Ersten Weltkrieg in Deutschland, in: Friedrich Wilhelm Graf/Horst Renz (Hgg.): Umstrittene Moderne. Die Zukunft der Neuzeit im Urteil der Epoche Ernst Troeltschs (Troeltsch-Studien Bd. 4), Gütersloh 1987, 133–171.

[14] Hier wird auf die von Paul Althaus bereits in der ersten Auflage seiner Eschatologie eingeführte (heuristische) Unterscheidung angespielt, die in unserem Zusammenhang besonders fruchtbar ist. Auch wenn Althaus in den späteren Auflagen (ab der vierten) diese Begriffe nur noch für die philosophischen Eschatologien reserviert, bleibt das darin Gefasste auch für die Analyse theologischer Eschatologien gültig, wie er selbst schreibt: vgl. ALTHAUS, PAUL: Die letzten Dinge. Lehrbuch der Eschatologie, 9. Auflage, Gütersloh 1964, 19f.

lautet das Gebot der neuen Krisentheologen, radikaler als zuvor und strikter als bisher, Eschatologie zu betreiben, und dies entweder im Zeichen von Gericht und Untergang, so bei Gogarten, oder aber im wartenden Aushalten der diastatischen Situation beim frühen Barth der zwanziger Jahre. Der Weg vom Apokalyptiker zum Revolutionär ist ebenso kurz, wie derjenige vom Revoluzzer zum Untergangspropheten. Darin kommen sich Theologen, wie Friedrich Gogarten, und Zeitdeuter, wie Oswald Spengler, sehr nahe. Und umgekehrt hätte auch ein Spengler Worte, wie dieses:

Geschichte ist das Spiel der vermeintlichen Vorzüge des Geistes und der Kraft der einen Menschen vor den anderen, der durch die Ideologie von Recht und Freiheit heuchlerisch verhüllte Kampf ums Dasein, das Auf- und Abwogen alter und neuer Menschengerechtigkeiten, die einander gegenseitig an Feierlichkeit und Nichtigkeit überbieten[15],

schreiben oder wenigstens unterschreiben können.

Doch nicht diese intellektuellen Querverbindungen mögen im Folgenden im Mittelpunkt stehen, sondern zwei idealtypisch zugespitzte alternative theologische Ansätze, die sich von den hier nur schematisch gezeichneten Dialektikern dahingehend unterscheiden, dass sie weiterhin und stärker um die Differenz zwischen religiösem Pathos und theologischer Reflexion bemüht sind. Gleichwohl stehen auch sie für die soeben geschilderte Konstellation von Geschichtstheologie und Eschatologie, je nach Art der Krisenbeschreibung und der Erwartungen an die Theologie und ihre Zeitdeutungsaufgabe. Es wird dabei nicht überraschen, wenn sich am Ende zeigen wird, dass mit Paul Tillich und Ernst Troeltsch nicht nur geschichtstheologische Denker aufgerufen werden, die sich zur Rolle der Eschatologie – und somit zugleich zur Sinnhaftigkeit apokalyptischer Rede – unterschiedlich im Denkhaushalt verhalten; sondern mehr noch, dass deren Positionen sich nirgends deutlicher unterscheiden als in ihren jeweiligen Antworten hinsichtlich der Leistungsfähig- oder genauer: Orientierungskräftigkeit geschichtstheologischer Deutungsfigurative. Im Kern bleibt die ethische Ausrichtung theologischer Arbeit zwischen dem kultursynthetisierenden Vernunftrepublikaner und dem religiösen Sozialisten und Kairostheologen strittig. – Und nur als Nebenbemerkung: Man könnte dies auch an deren Einwänden gegenüber Oswald Spenglers Versuch der Geschichtsdeutung illustrieren.[16]

---

[15] So allen Ernstes Karl Barth zu Röm 3,1 in: BARTH: Römerbrief 1922 (s. Anm. 11), 56. – Den Hinweis darauf verdanke ich der Studie von Nowak: Die antihistoristische Revolution (s. Anm. 13), 162. Das Zitat passt auch insofern strukturell zu Spengler als auch dieser die Leistungen von Vernunft, Kultur und Rationalität insgesamt gegenüber einem anderen, nicht human Form- und Gestaltbarem als sekundär, dekadent und nebensächlich abtut.

[16] Jedenfalls ist Spenglers Werk bei beiden Denkern präsent. Etwas vereinfachend gesagt, kritisiert Tillich Spenglers Geschichtsdeutung vor allem, weil sie mittels organologischer Metaphern ungeschichtlich verfahre. Vgl. die Bemerkungen in den verschiedenen Abhandlungen, wie sie gesammelt vorliegen in: TILLICH, PAUL: Gesammelte Werke Bd. IV: Der

III. Tillichs Kairos

Mit Blick auf das bislang Ausgeführte macht es Sinn, mit dem Jüngeren zu beginnen. Paul Tillichs (1886–1965) erste kulturtheologischen Gehversuche fallen in die Zeit der Gründung der Weimarer Republik.[17] Seine schon während des Ersten Weltkrieges, etwa im berühmten Briefwechsel mit Emanuel Hirsch[18] zum Vorschein kommende hohe Sensibilität für religiöse Gegenwartsdeutung mündet zu Beginn der zwanziger Jahre in eine verstärkte Beschäftigung mit geschichtsphilosophischen und geschichtstheologischen Fragestellungen, oder genauer: die geschichtstheologischen und eschatologischen Figurative dienen als Lesebrillen zur Gegenwartsdeutung, und zwar nicht nur in religiöser und kultureller, sondern ebenso in sozialer, politischer wie ökonomischer Hinsicht. Im Zentrum stehen dabei der Kairos-Begriff[19] sowie der Begriff des Dämonischen, aber stets vor dem Hintergrund einer eschatologischen Perspektivierung der geschichtstheologischen – und in Abschattierung auch der geschichtsphilosophischen – Deutungsbemühungen. Anders als Barth, Gogarten und ihre Weggefährten stellt Tillichs seine Ausführungen gleichwohl nicht einfach in das Zeichen des Untergangs, sondern eher des Umbruchs. Aus dem „Zwischen den Zeiten" wird der als Kairos qualifizierte Augenblick der erfüllten Zeit.[20]

Widerstreit von Raum und Zeit. Schriften zur Geschichtsphilosophie, Renate Albrecht (Hg.), Stuttgart ²1963, 16.29.113. Bei diesen Texten handelt es sich um die beiden ersten Aufsätze zum Kairosbegriff, sowie um die Abhandlung „Geschichtliche und ungeschichtliche Geschichtsdeutung", wohingegen Troeltsch in seiner Rezension unmissverständlich auf die fatalen geschichtspolitischen und somit ethischen Konsequenzen aus der Ablehnung mühsamer historischer Forschung durch Spenglers Werk hinweist, wenn er schreibt, dass Spenglers Buch im Grunde „selbst ein aktiver Beitrag zum Untergang des Abendlandes" sei: TROELTSCH, ERNST: Zur modernen Geschichts- und Kulturphilosophie. Rez. zu: SPENGLER, OSWALD: Der Untergang des Abendlandes, Bd. 1, in: ders.: Gesammelte Schriften Bd. IV: Aufsätze zur Geistesgeschichte und Religionssoziologie, Hans Baron (Hg.), Tübingen 1925, 677–684, 684.

[17] Vgl. TILLICH, PAUL: Über die Idee einer Theologie der Kultur (1919), in: ders./Gustav Radbruch, Religionsphilosophie der Kultur. Zwei Entwürfe, Berlin 1919, 27–52.

[18] Siehe den Briefwechsel zwischen Paul Tillich und Emanuel Hirsch über die sinntheoretischen Grundlagen einer zeitgemäßen Theologie und Religionsphilosophie, jetzt gebündelt in: TILLICH, PAUL: Briefwechsel und Streitschriften. Theologische, philosophische und politische Stellungnahmen und Gespräche (Ergänzungs- und Nachlassbände zu den GW Bd. VI), Renate Albrecht/René Tautmann (Hgg.), Frankfurt a.M. 1983, 95–136.

[19] Dazu grundlegend die Arbeit von: CHRISTOPHERSEN, ALF: Kairos. Protestantische Zeitdeutungskämpfe in der Weimarer Republik, Tübingen 2008, bes. 9–126 (Kap I).

[20] Man vergleiche dazu nur Barths – später von ihm selbst kritisch betrachteten – Ausführungen zu Röm 13,11 in seinem Römerbriefkommentar von 1922. Zwar scheint die religiös-theologische Semantik ganz parallel gebraucht zu werden, aber die im Gegensatz zu Tillich starke eschatologische Diastasierung von Zeit und Ewigkeit wird überdeutlich: „Wenn wir erkennen, daß Zeit wird wie Ewigkeit und Ewigkeit wie Zeit, dann tritt diese Möglichkeit [sc. die unmögliche Möglichkeit der Erfüllung des Gesetzes; C.P.] ein. Sie tritt

Schon zu Beginn der ersten Kairos-Abhandlung aus dem Jahr 1922 wird zudem der theoretische Anspruch von Geschichtsdeutung unterstrichen, es geht nicht – wie bei Barth und Gogarten zum Teil programmatisch gewollt – um religiöse Verkündigung oder Agitation, sondern um nüchterne Begriffsarbeit um der analytischen Gegenwartserhellung willen: „Aufruf zu einem Geschichtsbewußtsein im Sinne des Kairos, Ringen um eine Sinndeutung der Geschichte vom Begriff des Kairos her, Forderung eines Gegenwartsbewußtseins und Gegenwartshandelns im Geiste des Kairos, das ist hier gewollt."[21] Dass der Maßstab, der im Begriff des Kairos eher verschlüsselt zum Ausdruck kommt, kein innerweltlich geschichtlicher ist, sondern ein transzendenter, der von „außen" in die Zeit kommt, wird dabei ebenso deutlich. Das unterscheidet den Kairos-Begriff und die ihm verbundenen prophetischen Bewegungen in Geschichte und Gegenwart vom utopischen Denken, ist doch hier nicht nur das Verhältnis von Eschatologie und Geschichte, sondern auch das von ethischer Verantwortlichkeit anders gefasst: „Die Idee des Kairos", so heißt es in der wenige Jahre später (1926) erschienenen zweiten Kairos-Abhandlung,

ist aus der Auseinandersetzung mit der Utopie geboren. Sie enthält das Hereinbrechen der Ewigkeit in die Zeit, den unbedingten Entscheidungs- und Schicksalscharakter dieses geschichtlichen Augenblicks, aber sie enthält zugleich das Bewußtsein, daß es keinen Zustand der Ewigkeit in der Zeit geben kann, daß das Ewige wesensmäßig das in die Zeit Hereinbrechende, aber nie das in der Zeit Fixierbare ist. Die Richtung nach vorn ist die ins Handeln übersetzte Richtung nach oben.[22]

Vor allem dieser letzte Satz zeigt, inwiefern Tillich in allen Abhandlungen aus dieser Zeit daran festhält, dass in den kairotischen Momenten zwar die eigene Entscheidung verlangt, und zwar unabdingbar verlangt wird, dass somit hier und nur hier der Mensch zu seiner Verantwortung gerufen wird – das existentialistische Pathos bei Tillich ist hier schon zum Greifen nahe – , dass aber daraus nachgerade kein ethisches Erneuerungsprogramm für Kultur und Gesellschaft in inhaltlicher Hinsicht folgt. Denn das würde, wie man etwa den

---

ein „in Erkenntnis des Augenblicks". – Denn es ist ein „Augenblick" zwischen den Zeiten, der selber kein Augenblick ist in der Zeit. Jeder Augenblick in der Zeit kann aber die volle Würde dieses Augenblicks empfangen. Es ist dieser Augenblick der ewige Augenblick, das Jetzt, in welchem Vergangenheit und Zukunft stillstehen, jene in ihrem Gehen, diese in ihrem Kommen." (BARTH: Römerbrief 1922 [s. Anm. 11], 523.) – Man beachte, dass auch hier der vom paulinischen Text vorgegebene sachliche Zusammenhang eigentlich ein ethischer ist.
[21] TILLICH, PAUL: Kairos I, in: ders.: Gesammelte Werke, Bd. VI: Der Widerstreit von Raum und Zeit. Schriften zur Geschichtsphilosophie, Renate Albrecht (Hg.), 2. Auflage, Stuttgart 1963, 9–28, 9. – Die Abhandlung beginnt im Übrigen mit der Mahnung: „Die hier vorgetragenen Ideen sollen ein Aufruf sein zu geschichtsbewußtem Denken [...] Die Form aber dieses Rufes soll nicht Predigt oder Agitation, nicht Romantik oder Poesie sein, sondern ernste Begriffsarbeit, Ringen um eine Philosophie der Geschichte" (ebd.).
[22] TILLICH, PAUL: Kairos II, in: ders.: Raum und Zeit (Anm. 21), 29–41, 35.

Überlegungen zum Dämonischen[23], aber noch stärker Tillichs Ausführungen zu den Grundlinien des religiösen Sozialismus[24] entnehmen kann, entweder in ein in sich fixiertes Gegenwartsbewusstsein – an anderen Stellen steht dafür immer die Rede von der „in sich ruhenden Endlichkeit"[25], zu der auch die herkömmlichen kirchlichen Heteronomien gehören – führen oder aber in eine geschichtsenthobene, jenseitige Utopie. Anders gewendet: Es ist gerade die unter keinen Umständen, auch nicht geschichtlich identifizierbare, geschweige denn fixierbare Momenthaftigkeit des Kairos, die einerseits für seinen eschatologischen Charakter bürgt, und es andererseits mit sich bringt, dass die Forderung nach einer theonomen Gesellschaft und Kultur nicht als Restitution kirchlicher oder religiöser Hegemonievorstellungen gelesen werden kann. Auch von daher kann Tillich immer wieder in den Texten dieser Jahre betonen, dass es ihm mit diesem Modell gelingt, anders als Troeltsch, wirklich den Historismus zu überwinden; und zwar, weil er im Unterschied zu Troeltsch nicht den verzweifelten Versuch macht, vom Relativen aus zum Absoluten vorzudringen.[26] Vielmehr kann nur das Unbedingte, wie es die Zeit im erfüllten Augenblick des Kairos ergreift, überhaupt zu einer letztthinnigen, somit unbedingten Sinndeutung der Geschichte, und mit ihr von Kultur und Gesellschaft, führen. Im Kairos-Aufsatz wird dies daran deutlich, dass Geschichtstheologie unter soteriologisch-eschatologischen Vorzeichen gerahmt wird:

Die Zeit wird nicht dadurch erlöst, daß die Ewigkeit in sie eingeht; das ist nicht möglich, denn zu ihrem Wesen gehört der Widerspruch zur Ewigkeit; sondern die Zeit wird dadurch erlöst, daß sie aufgenommen wird in die Ewigkeit. Die Erlösung, die Verwirklichung dessen, was die Prophetie schaut, liegt jenseits der Zeit. Das ist die Aufhebung der Utopie.[27]

In diesen letzten Worten liegt gewiss auch eine Auseinandersetzung mit Ernst Bloch.[28] Aber mehr noch zeigt sich darin eine für Tillich entscheidende

---

[23] Vgl. TILLICH, PAUL: Das Dämonische. Ein Beitrag zur Sinndeutung der Geschichte (1926), in: aaO. 42–71.

[24] Vgl. TILLICH, PAUL: Grundlinien des Religiösen Sozialismus. Ein systematischer Entwurf (1923), in: ders.: Gesammelte Werke Bd. II: Christentum und soziale Gestaltung. Frühe Schriften zum Religiösen Sozialismus, Renate Albrecht (Hg.), Stuttgart 1962, 91—119.

[25] Diese Formel findet sich ebenfalls in der zweiten Kairos-Abhandlung, vgl. aaO. 36, und wird prominent werden in Tillichs religiöser Gegenwartsdeutung: „Die religiöse Lage der Gegenwart" von 1926.

[26] Diese Kritik an Troeltsch findet sich bei Tillich sowohl in seiner Würdigung aus Anlass seines Todes („Ernst Troeltsch. Versuch einer geistesgeschichtlichen Würdigung") als auch in seiner Besprechung des Historismusbandes („Der Historismus und seine Probleme. Zum gleichnamigen Buch von Ernst Troeltsch"). Beide Texte finden sich in: TILLICH, PAUL: Gesammelte Werke Bd. XII: Begegnungen. Paul Tillich über sich selbst und andere, Renate Albrecht (Hg.), Stuttgart 1971, 166–174; 204–211.

[27] TILLICH: Kairos II, in: ders.: Raum und Zeit (s. Anm. 21), 35.

[28] Vgl. BLOCH, ERNST: Vom Geist der Utopie. Erste Fassung (1918), 1. (Neu-)Auflage Berlin 2018.

Verhältnisbestimmung von Geschichtstheologie und Eschatologie. In der Abhandlung „Eschatologie und Geschichte" kommt dies in prinzipieller Hinsicht zur Geltung, wenn es heißt: „Jedes Seiende, sofern es im Geschehen steht, ist bezogen auf das Eschaton."[29] Damit verbunden ist aber zugleich eine Absage sowohl an das utopische Denken als auch an die Fortschrittskategorie, insofern der Geschehenssinn selbst transzendent bleibt und „nicht das zufällige und fragwürdige Resultat einer Entwicklung"[30] darstellt. Wenn dem so ist, wird auch deutlich, inwiefern dieser am Kairos orientierten eschatologischen Geschichtsdeutung auch die Revolutionssemantik nicht fernliegt. Denn da in revolutionären Momenten gerade zum Vorschein oder besser noch zum Durchbruch kommt bzw. kommen kann, dass das Endliche stets und erneut vom Erfülltsein durch das Unbedingte sowie von dessen Gewahrwerden lebt, kann – Tillich zufolge – auch der religiöse Sozialismus den Sinn des Eschatons in und für die Gegenwart besser vertreten als alle christlich-konservativen Gegenbewegungen oder kirchlichen Restaurationsbemühungen.[31]

Man muss diese nicht immer in sich stimmigen Zusammenhänge von Tillichs Kairos-Eschatologie, seiner unter dem Figurativ des Dämonischen vorgenommenen Zeit- und Geschichtsdeutung und dem kulturtheologisch fokussierten Ideal der Theonomie im Auge behalten, um schließlich verstehen zu können, warum Tillich in seinen späten, in den sechziger Jahren gehaltenen Vorlesungen zur Theologiegeschichte mit vollem Ernst behaupten konnte, dass der „Religiöse Sozialismus [...] als Versuch verstanden werden [kann], über die Grenzen in Troeltschs Bemühen um die Überwindung des Historismus

---

[29] TILLICH, PAUL: Eschatologie und Geschichte (1927), in: ders.: Raum und Zeit (s. Anm. 21), 72–82, 75.
[30] AaO. 77.
[31] So heißt es in *Eschatologie und Geschichte*, aaO. 77: „Die christlich konservative Auffassung rechnet zwar mit dem Eschaton. Aber dieses steht außerhalb des konkreten Geschehens an seinem mythologischen Ende und ohne Wesensbeziehung zu ihm. Das Eschaton wird zu einer mythischen Vorstellung, die höchstens dem Einzelschicksal gegenüber zukünftige Bedeutung hat, die aber das Geschehen [sc. gemeint ist immer: das kairotisch erfüllte, geschichtliche Geschehen; C.P.] unberührt läßt und es zu einem seinsgebundenen Vorgang macht. Demgegenüber gilt vom echten Geschehen, daß es Durchbrechung des jeweiligen Seinskreises ist, daß ihm darum das revolutionäre, umschaffende Element innewohnt, im Individuellen wie im Sozialen. Das ist der Grund, warum der Religiöse Sozialismus glaubt, daß die sozialistische Bewegung den Sinn des Eschaton besser zur Geltung gebracht hat als der christliche Konservativismus." – Hier zeigt sich, inwiefern es gerade die Geschichte ist, die eschatologisch perspektiviert werden muss, um zu ihrer Sinnerkenntnis zu gelangen. In diesem Sinne wird Eschatologie dann zur Instanz von Geschichtsdeutung, die dem Historismus entkommt. Demgegenüber ist die limitative Aufgabe von Eschatologie, welche das Ende der Geschichte und des individuellen Lebens (Tod) bedenkt, eher nachrangig.

hinauszugehen."³² Dahinter steht die Vermutung, dass der religiöse Sozialismus – anders als sein marxistisch orientierter Bruder – dem Anspruch der Theonomie vollends genügen kann, nach der „alles Relative zum Träger des Absoluten wird, und [...] nichts Relatives jemals zum Absoluten werden kann."³³ Religiöse Sozialisten stehen für den Tillich der zwanziger Jahre somit für diejenige Gemeinschaft von Kairos bewussten Subjekten, die dem Anspruch der Gegenwart auf Sinndeutung und ethische Gestaltung in unbedingtem Ernst entsprechen. Dabei vergleicht er die Situation der religiös-sozialistischen Gemeinschaft einmal mit derjenigen der frühen Christen, insbesondere mit Blick auf die Gemeinde der Johannesapokalypse. Wo die einen im Zwiespalt mit dem römischen Staat stehen, so stehen wir heute unter der ambivalenten Dämonie des Kapitalismus.³⁴ Zudem heißt es in den „Grundlinien" von 1923: „Der religiöse Sozialismus ist eine Gemeinschaft von solchen, die sich im Bewußtsein des Kairos verstehen und um das Schicksal, um die Gnade der Theonomie ringen"³⁵, und das heißt, im je konkreten Akt der Entscheidung ihre volle Verantwortlichkeit ausüben. Auch hier wird die stark eschatologische Klammerung, diesmal der existentiell-ethischen Aufgabe unter dem Gebot der geschichtlichen Sinnbestimmung, überdeutlich. Dass mit dem Ruf nach Konkretion, wie sie bis in Tillichs Wortwahl in diesen Jahren permanent beschworen wird, wenig inhaltlich Konkretes gegeben ist, zeigt das späte Eingeständnis: „Der Religiöse Sozialismus ist niemals für höhere Löhne oder ähnliche Verbesserungen eingetreten, obwohl in dieser Hinsicht viel zu tun gewesen wäre, denn damals wurden die Arbeiter ungeheuer ausgebeutet. Wir versuchten statt dessen, die Vertikale in neuer Form wieder aufzurichten."³⁶ Nirgends deutlicher als in diesem Zitat kommt das Zugleich von konkreter eschatologischer Sinndeutung von Geschichte und ethisch-politischer Konkretisierungsabstinenz zum Vorschein. Tillich verteidigt diese Beobachtung noch in den sechziger Jahren, wenn er im Anschluss an diese Sätze meint: „In dieser Beziehung hat sich die Lage seit 1920 nicht verändert; sie ist in Europa wie in Amerika die gleiche geblieben, nicht was die Gesellschaftsstruktur, aber was die geistige Struktur betrifft."³⁷

Zieht man diese Skizzen aus den Überlegungen Tillichs aus den zwanziger Jahren sowie ihre späte Verteidigung ins Grundsätzliche, dann zeigt sich: Seine Geschichtsdeutung, wie sie durch die zeitgenössischen Krisen provoziert und

---

³² TILLICH, PAUL: Vorlesungen über die Geschichte des christlichen Denkens, Teil II: Aspekte des Protestantismus im 19. und 20. Jahrhundert (Ergänzungs- und Nachlaßbände zu den GW Bd. II), Ingeborg C. Henel (Hg.), Stuttgart 1972, 194.
³³ TILLICH: Kairos I, in: ders.: Raum und Zeit (s. Anm. 21), 24.
³⁴ Vgl. aaO. 40. – Auch Tillich deutet in den meisten Schriften dieser Zeit, und auch später noch, das apokalyptische Denken in prophetischen Mustern.
³⁵ TILLICH: Grundlinien, in: ders.: Christentum und soziale Gestaltung (s. Anm. 24), 119.
³⁶ TILLICH: Vorlesungen über die Geschichte (s. Anm. 32), 199.
³⁷ Ebd.

indiziert wurde, steht unter einem stark religiösen, man wird mit Blick auf die Kategorien von „Erfüllung" und „Entscheidung" sogar sagen können, einem heilsgeschichtlich-eschatologischen Vorzeichen[38]. Das bedingt, dass sie sich von der Deutung konkreter geschichtlicher Ereignisse und Entwicklungen weitgehend fernhält. Eine Konsequenz ist, dass die Geschichtsdeutung keinerlei konkrete ethischen Impulse freizulegen vermag. Solche, die sich gleichwohl beim Tillich der Weimarer Zeit finden, verdanken sich weitgehend seinen kulturtheologischen Bemühungen. Aber auch hier dominiert die Perspektive der Zeitgenossenschaft, die sich nicht minder leicht eschatologisch perspektivieren lässt. Nun würde ich nicht so weit gehen, Tillich eine Geschichtstheologie im eigentlichen Sinne abzusprechen. Gleichwohl wird diese doch nur indirekt dank anderer theologischer Figurative greifbar. Inwiefern sich diese Grundlagen auch für den späten Tillich der amerikanischen Jahre halten lassen, müsste man gesondert zeigen; vor allem auf etwaige, möglicherweise fruchtbare Inkonsistenzen zwischen seinen kulturtheoretischen Deutungen im Zusammenhang von Demokratie, Kapitalismus, moderner Kultur etc. und der eschatologischen Perspektivierung der Geschichtsthematik im dritten Band seiner reifen *Systematischen Theologie* wäre zu achten. Aber das kann hier nicht mehr weiter ausgeführt werden.

An dieser Stelle möchte ich kurz auf Einwände eingehen, die sich gegen meine Tillich-Interpretation erhoben haben, und zwar sowohl mit Blick auf die These, wonach Tillich keine im engeren Sinn geschichtstheologische Rahmung seiner Theologie in den zwanziger Jahren vorgenommen hat, als auch mit Blick auf den Verdacht, hierdurch bleibe das ethische Potential kritisch-theologischer Zeitdeutung weitgehend unausgeschöpft. Zum Ersten ist zu sagen, dass ich hier unter Geschichtstheologie wirklich den Versuch verstehe, die Geschichte und ihren Verlauf unter dem Gesichtspunkt der Gegenwartsrelevanz *in concreto* zur theologischen bzw. metaphysischen Deutung auszuziehen. Das gilt selbst für den in vielerlei Hinsicht dilettantischen Spengler. Tillich ist – anders als in seinen kulturtheologischen Versuchen, die Gegenwartsphänomene prägnant zu deuten – nicht wirklich an historischen Entwicklungen und ihrer theologischen Relevanz interessiert. Das unterscheidet ihn, wie gleich noch deutlicher werden soll, von Troeltsch. Was den zweiten Gesichtspunkt anbelangt, so lässt sich umgekehrt sagen, dass Tillich sehr genau auf institutionelle Friktionen in der eigenen Lebensgegenwart geachtet hat; und insofern sein sozialethisches Potential, das er – ähnlich wie viele andere Vertreter der (späteren) Exilgeneration – in den Jahren in den USA weiter ausgebaut hat, enorm ist. Gleichwohl bleiben seine ethischen Überlegungen sowohl in seiner deutschen als auch in seiner amerikanischen Werkphase auf einem zumeist abstrakten Niveau oder arbeiten mit Typologien. Genau hierin ist ihm erneut

---

[38] Vgl. TILLICH: Eschatologie und Geschichte, in: ders.: Raum und Zeit (s. Anm. 21), 89–82.

der politische Analyst und Publizist Troeltsch, wenigstens in seinen späten Jahren als Autor, nicht zuletzt der Spektator-Briefe, überlegen; wenngleich dessen konkretes politisches Wirken ebenfalls unter einem mangelnden Sinn für politische Bedingungen gelitten hat. Als Ergebnis dieses Vergleichs vorweggenommen lässt sich festhalten: Die Differenz zwischen Troeltsch und Tillich liegt zuvorderst in der unterschiedlichen ethischen und theologischen (!) Relevanz geschichts- und sozialwissenschaftlicher Analysen bei der Gegenwartsdeutung, der Einschätzung der Krise und von möglichen Lösungsansätzen.

IV. Troeltschs existentieller Historismus

Tillichs ethischer Fluchtpunkt im Rahmen seiner Theonomiesemantik ist die Idee der existentiellen Verantwortlichkeit, die immerhin keinen Dezisionismus à la Carl Schmitt meint. Dessen ungeachtet versucht Tillich mit der Weigerung, diese ethische Auszeichnung auch geschichtsphilosophisch oder kulturgeschichtlich zu flankieren, auf seine Weise dem Historismus zu entkommen. In einer späten Würdigung Ernst Troeltschs kann man deshalb auch den fundamentalen, menschlichen Unterschied zwischen beiden angedeutet finden:

> Viele von uns gaben sich nicht mit Troeltschs Versuch, den Historismus zu überwinden, zufrieden. Wir glaubten, daß er nicht weit genug gegangen sei und selbst noch unter dem Einfluß des Historismus stehe. Dazu kam, daß wir bereits vom Existentialismus ergriffen waren, von dem Troeltsch noch nicht einmal berührt war.[39]

In der Tat: Troeltsch war kein Existentialist, und er sah alle schon damals aufkommenden existentialistisch getönten Dezisionismen, vor allem in politischer Hinsicht, kritisch. Sowohl die Antwortversuche des frühen Tillich, als auch dessen Verteidigung und Gegenwartsdiagnose aus den sechziger Jahren hätte er wohl als misslungen gedeutet. Das Hauptargument hätte dabei gelautet: Tillich, wie viele andere neuere, linke wie konservative Revolutionäre in Wissenschaft, Gesellschaft, Kirche und Theologie, hätten die Konsequenzen aus den politischen, sozialen und kulturell-intellektuellen (geistigen) Umbrüchen, wie sie sich vor, während und nach dem Ersten Weltkrieg abgespielt haben, nicht zu ziehen vermocht oder vielmehr nicht ziehen wollen. Ohne dass man die Transformationen hin zu Demokratie und kapitalistischer Industriewirtschaft mit den kulturellen Umwälzungen der Einsicht in die geschichtliche Relativität alles Geistigen und Kulturellen fusioniert, müssen doch beide Entwicklungen sowohl in ihrer relativen Unabhängigkeit wie in ihren wechselseitigen Beeinflussungen in Betracht gezogen werden. Gesellschaftsstruktur und geistige

---

[39] TILLICH: Vorlesungen über die Geschichte (s. Anm. 32), 194.

Lage sind nicht gänzlich voneinander getrennt.[40] Das ist bereits ein Weg, zu einer relativen Überwindung des Historismus als radikalen Relativismus, wie er sich am Ende des Ersten Weltkrieges für viele in der konkret politischen und sozialen Lage Deutschlands als wahrhaftig erwiesen hat. Von Spenglerismen ist Troeltsch dabei allerdings denkbar weit entfernt. Sein großes, spätes Opus magnum *Der Historismus und seine Probleme* (1922) macht schon im Vorwort klar, dass dem Autor an Untergangsrhetorik überhaupt nicht gelegen ist.[41] Zudem stellt sein Anspruch ein deutlich auf Neubeginn gestimmtes Plädoyer dar. Nicht einfach die Deutung einer Umbruchsituation, sondern die konstruktive Bestimmung der Richtung des notwendigen Aufbruchs zu einer verbesserten Lage – dieses einerseits anspruchsvolle wie andererseits bescheidene ethisch-politische Programm steht hinter seiner Geschichtsphilosophie, die zugleich eine Geschichtstheologie impliziert.[42] Hier wird Geschichtstheologie erst ganz

---

[40] Dass man die sozialen und politischen Revolutionen und diejenigen der geistig-kulturellen Art nicht fusionieren, aber auch nicht beziehungslos nebeneinander stellen kann, und beides wissenschaftlich und nicht einfach weltanschaulich-ideologisch bearbeitet werden muss, ist die Stoßrichtung der prinzipiellen Kritik von Troeltsch an Weltanschauungsdiskursen, deren Theoretikern und wissenschaftlichen Dilettanten in seiner als Rezension angelegten Abhandlung: TROELTSCH, ERNST: Die Revolution in der Wissenschaft. Über: Erich von Kahler, Der Beruf der Wissenschaft, und Artur Salz, Für die Wissenschaft gegen die Gebildeten unter ihren Verächtern (1921), in: Gesammelte Schriften Bd. IV (Anm. 16), 653–677.

[41] So heißt es schon im Vorwort zum Historismus-Band treffend: „Spengler ist der letzte und extremste Ausläufer oder Erneuerer der Organologie, rein kontemplativ, partikularisierend und individualisierend wie diese, noch ferner von jeder Synthese als dass er vielmehr nur in den formalen Gleichläufigkeiten sieht. Indem er zugleich Schopenhauers und Nietzsches Atheismus und Kulturkritik fortsetzt, kommt er damit ganz naturgemäß zu seinen Untergangsthesen. Meine Grundidee ist von Hause aus anders gerichtet, auf die Bildung einer gegenwärtigen Kultursynthese aus den historischen Erbstücken, für welche Aufgabe es gleichgültig ist, ob man dem aufsteigenden oder absteigenden Ast einer Kulturentwicklung angehört." (TROELTSCH, ERNST: Der Historismus und seine Probleme. Erstes Buch: Das logische Problem der Geschichtsphilosophie (1922), KGA 16.1, hg. von Friedrich Wilhelm Graf in Zusammenarbeit mit Matthias Schloßberger, Berlin/New York 2008, 164.) – Zu Spengler und Troeltsch siehe zudem meine noch unveröffentlichte Abhandlung: POLKE, CHRISTIAN: Vom Untergang des Abendlandes. Systematische Überlegungen im Stile eines Nekrologes (2018).

[42] Das haben unter den Zeitgenossen von Troeltsch merkwürdigerweise die theologischen Fachkollegen am wenigstens bemerkt. Erst in jüngerer Zeit haben vor allem Christoph Schwöbel, Jörg Dierken und Hans Joas die theologische Dimension der Geschichtsphilosophie des späten Troeltsch in ihrer systematischen Reichweite gewürdigt. Anders hingegen lautete schon das treffsichere Urteil der herausragenden Historiker dieser Zeit, Friedrich Meinecke und Otto Hintze. Beide sahen noch im Geschichtsphilosophen Troeltsch den Theologen mit am Werke, ohne dass beide Perspektiven einfach in eins gesetzt werden. Vgl. MEINECKE, FRIEDRICH: Ernst Troeltsch und das Problem des Historismus (1923), in: ders.: Zur Theorie (s. Anm. 5), 367–378, sowie die vielleicht beste, zeitgenössische und nicht unkritische, aber sehr faire Auseinandersetzung mit Troeltschs später Lebensleistung bei: HINTZE, OTTO: Troeltsch und die Probleme des Historismus. Kritische Studien (1927), in:

am Ende – und nicht nur im Zeichen von Krisen, sondern prinzipiell – auch eschatologisch limitativ begrenzt. Aber nicht Eschatologie, sondern Geschichtsphilosophie und -theologie sind die bestimmenden Figurative der Gegenwartsdeutung und deren ethisch-politischen Herausforderungen.

Troeltschs Auseinandersetzung mit dem Historismus als der vielleicht wichtigsten geistig-kulturellen Revolution in der Moderne durchzieht sein ganzes theologisches Wirken. Von daher liegt die geschichtstheologische Flankierung auch dort noch nahe, wo er sich eher als Ideenhistoriker oder Religionssoziologe betätigt hat. Nicht so sehr sein – für die Zeit typisches – anfängliches Mitwirken am ideenpolitischen Krieg der Mächte, sondern seine nach 1918 nicht nur anpassungsbedingte, sondern ehrliche und von tiefen Überzeugungen getragene Unterstützung der Weimarer Republik ist es, die ihn zu einer gänzlich anderen Form von Geschichtsdeutung befähigte. Diese stand von vornherein unter Bedingung der ethischen und politischen Orientierungskraft. Darin muss sich die Funktion und Leistung von Geschichtsdeutung und somit auch von Geschichtstheologie, die eben eine religiös konnotierte Form der Sinndeutung geschichtlicher Wirklichkeit darstellt, erweisen. Karl Mannheim hat in diesem Zusammenhang nicht zu Unrecht davon gesprochen, dass dieses methodische Vorgehen „an den Pragmatismus gemahnende[...] Prinzipien"[43] beinhaltet. Vor allem ist es die Idee der Kultursynthese, mit welcher Troeltsch im Lichte gegenwärtiger Herausforderungen und zukünftiger Erwartungen die Geschichte auf ihre weiterhin fortzuschreibenden Ideale und Werthaltungen hin befragt. Diese fügen sich freilich nicht ein für alle Mal zu einem Ganzen zusammen. Auch sind sie – darin klingt schon ein Abstand zu Tillich an – durchaus „polymorph"[44], wie es bei Troeltsch noch die Wahrheit selbst bleibt, da die Vielgestaltigkeit der Ereignisse und Entwicklungen keineswegs auf einen, und sei es göttlich-kairotischen oder theonomen Nenner gebracht werden kann. Man kann die Differenz zwischen Tillich und Troeltsch somit auch als eine Differenz zwischen Monismus und Pluralismus lesen, jedenfalls insofern auf die Relevanz der geschichtstheologischen (und eschatologischen)

---

ders.: Soziologie und Geschichte. Gesammelte Abhandlungen zur Soziologie, Politik und Theorie der Geschichte (Gesammelte Abhandlungen Bd. II), Gerhard Oestreich, 3. Auflage, Göttingen 1982, 323–373. – Zu den intellektuellen Beziehungen und verwandten Umgangsweisen mit dem Historismusproblem bei diesen drei Denkern, siehe nach wie vor gut als Überblick: ERBE, MICHAEL: Das Problem des Historismus bei Ernst Troeltsch, Otto Hintze und Friedrich Meinecke, in: Graf/Renz: Umstrittene Moderne (s. Anm. 13), 73–91.

[43] MANNHEIM, KARL: Historismus, in: ders.: Wissenssoziologie. Auswahl aus dem Werk, Kurt H. Wolff (Hg.), Neuwied/Berlin ²1970, 246–307, 270.

[44] Vgl. TROELTSCH, ERNST: Die Stellung des Christentums unter den Weltreligionen, in: Troeltsch, Ernst: Kritische Gesamtausgabe Bd. 17: Fünf Vorträge zu Religion und Geschichtsphilosophie für England und Schottland. Der Historismus und seine Überwindung (1924)/Christian Thought. Its History and Application (1923), hg. von Gangolf Hübinger in Zusammenarbeit mit Andreas Terwey, Berlin/New York 2005, 115–118.

Deutungsfigurative geachtet wird.[45] Dies gilt ungeachtet der Tatsache, dass Troeltsch Tillich mit seiner Kairos-Idee als Formel eines Religiösen Sozialismus im Historismus-Band immerhin dahingehend würdigen kann, dass hierbei wesentliche Konvergenzen mit seinem Anliegen sich einstellen können. Friedrich Wilhelm Graf hat insofern Recht, wenn er behauptet:

> Kairos und Kultursynthese sind gerade darin ähnlich, daß die Notwendigkeit eines prinzipiellen Neubaus der philosophisch-theologischen Theoriebildung hier wie dort in einer Weise anerkannt wird, die nicht von vornherein zum antihistoristischen Ausstieg aus der geschichtlichen Gegenwart führt.[46]

Und doch bleiben, sieht man auf die konkreten Ausgestaltungen dieser Theoriebildungen, Zweifel, ob es – von der Warte Troeltschs aus betrachtet – wirklich gelingt, nicht nur den geschichtlichen Umbruch und das Gebot der Stunde auszudeuten, sondern auch den Neuanfang kritisch zu begleiten. Denn Geschichtsdeutungen im Sinne von Kultursyntheseen können allein so verfahren, dass

> sie für uns Menschen dieser Erde doch immer nur aus dem erfahrbaren Stück unserer Existenz, aus dem Kampf und Schaffensdrang, den Kräften und Hoffnungen unseres Erdenlebens schöpfen [...]. Wir kennen nur diese historische Welt und alles, was weiter reicht, könnte höchstens aus ihrer Analogie und ihren Postulaten erst geahnt werden. Für dieses Erdenleben aber stellt jeder Moment von neuem die Aufgabe, aus der gewesenen Historie die kommende zu formen.[47]

Wir sind also an den konkreten Stoff der Geschichts- und Zeiterfahrung zurückgebunden, wenn wir an Kultursynthesen arbeiten oder eben als Theologinnen und Theologen uns geschichtstheologisch um Sinndeutung bemühen. Das setzt, wie man an Troeltschs eigenem Versuch eines Aufbaus der europäischen Kulturgeschichte dann sehen kann, einerseits „Strenge und Sachlichkeit" der Geschichtsforschung voraus, und nötigt andererseits doch zu einer nicht in Einzeldetails sich verlierenden, sondern der „Anschaulichkeit der großen Hauptmassen"[48] entsprechenden Geschichtsschreibung. Vor allem aber gilt, dass beides von Anbeginn an auf eine ethische Zuspitzung solcher Sinndeutungssysteme hinausläuft. Und diese ist selbst wieder standortgebunden und somit Produkt einer humanen, daher endlichen Perspektivierung. Im Darmstädter

---

[45] Dass Tillichs Theologie in Gänze stets monistischen Anliegen, auch in kulturtheologischer Hinsicht, verpflichtet war, zeigt auch: GRAF, FRIEDRICH WILHELM: „Old harmony?" Über einige Kontinuitätsmomente in ‚Paulus' Tillichs Theologie der ‚Allversöhnung', in: ders.: Der heilige Zeitgeist (s. Anm. 12), 343–380.

[46] GRAF, FRIEDRICH WILHELM: Kierkegaards junge Herren, in: aaO. 158f.

[47] TROELTSCH, ERNST: Kritische Gesamtausgabe Bd. 16.2: Der Historismus und seine Probleme. Erstes Buch: Das logische Problem der Geschichtsphilosophie (1922), hg. von Friedrich Wilhelm Graf in Zusammenarbeit mit Matthias Schloßberger, Berlin/New York 2008, 1015.

[48] AaO. 1016.

Vortrag „Die Zufälligkeit der Geschichtswahrheiten" von 1922 heißt es deswegen konsequent:

Suchen wir nach einer solchen [sc. geschichtsphilosophischen, -theologischen und ethischen Stellungnahme; C.P.], so werden wir zunächst vom Praktisch-Wirklichen ausgehen wollen, von den Fällen, wie wir im praktischen Leben uns heute schon mit dem Problem tatsächlich zurechtfinden.[49]

Nicht, um es mit Tillich zu sagen, „um des Unbedingten selbst willen"[50], sondern um der humanen Zukunft willen, bedarf es schließlich auch einer geschichtsphilosophisch versierten und ethisch orientierten Geschichtstheologie. Denn mit ihr steht und fällt für Troeltsch, dass trotz des unhintergehbaren Werte- und Interessenspluralismus und ohne Rückfall in das „Trugbild"[51] des Monismus sowie im Wissen um die menschliche Vorläufigkeit und Irrtumsanfälligkeit aller Bemühungen ein vorsichtiger Optimismus in Fragen der Zukunfts- und Lebensgestaltung erhalten bleibt. Und dabei ist es *pace Spengler*

völlig gleichgültig, ob man sein eigenes Zeitalter als großen Zukünften und Fortschritten entgegeneilend oder als altersreif und allen Zersetzungsgefahren ausgesetzt empfindet. Die Aufgabe bleibt dieselbe, und die Notwendigkeit der Stellungnahme kann auf keine andere Weise sich verwirklichen. Wir fallen niemals aus Gottes Welt heraus und gehorchen immerdar der Forderung des Momentes, in der seine schaffende und treibende Kraft sich an uns fühlbar macht. Daß das Ganze dabei einem großen, überirdischen und kosmischen Zusammenhang [...] eingegliedert ist, das ist dabei überdies eine sichere Gewißheit[52]

dieses gleichwohl niemals „zeitlosen" Glaubens an die geschichtliche Gegenwart Gottes.

Man könnte nun meinen, dass gerade mit dem Insistieren auf den je geschichtlichen Moment Troeltsch dem Kairos-Gedanken Tillichs nahekommt. Das mag so sein. Doch wird damit lediglich auf die Verantwortungsinstanzen, nämlich stets auf die einzelnen handelnden Subjekte als Personen rekurriert, die zudem auch die Instanzen geschichtstheologischer Sinndeutung bleiben. Keine abstrakte Metaphysik oder Dogmatik kann hier aushelfen. So bleibt die inhaltliche Ausrichtung an die wertende Stellungnahme zu den konkreten

---

[49] TROELTSCH, ERNST: Die Zufälligkeit der Geschichtswahrheiten (1922), in: Troeltsch, Ernst: Kritische Gesamtausgabe Bd. 15: Schriften zur Politik und Kulturphilosophie (1918–1923), hg. von Gangolf Hübinger in Zusammenarbeit mit Johannes Mikuteit, Berlin/New York 2002, 551–569, 557.

[50] TILLICH, PAUL: Kairos I (dt. Originaltext aus dem Jahr 1922, der als solcher nicht in die GW aufgenommen wurde), in: ders.: Ausgewählte Texte, Christian Danz/Werner Schüßler/Erdmann Sturm (Hgg.), Berlin/New York 2008, 41–62, 61. – Troeltschs Kommentar zu Tillich ist in knappster Form noch in die Schlussrevision des Historismusbandes gelangt. Siehe: Troeltsch: KGA 16.2 (s. Anm. 41), 1015f.

[51] TROELTSCH: Zufälligkeit, KGA 15 (s. Anm. 49), 564.

[52] AaO. 560f.

geschichtlichen Inhalten rückgebunden, und hierin unterscheidet sich Troeltsch deutlich von Tillich.

> Das Wesen der historischen Bildung ist nicht Skepsis und Relativismus [...]. Der Kern ist [...] vielmehr [...] die Individualität alles gewesenen und alles kommenden Historischen und damit auch des eigenen Momentes und seiner Schöpfungen. Das aber bedeutet, daß der allgemeine geistige Gehalt [...] in einer Vielzahl individueller Totalitäten lebt, die also jede einen Anteil haben am Allgemeinen, aber ihn nur in individueller Setzung erreichen und in individuellen Gemeinschaftsbildungen auswirken.[53]

So bleibt es wiederum eine Sache der vertrauensvollen Haltung, des Glaubens an die geschichtliche Gegenwart Gottes, dass dieser irreduzible Pluralismus, vor allem an Weltanschauungen, Sinndeutungsmustern und Werthaltungen, nicht lebenszerstörend wirkt.

Man darf in diesen zuletzt genannten Passagen auch einen versteckten Kommentar zu den stetig sich verschärfenden Weltanschauungskämpfen der frühen Weimarer Jahre vermuten. Troeltschs eigene Position ist es ja, dass die historistische Revolution und die zur Demokratie neigende soziale und politische Revolution der Umbruchszeit sich wechselseitig befruchten können, obwohl sie nicht in eins zu setzen sind. Es ist von daher nur konsequent, dass auch in seinen späten Schriften aus diesen Jahren eine Figur von entscheidender Bedeutung ist, die sich als affirmative Haltung nicht nur zur Weimarer Reichsverfassung, sondern auch zu den Erfordernissen einer ihr entgegenkommenden Gesellschaft und Religionskultur lesen lässt: die Figur des Kompromisses[54]. In seinen letzten, für eine 1923 nicht mehr angetretene Vortragsreise nach England und Schottland verfassten Vorlesungstexten kommt dies besonders deutlich zum Vorschein. Der Kompromiss, der schon früher bei Troeltsch auch das Kennzeichen der Theologie ist, wird hier nicht nur als ebenso normatives wie realistisches Moment von Ethik und Politik ausgezeichnet, sondern zu einem strukturellen Aspekt des Lebens überhaupt: „Wenn das Wesen der ganzen Geschichte Kompromiß ist, wird sich der Denker dem nicht entziehen können, und auch in dem Moment sich dazu bekennen, wo die Kompromißnatur alles Irdischen vielleicht ganz besonders schwer auf unsere Seelen drückt."[55]

---

[53] AaO. 568.

[54] Vgl. dazu meine ausführlichere Darstellung in: POLKE, CHRISTIAN: Vom Kompromiss. Ein (kleiner) theologisch-politischer Traktat, in: Jörg Dierken/Dirk Evers (Hgg.): Religion und Politik. Historische und aktuelle Konstellationen eines spannungsvollen Geflechts (FS für Hartmut Ruddies), Frankfurt a.M. u.a. 2016, 269–282.

[55] TROELTSCH: Politik, Patriotismus, Religion, in: KGA 17 (s. Anm. 44), 132. Man darf in diesem Zusammenhang übrigens an die Wendungen erinnern, die Troeltsch kurz vor dem im Haupttext Zitierten macht und die einmal mehr seine Begabung für hellwache Zeitdiagnosen zum Ausdruck bringen: „Vielen bei uns in Deutschland gilt der Kompromiß als das Verächtlichste und Gewöhnlichste, was der Denker begehen kann. Man fordert den Radikalismus des Entweder-Oder. Und je weiter man nach Osten kommt, um so schärfer wird diese

Eine solche Haltung speist sich selbst aus einer geschichtstheologisch grundierten Position, die Erlösung und Heil – trotz aller punktuell möglicher „Vorwegnahmen"[56] – nur im Jenseits der Geschichte in Gänze finden kann. Hier nun erst kommt die eigentlich eschatologische Komponente von Troeltschs Geschichtstheologie ins Spiel. Denn sie steht im Grunde für die limitative Grenzbetrachtung von jeder Deutung von Geschichte, ihrem Verlauf und den ethisch-politischen Aufgaben, die sich dabei stellen. Deshalb kreist sie – anders als beim Tillich der zwanziger Jahre[57] – dezidiert um die einzelnen Individuen als personale Subjekte. Denn sie sind es ja, die sich einen Reim aus der Geschichte machen müssen, um sich vertrauensvoll und mutig – im Grunde also gläubig – den Herausforderungen mit eigener Kraft und Fähigkeiten stellen zu können. Darum gilt: Das in den verschiedensten Bildern ausgemalte Ideal des Heils und des vollständigen Gelingens des menschlichen (Zusammen-)Lebens wie seiner Bedingungen

> kann nie als irdisch erreichtes Endziel gedacht werden; und wie sich Allgemeines und Individuelles etwa in einem Leben nach dem Tode versöhnen, das ist so dunkel wie alles, was hinter dem Tode liegt. Nicht das Endstadium der Menschheit auf Erden, sondern der Tod der Individuen ist die Grenze aller Geschichtsphilosophie[58]

und markiert damit die eschatologische Grenzziehung in jeder Geschichtstheologie aus ethischer Absicht. Das heißt umgekehrt aber auch: Eschatologie hat es vor allem mit den unabgegoltenen Sinnerwartungen zu tun, die sich in keiner Weise geschichtlich einfordern und erfüllen lassen. In diesem Sinne ist sie, wenigstens bei Troeltsch, die Grenze aller Geschichtstheologie.

V. Quo vadis?

Kairos und Kultursynthese – beide Begriffe stehen für alternative Deutungsmuster geschichtstheologischer und eschatologischer Art, die sich gleichermaßen von den falschen apokalyptischen Untergangsszenarien à la Spengler aber auch von vorschnell solipsistischen Existentialismen absetzen lassen und bei denen es Tillich und Troeltsch darum ging, die geschichtlichen Umbrüche in ihrer theologischen Bedeutung prinzipiell zu interpretieren. Dass dabei im einen Fall, nämlich Tillichs, mit der Idee des Kairos der Fokus auf dem

---

Stimmung. Allein man mag die Sache drehen und wenden wie man will. Alle Radikalismen führen ins Unmögliche und ins Verderben." (Ebd.)

[56] TROELTSCH: Ethik und Geschichtsphilosophie, in: aaO. 104.

[57] In seinem Aufsatz „Eschatologie und Geschichte" vertritt Tillich explizit (noch) die These: „Außerhalb der theologischen Eschatologie steht die Frage nach dem Schicksal des Einzelwesens nach dem Tod." (TILLICH, PAUL: Geschichte und Eschatologie, in: ders.: Raum und Zeit [s. Anm. 21], 81.)

[58] TROELTSCH: KGA 16.1 (s. Anm. 41), 393.

Umbruchsmoment liegt, weswegen hierbei auch eine stärker am Gerichtsgedanken ausgerichtete Negationstheologie am Werke ist, kann lebensbiographisch bei den Jüngeren nicht überraschen und bildet zugleich den Auftakt für eine der gewichtigsten zeitgenössischen Theologien im 20. Jahrhundert. Das kairotisch-axiologische Element wird im Laufe der Zeit stärker durch Momente von kultureller Kontinuität flankiert werden, aber es bleibt erhalten. Nirgends wird dies vielleicht deutlicher als darin, dass die Stärke Tillichs in einer zeitgemäßen Verbindung von Religions- und Offenbarungstheorie liegt, wohingegen seine sozialethischen Impulse im Abstrakten stehen bleiben.

Anders im Falle Troeltschs. Dessen immer noch stark teleologisch wie ethisch ausgerichtete Geschichtstheologie beeindruckt in ihrem festen Willen zum Neuanfang im Wissen um die Notwendigkeit von Kompromissen und Pluralismusfreundlichkeit. Darin ist Troeltsch der frühere und zeitlebens vielleicht sogar der bessere Demokrat. Ihre überdeutlichen Schwächen zeigen sich in diesem Ansatz eher in umgekehrter Richtung: Troeltschs Theologie fehlen trotz aller Kontingenzsensibilität oftmals die Worte und Deutungskategorien für radikale Umbrüche. Wenn nach dem langen 19. Jahrhundert und dem Historismus und seinen Krisen für die Geschichtsphilosophie zutrifft, was Herbert Schnädelbach ihr vor vielen Jahren attestiert hat, nämlich dass ihre Zukunft „in ihrer Funktion *als Appendix zur praktischen Philosophie*, d.h. *als Reflexion auf die gebotenen und realisierbaren Ziele menschlichen Handelns in weltgeschichtlicher Perspektive*"[59] liegt – und sie darin unaufgebbar ist, dann könnte im Durchgang der Positionen von Troeltsch und Tillich die Aufgabe einer Geschichtstheologie nicht nur in Zeiten eines gesellschaftlich so radikalen Umbruchs wie zu Beginn der zwanziger Jahre darin liegen, „*als Appendix zur Soteriologie, d.h. als Reflexion auf die schon geschehenen und noch verheißenen Ziele göttlichen Handelns in weltgeschichtlicher Perspektive*", die ethische Verantwortlichkeit der Menschen in der Zeit zu stärken.[60]

Und die Apokalypse? Sie gehört im Grunde ganz und gar in diejenige Eschatologie, die sich vor allem der Sprache der Theodizee bedient. Als solche ist sie zeitübergreifend nötig, bewahrt sie doch ganz im Sinne der Neuen Politischen Theologie abseits eines Carl Schmitts „das Gottesgedächtnis im Eingedenken der Leidensgeschichte. Mit [ihrer] Sensibilität für fremdes Leid macht [sie; C.P.] auf die tiefe Ambivalenz in unseren Zeiterfahrungen aufmerksam"[61].

---

[59] SCHNÄDELBACH, HERBERT: Philosophie in Deutschland 19831–1933, Frankfurt a.M. 1983, 87 (Herv. i. O.).

[60] Ebd. (Herv. i. O.). In diesem Sinne schließe ich mich eher der Troeltsch'schen Fassung an, aber vor dem Hintergrund der von ihm selbst vertretenen Maxime: „Die Kraft des Jenseits ist die Kraft des Diesseits."

[61] METZ, JOHANN BAPTIST: Memoria passionis. Ein provozierendes Gedächtnis in pluralistischer Gesellschaft. In Zusammenarbeit mit Johann Reikersdorfer, Freiburg/Basel/Wien 2006, 138.

Dass auch das wiederum Konsequenzen für unseren eigenen Umgang in der Deutung von Geschichte hat, wäre ein anderes Thema.

Das Transrationale und seine Rationalität

Zum Begriff der Theologie (nach Troeltsch und Weber)

Jörg Dierken

I. Neujustierung der Theologie

Das Ende des Kaiserreichs nach dem Ersten Weltkrieg bedeutete auch das Ende des Staatskirchentums. Seine historischen Wurzeln gingen auf die durch die Reformation bewirkten konfessionellen Strukturen der deutschen Territorien zurück, seine letzte Zuspitzung fand es in der im Kaiserreich gepflegten Nähe von Nation und Religion, insbesondere in nationalprotestantischer Prägung. Nachdem die angemaßte staatstragende Rolle des Katholizismus bereits im Kulturkampf erschüttert war, erstarkten die Stimmen für eine Trennung von Staat und Kirche nach 1918 auch im Blick auf den Protestantismus. Vom Ende des Staatskirchentums konnte auch die Theologie nicht unberührt bleiben, zumal ihre Organisation in ehedem landesherrlichen Universitäten der Sicherung der konfessionellen Prägung der Territorien diente.[1] Die sich aufdrängenden Fragen betrafen zunächst die äußere institutionelle Stellung der Theologie. Gehört sie an staatliche Universitäten oder eher in kirchliche Seminare bzw. Hochschulen? Ist sie dort als konfessionelle Disziplin zu betreiben oder muss sie einer primär akademisch-distanzierten Religionswissenschaft Platz machen? Geht sie in dem praktischen Zweck der Ausbildung des kirchlichen Personals auf oder hat sie eine weitere gesellschaftliche Bedeutung? Diese und weitere Fragen haben dazu geführt, dass die universitären Neugründungen 1914 bzw. 1919 in Frankfurt, Köln und auch Hamburg zunächst ohne Theologische Fakultäten erfolgten. Das war, wie wir insbesondere in Hamburg wissen, nicht das letzte Wort in dieser konfliktträchtigen Angelegenheit.[2] An anderen Orten wurden damals vorhandene Fakultäten weiterbetrieben, ihr Bestand wurde durch Art. 149 (3) der Deutschen Verfassung von 1919 sogar geschützt. Mit dieser Verfassung wurde das bis heute wirksame Konzept der Kooperation von Staat und Kirche etabliert, unbeschadet ihrer Trennung. Dahinter

---

[1] Das schloss die Wahrung der anderen Seite im Gesamtstaat durchaus ein.
[2] Vgl. die Beiträge in: 500 Jahre Theologie in Hamburg. Hamburg als Zentrum christlicher Theologie und Kultur zwischen Tradition und Zukunft, Johann Anselm Steiger (Hg.), Berlin 2005.

steckte das Grundmotiv der Freiheit auch in Religionsdingen, und zwar in negativer wie positiver, individueller wie gemeinschaftlicher Beanspruchung. Da das öffentliche Wirken der Kirchen mit diesem Konzept grundsätzlich gefördert und nicht laizistisch beschnitten wurde, konnte es bald als „hinkende Trennung" beschrieben werden.[3]

In den Debatten um die Theologie entsprechen den Fragen nach ihrer äußeren institutionellen Stellung solche nach ihrer inneren gedanklichen Verfasstheit. Teilt sie Methoden benachbarter Fakultäten und Disziplinen oder hat sie einen anderen Zugang zu ihrem Phänomenfeld? Ist sie primär normativ oder deskriptiv ausgerichtet? Kann sie Anspruch auf allgemeingültige wissenschaftliche Wahrheit erheben oder verbleibt sie im Echoraum partikularer Glaubensstandpunkte? Solche Fragen gipfeln darin, dass im Zentrum der Theologie etwas steht, das sich direkten rationalen Zugriffen entzieht und daher transrational ist: der Geltungsanspruch der von ihr bedachten Religion, sei er wuchtig als göttliche Offenbarung und deren Resonanz in menschlichem Glauben artikuliert, sei er zurückhaltender als Zielpunkt einer Suche nach Wahrheit und Gewissheit beschrieben, die die Rationalität des Weltlichen im Interesse letzter Orientierung überschreitet. Dass dieses Zentrum transrational ist, wird nicht etwa bestritten, sondern geradezu als Pointe hervorgehoben – und zwar von affirmativer wie von kritischer Seite. Den Frommen gilt solche Transrationalität als Grund ihres Glaubens und Ziel ihrer Orientierung, ihren Gegnern als aufklärungspflichtige Fiktion, die, wenn sie nicht einfach unsinnig ist, ungerechtfertigte Machtansprüche stützt und Verwirrung anrichtet. Wenn die Theologie den transrationalen Geltungsanspruch der Religion bedenkt, geht sie ihm jedoch mit gedanklichen Mitteln nach und expliziert ihn in einer Rationalität, die grundsätzlich mit der von anderen Disziplinen in der Wissenschaft kommunizierbar sein will. Mit dem transrationalen Geltungsanspruch von Religion ist eine erste, elementare Relation markiert, in der der Begriff der Theologie unter den neu aufkommenden Bedingungen zu erörtern ist. Hierbei ist übrigens die aufklärerische Unterscheidung von Religion und Theologie bereits mitvollzogen. Denn wenn die Rationalität der Theologie auf das Transrationale der Religion reflektiert, kann dieses nicht mit einer doktrinalistischen Theologie identisch sein. Eine weitere grundlegende Relation für die Erörterung des Begriffs der Theologie liegt in der Hybridität des Religiösen. Mit diesem soziologischen Begriff ist gemeint, dass Religion immer auch noch etwas anderes ist als Frömmigkeit und Kult und auf weitere Lebensgebiete ausstrahlt; zudem betrifft sie nicht nur das Leben des explizit Frommen, sondern auch das von Anderen, etwa im Zusammenhang von Wissenschaft und ihren Institutionen oder von Politik und Recht – wie etwa in den Debatten der frühen Weimarer Republik sichtbar. Beide Relationen gehören zusammen und bilden eine

---

[3] STUTZ, ULRICH: Das Studium des Kirchenrechts an den deutschen Universitäten, in: Deutsche Akademische Rundschau VI (1924), 12. Semesterfolge Nr. 5, 2.

Konstellation komplexer Wechselverhältnisse. Sie will sortiert werden, wenn der Begriff der Theologie zur Debatte steht.

Angebote dazu finden sich in den Schriften von Ernst Troeltsch, auf die die von Max Weber ein erhellendes Licht werfen. Beide Fachmenschenfreunde[4] sahen die Aufgabe der Theologie darin, der Rationalität des Trans- oder gar Irrationalen der Religion nachzugehen, beide traktierten in insbesondere soziologischer Weise die Hybridität des Religiösen. Für Troeltsch sei auf Stichworte wie das argumentativ uneinholbare „religiöse Apriori", die „Mystik" als Urphänomen von Religion oder das Ergriffensein durch Ideale wie die „Emporhebung und Verschmelzung der Seelen in der Gottesliebe" verwiesen, dem Untersuchungen über die Soziallehren, besser: Sozialgestalten des Christentums und seine Verwicklung mit den Ideen und Institutionen der europäischen Kulturgeschichte korrespondieren.[5] Und Weber versteht explizit Theologie als „intellektuelle Rationalisierung [des] religiösen Heilsbesitzes", wobei die Transrationalität des Heilsmotivs an die unvermeidlich irrationalen Dimensionen des ‚Lebens' und ‚Wollens' anschließt;[6] das zentrale Stichwort seiner religionssoziologischen Untersuchungen heißt „Lebensführung" im Kontext der Logik von Wirtschaft und Gesellschaft.[7] Beide Denker haben ihre Zeit mit hoher diagnostischer Sensibilität verfolgt, beide traten in den hier fokussierten Jahren mit markanten Texten, die frühere Überlegungen pointiert zuspitzen, hervor. Beide kamen allerdings zu divergenten Positionen im Blick auf die Bedeutung von Religion und Theologie für die Gegenwart. Das sei nun mit einem Schwerpunkt auf Troeltsch näher beleuchtet.

---

[4] Vgl. GRAF, FRIEDRICH WILHELM: Fachmenschenfreundschaft, Studien zu Troeltsch und Weber, Berlin 2014.

[5] Vgl. TROELTSCH, ERNST: Wesen der Religion und der Religionswissenschaft, in: ders.: Zur religiösen Lage, Religionsphilosophie und Ethik, Gesammelte Schriften Bd. 2, 2. Nachdr. d. 2. Aufl. 1922, Aalen 1981, 452–499; 94, 493; ders.: Die Soziallehren der christlichen Kirchen und Gruppen, Gesammelte Schriften Bd. 1, Nachdr. d. Ausg. 1922, Aalen 1977, 57.

[6] WEBER, MAX: Wissenschaft als Beruf, in: ders.: Gesammelte Aufsätze zur Wissenschaftslehre, Johannes Winckelmann (Hg.), 7. Auflage, Tübingen 1988, 582–613, 610.

[7] WEBER, MAX: Die Wirtschaftsethik der Weltreligionen. Einleitung, in: ders.: Gesammelte Aufsätze zur Religionssoziologie, Johannes Winckelmann (Hg.), 9. Auflage, Tübingen 1988, 237–275, 253 u.ö.; DERS.: Die protestantische Ethik und der Geist des Kapitalismus, in: aaO. 17–236; DERS.: Wirtschaft und Gesellschaft, Grundriss der verstehenden Soziologie, Johannes Winckelmann (Hg.), 5. Auflage, 1972, bes. 245–381.

II. Ernst Troeltsch oder Theologie zwischen Kulturbedeutung und Selbstständigkeit der Religion

In einem programmatischen Text von 1919 äußerte sich Troeltsch zu der politisch im Raum stehenden „Trennung von Staat und Kirche" – genauer, weil empirisch gehaltvoller und an protestantische Ekklesiologie anschlussfähiger: „Kirchen".[8] In dem Text erörtert der selbst in der Kultur- und Kirchenpolitik tätige Denker einerseits die Hybridität des Religiösen im Blick auf Staat, Politik und Kultur in ihrer ganzen Ambivalenz. Anderseits diskutiert er am Beispiel des Religionsunterrichts, wie aus und über Religion im Zusammenhang mit Bildung und ihren Institutionen nachgedacht und über Überzeugungsgrenzen hinaus kommuniziert werden kann. Sachlich steht dies in Kontinuität zu dem großen Aufsatz von 1907, in dem vom Trennungsprogramm und dem Religionsunterricht aus Linien zur Thematik der Theologischen Fakultäten gezogen wurden.[9]

Nach Troeltschs Diagnosen resultiert das insbesondere von sozialistischer wie demokratisch-liberaler Seite aus propagierte Programm der Trennung von Staat und Kirchen einerseits aus dem historischen Erbe, dass die Kirchen konservativ-ständische Positionen gestützt haben, anderseits aus dem Bestreben, den sozialistischen und demokratischen Ideen Kraft durch Verbindung mit einer religionsähnlichen Metaphysik oder neuen Staatsreligion zu verleihen. Damit wird auf beiden Seiten, der der Kirchen und der ihrer Kritiker, auf die Hybridität des Religiösen abgestellt. Der „Mangel des bisherigen Systems" habe in der „Ausnutzung der Kirchen für politische Zwecke", genauer der „Festigung [...] eines bestimmten politischen Systems" im „Interesse der herrschenden Schichten und Klassen", bestanden.[10] Sowohl das protestantische System des Landeskirchentums mit seinen „Gutspfarrer[n]" und „Hofprediger[n]" wie auch das katholische Prinzip einer mit dem Staat verbundenen Einheitskirche habe die Kirche als „schwarze Polizei, [als] [...] ideelle Schutztruppe der herrschenden Klasse" erscheinen lassen.[11] Der von Troeltsch fokussierte landeskirchliche lutherische Protestantismus habe anders als die reformierten und pietistischen Gemeinschaften eine faktische Nähe zum katholischen Ideal der Einheit mit dem Staat gezeigt; sein Eintreten für Gottesgnadentum, unveränderliche Besitzrechte, nationale Begeisterung, Militarismus bis hin zu Kriegstheologie lasse alles Gute, was die Kirche dennoch wirke, vergessen und mache

---

[8] TROELTSCH, ERNST: Der Religionsunterricht und die Trennung von Staat und Kirchen, in: Ernst Troeltsch Lesebuch, Friedemann Voigt (Hg.), Tübingen 2003, 347–370, 347.

[9] Vgl. TROELTSCH, ERNST: Die Trennung von Staat und Kirche, der staatliche Religionsunterricht und die theologischen Fakultäten, Tübingen 1907.

[10] Vgl. TROELTSCH: Der Religionsunterricht (s. Anm. 8), 353.

[11] AaO. 354.

sie zum Ziel des Hasses gegen das politische System.[12] Allerdings habe das Gegenprogramm gegen diese politische Wirkung der protestantischen Kirchen selbst religionsähnliche Implikationen, die Rede von der Trennung von Staat und Kirche oder gar von einer Überwindung der Religion werde auf den vorgeblich progressiven Seiten nicht durchgehalten. Der Sozialismus benötige eine der religiösen Vorsehungslehre ähnliche Geschichtsmetaphysik des – nunmehr in ökonomische Prinzipien übersetzten – Fortschritts und eines Glaubens daran; seine „proletarische Metaphysik und Ethik" wirkten faktisch „wie eine neue Religion", und seine Gedankenwelt sei eine „Erlösungs- und Versöhnungslehre ohne Gott".[13] Zudem habe der demokratische Liberalismus ein Interesse an „konservativen und sittlichen Mächten, die die Gesellschaft auf dem Gebiet der Sitte und des Glaubens zusammenhalten"; neben der Schätzung von „Persönlichkeit und Menschenwürde", welche den Gedanken „aller christlichen wie jüdischen Konfessionskirchen wenigstens wahlverwandt" sind, gebe es seit Rousseau Bestrebungen auf eine „Staatsreligion" der Humanität,[14] die exemplarisch in der amerikanischen Zivilreligion Gestalt gewonnen habe. Um mit solchen und weiteren Hybridisierungen und Gegenhybridisierungen umzugehen, sei eine kluge Trennung von Staat und Kirchen erforderlich. Der Staat solle nicht bloß zu organisatorischer und räumlicher Trennung von den kulturell schwächer werdenden und untereinander in Rivalität begriffenen Kirchen gelangen, sondern wirkliche „Neutralität" annehmen.[15] Ohne sich auf ein antireligiöses Programm der „Indifferenz" festzulegen, soll er „der Religion Respekt bezeugen und ihre Ausübung ohne Störung schützen".[16] Selbst solle er sich auf „weltliche Sittlichkeit" und „irdische Nützlichkeit" beschränken, ohne „in das Gewissen hineinzuregieren".[17] Die Kirchen wiederum sollten an einer solchen Trennung Interesse haben, weil „die Souveränität der religiösen Überzeugung [...] keinem weltlichen Richter" unterliegt.[18] Es liege im „Wesen der Kirche selbst", dass sich die „reine Innerlichkeit und Unbezwingbarkeit der religiösen Überzeugung als Geschenk göttlicher Gnade behauptet und daher von weltlichen Eingriffen, Unterstützungen, Zwangshilfen [...] ebensowenig wissen will wie von staatlichen Verfolgungen und Erschwerungen".[19] Das liegt nahe an Grundintuitionen der protestantischen Zwei-Reiche-Lehre. Sie werden unter den Bedingungen des frühen 20. Jahrhunderts in staatliche Neutralität in Religionsdingen durch Gewährung von Religionsfreiheit übersetzt und durch ideologiekritische Motive aus der politischen Ideenwelt angereichert. Die

---

[12] AaO. 354f.
[13] AaO. 353; 357.
[14] AaO. 349.
[15] AaO. 352.
[16] AaO. 352; 355.
[17] AaO. 356.
[18] AaO. 355.
[19] Ebd.

Details festzulegen, sei Sache des Staatskirchenrechts, besser Religionsverfassungsrechts. Es solle die mehrfache Hybridität des Religiösen durch kluge Regelungen ausbalancieren. Denn mit einem Federstrich abschaffen lasse sich das Problem ebensowenig wie die Religion selbst, die anderenfalls in verpuppter und damit tendenziell gefährlicher Form wiederkehrt.

Die mit der Trennung verbundenen Herausforderungen zeigen sich zugespitzt beim Religionsunterricht. Schaffe man ihn in den öffentlichen Schulen ab, so erhalte man reine „Fachschulen", die das Gebiet von Gewissen, Weltanschauung und Ethik nicht berühren.[20] Wenn dieses in die Domänen des kirchlichen Unterrichts verlagert wird, werde es von breiten Lebensgebieten abgetrennt und begebe sich in dogmatische Abkapselung. Wenn hingegen der kirchliche Unterricht durch „kirchliche Katecheten" in die Schule verlagert wird, werde er zu einem „Fremdkörper".[21] Wenn aber das „religiöse Element" gänzlich aus der Schule verbannt wird, würde der „Gedanke der Erziehung und Bildung selbst schwer [leiden]" – nicht nur, weil eine zentrale Dimension des Lebens, an der die für das Sittliche zentrale Wertschätzung der Person hängt, ausgeblendet wird, sondern auch, weil „unsere Geschichte, Kunst und Philosophie" nicht mehr verstanden werden.[22] Auch hier wird die Hybridität des Religiösen in der Kultur zum Thema. Vor diesem Hintergrund diskutiert Troeltsch die Möglichkeit eines von der Schule selbst zu organisierenden „Religions- und Moralunterricht[s]", der nur die „allgemeinen religiösen und ethischen Gehalte" im Sinne einer „überkirchlichen Religiosität" beinhalte.[23] Das führe aber dazu, dass neben den „Kirchenreligionen" noch eine Art „Schulreligion" des „Humanitäts-Christentums" entstünde, deren Träger die Schulbehörden wären.[24] Diese vergingen sich damit an der Gewissensfreiheit und übten religiösen Zwang aus. Troeltsch kommt zu dem Resultat, dass der schulische Religionsunterricht die religiösen Phänomene vornehmlich „berichtend und historisch" thematisieren solle, um das Feld der religiösen Individualkultur, der Gewissensbildung und Gesinnungsunterweisung bis zum Dogmatischen und Kultus den Kirchen zu überlassen.[25] Das liegt nahe an der Position, die er bereits 1907 mit einem Blick auf die akademischen Institutionen zur Ausbildung des entsprechenden Personals formulierte. Auch im Bereich von Schule und Bildung will mit der Hybridität des Religiösen intelligent umgegangen werden. Mehr noch als im Feld des Politischen zeigt sich hier, dass es darum zu tun ist, den transrationalen, weil weder gedanklich noch institutionell identifizierbaren

---

[20] AaO. 361.
[21] AaO. 362.
[22] Vgl. aaO. 363 u. 369.
[23] AaO. 363.
[24] AaO. 364.
[25] AaO. 368; vgl. 367ff. Daneben soll Platz sein für eine Vielfalt von Bildungsangeboten, zu denen auch die konfessionellen Schulen gehören sollen.

Bezugspunkt des Religiösen in einer reflektierten, durch *checks and balances* ausgezeichneten Weise kommunikabel zu halten – heiße er hier Gewissen oder Gesinnung, Innerlichkeit oder Glauben, heiße er dort Persönlichkeit, Geschichtsmetaphysik oder Gemeinschaftsidee.

In seiner älteren Schrift zog Troeltsch Linien vom Religionsunterricht hin zu den Theologischen Fakultäten. Hintergrund war auch hier das Verhältnis von Staat und Kirche, das für Troeltsch „in seinem Wesen irrational" ist.[26] Zu seiner Reglementierung spielte er bereits 1907 hypothetisch ein Trennungsmodell durch, unbeschadet seiner damals noch stärker kulturstaatlichen Position. Danach soll es keine „über den Kirchen schwebende [...] Toleranzreligion" der Humanität geben, auch keine staatliche „Schulreligion".[27] Doch da die „Gesellschaft eine starke, tiefe, lebendige Religion braucht",[28] kommt für Troeltsch auch keine Verdrängung der Religion aus der Öffentlichkeit, etwa in laizistischem Sinn, in Betracht. Dem gesellschaftlichen Interesse an Religion sollen die Kirchen nachkommen, es sei aber auch mit Hilfe von Wissenschaft und Bildung zu kultivieren. Dem diene der Religionsunterricht – und auf einem höheren bildungsinstitutionellen Level auch die Fakultätstheologie, nicht zuletzt über das durch sie geformte kirchliche und schulische Personal. Während die Kirchen eher für die dogmatischen Gehalte zuständig seien, soll Religion in Schule wie Universität insbesondere in historischer Perspektive traktiert werden. Allerdings vertritt der Denker des Historismus keinen simplen Relativismus. Auch der geschichtlich orientierte Religionsunterricht solle ein „festes Zentrum" haben und „im Gegebenen seinen Standort nehmen".[29] Troeltsch denkt 1907 an das Christentum als vorläufigen Gipfel der Religionsgeschichte, später wird er es zurückhaltender als ein Element der europäischen Kultursynthese sehen. Ähnlich könne die akademisch-theologische Religionsforschung nicht „ohne religiöse Stellungnahme" auskommen.[30] Das gilt selbst dann, wenn der Theologie aufgrund der „schweren Gebrechen" des aus staats- und freikirchlichen Elementen zusammengesetzten Landeskirchentums und der darauf beruhenden, in den oberen Fakultäten verorteten Theologie[31] ein neuer Platz in Gestalt von religionswissenschaftlichen oder -historischen Lehrstühlen in der unteren Philosophischen Fakultät angewiesen wird. Auch dann bleibe die Aufgabe, „die Kirchen mit der vollen Wissenschaft in Berührung zu bringen" sowie „wissenschaftlichen Wahrheitsgehalt und religiöse[n] Geist" einander

---

[26] TROELTSCH: Die Trennung von Staat und Kirche (s. Anm. 9), 56.
[27] AaO. 26; 39.
[28] AaO. 59; vgl. 58.
[29] AaO. 60; 63.
[30] AaO. 40.
[31] Sie liegen in dem Widerspruch beschlossen, dass die Landeskirchen auf konfessionelle Einheit ausgerichtet sind, aber darin ob ihrer Verschiedenheit zugleich bleibende Differenzen darstellen.

durchdringen zu lassen[32] – wie auch immer es um die Wahrheit bestellt sein mag, die auf innere Einheit und Allgemeinheit drängt, obwohl sie religiös von partikularen konfessionellen Perspektiven aus artikuliert wird. Entscheidend ist darum bei Troeltschs Forderung, dass der ‚religiöse Geist' und der ‚wissenschaftliche Wahrheitsgehalt' *nicht* zusammenfallen. Denn dieser ‚Geist' ist kein Produkt wissenschaftlicher Forschung. Er kann zwar in akademische Formeln gefasst und wissenschaftlich in seinem Fungieren in unterschiedlichen mentalen und historischen Konstellationen beschrieben werden. Aber dabei gilt es, den Platz für den ‚religiösen Geist' nicht durch Wissenschaft einzunehmen. Er ist transrational und in gewisser Weise kontingent. In Troeltschs Formulierung: „Man wird vom Christentum ausgehen als dem Glauben an das Personwerden des Menschen durch die Hingabe an Gott".[33] Die Theologie kann christentumsgeschichtlich „die Kraft dieses Glaubens deutlich machen", ethisch die „Offenbarung" von einer „übernatürlichen autoritativen Lehrmitteilung" zum „Begriff eines Durchbruchs höchster religiöser Kräfte in der Geschichte […] in Verschmelzung mit dem Gesamtleben" ermäßigen oder subjektivitätstheoretisch die „Wendung von der objektiven äußeren zur subjektiven inneren Offenbarung" nachzeichnen.[34] Doch solche Rationalität der Theologie löst nicht das Transrationale jenes religiösen Geistes auf.

Voraussetzung für solche Zugriffe der Theologie ist, dass die christliche Religion an ihr selbst etwas ist, das sie nicht in ihren hybriden Funktionen aufgehen lässt. Der frühe Troeltsch sprach von ihrer „Selbständigkeit", der spätere unterschied „Kern und Schale" und fragte nach dem „Religiöse[n]" an den „als Religion bezeichneten […] Erscheinungen".[35] Maßgeblich ist, dass es sich dabei um etwas handelt, was der Reflexion entzogen ist und das Subjekt zugleich affektiv berührt. Troeltsch konnte auch von einem „Urdatum des Bewußtseins" sprechen und Linien zum Unbedingten und Absoluten ziehen, er konnte es ein „einheitliches praktisches Ganzes der Lebensstimmung" nennen, hinter dem ein „Zusammenwirken der menschlichen Geister mit dem göttlichen Weltgrunde" stehe.[36] Die Formulierungen können zurückhaltender sein im Sinne eines „Suchen[s] und Sehnen[s] nach Gott" oder sich traditionelleren Mustern wie „Leben in der Anschauung göttlicher Mächte" bedienen.[37] Das Religiöse

---

[32] AaO. 40.
[33] AaO. 62. Mit dieser Formulierung werden Überzeugungen von Wilhelm Herrmann aufgegriffen.
[34] AaO. 27; 62; 64; vgl. 9.
[35] TROELTSCH, ERNST: Die Selbständigkeit der Religion, in: Zeitschrift für Theologie und Kirche 5 (1895), 361–436 (T. I–II), Zeitschrift für Theologie und Kirche 6 (1896), 71–110 (T. III), 167–218 (T. IV); Vgl. Troeltsch: Wesen der Religion und der Religionswissenschaft (s. Anm. 5), 459; 468. Durch diese Formulierungen schimmern Motive von Adolf von Harnack hindurch.
[36] TROELTSCH: Die Selbständigkeit der Religion (s. Anm. 35), 79; 406; 429.
[37] AaO. 96; 97.

liege im Umkreis des Praktischen mit dem „Willen",[38] korrespondiere mit Ethik und Geschichtsdenken und ziele auf Erlösung. Hierzu gehört auch die kontrafaktische Begründung der Geltung des Individuums trotz seiner Kontingenz und Endlichkeit. Der mittlere Troeltsch konnte diese Motive um den religionspsychologisch gekennzeichneten Gedanken, dass das Urphänomen aller Religion die Mystik im Sinne einer „Präsenz und Wirkung übermenschlicher Mächte mit der Möglichkeit der inneren Verbindung mit ihnen" sei, anlagern.[39] Dies wurde mit der ‚erkenntnistheoretisch' genannten Gültigkeitsuntersuchung verbunden, die ein „religiöses Apriori" erfasse, das „aus dem Wesen der Vernunft heraus [...] eine absolute Substanzbeziehung" betreffe, die zum „Ausgangspunkt und Maßstab" von allem Wirklichen und insbesondere der „Werte" wird.[40] Es sei mit kulturkreisspezifischen Geschichtsphilosophien zu verbinden und führe zu einer philosophisch behandelten Gottesidee. Dieses Motiv wird auch noch in den späten Historismus-Studien betont. Gegenläufig zu der historistischen Einsicht in die Kontingenz und Relativität alles Gewordenen soll ein „religiöses Grundvertrauen zu Einheit und Sinn der Wirklichkeit" ein Wollen und Handeln befördern, das von Werten geleitet ist.[41] Im Hintergrund dieses axiologischen Gedankens stehe die „schaffende Lebendigkeit des göttlichen Willens", ihr Ziel sei ein gelingendes Leben im Endlich-Relativen durch Vergegenwärtigung des „Absoluten im Relativen".[42] Dabei sind insbesondere zwei Motivkreise leitend: Zum einen geht es um die Verbundenheit der vielen ‚Seelen' in den jeweiligen Kulturkreisen über Räume und Zeiten hinweg, zum anderen ist es Troeltsch nach wie vor um die Geltung des Individuums zu tun. So seien „das Ich oder die Monade [...] ein unbegreifliches Wunder, wie Gott oder die Welt selbst", so träfen im Individuellen das Relative und Absolute zusammen, so werde das „wahre Leben des Individuums [...] [zur] Apotheose des Endlichen".[43] Geschichte habe den „mystischen Hintergrund des Allebens", Verstehen des „Fremdseelischen" gelinge nur, weil es einen „gemeinsamen Grund der Einzelgeister" gibt und weil die „endlichen Geister" eine „wesenhafte und individuelle Identität [...] mit dem unendlichen Geiste" haben und daran „intuitiv" partizipieren.[44] Die Liste der Formeln ließe sich leicht verlängern, ihr Gehalt wird dabei allerdings kaum präziser. Das ist von Troeltsch durchaus gewollt. Denn nach ihm kann das „in der Einheit seiner Lebensfülle für sich existierende Absolute nicht begriffen werden, weil es überhaupt kein

---

[38] AaO. 96f.
[39] TROELTSCH: Wesen der Religion und der Religionswissenschaft (s. Anm. 5), 493.
[40] AaO. 493f.
[41] TROELTSCH, ERNST: Der Historismus und seine Probleme, in: Gesammelte Schriften Bd. 4 (s. Anm. 5), 695.
[42] AaO. 184; 219.
[43] AaO. 214; 567; vgl. 675ff; 220.
[44] AaO. 87; 677; 679; 683.

Begriff ist".[45] In seiner Über-Begrifflichkeit ist es eben: transrational. Gerade darin soll es – gleichsam in religiöser Aufladung transzendentaler Strukturen – die Verständigung über die primär praktische Gestaltung des geschichtlich-sozialen Lebens ermöglichen, deren Rahmen die Synthese der kulturellen Kräfte eines Kulturkreises darstellt. Dass die eher im Gefälle theoretischer Kontemplation gehaltenen Figuren des Alllebens, der Substanzbeziehung oder der mystischen Hingabe dazu eine gewisse Spannung bilden, hat Troeltsch nicht diskutiert.[46]

III. Paradoxien der Rationalisierung – oder Theologiediagnostik mit Max Weber

Das Theologieverständnis von Troeltsch lässt eine doppelte Ortsbestimmung erkennen. Ein Bezugspunkt der Theologie ist die – in sich vielfältige – Hybridität des Religiösen in der Kultur, ein anderer ihre Fundierung im Absoluten über den religiösen Bezug auf das Transrationale. Bei aller Prägnanz dieser Doppelverortung der Theologie – mit vielen Übergängen zu Kultur- und Sozialwissenschaften, zu Philosophie und Historiographie –, bleibt die Methodik ihrer begrifflichen Bearbeitung wenig präzise. Das wird aus einem Abgleich mit einigen Motiven des Denkens von Max Weber deutlich. Er hat die Theologie bekanntlich als Rationalisierung des religiösen Heilsbesitzes beschrieben.[47] Darin liegt einerseits ein Moment distanzierender Ironie – kann es doch ‚Heil' und dessen ‚Besitz' nach Weber allenfalls als subjektiv erlebte Sinnfiktion geben –, andererseits aber auch ein subkutaner Hinweis auf seine eigene religions- und kultursoziologische Methodik. Denn diese sucht geradezu programmatisch zu erkunden, wie subjektiv erlebte Sinnfiktionen sich in Handeln übersetzen und über die Lebensführung der Akteure soziale Gemeinschaften prägen – und *vice versa*.[48] Das ist nach Weber die Rationalität von Wissenschaft. Sie ist auf die Transrationalität von Sinn und seinen Quellen bezogen, ohne diese als solche explizieren zu können. Für den in manchem ähnlich gelagerten Begriff des Wertes gilt Analoges.[49] Der Geltungsbereich der Rationalität von

---

[45] AaO. 185.
[46] Das gilt auch für Hans Joas, dessen Konzept von der ‚Macht des Heiligen' vielfach Troeltsch folgt und dessen Motive um pragmatische Figuren anreichert: DERS.: Die Macht des Heiligen. Eine Alternative zur Geschichte der Entzauberung, Berlin 2017, 165ff.
[47] Vgl. WEBER: Wissenschaft als Beruf (s. Anm. 6), 610. Vgl. zu Webers Religionsverständnis aus theologischer Feder: NEUGEBAUER, GEORG: Die Religionshermeneutik Max Webers, Berlin/Boston 2017.
[48] Vgl. WEBER: Wirtschaft und Gesellschaft (s. Anm. 7), 1ff.
[49] Vgl. WEBER, MAX: Die „Objektivität" sozialwissenschaftlicher und sozialpolitischer Erkenntnis, in: ders: Gesammelte Aufsätze zur Wissenschaftslehre (s. Anm. 6), 146–214, passim; Vgl. WEBER: Wirtschaft und Gesellschaft (s. Anm. 7), 599; 604 u.ö.

Wissenschaft wird solcherart durch eine Grenze zum Transrationalen markiert, freilich mit permanenten Übergängen. Eingebettet wird diese Absteckung des Geltungsbereichs der Rationalität von Wissenschaft in ein geschichtsphilo-sophisches Verständnis von Rationalisierung, das tendenziell allumfassend ist, weil es auch sein Gegenteil zu identifizieren erlaubt.[50]

Religion gehört für Weber zu den zentralen Ressourcen für Sinn. Sinn ist stets subjektiv, obwohl er für den Sinn Empfindenden immer auch übersubjektiv ist. Sinn motiviert zum Handeln, insbesondere weil er Ordnung in der Welt und Orientierung darin eröffnet, und weil er einen Umgang mit Enttäuschung und Leiden ermöglicht.[51] Beide Dimensionen von Sinn, der Zug zu einer die Vielfalt einenden Ordnung des Ganzen und zum kontrafaktischen Umgang mit Negativität sind elementar mit Religion und ihrer Geschichte verbunden. Ursprünglich aus Magie als Bestreben zur Herrschaft über die Dinge und dem Bemühen um machtsteigernde Deifizierung eigener Positionen erwachsen, dränge Religion in ihrer Evolution selbst auf Ordnung im Pantheon und damit zu einer von Einheit geprägten Weltsicht.[52] Darin ist sie für Weber selbst ein Moment geschichtlicher Rationalisierung. Damit ergibt sich jedoch das Erfordernis, mit Widersinnigem und Leiden als realen Erfahrungen umzugehen. Dieses von Weber in allen Facetten bedachte „Problem der Theodizee" werde so bearbeitet, dass das Unverständliche des Verstörend-Negativen auf die transzendente Gottheit verschoben wird.[53] Die religiöse Regulierung des menschlichen Gottesverhältnisses werde sodann zur Quelle subjektiver Sinnfindung und motiviere zum innweltlichen Handeln. Seine Rationalität besteht nicht zuletzt darin, jene Negativität in weltablehnende Askese zu überführen und mit methodischem Streben nach Heilsstandsanzeigen zu verbinden.[54] Dafür steht bei Weber exemplarisch das protestantisch-puritanische Berufsmenschentum,[55] das zum maßgeblichen Katalysator des okzidentalen Rationalismus geworden sei. Auf seine Funktion im Zusammenhang der mentalen

---

[50] Vgl. exemplarisch WEBER: Die Wirtschaftsethik der Weltreligionen. Zwischenbetrachtung, in: ders: Gesammelte Aufsätze zur Religionssoziologie (s. Anm. 7), 536–573; Vgl. WEBER: Wissenschaft als Beruf (s. Anm. 6). Vgl. dazu DIERKEN, JÖRG: Fortschritte in der Geschichte der Religion? Aneignung einer Denkfigur der Aufklärung, Leipzig 2012, 104ff. Kritisch zu der Mehrsinnigkeit der These von der Rationalisierung und ihrem Pendant, der Weberschen Rede von ‚Entzauberung' hat sich jüngst Hans Joas geäußert, vgl. aaO. bes. 201ff; 355ff.

[51] Vgl. WEBER: Die Wirtschaftsethik der Weltreligionen. Zwischenbetrachtung, in: ders: Gesammelte Aufsätze zur Religionssoziologie (s. Anm. 7), 564ff; 571f; Vgl. Weber: Wirtschaft und Gesellschaft, in: aaO. 275; 304; 308; 314ff.

[52] Vgl. WEBER: Wirtschaft und Gesellschaft (s. Anm. 7), 245ff.

[53] AaO. 314.

[54] Vgl. WEBER: Die Wirtschaftsethik der Weltreligionen. Zwischenbetrachtung, in: ders.: Gesammelte Aufsätze zur Religionssoziologie (s. Anm. 7), passim.

[55] Vgl. WEBER: Die protestantische Ethik und der Geist des Kapitalismus (s. Anm. 7), passim.

Voraussetzungen für moderne westliche Entwicklungen von kapitalistischer Marktvergesellschaftung, bürokratischem Machtstaat und technikaffiner Wissenschaft richtet sich Webers primäres religionstheoretisches Interesse – mit weitesten Blicken auf die nichtwestliche Religionsgeschichte, nicht zuletzt als Negativfolie. Weber ist methodisch äußerst raffiniert in seinen Analysen der mehrfach gebrochenen Umbesetzungen von Sinn und seiner Enttäuschung in Weltsicht, Ordnung und Handlungsmuster. Zugleich enthält er sich bei seiner begrifflichen Rationalisierung des Transrationalen eigenen Positionierungen im Blick auf das Transrationale als Ankerpunkt für Rationalisierung – mit einer Ausnahme: nämlich dass das Leben in der Welt selbst irrational sei und daher auf Rationalisierung über die Sinnform und seine Dialektik angewiesen bleibe.[56]

Im Blick auf Troeltsch zeigen diese überaus gerafften Hinweise zum Weberschen Typus von Religionstheorie mehrere Pointen. Drei seien hervorgehoben. Die erste davon liegt in der Zurückhaltung, die Webers Verständnis von Wissenschaft gegenüber Sinngehalten aufweist. Ob sie sinnvoll sind oder nicht, kann und soll wissenschaftlich nicht beurteilt werden. Sosehr auch Wissenschaft mit Leidenschaft zu betreiben sei, von Voraussetzungen abhänge und bewertende Stellungnahmen vorbereite, so wenig werde all dies selbst zum Moment der Rationalität von Wissenschaft.[57] Sie hat das „Sinnproblem", selbst nicht über „Sinn der Welt", wie ihn die von ihr befassten Propheten und Philosophen bedenken, befinden zu dürfen oder zu können.[58] Ähnliches gilt für Werte und die Urteile darüber. In zugespitzter Formulierung ist Wissenschaft „technische Kritik" und „kritische" Beurteilung der Voraussetzungen, Implikationen und Folgen von Sinngehalten und Werten für soziales Leben und subjektives Handeln.[59] Diese kann durchaus virtuos ausfallen und dialektisches Raffinement entfalten, wie Weber selbst eindrücklich gezeigt hat. Aber mehr als der Aufweis von mehrfach gebrochenen, höchst indirekt verlaufenden Kausalitäten ist hiernach für Wissenschaft nicht möglich. Ihre Rationalität verwaltet die Sphären des Transrationalen mit fremden Mitteln, ohne in sie selbst einzudringen. Dies wird Sache des Deutens und Bewertens sowie der Sinnfindung.[60] Dass Theologie damit aus dem Bereich der Wissenschaft und ihrer Rationalität ausscheidet, liegt auf der Hand. Sie verlange letztlich das „Opfer des Intellekts".[61]

---

[56] Vgl. WEBER: Wissenschaft als Beruf (s. Anm. 6), 604; 608f u.ö.; Vgl. WEBER: Die Wirtschaftsethik der Weltreligionen. Zwischenbetrachtung (s. Anm. 50), 561ff.
[57] Vgl. WEBER: Wissenschaft als Beruf (s. Anm. 6), 589; 599 u.ö.
[58] AaO. 593; 609.
[59] WEBER: Die „Objektivität" sozialwissenschaftlicher und sozialpolitischer Erkenntnis, in: ders.: Gesammelte Aufsätze zur Religionssoziologie (s. Anm. 7), 150f.
[60] Vgl. aaO. 152.
[61] WEBER: Wissenschaft als Beruf (s. Anm. 6), 611.

Das führt zu einer zweiten Pointe. Wissenschaft kann durchaus den Wurzelgrund des Transrationalen erheben. Letzteres begegne einem „Lebensproblem", nämlich dem Erfordernis zur Orientierung der Lebensführung durch Sinn und Werte.[62] Ihr *Dass* lässt sich einsichtig machen, nicht aber ihr *Was*. Welche es sind, lasse sich wissenschaftlich nicht deduzieren, wohl aber, was jeweils aus ihnen folgt. Das ist die Rationalität von Wissenschaft gegenüber dem Transrationalen. Hieraus erwachsen auch Muster in dialektischer Aufstufung, wie Webers Religionssoziologie exemplarisch mit den Motiven der Suche nach einer einheitlichen Sinnhaftigkeit des Kosmos insgesamt und einer erlösenden Sinngewährung angesichts der Negativität von Leiden als Umgang mit dem ‚Theodizeeproblem' zeigt. Von hier aus ließen sich Linien zu Troeltschs Figuren eines Zusammenfindens der ‚Seelen' im einheitlichen ‚Alleben' auf der einen Seite und einer kontrafaktischen Stärkung des fragilen Individuums bis hin zur erlösenden Geltung der Person trotz aller Hinfälligkeit auf der anderen Seite ziehen. Das Arrangement der Begriffe und die Logik ihrer dialektischen Anreicherung sind bei Weber transparenter als bei Troeltsch. Keine Linie aber lässt sich zwischen den Denkern ziehen, wenn es um eine mögliche Rationalität des Transrationalen selbst geht. Troeltsch muss für Weber Theologe bleiben, Weber für Troeltsch hingegen Dezisionist. Denn Weber sieht letztlich nur einen ewigen Kampf der Sinngehalte und Werte, die zu ewig ihren Gräbern entsteigenden Göttern stilisiert werden.[63] Und dazwischen walte allein die „Notwendigkeit", „sich zwischen ihnen zu entscheiden".[64] Der Rekurs auf ‚Entscheidung' ist nun freilich nicht weniger transrational als die zu Göttern stilisierten Begriffe des ‚Werts' und des ‚Sinns'. Das gilt mehr noch angesichts ihres wohl auf Nietzsche zurückgehenden Hintergrunds von Leben und Kampf. Wenn Weber nur das *Dass* von Sinn und Wert sowie der entsprechenden Entscheidungen kennt, ist sein methodischer Rationalismus der Sinn- und Wertfolgenanalyse von einem bleibend transrationalen Kontext umfasst.

Angesichts dieses Patts von Theologie und Anti-Theologie im Blick auf die Rationalität des Transrationalen lässt sich als dritte Pointe festhalten, dass Webers methodische Aufstellungen eingebettet sind in das geschichtsphilosophische Narrativ einer fortschreitenden Rationalisierung, zumindest der westlichen Welt. Webers Formel hierfür lautet bekanntlich ‚Entzauberung'. Diese Entzauberung durch Rationalisierung lässt ihre religiösen und kulturellen Ausgangspunkte weit hinter sich. So leidenschaftlich Weber den Prozessen der Entzauberung nachgegangen ist, so düster werden die Farben, in denen ihre Resultate gezeichnet werden. „Fachmenschen ohne Geist, Genußmenschen ohne Herz" – so die bekannte, wohl auf Nietzsche zurückgehende Formel aus

---

[62] AaO. 604.
[63] Vgl. die berühmten Formulierungen in Weber: aaO. 608f.
[64] Vgl. aaO. 608. (Zitat siehe ebd.)

der Kapitalismus-Studie.⁶⁵ Entzauberung wird zum Schicksal, Rationalisierung ist rational nicht mehr steuerbar. Diese Paradoxie der Rationalisierung⁶⁶ lässt sie nicht nur transrational werden, sondern in Verbindung mit dem Dezisionismus der Entscheidung ins Irrationale gleiten. Troeltsch, der wesentliche Aspekte von Webers Diagnosen der fortschreitenden Rationalisierung teilte, hat sich statt auf einen für Weber charakteristischen Heroismus des Ertragens dieser Paradoxie auf praktische Politik verlegt.⁶⁷ Orientierung sollte dabei die auch jene religiösen Motive integrierende Kultursynthese des ‚Europäismus' bieten.⁶⁸ Es mag dahingestellt bleiben, ob die Entscheidung hierfür rationaler ist. Dass sich sinnvolle Hoffnungen fürs Handeln darauf bauen lassen, lässt sich allerdings durch Rationalisierung ihrer transrationalen Voraussetzungen erhellen. Durch solche Entzauberung müssen sie aber nicht verschwinden.

IV. Fazit: Theologie in doppelter Buchführung

Der Blick auf Troeltsch und das Gegenlicht Webers haben gezeigt, dass das Transrationale sich nicht einfach wegrationalisieren lässt. Ein solcher Versuch erzeugt nur weitere Paradoxien. Sie zu explizieren, markiert einen eigenen Typ von Rationalität, der für die Theologie bedeutsam ist. Sie beschreibt eine Dialektik der Grenze. Zugänglich wird diese nur aus dem Diesseits, so sehr zur Grenze auch deren Jenseits gehört. Genau das am Phänomen der Religion zu explizieren und dabei die Unhintergehbarkeit des Transrationalen als dessen Rationalität zu verstehen, macht einen genuinen Begriff der Theologie aus. Solch eine Theologie ist freilich nicht alternativlos und hat auch eine Entscheidung im Hintergrund, nämlich die einer Positionierung gegen das heroische Ertragen düsterer Paradoxien. Diese Positionierung kann nicht abgeleitet, aber im Vollzug gerechtfertigt und angesonnen werden. Wenn die Theologie die Rationalität des Transrationalen expliziert, ersetzt sie weder Gott – oder einen seiner jüngeren Stellvertreter zwischen Sinn und Wert –, noch das religiöse Bewusstsein in seinem Gottesverhältnis. Theologie kann nur die im Gottesverhältnis und Gottesgedanken waltende Logik thematisieren, und zwar in dem durchaus praktischen Bestreben, die diesbezüglichen religiösen Vollzüge zu kultivieren. Im Idealfall fungiert sie als deren urteilskräftiges Regulativ. Dabei kann sie die beiden bei Troeltsch und Weber erkennbaren Grundmotive im Verhältnis zum Transrationalen aufgreifen und in Muster der Explikation seiner Rationalität überführen. Gemeint ist einerseits der Motivkreis, der vom

---

[65] Vgl. WEBER: Die protestantische Ethik und der Geist des Kapitalismus (s. Anm. 7), 204.
[66] Dies liegt nahe an den von Hans Joas aufgezeigten Äquivokationen.
[67] Vgl. GRAF: Fachmenschenfreundschaft (s. Anm. 4), 269ff; 328ff.
[68] Vgl. TROELTSCH: Der Historismus und seine Probleme (s. Anm. 41), 694ff.

Gemeinschaftlichen der ‚Seelen' oder der Sinnhaftigkeit des ‚Kosmos' her auf Einheit und Ganzheit abstellt, andererseits derjenige, in dem es von der Fragilität des Personalen oder der Negativität des Leidens aus um kontrafaktische Wertrettung bis hin zu umkehrender Erlösung geht. Beide Motivkreise lassen sich zu komplementären Grundmustern für die grenzdialektische Rationalität der Theologie angesichts des Transrationalen ausgestalten.

Eine besondere Funktion kommt der Theologie angesichts der Doppelstellung des Religiösen zwischen Selbständigkeit und Hybridität zu. Diese Doppelstellung ist unhintergehbar und will darum durchdacht sein. An ihr hängt, dass Religion als ein solcher Bestandteil von Kultur verstanden werden kann, der zugleich Distanz hält. Entsprechend haftet an ihr auch der Umstand, dass Theologie einerseits Schnittflächen mit deskriptiver Kultur- und Religionswissenschaft aufweist, aber andererseits auch etwas Eigenes mit einer Drift zum Normativen darstellt.[69] Die Doppelstellung des Religiösen birgt für die Theologie die zwiefache Herausforderung, die grenzdialektische Logik sowohl im Blick auf die Hybridität des Religiösen in der Kultur als auch im Blick auf ihre distanzgewährende Selbständigkeit zu entfalten. Im Idealfall gelingt eine Verständigung in beiden Hinsichten. Für die verschiedenen kulturellen Hybridisierungen bedeutet dies aufzuzeigen, dass und wie in den entsprechenden Sphären selbst Tendenzen zum Transrationalen enthalten sind. Die Politik etwa kann selbst zu letzter Gemeinschaftsbildung drängen und Erlösungsideale formulieren, wie Troeltsch gezeigt hat. Die dabei beanspruchte Macht und die Souveränität der Entscheidung enthalten selbst Elemente des Transrationalen. Auch Bildung kann als Weg zur Menschwerdung stilisiert werden, sei es mit einer geistesaristokratischen, sei es technizistischen Tendenz. Wenn eine sozial- und kulturtheoretisch sensibilisierte Theologie in solchen Zusammenhängen jene grenzdialektische Logik im Umgang mit dem Transrationalen und seiner Rationalität aufhellt, trägt das zu ideologiekritischer Aufklärung bei. Das geschieht natürlich immer nur indirekt, etwa in theologisch gebildeter Kommunikation in der Öffentlichkeit, mithin in Schulen, Universitäten und auch in Kirchen. Im Idealfall kann dabei deutlich werden, dass die Wahrnehmung von Religionsfreiheit, wie sie 1919 vorgedacht wurde, eine Stärkung der Freiheitsrechte auch für diejenigen darstellt, die ihre positive, religiöse Inanspruchnahme für sich ablehnen. Um ihre Aufgabe im weiten Feld religiöser Hybridisierungen in der Kultur zu erfüllen, sollte die Theologie kulturhermeneutisch die aufs Transrationale drängenden Tendenzen in den verschiedenen Kultursphären beschreiben können. Religion im Kulturell-Sozialen zu erfassen, ist die eine Seite von Theologie in doppelter Buchführung. Sie lässt sich an Denkern wie Troeltsch und Weber lernen. Zugleich gilt es, die grenzdialektische Logik der Rationalität des Transrationalen zu verstehen und in religiösen Symbolen zu

---

[69] Vgl. dazu DIERKEN, JÖRG: Ganzheit und Kontrafaktizität. Religion in der Sphäre des Sozialen, Tübingen 2014, 55ff.

artikulieren. Das ist die andere Seite der doppelten Buchführung. Dazu will umgekehrt das Kulturell-Soziale von der religiösen Symbolik und ihrer *cum grano salis*: ‚Selbständigkeits'-Logik aus thematisiert werden. Dafür ist der Symbolbestand der – in unserem Fall: christlichen – Religion dahingehend zu bedenken, was er für die auf Ganzheit und Kontrafaktizität gestimmten Grundmuster zur Bearbeitung der Rationalität des Transrationalen bedeuten kann – und zwar im Sinne einer negativ-theologischen Darstellung von deren letztlich undarstellbarem Zusammenhang. Gottebenbildlichkeit des Menschen und Menschwerdung Gottes etwa sind Symbole für die Geltung des Individuums, das Reich-Gottes-Motiv integriert beispielsweise dessen Vielfalt ohne standardisierende Reduktion zu einem erlösenden Ganzen durch alle Konflikträchtigkeit des Endlichen, das mit Individualität einhergeht, hindurch. Es geht bei solcher Darstellung um ein Verstehen der Untrennbarkeit jener gegenläufigen Grundmuster, und zwar ein solches, das neue Perspektiven auf die verschiedenen Sphären der Hybridität eröffnet. Es gilt, orientierende Selbstverständigung der Kultursphären im Endlichen durch unterscheidende Sortierung der miteinander verschlungenen Grundmuster ihrer Tendenzen zum Transrationalen zu eröffnen. Damit wird das Jenseits zur Kraft des Diesseits – um eine Formel von Troeltsch aufzugreifen.[70] Allein auf historistischem oder soziologischem Weg ist eine solche Theologie in doppelter Buchführung nicht zu erreichen, die Kategorialität einer differenzgeleiteten Grenzdialektik zur Rationalität des Transrationalen muss hinzutreten. Als sensibler Analytiker des Historismus in der Theologie und als weitsichtiger Diagnostiker der in seiner Zeit forcierten Trennung von Staat und Kirchen zeigt Troeltsch, dass und wie man über ihn hinausgehen muss – und kann.

---

[70] Vgl. TROELTSCH: Die Soziallehren der christlichen Kirchen und Gruppen (s. Anm. 5), 979.

Namensregister

Adenauer, Konrad 137
Agamben, Giorgio 44, 57
Althaus, Paul 9, 189
Altmann, Alexander 11
Andreas-Salomé, Lou 23, 165–183
Antes, Peter 105
Arendt, Hannah 56
Arons, Leo 138
Assel, Heinrich 8, 12, 20–22, 83f, 87f, 93, 136
Assmann, Aleida 122
Assmann, Jan 122
Avraham, Barkai 118

Bader, Hans 66
Badiou, Alain 44, 48, 56
Balke, Friedrich 46, 51–53, 60–63
Barth, Karl 3, 5, 8, 14, 20, 64–81, 83f, 86, 105, 136, 144, 153, 160, 188, 190
Baumgarten, Otto 141, 143
Beintker, Michael 8
Benjamin, Walter 23, 103, 105f, 117f, 168, 170, 177, 181
Bergson, Henri 167, 177
Biester, Björn 147
Bing, Gertrud 149
Birkner, Hans-Joachim 189
Blanchot, Maurice 91
Bloch, Ernst 14, 21f, 105, 121f, 124–133, 193
Blumenberg, Hans 1, 23, 43, 122f, 168, 173, 178, 182
Boehm, Gottfried 176f, 182
Böttger, Felix 44
Boll, Franz 149
Bourdieu, Pierre 15–18
Brauckmann, Annika 37
Braungart, Wolfgang 110
Breuer, Stefan 47f
Bringeland, Hans 135
Brinker-Gabler, Gisela 168

Brunstäd, Friedrich 144
Buber, Martin 11, 91, 103, 107–114, 118
Büttner, Ursula 29
Bultmann, Rudolf 1, 87, 135, 160, 188
Busch Nielsen, Kirsten 88
Brockhoff, Jürgen 105

Calvin, Johannes 75
Casper, Bernhard 94f, 113
Cassirer, Ernst 23, 84, 89, 148, 150f, 159f
Cheng, Patrick 49
Cohen, Hermann 10, 20, 83–89, 91–101
Cornicelius, Max 151

Daamgard, Iben 88
Dalferth, Ingolf U. 87, 180
Danz, Christian 22f, 158–162, 201
Darwin, Charles 13
Dehn, Günther 135, 141
Deißmann, Adolf 143
Delgado, Mariano 35
Derrida, Jacques 43, 55f, 85
Descartes, René 48
Dewey, John 174
Dibelius, Martin 135, 143
Dibelius, Otto 141, 143
Dibelius, Wilhelm 149
Didi-Huberman, George 166f
Dierken, Jörg 24f, 87, 198, 202, 207, 217, 221
Dilthey, Wilhelm 167, 174, 181
Doering, Bruno 41
Dostojewski, Fjodor 13
Dovifat, Emil 109
van Dyk, Silke 41

Ehrenberg, Hans 103
Ehrenberg, Rudolf 103, 109, 113–115
Einstein, Albert 138
Eißfeld, Otto 149

Elert, Werner 9
Engels, Friedrich 131
Erbe, Michael 199
Erdle, Birgit R. 104
Essbach, Wolfgang 107
Essen, Georg 14, 21, 122, 127

Fahrenbach, Frank 154, 157
Fangerau, Heiner 109
von Faulhaber, Michael 137
Feuerbach, Ludwig 128, 131
Fiorato, Pierfrancesco 98
Firchow, Markus 174, 176
Fischer, Joachim 105
Fischer, Karl 17
Fischer-Appelt, Peter 84
Flecks, Ludwik 117
Flohr, Paul M. 118
Foucault, Michel 52
Frank, Gustav 104, 109, 117
Franz von Assisi 176
Freud, Sigmund 23, 165f, 168f, 179–183
Fritz, Martin 162

Gay, Hermann B. 141
Gerhardt, Volker 171
Gerstenmaier, Eugen 144
Goering, Timothy D. 188
Gogarten, Friedrich 3, 5–9, 11, 14, 16–18, 20, 83, 153, 160, 188, 190–192
van Gogh, Vincent 69
Goldmann, Marcel 85
Gombrich, Ernst H. 154
Görland, Albert 84
Gordin, Jakob 20, 83–89, 100f
Gottfried, Paul 47f
Gottschow, Hannah 151
Graf, Friedrich Wilhelm 3f, 6–9, 11f, 14, 44, 61, 65, 104–106, 189, 198–200, 209, 220
Gressmann, Hugo 149f
Grisebach, Eberhard 111
Große Kracht, Hermann-Josef 40, 42
Grüttner, Michael 137–139
Gunkel, Hermann 149
Gutjahr, Marco 91
Gutjahr, Ortrud 172
Guttmann, Julius 12, 84

Habermas, Jürgen 127
Härle, Winfried 3
Halling, Thorsten 109
von Harnack, Adolf 14, 21, 121f, 133, 136, 139, 214
Havsteen, Sven R. 88
Hegel, Georg Wilhelm Friedrich 81, 86–89, 94–97, 107, 121, 127f, 188
Heinsohn, Kirsten 37, 40
Herrigel, Hermann 111
Herrmann, Christian 153
Herrmann, Wilhelm 84, 214
Herpel, Otto 66
von Hindenburg, Paul 135, 141
Hintze, Otto 198f
Hirsch, Emanuel 9, 19, 27, 29–31, 34–36, 39–41, 189, 191
Hoffmann, Adolph 139
Hogemann, Friedrich 94
Holl, Karl 136, 144, 149
Holtz-Bacha, Christina 108
Holzhey, Helmut 83
Hübinger, Gangolf 35, 199, 201
Hugenberg, Adolf 37
Hunsinger, George 80

Ibsen, Henrik 167f
Ihmels, Ludwig 136, 144

James, William 174
Janicaud, Dominique 91
Jaeschke, Walter 94
Joas, Hans 198, 216f, 220
Jost, Erdmut 108, 110
Jüngel, Eberhard 87, 90
Jung, Carl Gustav 166
Jung, Matthias 174

von Kahler, Erich 198
Kant, Immanuel 83f, 88, 92, 95–98
Kany, Roland 158
Kapler, Hermann 136
Kattenbusch, Ferdinand 140
Kaufmann, Kai 110
Kelsen, Hans 10
Kervégan, Jean-François 46
Kierkegaard, Søren 7, 11, 13, 187f, 200
Kippenberg, Hans G. 105

Klatt, Fritz 103
Klein, Rebekka A. 10, 19f, 47
Koch, Diether 136
Köhler, Walther 149
Korsch, Dietrich 12
Kracauer, Siegfried 12
Kreß, Hartmut 32
Krewani, Wolfgang N. 90
Kroeger, Matthias 5f, 11, 14, 16f
Kronauer, Brigitte 175–178
Kubitschek, Götz 41
Kutter, Hermann 66

Laclau, Ernesto 44
Lamm, Julia A. 70
Langebach, Martin 29
Lauschke, Marion 176
Lauster, Jörg 1, 156
Lefort, Claude 44, 58
Lethen, Helmut 112
Lévinas, Emmanuel 20f, 23, 83–87, 89–95
Liebsch, Burkhard 90, 92
Lödl, Emil 109
Löwenthal, Leo 162
Löwith, Karl 5
Löwy, Michael 105
Ludendorff, Erich 141
Lübbe, Hermann 185f
Luhmann, Niklas 52
Lukács, Georg 161
Luther, Martin 18, 83, 136, 144, 147, 149f, 152, 185–187

Maimonides 85f, 89, 95
Malebranche, Nicola 48, 50
Manet, Édouard 15–17
Mannheim, Karl 199
Marchart, Oliver 44
Marcion 14, 21, 121–126, 128, 132f
Marx, Wilhelm 135
Mattenklott, Gert 108
Maubach, Franka 29, 36
Maybaum, Ignaz 11
Mayer, Reinhold 83
McCormack, Bruce L. 20, 80, 83f
McEwan, Dorothea 148–150
Michaud, Stéphane 175, 181
Michel, Wilhelm 109, 115

Mirgeler, Albert 111
Meinecke, Friedrich 186, 198f
Melanchthon, Philipp 149
Menke, Christoph 20, 43, 54–56, 58, 60
Merkel, Angela 41
Metz, Johann Baptist 204
Meyer, Thomas 11f, 17, 151
Moller van dem Bruck, Arthur 27
Mohler, Armin 41
Moltmann, Jürgen 2, 6, 188
Molnar, Paul 80
Moxter, Michael 83f, 169f, 173f, 176, 178, 183
Mühling, Andreas 146
Müller, Jan-Werner 29, 42
Müller, Lothar 103
Müller-Lauter, Wolfgang 13
Müller-Otfried, Paula 19, 27, 29, 37–39, 41

Nancy, Jean-Luc 44
Naumann, Friedrich 67, 144f
Neugebauer, Georg 216
Nietzsche, Friedrich 13–15, 23, 165, 167, 170–173, 181, 198, 219
Nowak, Kurt 38, 139, 141, 189f

Oestreich, Gerhard 199
Otto, Rudolf 156

Pahnke, Donate 105
Palmer, Gesine 116
Pannenberg, Wolfhart 86f, 100
Paquet, Alfons 110
Pfeiffer, Ernst 165–167, 170–172, 175, 179, 181, 183
Pfeiffer, Dorothee 175, 183
Pfleiderer, Georg 42
Picht, Werner 103
Podewski, Madleen 109, 111
Polke, Christian 13, 24, 198, 202
Poma, Andrea 83
Printz, Wilhelm 151
Pröpper, Thomas 131
Putnam, Hilary W. 85, 91

de Quervain, Alfred 9

Radbruch, Gustav 191

Rade, Martin 5, 141–144
Ragaz, Leonhard 66f
Rahner, Karl 76
Raimondi, Francesca 56f, 60
Rang, Florens C. 103, 107, 110, 113–115
Rathenau, Walter 114
Rebentisch, Juliane 46, 58–61, 63
Rée, Paul 23, 170
Reikersdorfer, Johann 204
Rempp, Brigitte 165, 179f
Rendtorff, Franz 141, 143
Rendtorff, Trutz 20, 78, 105
Rilke, Rainer M. 23, 165, 167, 173–175, 180f
Röttgers, Kurt 62
Rosanvallon, Pierre 45
Rosenstock-Huessy, Eugen 103
Rosenstock-Huessey, Margrit 11
Rosenzweig, Franz 10f, 20, 83f, 86–89, 91, 93, 103, 107, 110, 112–119
Rosenzweig, Edith 113
Rosso, Enrico 104
Rothe, Daria A. 166, 180
Rothe, Richard 144

von Salomé, Gustav 169f
Salz, Arthur 198
Saxl, Fritz 23, 147–152
Scheel, Otto 149
von Scheliha, Arnulf 5, 19, 35, 40, 42
Scherer, Stefan 109, 111
Schian, Martin 140
Schleiermacher, Friedrich Daniel Ernst 1, 24, 67, 70, 87
Schmidbauer, Wolfgang 171
Schmidt, Hermann 13
Schmidt, Karl Ludwig 149–151
Schmitt, Carl 9f, 17, 19f, 27, 29, 41–63, 197, 204
Schnädelbach, Herbert 204
Schoeps, Hans-Joachim 11
Schopenhauer, Arthur 13, 198
Schreiber, Gerhard 40, 42
Schreiner, Klaus 105
Schwab, Hans-Rüdiger 166, 169–171
Schwöbel, Christoph 198
Seeberg, Reinhold 19, 27–35, 39–41, 138

Shahar, Galili 104, 114
Simmel, Georg 161
Slenczka, Notger 35
Söderblom, Nathan 136
Spengler, Oswald 4–6, 16, 24, 185–187, 190f, 196, 198, 201, 203
Spinoza, Baruch D. 70, 179
Starke, Erhard 141
Steiger, Johann Anselm 207
Steinmeier, Anne M. 23, 166, 174f, 181
Sternberger, Dolf 103
Stöcker, Lydia 150
Stoellger, Philipp 87, 180
von Stockhausen, Tilmann 151
von Storch, Beatrix 41
Strauß, Bruno 83
Strauss, Leo 11f
Sturm, Michael 29
Stutz, Ulrich 208

Taubes, Jacob 21, 122–127, 186f
Tietz, Christiane 2
Tiling, Magdalene 41
Tillich, Paul 8, 11, 15f, 21f, 147–153, 158–162, 190–197, 199–204
Titius, Arthur 140, 143
Tolstoi, Lew 174
Trautmann-Waller, Céline 85
Treml, Martin 147, 154, 167, 170
Triepel, E. 152
Troeltsch, Ernst 1, 3, 7, 12–14, 17, 24f, 138f, 149, 189–191, 193f, 196–204, 207, 209f, 212–216, 218–222
Trüb, Hans 103

Vignoli, Tito 154
Villhauer, Bernd 148, 153–155
Vind, Anna 88
Virchow, Fabian 28
Vischer, Theodor 156
Vogel, Andreas 108
Voigt, Friedemann 210
Vondung, Klaus 105

Waetzholdt, Wilhelm 149
Wagner, Falk 9
Wagner, Thomas 28f
Warburg, Aby 23, 147–162
Warburg, Mary 151

Weber, Inge 165f, 180
Weber, Max 15, 24f, 104, 122, 126, 209, 216
Wedepohl, Claudia 154
Weidner, Daniel 12, 21, 105, 118, 166f, 170, 178
Weigel, Sigrid 147, 166, 177
Weisbach, Werner 149
Weiß, Volker 27–29, 41
Weißmann, Karlheinz 28, 41
Welsch, Ursula 166
Welsch, Wolfgang 49
Westerkamp, Dirk 85, 90, 92f, 176
Wiedebach, Hartwig 83, 96–98, 100f
Wiese, Christian 10

von Wilamowitz-Moellendorf, Ulrich 154
Wilhelm von Ockham 62
Wilke, Jürgen 109
Willer, Stefan 105
von Weizsäcker, Viktor 103, 107, 110, 112, 115
Wittig, Joseph 103, 108, 110, 114, 117
Woodfield, Richard 149
Wünsch, Georg 143

Zabel, Benno 46f
Zimmermann, Hans Dieter 103
Žižek, Slavoj 56
Zündel, Friedrich 69
Zumbusch, Cornelia 154, 157

Sachregister

Abendland 4f, 24, 27, 41, 89, 185, 187, 191, 198
Absolutes, Absolutheitstheorie 3, 6, 9, 24f, 30, 33, 50, 62, 74, 78, 80, 86f, 90f, 97f, 100f
Abstraktion (*abstraction*) 20, 68, 71, 155
Alterität 21, 84, 90
Ambivalenz 5, 47, 54, 61, 94, 107, 159, 171, 204, 210
Analogie 10, 45, 73, 86, 87, 89, 113, 122, 200
Angst 23, 29, 71, 109, 133, 138, 142f, 147f, 154, 159, 162f, 187
Anthropologie 60, 103, 107f, 110, 112, 162, 178, 183
Antihistorismus 12, 14, 189
Apokalyptisch 6, 129–133, 186, 188, 190, 195, 203
Arbeit 11, 18, 22f, 25, 32f, 36–38, 44, 46, 54, 65, 66, 70–72, 77, 85, 89, 91, 115f, 118, 122, 135–138, 142–144, 149, 152, 158, 165f, 183f, 190f, 195
Ästhetisch 48–51, 53, 58f, 61, 88, 168, 175
Atheismus 121, 131, 198
Auferstehung (*resurrection*) 73–75
Aufklärung (*enlightenment*) 32f, 78f, 217, 221
Ausnahmezustand 57f, 62
Aussage 86, 70, 76, 91–95, 111, 116, 131, 185
Autonomie (*autonomy/autonomous*) 9, 20, 25, 68, 78, 79f, 111, 116, 127, 171
Autorität 12, 34, 46, 61, 71, 78

Bekennende Kirche 3, 105
Beruf 19, 32f, 39, 116, 198, 209, 216–218
Besonnenheit 153, 155
Bibel 13f, 18, 110, 114

Bildergedächtnis 156f, 161
Böse (*evil*) 71f, 79, 91, 130, 137, 182
Bürger 1, 6, 16, 27, 33, 35f, 55, 57, 105, 107, 137f, 142f

Christen/Christentum (*christians*) 3, 5, 12, 20, 22, 31, 35, 67, 68, 71, 74, 88, 118f, 137, 139, 144, 187f, 195, 209, 212f, 214
Christologie 20f, 65, 70, 79, 86, 87, 125

Dämonisch 147f, 157–159, 161f, 191, 193f,
Dekonstruktion 20, 67, 87f, 90
Demokratisierung 4, 40, 46
Denkraum 154f, 157f, 160, 162,
Denkstil 17. 24, 117, 188
Deutung 3, 7, 23f, 34, 47, 51, 56–59, 61, 105, 125, 131f, 149, 152, 156, 159f, 172, 175, 180, 190–205
Dezision (*decision*)/Dezisionismus 74, 77, 79, 197, 219, 220
Dialektik 8, 12, 18, 20, 24f, 61, 83f, 86–89, 93f, 97, 132, 167, 179, 190, 218, 220, 222
Dialektische Theologie 8, 20, 83, 90, 153, 188
Dialog 21, 86f, 108, 110–112, 119, 168
Dispositionen 15, 96
Distanz 23, 25, 58, 128, 154, 154–158, 162, 176, 221
Deutschnationale Volkspartei (DNVP) 19, 27, 29f, 37–39, 41, 144
Dogmengeschichte 121, 136
Durchbruch 6, 87f, 136, 160, 194, 214
Dynamik 8, 13, 15, 21, 60–62, 99, 104–106, 137, 166

Einzigkeit 87f, 93, 98–100
Entfremdung 58, 114, 127f, 133
Entpolitisierung 51–53, 58, 61, 63

Entscheidung (siehe auch Dezision) 6f, 19f, 42f, 45, 51, 54, 56f, 60, 62, 76f, 108, 188, 192, 195, 219–221
Entzauberung 217, 219f
Entzweiung 125, 127f
Erfahrung 3–5, 7, 12, 19, 21–23, 39f, 43f, 69, 87–89, 94f, 106, 115, 131, 137, 142, 156, 162, 168, 171, 176, 181, 183, 189, 200, 204, 217
Erlösung 21, 88, 93, 125f, 131, 133, 193, 203, 211, 215, 221
Erschlossenheit 160–163
Eschatologie 24, 88, 131, 188–190, 192, 194, 199, 203f
Ethik 30f, 33, 72f, 96f, 143, 183, 202, 211f, 215
Evangelium 7f, 31, 125
Exil 91, 103, 115, 187, 198
Existentialismus 162, 186, 197
Exodus 22, 122f, 126, 132
Expressionismus 15f, 21, 112

Familie 10, 28, 31, 38–40, 71, 83, 110, 168f, 181
Fiktion 3, 208, 216
Freiheit 19f, 25, 31f, 35, 41f, 56–61, 63, 73–75, 77– 79, 113, 127f, 138, 162, 190, 208, 211f, 221

Ganzheit 1, 3, 25, 166, 181, 221f
Gebet 129f, 169
Gedächtnis 148, 153f, 156–159, 161, 170, 179f, 204
Gericht Gottes (*judgment of god*) 7, 24, 45, 71, 188, 190, 204
Gesetz 7–9, 11, 19, 33, 40, 42f, 55f, 67, 72f, 88, 93, 96–100
Gesinnung 29, 36, 212f
Gewissheit 24, 46, 86, 91, 171, 208
Glauben 1, 5, 7, 8, 30, 33, 35, 45, 90, 110, 114, 124, 131, 137, 147, 152, 157, 163, 171, 173f, 201f, 208, 211, 213f
Gnosis/gnostisch 21, 52f, 58, 122–127, 132, 186, 209
Gott (der ganz Andere) 5, 7–12, 16, 18–20, 22–24, 30, 39, 49f, 61–63, 65, 67–80, 83, 85–88, 90–96, 98–101, 113–116, 121, 125f, 128, 130–132, 161–163, 166, 169–174, 176–178, 180, 182f, 201f, 204, 209–211, 214f, 217, 220, 222
Göttlich (*divine*) 7f, 48, 61, 68f, 72–74, 76, 79f, 86–88, 93, 98f, 128, 156, 160, 199, 204, 208, 211, 214f

Heiligkeit 92, 94f
Heimat 14, 28, 34, 133, 175, 180, 186
Heteronom/Heteronomie (*heteronomy*) 78, 152, 193
Historie/Historisierung 9, 14, 104f, 106, 200
Historismus 12, 14, 24, 115, 186, 189, 193f, 197–201, 204, 213, 215, 220, 222

Identität 19, 28, 41, 52, 60, 90, 92, 96–99, 108, 215
Individualismus 19, 31, 35f, ,41
Individualität 28, 43, 55, 113, 202, 222
Inflation 52, 137, 143
Ironie/Ironisierung 16, 25, 96, 117, 216

Juden/Judentum 10, 11, 21, 41, 83–85, 88, 109, 118f, 124–126, 132, 173f, 181, 183

Kairos 15, 152f, 188, 190–195, 200f, 203
Kapitalismus 19, 28, 31, 33, 35, 39, 195f, 209, 217, 220
Kommunikation 10, 15, 17f, 52, 108, 221
Kompromiss 9, 13, 24, 108, 112, 202, 204
Konfession 4, 11, 21, 103f, 107, 112, 119, 140, 207, 211–214
Konservativ 19, 27, 29, 37–41, 45, 47, 118, 137f, 141f, 144, 194, 197, 210f
Kontingenz 4, 20, 180, 204, 215
Korrelation 87, 90, 99f
Kränkung 22, 140, 142
Krieg 3–5, 13, 16, 22, 30, 33–39, 52, 55, 57, 63, 104f, 123f, 127, 131, 135, 137–141, 143f, 157f, 185f, 191, 197f, 199, 207, 210

Sachregister

Krise 1f, 4–9, 18f, 21f, 44f, 47, 65, 71, 112, 114, 116, 123f, 127, 135–137, 187f, 190, 195, 197, 199, 204
Kultur 1, 3, 6, 9, 13f, 16, 18, 21–23, 25, 28, 31, 33f, 36, 40f, 44, 51–53, 58f, 61, 63, 68, 78, 103, 108, 110f, 118, 139, 144f, 147–150, 152–162, 165, 167, 172, 175, 177, 186, 190–194, 196–200, 202–204, 207, 209–213, 215f, 219–222
Kunst 10, 13, 16f, 28, 36, 71, 94, 144, 147–149, 153f, 157f, 171, 173, 181, 212

Laie 30, 110, 119, 140f
Leben 6f, 9, 14f, 20, 23, 31–34, 38–40, 43, 48–50, 54–61, 71, 85, 88, 103, 114, 124, 126, 128, 140f, 143f, 147, 149, 152, 156f, 161, 165–169, 171–175, 177–179, 181–183, 186–188, 194, 196, 198, 200–204, 208f, 212–216, 218f
Legalistisch 56f, 60
Legitimation 4, 54, 123, 132, 139
Leidenschaft 156, 183, 218, 219
Liberalismus 3. 9, 10, 28f, 40f, 44–46, 54, 56, 106, 119, 145, 211

Macht/Allmacht Gottes (*potentia Dei absoluta/ordinata*) 6, 10, 19, 27f, 41, 52, 61-63, 131, 152f, 157f, 162, 172f, 186, 208, 216-218, 221
Magie 149, 157, 217
Materialismus 13, 31, 33, 131
Medientheorie 17, 21, 29, 60, 104, 108, 155, 161
Messianisch/Messianologie 87–89, 103, 105f, 114f, 125f, 129, 131f, 187
Metapher/Metaphorizität 1f, 4–8, 16, 22, 24, 117, 123, 126, 157, 175, 187–190
Metaphysik 9, 11, 28, 30, 35, 49, 53, 61–63, 67–70, 76, 93, 110, 125f, 171, 196, 201, 210f, 213
Metapolitisch 28, 41
Methode/Methodologie 34, 65, 69, 94–97, 100, 116f, 174, 208
Moderne 10, 12f, 23, 27–30, 36, 45–49, 51–54, 58f, 62f, 85, 114, 121-123, 127, 133, 155, 158, 162, 187, 196, 199, 213
Monarch, Monarchie 33, 37, 39, 67f, 72–75, 138

Name 23, 85, 88, 91–94, 116, 126, 130
Nation/national 4, 22, 28, 30, 32–38, 41, 45, 110, 114, 116, 118, 135f, 138f, 142, 167, 175, 207, 210
Nationalsozialismus 3, 41, 106
Natur 5, 7, 72–74, 87, 89, 98–100, 115, 170
Naturalistisch 39, 115
Negation 8, 24, 72, 85, 92f, 96f, 125, 161
Negativität/Negative Theologie 8, 20f, 85, 92f, 95, 97, 204, 217
Netzwerke 52, 104, 106f, 109
Neukantianismus 84, 159
Neutralisierung/Neutralität 44, 55f, 59, 138, 211
Neuzeit 2, 22, 48, 122f
Nichts/Nihilum 47, 87, 92, 94, 96–101
Normalität 43, 50, 54f, 57, 109

Occasio 19, 48-53, 59-61, 63
Offenbarung 11, 20f, 67, 70, 76, 84, 86-88, 90f, 93, 115, 160f, 177, 204, 208, 214
Öffentlich/Öffentlichkeit 12, 15–17, 24f, 29, 37–39, 104–106, 111, 165, 185, 208, 213, 221
Oktoberrevolution 126, 138
Ökumene 136, 143
Ordnung 8, 19, 23, 28, 39, 42–48, 52, 54–57, 59, 62f, 92, 94f, 139, 154, 156, 217f
Orientierung/Orientierungsphilosophie 2, 4, 8f, 24, 58, 91, 110, 190, 199

Parlament/Parlamentarismus 9, 19, 27–29, 31–35, 37–42
Parteien 9, 27f, 30, 32, 35, 40, 42, 45, 135
Pathos 13, 23, 133, 185, 188, 190, 192
Person 32, 38f, 74, 104, 201f, 212, 219, 221
Pessimismus 75, 187
Pfarramt/Pfarrer 18, 137f, 141-143, 173

Phänomenologie 90, 122, 159
Politisch 3, 8–10, 13, 19f, 24f, 27–42, 44–63, 65, 74, 91, 103, 105, 107, 110, 115, 118, 123, 126, 135, 139, 143, 145, 157f, 186, 188, 191, 195, 197–199, 202f, 208, 210–212, 220f
Postliberalismus 43–45
Pragmatik/Pragmatismus 19, 28, 108, 186, 199, 216
Praxis 15f, 19, 24, 29, 54, 58, 127f, 162, 166
Prophetisch 31, 87, 119, 186, 192, 195
Protestantismus 2, 9f, 22, 37f, 40, 47, 83f, 103, 105, 114, 116, 119, 121f, 133, 135–145, 181, 207, 210f, 217
Psychoanalyse 23, 165–172, 179–182
Psychologie/psychologisch 67, 147, 154, 159, 162, 215

Radikal/Radikalisierung 3, 5, 7–9, 12, 20–22, 29, 39, 41, 50f. 53, 62f, 98, 101, 131–133, 139, 141, 189f, 198, 203f
Rational 43, 45, 59, 152, 156, 168, 190, 207–222
Rebellion 47, 57
Recht/Rechte, rechtlich 7, 10, 19f, 28f, 31, 33, 35–37, 43–46, 50, 54–63, 140f, 190, 208f, 212, 221
Rechtsstaat 9, 19, 45, 55f
Reichstag 27, 29, 35, 37–39, 41
Relativierung, Relativismus 9, 13f, 49, 53, 59, 74, 197f, 202, 215
Religionsgeschichte 152f, 213, 218
Religionsunterricht 22, 31, 139, 210, 212f
Renaissance 23, 147, 151f
Repräsentation 10, 42, 58, 176, 182
Revolution 1f, 12, 15, 17f, 29–31, 34f, 39, 41, 70–72, 75, 105, 126f, 131, 136–138, 140, 187, 189f, 194, 197–199, 202
Rezension 149, 152, 158f, 191, 198
Rhetorik, rhetorisch 2, 17f, 24, 67, 69, 116, 126, 186, 188, 198
Ritual 175f, 177
(Politische) Romantik 19, 43–53, 59–61, 63, 192

Säkularisierung/säkular 9, 19, 22, 24, 41, 53, 60f, 68, 109, 112, 115, 139, 167
Schicksal 4, 16, 147, 186f, 192, 194f, 220
Schöpfung 21, 38f, 83, 85–88, 90f, 93, 96–101, 114, 118, 125, 169–171, 202
Seele 31, 113, 128f, 152, 172, 175-177, 202, 209, 219, 221
Sinn 16, 24f, 52, 91–93, 95, 113, 124, 126f, 130, 132, 154–157, 159f, 162f, 166, 171f, 176, 179f, 190, 192–195, 197, 199–203, 215–221
Skepsis 83, 86, 91–95, 202
Souveränität 9f, 17, 19f, 34, 36, 43f, 51, 53–55, 57–63, 211
Sozialethik 31, 33, 143
(Religiöser) Sozialismus 5, 33, 66–68, 131, 73, 185, 193-195, 211
Soziologie 105, 139, 208f, 216, 219, 222
Spartakus (*sparticists*) 71
Spätantike 122f, 147, 152
Sprache 11, 28, 52, 77, 85, 91–93, 107, 110, 114, 116f, 156, 160, 168, 177, 188, 204
Subjekt/subjektiv 17, 19, 49f, 53, 58–61, 90, 109, 117, 127f, 162, 166, 182, 195, 201, 203, 214, 216f
Sünde/Sündenfall 7f, 33, 62, 114
Symbol/symbolisch 15, 17f, 22–25, 124, 147f, 153–162, 177, 179f, 186, 188, 221f
Synode 30, 141–143
Synthese (*synthesis*) 8, 72–75, 165f, 176, 198–200, 203, 216, 220
Systematik/Systematische Theologie (*systematics*) 1, 8–10, 15, 21f, 25, 66, 87, 90, 95, 117, 136f, 143f, 148, 188

Theodizee 25, 204, 217, 219
Theologische Fakultät 22, 24, 29, 139, 207f, 210, 213
Tod (*death*) 4–6, 16, 70f, 79, 90, 129, 147, 170, 174, 181–183, 194, 203
Toleranz 119, 213
Totalitär 50, 105
Totalität 4, 9, 50, 202

Transformation 4, 7, 19, 52f, 57f, 197
Transzendental 71, 87, 93f, 97, 166, 177, 216
Transzendenz (*transcendence*) 24, 70, 72, 90, 93, 113, 123, 192, 194, 217
Traum 23, 129, 173f, 178, 180, 183
Trinität (*trinity*) 10, 76f, 87, 99

Unbedingtes 3, 8f, 23–25, 31, 56f, 99, 159, 189, 192–195, 201, 214
Unbestimmtheit 21, 167, 176
Unbewusst 46, 48, 166, 179–181
Unendlich/Unendlichkeit 20, 45, 50, 84, 88, 92f, 95–98, 100, 177, 215
Ungrundlegung 20, 96f
Unmittelbarkeit (*immediacy*) 3, 9, 14, 18, 98f, 121, 159
Untergang 2, 4–7, 16–18, 24, 138, 185–198, 203
Ursprung (*origin*) 20, 67, 72, 74f, 77, 88, 94, 96–101, 167
Urteil 20, 57, 84, 86, 88, 92–100, 218, 220
Utopie 22, 121, 124, 127–133, 188f, 192f

Verantwortung 38f, 192, 201
Verfassung 10, 30, 32, 34f, 42f, 137–140, 202, 207
Versailler Friedensvertrag 34, 138–140, 142, 187
Volk 19, 27f, 31–35, 38f, 42, 45, 50, 110, 114, 140–142, 174f,
Volkskirche 23, 30, 41, 140, 141f

Wahlen/Wahlrecht 27, 29, 37, 42, 45, 135, 141f,
Gottes Gnadenwahl (*election*) 76f, 79f
Wahrheit. Verifikation 17, 25, 88, 91f, 99, 103, 129f, 171, 178, 199, 201, 208, 213f
Weltanschauung 4, 110, 157, 189, 198, 202
Weltfremdheit 126, 131, 133
Weltgeschichte 6, 128, 204
Werte/Wertebewusstsein 14f, 19, 25, 28, 56, 156, 201, 215f, 218f
Widerspruch 20, 25, 92f, 96–100, 137, 193
Wille 11, 27f, 30–35, 42, 48, 61f, 127, 132, 189, 204, 215
Wirklichkeit 6, 34, 43, 48–50, 60, 86, 103, 113f, 154–156, 158f, 161, 175, 180, 199, 215
Wirtschaft 28, 31, 35f, 103, 197, 209

Zeichen 35, 39, 87, 92, 97, 117, 123, 133, 155f, 187, 191, 193, 196
Zeit 1, 6, 7, 14f, 23, 38, 53, 56, 58, 88, 110, 114f, 121–127, 133, 136, 142, 144, 167, 170f, 174, 176f, 180, 182, 187–194, 196, 200–202, 204, 215
Zeitschrift 12, 21, 29, 37, 103–119, 151, 169
Zwischenkriegsjahre 33, 52, 63, 105

Christentum in der modernen Welt

Christianity in the Modern World

Herausgegeben von
Martin Keßler (Bonn) · Tim Lorentzen (Kiel)
Cornelia Richter (Bonn) · Johannes Zachhuber (Oxford)

Die Reihe *Christentum in der modernen Welt* eröffnet ein internationales Forum für exzellente Einzeluntersuchungen, Tagungsbände und Aufsatzsammlungen zur neueren und zeitgenössischen Geschichte des Christentums, seiner Theologien und Kulturen. Dabei trägt ihr bewusst weitgespannter Modernebegriff dem englischen Sprachgebrauch Rechnung, in dem das „Modern Age" der deutschen Epochenbezeichnung „Neuzeit" entspricht. So vielfältig sich die „moderne Welt" mit ihren Verlockungen und Herausforderungen über die Generationen hinweg dargestellt hat, so differenziert gestalteten sich Reflexion und Praxis, Institutionen und Formationen eines pluraler und globaler werdenden Christentums. Ein internationaler, systematisch wie historisch arbeitender theologischer Herausgeberkreis verantwortet die Reihe, die für deutsch- und englischsprachige Manuskripte offen ist.

ISSN: 2749-8948
Zitiervorschlag: CMW

Alle lieferbaren Bände finden Sie unter *www.mohrsiebeck.com/cmw*

Mohr Siebeck
www.mohrsiebeck.com